U0928182

珍藏本
纪念版

汉译世界学术名著丛书

# 亚当·斯密通信集

〔英〕欧内斯特·莫斯纳
伊恩·辛普森·罗斯 编

林国夫 吴良健
王翼龙 蔡受百 译

吴良健 校

2017年·北京

Edited by Ernest Campbeli Mossner
and Ian Simpson Ross
**THE CORRESPONDENCE OF**
**ADAM SMITH**
Oxford at the Clarendon Press 1977
本书根据牛津克拉伦登出版社 1977 年版译出

# 汉译世界学术名著丛书
# （120年纪念版·珍藏本）
# 出版说明

2017年2月11日，商务印书馆迎来120岁的生日。120年前，商务印书馆前贤怀揣文化救国的理想，抱持“昌明教育，开启民智”的使命，立足本土，放眼寰宇，以出版为津梁，沟通中西，为中国、为世界提供最富智慧的思想文化成果。无论世事白云苍狗，潮流左右激荡，甚至战火硝烟弥漫，始终践行学术报国之志，无改初心。

迻译世界各国学术名著，即其一端。早在20世纪初年便出版《原富》《天演论》等影响至今的代表性著作，1950年代后更致力于外国哲学和社会科学经典的译介，及至1980年代，辑为“汉译世界学术名著丛书”，汇涓为流，蔚为大观。丛书自1981年开始出版，历时三十余年，迄今已推出七百种，是我国现代出版史上规模最大、最为重要的学术翻译工程。

丛书所选之书，立场观点不囿于一派，学科领域不限于一门，皆为文明开启以来，各时代、各国家、各民族的思想与文化精粹，代表着人类已经到达过的精神境界。丛书系统译介世界学术经典，引领时代思想，为本土原创学术的发展提供丰富的文化滋养，为推动中国现代学术和现代化进程做出了突出的贡献。

为纪念商务印书馆成立120周年，我们整体推出“汉译世界学术名著丛书”120年纪念版的珍藏本，寄望既利于文化积累，又便于研读查考，同时向长期支持丛书出版的译者、编者和读者致以敬意。

两甲子后的今天，商务印书馆又站在了一个新的历史时间节点上。我们不仅要铭记先辈的身影和足迹，更须让我们的步伐充满新的时代精神。这是商务人代代相传的事业，更是与国家和民族的命运始终紧密相连的事业。我们责无旁贷，必须做好我们这代人的传承与创造，让我们的努力和成果不仅凝聚成民族文化的记忆，还能成为后来人可以接续的事业。唯此，才能不负前贤，无愧来者。

商务印书馆编辑部

2017年10月

# 出 版 说 明

亚当·斯密是古典政治经济学科学体系最早的缔造者、英国古典政治经济学最优秀的代表之一，在政治经济学史上占有极其重要的地位。

斯密的理论对于马克思主义政治经济学的产生具有重大的影响；至今还对西方经济学界具有广泛而深刻的影响。因此，了解斯密的生平和学说，对于深入理解马克思主义政治经济学，了解西方经济学的现状和发展趋势，都具有重要意义。

斯密的信件作为其著作的一部分，真实地反映了他一生尽力追求的事业和他的主要活动，对于我们了解和研究这位伟人的生平事迹、学术观点和思想、生活、友谊及交往都有重要的价值。例如，从通信集中我们可以看到斯密写作《国民财富的性质和原因的研究》一书时部分资料的来源，也可以看到斯密修订《道德情操论》的一些情况，他同休谟等人的学术交流和友谊以及休谟对他的影响等等。

这本通信集共收录斯密来往信件 304 封。其中包括斯密寄给别人的信件 179 封，别人寄给斯密的信件 125 封。

原书末刊有致斯密的有关政治经济学内容的印刷函件及有关

北美问题和海关业务的 4 个附件，中译本从略。

本书前言、第 1—79 号信由蔡受百翻译，第 80—120 号信及第 221—251 号信由林国夫翻译，第 122—191 号信由王翼龙翻译，第 192—220 号及第 252—304 号信由吴良健翻译，其中书内第 89、91、105、194、199、213、218、277 号信为法文信，由胡尧步翻译，第 121 号信由张胜纪补译，“亚当·斯密生平和著作年表”由胡企林译出。

# 目　　录

# 前　言

1965 年，本集主编莫斯纳教授应格拉斯哥大学亚当·斯密委员会邀请，编写一部斯密的传记。莫斯纳认为进行这一工作之前，有必要先编一部斯密的通信集，他说服了委员会主办这个项目，还请了一位助理编辑协助。谈到有关斯密的书信，在约翰·雷的《亚当·斯密传》(1895 年出版，1965 年再版）和 W. R. 斯科特的《作为学者和教授的亚当·斯密》(1937 年版）里，虽然收录了他们各自所知道的一些书信，但斯密的通信全集还从来没有出版过。各种期刊曾陆续刊登一些上述两书所未载的书信。没有出版全集是较令人惊奇的。兹就我们所知的列示如次：

斯密写出的书信(已发表的)：131
(未发表的)：48
(下落不明的)：53
共 232

致斯密的书信(已发表的)：98
(未发表的)：27
(下落不明的)：40
共 165

鉴于以上相当可观的数目，我们决定出版斯密所写的以及别人写给他的信件,这些通信的内容提供了关于斯密以及他所相识的那些人的重要资料。一些写给斯密书信的残简也已编入表内(编号16,62,211,255,271,279和285)。有些书信我们未能得到全文:日期为1782年9月的220号信(在卡克斯顿的目录中有记载);1783年10月6日写给威廉·斯特拉恩的231号信(1963年10月22日在纽约帕克一伯内特美术陈列馆出售);还有1786年3月14日写给托马斯·卡德尔的257号信(1959年10月27日在索思比出售)。希望这些书信的保有者能够把它们公之于学术界,还希望那些失散的函件,至少其中一部分将来能够找到。

诚然,作为一个通信者,亚当·斯密相当粗心大意、作风拖拉。大卫·休谟在给他的信里曾不客气地说:"我也会像您一样,懒于写信,写短信"(1766年1月90号信);又说:"我同您一样懒于写信,可是终因很想念您,我还是拿起笔写信给您"(1776年2月8日149号信)。另一个知交詹姆斯·赫顿,是个精力充沛、性格外向的地质学者,他老是看到斯密专心研究拉普坦人*的特征,他说,"我对您说了这么一大通空话,只想告诉您,11月业已开始,在新年以前没有什么霜冻的危险:因此如果您有什么事情要做,您就依照您自己想法慢慢做吧;如果没有什么事情要做,您就睡觉和坠入梦境吧,让我知道我应在什么时候再叫醒您"(参阅301号信,未注明日期)。

关于通信集的编辑还有个困难。斯密本人不赞成做这类工

* 拉普坦人(Laputan)指理想主义者。为英国作家斯威夫特(Swift)所作《格列佛游记》中的居民,尚幻想,不务实际。——译者

作,如他在关于编纂一部休谟书信集建议的问题上写信给威廉·斯特拉恩,明确指出:“许多不宜公开出来的信函就会出版,从而大大伤害那些希望他身后留芳的人们的感情”(1776 年 12 月 2 日 181 号信)。斯密既怀有这样的观点,就难怪要关照他的遗嘱执行人约瑟夫·布莱克和詹姆斯·赫顿,在他生命的最后一星期里将他的信件付之一炬。

假如说斯密的书信很多已无法弥补地失散,假如说保存下来的信件中有一些很简短,但就这里公布信件的范围来说,足以反映其一生尽力追逐的事业和活动。与他掩盖私生活的愿望相反,这里可以引用他自己在《修辞学与纯文学》中的一句话:“人们热烈追寻大人物的一些琐事末节(1 月 17 日星期一)。我们还记得,当人们发现米尔顿鞋上系有鞋带这样一类细节时所表现的那种喜悦心情”(见博斯韦尔《约翰逊传》第 19 节,注①)。但这里辑录的书信所涉及的主题,许多远远超过“鞋带”的水平,如《道德情操论》的修正(40 号信及其附件),以及《国富论》* 部分资料来源(115—120 号信)。关于个人经历方面,这里初次发表的信件,表明斯密曾对一个学生关怀备至(45—49 号信)和解决一个凶杀的神秘事件(97—98 号信)。本书附录载有一些致斯密的关于政治经济学内容的印刷函件。还有有关北美问题和海关业务的文件。

关于编辑责任分工,莫斯纳教授承担斯密写的书信,另一位编辑则处理别人写给斯密的书信。不幸的是,莫斯纳教授由于疾病缠身,于 1971 年不得不放弃他所担任的那部分工作,他移交出斯

* 全名为《国民财富的性质和原因的研究》。——译者

密书信的原件以及注释的基础材料。

这里感谢克拉伦登出版社慨允引用载于J. Y. T.格雷格编的《大卫·休谟书信集》(1932年版,1969年再版)和雷蒙德·克利班斯基与欧内斯特·C.莫斯纳编的《新发现的大卫·休谟书信》(1954年版,1969年再版)内的休谟致斯密一些书信的注释。同样感谢格拉斯哥大学慨允引用W. R.斯科特的《作为学者和教授的亚当·斯密》(格拉斯哥大学出版社1937年版)内斯密信件的一些注释;和芝加哥大学出版社和剑桥大学出版社董事慨允从托马斯·W.科普兰等编的《伯克通信集》内的伯克——斯密书信的一些注释中摘取一些事实和证明。

不论是正文还是注释都难免有误,这应由那位助编负责;莫斯纳教授在担任这一编辑任务时,不仅一丝不苟地制定了编辑方针,而且在解决一些棘手问题时,既富有耐心,又技术娴熟,这使他备受敬佩。

编辑采取的体例,要求每封信编号,并按发函年月顺序排列,但297号及其后各函属于例外,因原函年月未曾考查确实,系出于推断或臆测。每一书信的编号后面,只要能查明,则列入简单地址以及手稿或印刷信件的来源,每封书信的出处和日期均列入正文的右上角,以正常方式表明地点和年、月、日。出于编者推断的部分均以方括号标明,省略点是以前编者的删节,中空的六角括号表明原稿被撕掉或损坏。

至于编辑规则,原来的拼法、标点和大写字母一概保留,除了为与现代习惯用法相一致,大写字母用于结束句子的句点之后外,只在极少数情况下,作者没有遵守这个规范。符号和缩略词,除签名的缩略词外，大大扩充了。除了现代习惯所要求的把浊音符改为正常的“'”符号，如“Abbé”外，信中原有法文上的重音符会依旧保留。所有这方面的指导原则已由约翰逊博士提出，他不理解斯密，但对斯密喜爱韵文极为赞成，他说：“先生，一个作家的语言是他的素质的一个特殊部分，也是他写作年代的特征。此外，先生，当语言有了变化时，我们没有把握说观念依旧未变”（博斯韦尔《约翰逊传》，第 4 卷，第 315 页）。

末了，凡给予我们帮助的单位及个人，我们将列举其名，这是件使我们深感愉快的事。得克萨斯大学和不列颠哥伦比亚大学（1069 年、1970 年）以及加拿大委员会（1969 年）对我们的研究工作给予了支持。这些大学的图书馆，以及格拉斯哥大学图书馆、苏格兰国立图书馆以及苏格兰档案馆的工作人员，给予我们莫大的帮助。国王关税和货物税局图书馆长爱德华·卡森先生、爱丁堡大学图书馆 C. P. 芬利森先生、牛津彭布罗克学院的 J. D. 弗利曼博士、格拉斯哥大学的伊迪丝·黑登一格斯特女士、苏格兰国立图书馆 T. I. 雷博士和普林斯顿大学已故的雅各布·瓦伊纳教授等等，由于以上各位的指点，一些非常重要的手稿和印刷资料引起了我们的重视。本书刊列的书信和注释经伦敦帝国学院 D. D. 拉斐尔教授和亚当·斯密委员会博识而干练的秘书安德鲁·S. 斯金纳先生仔细审阅，大大提高了此书内容的准确性和明晰度。

当编者于 1965 年初次从事寻访斯密的书信时，莫伊拉·麦基哈协助我们驱车走遍苏格兰。温哥华的安东尼·格林库斯先生于 1971 年是这一研究计划的助理，惠转兰学院的戴维·史蒂文斯教授拟制了本书的第二个附录，马格达·奇奇尼·波维特夫人于

1973 年在研究工作方面作出了帮助，温哥华的简·道格拉斯用打字机打出了本书文稿，还有卡多琳·莫斯纳夫人，她性情和顺而又妙语如珠，同人在工作中遇到困难感到懊丧时，她往往从旁一言便可消除，这就对工作起了很大鼓励作用——对于这几位，我们谨致以热忱的感谢。

伊·辛·罗斯

1974年7月于

温哥华，英属哥伦比亚

# 亚当·斯密生平和著作年表

1720 年　老亚当·斯密先生与斯特拉森里的玛格丽特·道格拉斯结婚。

1723 年　1 月 25 日左右，老亚当·斯密先生去世；6 月 5 日，亚当·斯密在柯科迪受洗礼。

1732 年左右—1737 年　在柯科迪市立学校读书。

1737—1740 年　在格拉斯哥大学读书；受教于弗朗西斯·哈奇森；获文学硕士学位。

1740—1746 年　作为享受斯内尔奖学金的学生(每年 40 英镑)，在牛津大学巴利奥尔学院读书；1740 年 7 月 7 日注册入学；1742 年 11 月 2 日被提名享受沃纳奖学金(每年 8 英镑 5 先令)；在假期访问阿德伯里，阿盖尔第二代公爵寓所；1746 年 8 月 15 日左右离巴利奥尔学院；1749 年 2 月 4 日放弃斯内尔奖学金。

1746—1748 年　在柯科迪与其母共同生活。

1748—1751 年　在凯姆斯的亨利·霍姆、达尼基阿的詹姆斯·奥斯瓦德和格伦多克的罗伯特·克雷吉的赞助下，在爱丁堡讲授修辞学、纯文学及法学。

1751 年　1 月 9 日，当选为格拉斯哥大学逻辑学教授，1 月 16 日就职，随即返回爱丁堡完成讲授的课程；10 月起在格拉斯哥大学讲逻辑学、法学和政治学。

1752 年　4 月 22 日，当选为格拉斯哥大学道德哲学教授；成为格拉斯哥文学会会员和爱丁堡哲学学会会员。

1754 年　择优学会会员，爱丁堡。

1755 年　在格拉斯哥市长安德鲁·科克伦创立的俱乐部作有关经济思想的演讲。

在《爱丁堡评论》上发表如下论文：《塞缪尔·约翰逊的英语词典》（第 1 期，1755 年 1 月）；《致〈爱丁堡评论〉创刊人的一封信》（第 2 期，1755 年 7 月）。

1758 年　任格拉斯哥大学图书馆财务主管，任职到 1760 年。

1759 年　访问因弗雷里·阿盖尔（第三代）公爵阿奇博尔德寓所。

《道德情操论》初版问世。



1760 年　被选为（人文）学科学监，任职到 1763 年；由于健康原因，夏季去英格兰作短途旅行；在海威科姆访问谢尔本勋爵寓所。

1761 年　任格拉斯哥大学副校长，任职到 1763 年；8 月下旬—10 月初，在伦敦处理大学事务。

发表《论语言的形成与语言的特征》，载《语文杂录》第 1 卷（1761 年），第 440—479 页。

《道德情操论》第 2 版出版。

1762 年　5 月 3 日，获格拉斯哥市荣誉市民称号；10 月 21 日，获格拉斯哥大学法学博士称号。

1763 年　11 月 8 日，通知学校当局将辞去教职；1764 年 2 月

14日,由巴黎发函辞职。

1764年　1月,离格拉斯哥去伦敦,作为巴克勒第三代公爵亨利·斯科特旅行时的家庭教师前往法国;2月13日抵达巴黎。逗留十天后离巴黎去图卢兹;公爵之弟休·坎贝尔·斯科特同行。

1765年　10月前一直在图卢兹,撰写《国富论》初稿;9—10月在法国南部旅行;10—12月在日内瓦,并会见伏尔泰;12月前往巴黎。

1766年　在巴黎待到10月,与罗什富科派、布弗莱夫人、哲学家们以及魁奈学派的人士友好往来;10月19日,休·坎贝尔·斯科特先生因患热病去世;斯密和巴克勒公爵起程返英格兰,11月1日抵多佛;获终身从巴克勒资产中领取的每年300英镑的年金。

1766年　11月—1767年3月在伦敦;在征税问题上协助查尔斯·汤申;为谢尔本勋爵完成有关殖民地历史的研究;5月21日,当选为皇家学会会员(5月27日被正式接纳为会员)。



1767年　5月—1773年4月,在柯科迪与其母共同生活,撰写《国富论》;1770年6月获爱丁堡市荣誉市民称号。

《道德情操论》第3版出版。

1773年　5月—1776年4月在伦敦,撰写《国富论》;当选为一家俱乐部的会员,这家俱乐部是乔舒亚·雷诺兹作为论坛为约翰逊博士创办的。

1774年　《道德情操论》第4版出版。

1776年　3月9日,《国富论》出版;5—12月在柯科迪,休谟病重时去爱丁堡探望。

1777 年　1—10 月初在伦敦。10 月—1778 年 1 月在柯科迪和爱丁堡。

就休谟去世发表《致威廉·斯特拉恩的一封信》，载《苏格兰杂志》第 31 卷(1777 年 1 月)，第 5—7 页。

撰写《论美国革命》。

1778 年　1 月 30 日，被任命为苏格兰海关专员(年薪 500 英镑)和盐务专员(年薪为 100 英镑)；与其母和姨母珍妮特·道格拉斯(管理家务)移居爱丁堡卡农盖特区潘穆尔府邸；收养外甥戴维·道格拉斯(后为赖斯顿勋爵)作为他的继承人；再次担任拨火棍俱乐部会员；为知识界的朋友和贵宾们举行星期日晚餐会。

《国富论》第 2 版(在这一年的早期)出版。

1781 年　《道德情操论》第 5 版出版。

1782 年　在伦敦，出席俱乐部举办的宴会；7 月上旬返苏格兰。



1783 年　创立爱丁堡皇家学会；作为文学分会会长之一从事活动。

1784 年　4 月，陪同埃德蒙·伯克到格拉斯哥，参加伯克就任格拉斯哥大学名誉校长的仪式；其母在 5 月 23 日去世。

《国富论》第 3 版出版。(对第 1 版和第 2 版所作的“增补和订正”单独印行。)

1786 年　4—5 月在伦敦：请约翰·亨特医生看病。

《国富论》第 4 版出版。

1787 年　也许是由于健康原因，3—8 月待在伦敦；告诉扬格，皮特政府曾征询他的意见；11 月 15 日当选为格拉斯哥大学名誉校长，任职到1789年。

1788年　10月后的某一天，珍妮特·道格拉斯去世。

1789年　《国富论》第5版出版。

1790年　5月，《道德情操论》第6版出版(经修订和补充)。

7月17日，亚当·斯密在潘穆尔府邸去世，葬于卡农盖特教堂墓地。

亚当·斯密去世后出版的著作：

1795年　《哲学论文集》，约瑟夫·布莱克和詹姆斯·赫顿编。

1896年　《在格拉斯哥大学任教时关于法律、警察、岁入及军备的演讲》(B)，爱德温·坎南编。

1933年　《亚当·斯密论美国革命，1778年2月》，G. H. 格特里奇编，载《美国历史评论》第38卷，第714—720页。

1963年　《1762—1763年在格拉斯哥大学任教时有关修辞学和文学的讲稿》，约翰·M. 洛西恩编。

1977年　《在格拉斯哥大学任教时关于法律、警察、岁入及军备的演讲》(A)，罗纳德·米克、D. D. 拉斐尔和彼得·斯坦编。

# 往来书信一览表

| 编号 | 日　　期 | 发信地址 | 通　信　者 |
|---|---|---|---|
| 1 | 1740年8月24日 | 牛津 | 致威廉·史密斯 |
| 2 | 〔1740年6月〕 | 牛津 | 致母亲 |
| 3 | 1741年10月23日 | 阿德伯里 | 致母亲 |
| 4 | 〔1742年〕5月12日 | 牛津 | 致母亲 |
| 5 | 1743年11月29日 | 牛津 | 致母亲 |
| 6 | 1744年7月2日 | 牛津 | 致母亲 |
| 7 | 1748/9年2月4日 | 爱丁堡 | 致〔西奥菲勒斯·利博士〕 |
| 8 | 1751年1月10日 | 爱丁堡 | 致〔罗伯特·西姆森〕 |
| 9 | 1751年9月3日 | 爱丁堡 | 致威廉·卡伦 |
| 10 | 1751年11月 | 爱丁堡 | 致威廉·卡伦 |
| 11 | 1752年1月19日 | 格拉斯哥 | 致詹姆斯·奥斯瓦德 |
| 12 | 1752年9月24日 | 爱丁堡 | 大卫·休谟致斯密 |
| 13 | 1753年5月26日 | 爱丁堡 | 大卫·休谟致斯密 |
| 14 | 1754年2月27日 | 爱丁堡 | 大卫·休谟致斯密 |
| 15 | 〔1754年〕3月20日 | 牛津 | 亚历山大·韦德伯恩致斯密 |
| 16 | 1754年8月27日 | 阿洛埃 | 一个同姓名者致斯密 |
| 17 | 1754年10月 | 格罗宁根 | 亚当·弗格森致斯密 |
| 18 | 1754年12月1日 | 莱比锡 | 亚当·弗格森致斯密 |
| 19 | 1754年12月17日 | 爱丁堡 | 大卫·休谟致斯密 |

续表

| 编号 | 日　期 | 发信地址 | 通 信 者 |
|---|---|---|---|
| 20 | 1755 年 1 月 9 日 | 爱丁堡 | 大卫・休谟致斯密 |
| 21 | 〔1755 年 2 月 14 日〕 | 格拉斯哥 | 致〔乔治・斯通博士〕 |
| 22 | 1757 年 2—3 月? | 爱丁堡 | 大卫・休谟致斯密 |
| 23 | 1757 年 9 月 7 日 | 格拉斯哥 | 致〔吉尔伯特・埃利奥特〕 |
| 24 | 1757 年 10 月 | 格拉斯哥 | 致〔米尔顿勋爵〕 |
| 25 | 1758 年 6 月 8 日 | 爱丁堡 | 大卫・休谟致斯密 |
| 26 | 1758 年 8 月 19 日 | 格拉斯哥 | 致威廉・约翰斯通 |
| 27 | 1758 年 11 月 14 日 | 伦敦 | 吉尔伯特・埃利奥特致斯密 |
| 28 | 1759 年 2 月 21 日 | 格拉斯哥 | 致菲茨莫里斯勋爵 |
| 29 | 1759 年 3 月 10 日 | 格拉斯哥 | 致谢尔本勋爵 |
| 30 | 1759 年 4 月 4 日 | 格拉斯哥 | 致谢尔本勋爵 |
| 31 | 1759 年 4 月 12 日 | 伦敦 | 大卫・休谟致斯密 |
| 32 | 1759 年 4 月 26 日 | 都柏林 | 谢尔本勋爵致斯密 |
| 33 | 1759 年 4 月 26 日 | 伦敦 | 安德鲁・米勒致斯密 |
| 34 | 〔1759 年〕6 月 4 日 | 爱丁堡 | 威廉・罗伯逊致斯密 |
| 35 | 1759 年 7 月 23 日 | 格拉斯哥 | 致谢尔本勋爵 |
| 36 | 1759 年 7 月 28 日 | 伦敦 | 大卫・休谟致斯密 |
| 37 | 1759 年 8 月 31 日 | 格拉斯哥 | 致谢尔本勋爵 |
| 38 | 1759 年 9 月 10 日 | 威斯敏斯特 | 埃德蒙・伯克致斯密 |
| 39 | 1759 年 9 月 17 日 | 格拉斯哥 | 致查尔斯・汤申 |
| 40 | 1759 年 10 月 10 日 | 格拉斯哥 | 致〔吉尔伯特・埃利奥特〕 |
| 41 | 1759 年 10 月 24 日 | 格拉斯哥 | 致〔阿奇博尔德・坎贝尔〕 |
| 42 | 1759 年 10 月 29 日 | 格拉斯哥 | 致谢尔本勋爵 |
| 43 | 1759 年 12 月 3 日 | 格拉斯哥 | 致谢尔本勋爵 |
| 44 | 1760 年 1 月 9 日 | 格拉斯哥 | 致阿奇博尔德・坎贝尔 |

续表

| 编号 | 日　期 | 发信地址 | 通 信 者 |
|---|---|---|---|
| 45 | 1760 年 3 月 10 日 | 格拉斯哥 | 致谢尔本勋爵 |
| 46 | 1760 年 3 月 12 日 | 格拉斯哥 | 致谢尔本勋爵 |
| 47 | 1760 年 3 月〔15 日?〕 | 格拉斯哥 | 致安德鲁·斯图尔特 |
| 48 | 1760 年 3 月 17 日 | 格拉斯哥 | 致谢尔本勋爵 |
| 49 | 1760 年 3 月 19 日 | 格拉斯哥 | 致谢尔本勋爵 |
| 50 | 1760 年 4 月 4 日 | 格拉斯哥 | 致威廉·斯特拉恩 |
| 51 | 1760 年 7 月 15 日 | 格拉斯哥 | 致谢尔本勋爵 |
| 52 | 1760 年 11 月 11 日 | 格拉斯哥 | 致谢尔本勋爵 |
| 53 | 1760 年 11 月 11 日 | 格拉斯哥 | 致谢尔本勋爵 |
| 54 | 1760 年 12 月 30 日 | 格拉斯哥 | 致威廉·斯特拉恩 |
| 55 | 1761 年 6 月 6 日 | 圣安德鲁斯 | 卡德罗斯勋爵致斯密 |
| 56 | 1761 年 6 月 24 日 | 爱丁堡 | 罗伯特·卡伦致斯密 |
| 57 | 1761 年 6 月 29 日 | 奈茵韦尔斯 | 大卫·休谟致斯密 |
| 58 | 1761 年 7 月 15 日 | 格拉斯哥 | 威廉·利奇曼致斯密 |
| 59 | 1761 年 10 月 27 日 | 伦敦 | 埃罗尔勋爵致斯密 |
| 60 | 1761 年 11 月 2 日 | 格拉斯哥 | 致乔舒亚·夏普 |
| 61 | 1761 年 11 月 5 日 | 爱丁堡 | 亚当·弗格森致斯密 |
| 62 | 1761 年 11 月 12 日 | 伦敦 | 戴维·莱尔致斯密 |
| 63 | 1762 年 1 月 4 日 | 邓洛普 | 托马斯·华莱士致斯密 |
| 64 | 1762 年 2 月 26 日 | 牛津 | 托马斯·菲茨莫里斯致斯密 |
| 65 | 1762 年 3 月 9 日 | 格拉斯哥 | 致威廉·约翰斯通 |
| 66 | 1762 年 4 月 9 日 | 格拉斯哥 | 致吉尔伯特·埃利奥特爵士 |
| 67 | 1762 年 6 月 15 日 | 格拉斯哥 | 致乔舒亚·夏普 |
| 68 | 1762 年 7 月 8 日 | 斯莱恩斯城堡 | 埃罗尔勋爵致斯密 |
| 69 | 1763 年 2 月 7 日 | 格拉斯哥 | 致乔治·贝尔德 |

续表

| 编号 | 日　　期 | 发信地址 | 通 信 者 |
|---|---|---|---|
| 70 | 1763 年 2 月 22 日 | 格拉斯哥 | 致大卫·休谟 |
| 71 | 1763 年 3 月 28 日 | 爱丁堡 | 大卫·休谟致斯密 |
| 72 | 1763 年 7 月 21 日 | 爱丁堡 | 大卫·休谟致斯密 |
| 73 | 1763 年 8 月 9 日 | 爱丁堡 | 大卫·休谟致斯密 |
| 74 | 1763 年 9 月 11 日 | 阿伯丁 | 亨利·赫伯特致斯密 |
| 75 | 1763 年 9 月 13 日 | 伦敦 | 大卫·休谟致斯密 |
| 76 | 1763 年 10 月 25 日 | 阿德伯里 | 查尔斯·汤申致斯密 |
| 77 | 1763 年 10 月 28 日 | 枫丹白露 | 大卫·休谟致斯密 |
| 78 | 1763 年 12 月 12 日 | 格拉斯哥 | 致大卫·休谟 |
| 79 | 1764 年 1 月 23 日 | 格拉斯哥 | 约瑟夫·布莱克致斯密 |
| 80 | 1764 年 2 月 2 日 | 格拉斯哥 | 约翰·米勒致斯密 |
| 81 | 1764 年 2 月 14 日 | 巴黎 | 致托马斯·米勒 |
| 82 | 1764 年 7 月 5 日 | 图卢兹 | 致大卫·休谟 |
| 83 | 1764 年 10 月 21 日 | 图卢兹 | 致大卫·休谟 |
| 84 | 1764 年 11 月 4 日 | 图卢兹 | 致大卫·休谟 |
| 85 | 1764 年 11 月 5 日 | 格拉斯哥 | 约翰·格拉斯福德致斯密 |
| 86 | 〔1765 年 8 月〕 | 〔图卢兹〕 | 致大卫·休谟 |
| 87 | 1765 年 9 月 5 日 | 巴黎 | 大卫·休谟致斯密 |
| 88 | 1765 年〔9 月?〕 | 〔图卢兹?〕 | 致大卫·休谟 |
| 89 | 1765 年 12 月 10—11 日 | 费尼 | 玛丽·路易丝致斯密 |
| 90 | 1766 年〔1 月〕 | 〔伦敦〕 | 大卫·休谟致斯密 |
| 91 | 1766 年 2 月 18 日 | 〔图卢兹?〕 | 苏格兰代理主教致斯密 |
| 92 | 1766 年 3 月 13 日 | 巴黎 | 致大卫·休谟 |
| 93 | 1766 年 7 月 6 日 | 巴黎 | 致大卫·休谟 |
| 94 | 1766 年 8 月 26 日 | 贡比涅 | 致查尔斯·汤申 |

续表

| 编号 | 日　　期 | 发信地址 | 通 信 者 |
|---|---|---|---|
| 95 | 1766 年 8 月 27 日 | 贡比涅 | 〔查尔斯·汤申〕 |
| 96 | 1766 年 8 月 | 〔伦敦〕 | 大卫·休谟致斯密 |
| 97 | 1766 年 10 月 15 日 | 巴黎 | 致弗朗西丝·斯科特夫人 |
| 98 | 1766 年 10 月 19 日 | 巴黎 | 致弗朗西丝·斯科特夫人 |
| 99 | 1766 年〔秋〕 | 巴黎 | 致安德鲁·米勒 |
| 100 | 1766—1767 年〔冬〕 | 伦敦 | 致威廉·斯特拉恩 |
| 101 | 1767 年 2 月 12 日 | 伦敦 | 致谢尔本勋爵 |
| 102 | 〔1767〕年 3 月 25 日 | 伦敦 | 致托马斯·卡德尔 |
| 103 | 1767 年 6 月 7 日 | 柯科迪 | 致大卫·休谟 |
| 104 | 1767 年 6 月 13 日 | 伦敦 | 大卫·休谟致斯密 |
| 105 | 1767 年 6 月 23 日 | 伦敦 | 乔治·路易·勒萨热致斯密 |
| 106 | 1767 年 6 月 26 日 | 柯科迪 | 致约翰·克雷吉 |
| 107 | 1767 年 7 月 14 日 | 伦敦 | 大卫·休谟致斯密 |
| 108 | 1767 年 8 月 30 日 | 柯科迪 | 致威廉·斯特拉恩 |
| 109 | 1767 年 9 月 13 日 | 爱丁堡 | 致大卫·休谟 |
| 110 | 〔1767 年 9 月末?〕 | 伦敦 | 大卫·休谟致斯密 |
| 111 | 1767 年 10 月 8 日 | 伦敦 | 大卫·休谟致斯密 |
| 112 | 1767 年 10 月 17 日 | 伦敦 | 大卫·休谟致斯密 |
| 113 | 1768 年 1 月 27 日 | 柯科迪 | 致谢尔本勋爵 |
| 114 | 1768 年 12 月 25 日 | 柯科迪 | 致阿奇博尔德·坎贝尔 |
| 115 | 1769 年 1 月 15 日 | 柯科迪 | 致黑尔斯勋爵 |
| 116 | 1769 年 3 月 5 日 | 柯科迪 | 致黑尔斯勋爵 |
| 117 | 1769 年 3 月 6 日 | 爱丁堡 | 黑尔斯勋爵致斯密 |
| 118 | 1769 年 3 月 12 日 | 柯科迪 | 致黑尔斯勋爵 |
| 119 | 1769 年 3 月 16 日 | 柯科迪 | 致黑尔斯勋爵 |

续表

| 编号 | 日　期 | 发信地址 | 通 信 者 |
|---|---|---|---|
| 120 | 1769 年 3 月 23 日 | 柯科迪 | 致黑尔斯勋爵 |
| 121 | 1769 年 8 月 20 日 | 爱丁堡 | 大卫·休谟致斯密 |
| 122 | 1769 年 8 月 28 日 | 爱丁堡 | 詹姆斯·包斯威尔致斯密 |
| 123 | 1770 年 2 月 6 日 | 爱丁堡 | 大卫·休谟致斯密 |
| 124 | 〔1770 年 2 月〕 | 爱丁堡 | 大卫·休谟致斯密 |
| 125 | 1771 年 3 月 11 日 | 柯科迪 | 致约翰·戴维森 |
| 126 | 1771 年 6 月 7 日 | 巴黎 | 萨斯菲尔德伯爵致斯密 |
| 127 | 1771 年 7 月 26 日 | 柯科迪 | 致约翰·斯波蒂斯伍德 |
| 128 | 〔1771 年秋〕 | 柯科迪 | 致约翰·戴维森 |
| 129 | 1772 年 1 月 28 日 | 爱丁堡 | 大卫·休谟致斯密 |
| 130 | 〔1772 年 2 月?〕 | 〔爱丁堡,柯科迪?〕 | 致巴夫勒夫人 |
| 131 | 1772 年 6 月 27 日 | 爱丁堡 | 大卫·休谟致斯密 |
| 132 | 1772 年 9 月 3 日 | 柯科迪 | 致威廉·普尔特尼 |
| 133 | 〔1772 年 10 月〕 | 爱丁堡 | 大卫·休谟致斯密 |
| 134 | 1772 年 11 月 23 日 | 爱丁堡 | 大卫·休谟致斯密 |
| 135 | 1773 年 2 月 24 日 | 爱丁堡 | 大卫·休谟致斯密 |
| 136 | 1773 年 4 月 10 日 | 爱丁堡 | 大卫·休谟致斯密 |
| 137 | 1773 年 4 月 16 日 | 爱丁堡 | 致大卫·休谟 |
| 138 | 1773 年 9 月 2 日 | 爱丁堡 | 亚当·弗格森致斯密 |
| 139 | 1774 年 1 月 23 日 | 爱丁堡 | 亚当·弗格森致斯密 |
| 140 | 1774 年 2 月 13 日 | 爱丁堡 | 大卫·休谟致斯密 |
| 141 | 1774 年 3 月 11 日 | 爱丁堡 | 亚当·弗格森致斯密 |
| 142 | 1774 年 6 月 1 日 | 日内瓦 | 亚当·弗格森致斯密 |
| 143 | 1774 年 9 月 20 日 | 伦敦 | 致威廉·卡伦 |
| 144 | 1774 年 2 月 25 日 | 日内瓦 | 帕特里克·克拉森致斯密 |

续表

| 编号 | 日　期 | 发信地址 | 通 信 者 |
| --- | --- | --- | --- |
| 145 | 1775 年 5 月 1 日 | 威斯敏斯特 | 埃德蒙·伯克致斯密 |
| 146 | 1775 年 5 月 9 日 | 伦敦 | 致大卫·休谟 |
| 147 | 1775 年 11 月 1 日 | 博纳斯 | 约翰·罗巴克致斯密 |
| 148 | 1775 年 12 月 13 日 | 〔伦敦〕 | 致〔亨利·邓达斯〕 |
| 149 | 1776 年 2 月 8 日 | 爱丁堡 | 大卫·休谟致斯密 |
| 150 | 1776 年 4 月 1 日 | 爱丁堡 | 大卫·休谟致斯密 |
| 151 | 〔1776 年〕4 月 3 日 | 爱丁堡 | 休·布莱尔致斯密 |
| 152 | 〔1776 年 4 月〕 | 爱丁堡 | 约瑟夫·布莱克致斯密 |
| 153 | 1776 年 4 月 8 日 | 北默奇斯敦 | 威廉·罗伯逊致斯密 |
| 154 | 1776 年 4 月 18 日 | 爱丁堡 | 亚当·弗格森致斯密 |
| 155 | 1776 年 4 月 | 爱丁堡 | 亚当·弗格森致斯密 |
| 156 | 1776 年 5 月 3 日 | 伦敦 | 大卫·休谟致斯密 |
| 157 | 1776 年 5 月 3 日 | 伦敦 | 大卫·休谟致斯密 |
| 158 | 1776 年 6 月 3 日 | 柯科迪 | 致〔威廉·斯特拉恩〕 |
| 159 | 1776 年 6 月 6 日 | 〔伦敦?〕 | 亚历山大·韦德伯恩致斯密 |
| 160 | 1776 年 6 月 10 日 | 伦敦 | 威廉·斯特拉恩致斯密 |
| 161 | 1776 年 6 月 16 日 | 柯科迪 | 致大卫·休谟 |
| 162 | 1776 年 7 月 6 日 | 爱丁堡 | 致〔威廉·斯特拉恩〕 |
| 163 | 1776 年 8 月 14 日 | 柯科迪 | 致亚历山大·韦德伯恩 |
| 164 | 1776 年 8 月 14 日 | 爱丁堡 | 约瑟夫·布莱克致斯密 |
| 165 | 1776 年 8 月 15 日 | 爱丁堡 | 大卫·休谟致斯密 |
| 166 | 1776 年 8 月 22 日 | 柯科迪 | 致大卫·休谟 |
| 167 | 1776 年 8 月 22 日 | 爱丁堡 | 约瑟夫·布莱克致斯密 |
| 168 | 1776 年 8 月 23 日 | 爱丁堡 | 大卫·休谟致斯密 |
| 169 | 1776 年 8 月 26 日 | 爱丁堡 | 约瑟夫·布莱克致斯密 |

续表

| 编号 | 日　　期 | 发信地址 | 通 信 者 |
|---|---|---|---|
| 170 | 1776 年 8 月 31 日 | 爱丁堡 | 致奈茵韦尔斯的约翰·霍姆 |
| 171 | 1776 年 9 月 2 日 | 爱丁堡 | 奈茵韦尔斯的约翰·霍姆致斯密 |
| 172 | 1776 年 9 月 5 日 | 爱丁堡 | 致威廉·斯特拉恩 |
| 173 | 1776 年 9 月 16 日 | 南安普敦 | 威廉·斯特拉恩致斯密 |
| 174 | 1776 年 9 月 25 日 | 里士满 | 波纳尔总督致斯密 |
| 175 | 1776 年 10 月 7 日 | 柯科迪 | 致奈茵苇尔斯的约翰·霍姆 |
| 176 | 1776 年 10 月 14 日 | 奈茵韦尔斯 | 奈茵韦尔斯的约翰·霍姆致斯密 |
| 177 | 1776 年 10 月 | 〔柯科迪〕 | 致威廉·斯特拉恩 |
| 178 | 1776 年 11 月 9 日 | 柯科迪 | 致威廉·斯特拉恩 |
| 179 | 1776 年 11 月 13 日 | 柯科迪 | 致威廉·斯特拉恩 |
| 180 | 1776 年 11 月 26 日 | 伦敦 | 威廉·斯特拉恩致斯密 |
| 181 | 1776 年 12 月 2 日 | 柯科迪 | 致威廉·斯特拉恩 |
| 182 | 1777 年 1 月 19 日 | 伦敦 | 致波纳尔总督 |
| 183 | 1777 年 4 月 12 日 | 爱丁堡 | 亚当·弗格森致斯密 |
| 184 | 1777 年 10 月 27 日 | 柯科迪 | 致威廉·斯特拉恩 |
| 185 | 1777 年 10 月 30 日 | 〔伦敦〕 | 亚历山大·韦德伯恩致斯密 |
| 186 | 1777 年 11 月 7 日 | 威斯敏斯特 | 格雷·库珀爵士致斯密 |
| 187 | 1777 年 11 月 26 日 | 伦敦 | 爱德华·吉本致斯密 |
| 188 | 1777 年 12 月 20 日 | 爱丁堡 | 致〔威廉·斯特拉恩〕 |
| 189 | 1777 年 |  | 乔治·霍恩致斯密 |
| 190 | 1778 年 1 月 14 日 | 柯科迪 | 致威廉·斯特拉恩 |
| 191 | 1778 年 1 月 21 日 | 柯科迪 | 致约翰·斯波蒂斯伍德 |
| 192 | 1778 年 2 月 5 日 | 爱丁堡 | 致〔安德鲁?〕斯特拉恩 |
| 193 | 1778 年 2 月 5 日 | 爱丁堡 | 致威廉·斯特拉恩 |
| 194 | 1778 年 3 月 3 日 | 韦尔特厄 | 德·拉·罗什富科公爵致斯密 |

续表

| 编号 | 日　期 | 发信地址 | 通 信 者 |
|---|---|---|---|
| 195 | 1778 年 11 月 16 日 | 爱丁堡 | 致凯默斯勋爵 |
| 196 | 1778 年 11 月 24 日 | 爱丁堡 | 致乌尔布斯特的约翰·辛克莱 |
| 197 | 1778 年 11 月 28 日 | 肯辛顿戈尔 | 〔约翰·麦克弗森〕致斯密 |
| 198 | 1779 年 1 月 | 爱丁堡 | 致〔佚名贵族〕 |
| 199 | 1779 年 8 月 6 日 | 韦尔特厄 | 德·拉·罗什富科公爵致斯密 |
| 200 | 1779 年 10 月 30 日 | 梅尔维尔 | 亨利·邓达斯致斯密 |
| 201 | 1779 年 11 月 1 日 | 爱丁堡 | 致〔亨利·邓达斯〕 |
| 202 | 1779 年 11 月 8 日 | 爱丁堡 | 致〔卡莱尔勋爵〕 |
| 203 | 1780 年 1 月 3 日 | 爱丁堡 | 致〔威廉·伊登〕 |
| 204 | 1780 年 5 月 23 日 | 爱丁堡 | 致亨利·麦肯齐 |
| 205 | 1780 年 7 月 5 日 | 爱丁堡 | 致约翰·戴维森 |
| 206 | 〔1780 年〕10 月 25 日 | 爱丁堡 | 致〔托马斯·卡德尔〕 |
| 207 | 1780 年 10 月 26 日 | 爱丁堡 | 致〔威廉·斯特拉恩〕 |
| 208 | 1780 年 10 月 26 日 | 〔爱丁堡〕 | 致〔安德列亚斯·霍尔特〕 |
| 209 | 〔1780 年 10 月 26 日〕 | 〔爱丁堡〕 | 致彼得·安高 |
| 210 | 1780 年 11 月 26 日 | 巴斯 | 布克勒公爵致斯密 |
| 211 | 1780 年 11 月 30 日 | 加尔各答 | 塞缪尔·查特斯致斯密 |
| 212 | 1780 年 | 爱丁堡 | 致托马斯·卡德尔 |
| 213 | 1781 年 6 月 18 日 | 〔巴黎?〕 | 邦贝尔侯爵致斯密 |
| 214 | 1781 年 10 月 29 日 | 爱丁堡 | 致詹姆斯·亨特·布莱尔 |
| 215 | 1782 年 6 月 7 日 | 爱丁堡 | 亨利·麦肯齐致斯密 |
| 216 | 1782 年 7 月 1 日 | 伦敦 | 致埃德蒙·伯克 |
| 217 | 1782 年 7 月 6 日 | 伦敦 | 致埃德蒙·伯克 |
| 218 | 1782 年 7 月 23 日 | 爱丁堡 | 致布拉韦神父 |
| 219 | 1782 年 8 月 21 日 | 爱丁堡 | 致麦金农的查尔斯·麦金农 |

续表

| 编号 | 日　期 | 发信地址 | 通 信 者 |
|---|---|---|---|
| 220 | 1782 年 9 月 | | 致不知姓名的通信人 |
| 221 | 1782 年 10 月 14 日 | 爱丁堡 | 致乌尔布斯特的约翰·辛克莱 |
| 222 | 1782 年 12 月 7 日 | 爱丁堡 | 致托马斯·卡德尔 |
| 223 | 1782 年 12 月 12 日 | 伦敦 | 托马斯·卡德尔致斯密 |
| 224 | 1783 年 2 月 25 日 | 〔爱丁堡〕 | 致约翰·戴维森 |
| 225 | 1783 年 3 月 17 日 | 爱丁堡 | 致弗朗西丝·斯科特夫人 |
| 226 | 1783 年 4 月 15 日 | 爱丁堡 | 致埃德蒙·伯克 |
| 227 | 1783 年 5 月 22 日 | 爱丁堡 | 致威廉·斯特拉恩 |
| 228 | 1783 年 6 月 2 日 | 爱丁堡 | 致〔格雷·库珀爵士〕 |
| 229 | 1783 年 6 月 19 日 | 爱丁堡 | 致〔爱德华·吉本〕 |
| 230 | 1783 年 6 月 20 日 | 伦敦 | 埃德蒙·伯克致斯密 |
| 231 | 1783 年 10 月 6 日 | 爱丁堡 | 致〔威廉·斯特拉恩〕 |
| 232 | 1783 年 11 月 20 日 | 爱丁堡 | 致〔威廉·斯特拉恩〕 |
| 233 | 1783 年 12 月 15 日 | 爱丁堡 | 致威廉·伊登 |
| 234 | 1783 年 12 月 18 日 | 伦敦 | 乔治·登普斯特致斯密 |
| 235 | 1783 年 | 爱丁堡 | 致〔威廉·伊登〕 |
| 236 | 〔1784 年〕5 月 7 日 | 爱丁堡 | 致约翰·戴维森 |
| 237 | 1784 年 6 月 10 日 | 爱丁堡 | 致威廉·斯特拉恩 |
| 238 | 1784 年 6 月 18 日 | 〔爱丁堡〕 | 致马克斯韦尔·加恩肖尔博士 |
| 239 | 1784 年 6 月 19 日 | 爱丁堡 | 致〔托马斯·卡德尔〕 |
| 240 | 1784 年 8 月 10 日 | 爱丁堡 | 致〔托马斯·卡德尔〕 |
| 241 | 1784 年 11 月 16 日 | 爱丁堡 | 致〔托马斯·卡德尔〕 |
| 242 | 1784 年 11 月 18 日 | 爱丁堡 | 致〔托马斯·卡德尔〕 |
| 243 | 1785 年 2 月 22 日 | 爱丁堡 | 致詹姆斯·门蒂思博士 |
| 244 | 1785 年 4 月 21 日 | 爱丁堡 | 致〔托马斯·卡德尔〕 |

续表

| 编号 | 日　期 | 发信地址 | 通 信 者 |
|---|---|---|---|
| 245 | 1785 年 8 月 24 日 | 海克利尔 | 波切斯特勋爵亨利·赫伯特致斯密 |
| 246 | 1785 年 9 月 11 日 | 米拉米希 | 罗伯特·里德致斯密 |
| 247 | 1785 年 9 月 29 日 | 爱丁堡 | 致安德鲁·斯特拉恩 |
| 248 | 1785 年 11 月 1 日 | 爱丁堡 | 致德·拉·罗什富科公爵 |
| 249 | 1785 年 11 月 10 日 | 爱丁堡 | 致乔治·查默斯 |
| 250 | 1785 年 12 月 3 日 | 〔爱丁堡〕 | 致乔治·查默斯 |
| 251 | 1785 年 12 月 22 日 | 爱丁堡 | 致〔乔治·查默斯〕 |
| 252 | 1786 年 1 月 3 日 | 爱丁堡 | 致〔乔治·查默斯〕 |
| 253 | 1786 年 1 月 30 日 | 爱丁堡 | 致乌尔布斯特的约翰·辛克莱 |
| 254 | 1786 年 2 月 4 日 | 〔爱丁堡〕 | 致弗雷泽·泰特勒 |
| 255 | 1786 年 2 月 5 日 | 伦敦 | 布克勒·夏普致斯密 |
| 256 | 1786 年 2 月 13 日 | 爱丁堡 | 致安德鲁·斯特拉恩 |
| 257 | 1786 年 3 月 14 日 | 爱丁堡 | 致〔托马斯·卡德尔〕 |
| 258 | 1786 年 4 月 11 日 | 爱丁堡 | 致乌尔布斯特的约翰·辛克莱 |
| 259 | 1786 年 5 月 1 日 | 爱丁堡 | 致阿贝·莫雷莱 |
| 260 | 1786 年 5 月 2 日 | 戈斯波特 | 查尔斯·道格拉斯致斯密 |
| 261 | 1786 年 5 月 7 日 | 爱丁堡 | 致托马斯·卡德尔 |
| 262 | 1786 年 10 月 3 日 | 爱丁堡 | 致约翰·布鲁斯 |
| 263 | 1786 年 12 月 7 日 | 贝肯斯菲尔德 | 埃德蒙·伯克致斯密 |
| 264 | 1786 年 12 月 13 日 | 爱丁堡 | 致亚历山大·罗斯中校 |
| 265 | 1786 年 12 月 20 日 | 贝肯斯菲尔德 | 埃德蒙·伯克致斯密 |
| 266 | 1787 年 3 月 6 日 | 爱丁堡 | 致〔约翰·道格拉斯主教〕 |
| 267 | 1787 年 3 月 21 日 | 伦敦 | 亨利·邓达斯致斯密 |
| 268 | 1787 年 3 月 | 白俄罗斯，克里乔夫 | 杰里米·边沁致斯密 |
| 269 | 1787 年 5 月 9 日 | 伦敦 | 致约瑟夫·布莱克 |

续表

| 编号 | 日　期 | 发信地址 | 通 信 者 |
| --- | --- | --- | --- |
| 270 | 1787 年 6 月 13 日 | 伦敦 | 致亚历山大・罗斯中校 |
| 271 | 1787 年 7 月 8 日 | 爱丁堡 | 约翰・格迪斯主教致斯密 |
| 272 | 1787 年 7 月 18 日 | 伦敦 | 致亨利・邓达斯 |
| 273 | 1787 年 8 月 20 日 | 伦敦 | 约翰・洛根致斯密 |
| 274 | 1787 年 11 月 16 日 | 爱丁堡 | 致阿奇博尔德・戴维森博士 |
| 275 | 1787 年 12 月 18 日 | 爱丁堡 | 致约瑟夫・班克斯爵士 |
| 276 | 1788 年 3 月 15 日 | 爱丁堡 | 致托马斯・卡德尔 |
| 277 | 1788 年 6 月 19 日 | 巴黎 | 皮埃尔-萨穆埃尔・杜邦・德纳穆尔致斯密 |
| 278 | 1788 年 7 月 16 日 | 爱丁堡 | 致阿奇博尔德・戴维森 |
| 279 | 1788 年 8 月 19 日 | 格里诺克 | 乔治・坎宁安致斯密 |
| 280 | 1788 年 9 月 1 日 | 爱丁堡 | 致亨利・邓达斯 |
| 281 | 1788 年 9 月 16 日 | 爱丁堡 | 致詹姆斯・门蒂思 |
| 282 | 1788 年 10 月 11 日 | 爱丁堡 | 致〔威廉・罗伯逊〕 |
| 283 | 1788 年 12 月 10 日 | 爱丁堡 | 致爱德华・吉本 |
| 284 | 1789 年 2 月 2 日 | 爱丁堡 | 致詹姆斯・门蒂思 |
| 285 | 1789 年 2 月 20 日 | 戈斯波特 | L. M. 宾厄姆太太致斯密 |
| 286 | 1789 年 3 月 25 日 | 爱丁堡 | 致〔亨利・邓达斯〕 |
| 287 | 1789 年 3 月 31 日 | 爱丁堡 | 致托马斯・卡德尔 |
| 288 | 1789 年 4 月 20 日 | 克洛斯本堡 | 詹姆斯・门蒂思博士致斯密 |
| 289 | 1789 年 5 月 9 日 | 爱丁堡 | 致詹姆斯・门蒂思 |
| 290 | 〔1789 年 9 月 18 日〕 | 爱丁堡 | 致威廉・福布斯爵士 |
| 291 | 1790 年 1 月 21 日 | 爱丁堡 | 致戴维・道格拉斯 |
| 292 | 1790 年 2 月 9 日 | 爱丁堡 | 致罗伯特・卡伦 |
| 293 | 1790 年 2 月 24 日 | 伦敦 | 布克勒公爵致斯密 |
| 294 | 1790 年 5 月 16 日 | 爱丁堡 | 致〔托马斯・卡德尔〕 |

续表

| 编号 | 日　期 | 发信地址 | 通 信 者 |
|---|---|---|---|
| 295 | 1790年5月25日 | 爱丁堡 | 致托马斯·卡德尔 |
| 296 | 1790年 | | 杰里米·边沁致斯密 |
| 297 | 1752—1763年 | 爱丁堡 | 致威廉·约翰思通 |
| 298 | 〔1780年?〕9月8日 | 爱丁堡 | 致约翰·布鲁斯 |
| 299 | | | 致乌尔布斯特的约翰·辛克莱爵士 |
| 300 | 〔　年〕6月3日 | 爱丁堡 | 大卫·休谟致斯密 |
| 301 | 〔　年〕11月 | 爱丁堡 | 詹姆斯·赫顿致斯密 |
| 302 | 〔1766年〕10月底/12月底 | | 查尔斯·汤申致斯密 |
| 303 | 1788年2月8日 | 爱丁堡 | 致托马斯·沃顿 |
| 304 | 1751年1月下半月到4月 | 〔格拉斯哥〕 | 〔威廉·卡伦〕致斯密 |

# 往 来 书 信

## 1. 致威廉·史密斯[①]

收信人:威廉·史密斯　地址:伦敦布鲁顿街阿盖尔公爵住所[②]

原稿存格拉斯哥大学图书馆,编号 1035/126;载斯科特:《作为学者和教授的亚当·斯密》(以下简称《亚当·斯密》)第 232 页。

牛津,1740 年 8 月 24 日

先生:

我昨天收到您的来信和所附的 16 镑账单,为此我非常感谢您但尤其感谢您愿意给我的金玉良言。我深恐今年在学院的各项开支必然将比今后任何时候大得多,因为入学时我们必须向学院和大学缴付非同寻常高的费用。[③] 我们每天做两次祈祷,每周听两次讲课,别无他事,任何人在牛津大学倘使由于用功过度以致危及健康,那只能自取其咎。[④]

亲爱的先生,最感激您的仆人

亚当·斯密

① 威廉·史密斯(1753 年卒),阿盖尔公爵约翰二世的秘书;他是亚当·斯密的堂兄,也是他的私人教师和监护人。

② 公爵的市内住所在布鲁顿街,离伯克利广场不远。

③ 斯密是牛津大学巴利奥尔学院的斯内尔奖学金获得者;他于 1740 年 7 月 7 日入学。

④ 这是斯密第一次但绝不是最后一次对牛津大学教育的尖锐批评;参阅《国富论》第 1 卷第 8 页:“好多年来,牛津大学大部分教授完全放弃教学工作,甚至公开这样做,不加掩饰。”

## 2. 致母亲[①]

收信人:斯密夫人　地址:柯科迪[②]

原稿存格拉斯哥大学图书馆,编号 1464/6;未发表。



〔牛津,1740 年 6 月〕

亲爱的母亲:

我忙得很,只能简单地告诉您,我的情况安好如常。今天收到米勒先生[③]的来信,还没有时间致复。你信中提到我将收到你寄来的供下星期食用的食物盒。款项还未收到。

亚当·斯密

① 玛格丽特·道格拉斯·斯密(1694—1784 年)是斯特拉森里的罗伯特·道格拉斯的女儿,罗伯特·道格拉斯于 1703—1706 年间为法夫郡选出的苏格兰议会的议员。玛格丽特 1720 年和 W. S. 亚当·斯密结婚。后者从 1705 年起担任劳登伯爵休的私人秘书,1707 年担任苏格兰军事法庭和军事

会议的录事。从1714年起任法夫港市柯科迪海关的主计官。他死于1723年1月25日。亚当·斯密于1723年6月5日受洗礼。

② 柯科迪是斯密出生和接受早期教育之地。他母亲在他父亲故世之后继续住在那里。

③ 未详。

# 3. 致母亲

收信人:斯密夫人　地址:柯科迪

原稿存格拉斯哥大学图书馆,编号1035/127;载斯科特:《亚当·斯密》第232页。

阿德伯里[①],1741年10月23日



亲爱的母亲:

最近这十四天我跟史密斯先生[②]一同在阿德伯里度过;这个地方令人愉快,城里有许多好朋友可以做伴。

在上一信里,我请您给我寄几双袜子来,越快越好。我趁这次机会写个信给您,并向所有朋友致意,您看得出,我并没有许多话要说。

亲爱母亲,我是您是亲爱的儿子

亚当·斯密

① 阿德伯里住所在牛津之北约18英里,属阿盖尔公爵所有,以前是罗彻斯特伯爵寓所。

② 威廉·史密斯;见书信1。

# 4. 致母亲

收信人:斯密夫人　地址:柯科迪

原稿存格拉斯哥大学图书馆,编号 1035/128;载斯科特:《亚当·斯密》第 233 页。

〔牛津〕〔1742 年〕5 月 12 日[①]

亲爱的母亲:

有个熟人明天动身去苏格兰,我趁此机会给您写这封信。我在上封信里提到我的年龄证书的事情,其实并不像我当时所想的那么急。该证书如尚未寄出,等史密斯先生[②]从苏格兰回来时交他捎来也完全来得及。我在上次信里曾请您通知史密斯先生,如果他有意为他朋友申请奖学金的话,有一个 40 镑奖学金[③]不久将有空额。现在知道,该空额的出现没有我料想得那么快。我非常感谢替我捎这封信的人,他姓普雷斯顿[④]。普雷斯顿先生先到爱丁堡,而后可能去柯科迪。在他离开苏格兰之前,他将去看望您。

亲爱母亲,我是您最亲爱的儿子

亚当·斯密

① 信里提到的"普雷斯顿先生"直到 1743 年才停止享受斯内尔奖学金。关于年份的推断根据这一事实。

② 此人极有可能是书信 1 里的威廉·史密斯。

③ 斯内尔基金会的奖学金。

④ 约翰·普雷斯顿(约1718—1781年),是瓦利菲尔德的乔治·普雷斯顿爵士的儿子。他于1743年停止享受奖学金,加入英格兰教会。下一届奖学金空缺出现于1747年。

## 5. 致母亲

载布鲁厄姆:《乔治三世时代文学家、科学家小传》(以下简称《小传》第2卷第216页);又载约翰·雷:《亚当·斯密传》(以下简称《斯密传》第25页)。

牛津,1743年11月29日

这三个月来,我只是懒洋洋地靠在扶手椅上不想动弹,现在刚恢复常态。[①]

① 这封信似仅此残存一段。

## 6. 致母亲

载布鲁厄姆:《小传》第2卷第216页;又载约翰·雷:《斯密传》第25页。[①]

牛津,1744年7月2日

我不常写信给您，实在难邀谅宥。我每天挂念您，但往往刚欲动笔而邮车已发；有时则由于杂务缠身，与朋友应酬，而主要是懒散成性不思提笔。时下流行包治百病之良药曰焦油水。[②]我服后效果明显，宿疾坏血病和头部颤动的毛病已彻底根除。[③]劝您也试试看，相信此药对您也会奏效。

① 又是一个残存片段。

② 乔治·伯克利的《关于焦油水效力的哲学思考和探讨》，于 1744 年 4 月首次在伦敦出版，随即引起轰动。约克郡大主教的一位通信者于 6 月份的信中曾加以评述："当今人们书信来往，无不提到焦油水内容。不论贫富，也不论贵贱，无人不在谈论；克洛因大主教把它看作如同去沃克斯霍尔、拉纳拉夫那么时髦"。这位大主教回信说，他认为，伯克利把它说成"万应灵丹"这是他书中的不足之处。见《托马斯·赫林致威廉·邓库姆的书信》（伦敦，1777 年）。

③ 多次提到斯密的疾病，这里是第一次。

## 7. 致〔西奥菲勒斯·利博士〕[①]

原稿存牛津巴利奥尔学院；载斯科特：《亚当·斯密》第 137 页。

爱丁堡，1748/9 年[②]2 月 4 日

我，亚当·斯密，牛津大学巴利奥尔学院斯内尔基金会奖学金获得者，谨向学院院长、尊敬的西奥菲勒斯·利博士声明，我愿放弃作为奖学金[③]获得者所享有的一切权利，即以此函为证。

亚当·斯密

① 可尊敬的西奥菲勒斯·利博士1726年当选为巴利奥尔学院院长；以詹姆斯二世的拥护者著称，1738—1741年间曾任牛津大学副校长。

② 斯密在这封信上注的年份为“1748/9年”，据推测可能是他想起英格兰仍按照旧习俗，新的一年从3月25日开始。苏格兰采取一年从1月1日开始的新历法，始于1600年。英格兰和苏格兰根据1751年乔治二世第24号法令，从1752年起统一采取新（格里）历法。

③ 1746年8月斯密离开牛津。

## 8. 致〔罗伯特·西姆森〕[①]

原稿存格拉斯哥大学档案室；未发表。

爱丁堡，1751年1月10日

先生：

我刚刚收到您的信[②]。承您和您学会中的诸位先生鼎力协助，选我补充空出的教授职位，务请您转达我对他们的诚挚感谢。我声明接受这一职位。并向诸位保证，尽我之力，成为一个恪尽其职的学会会员。

如不发生意外，我将竭力赶在星期二晚上到达格拉斯哥。但是出于必要一二天后我还得返回爱丁堡。离开几天是否能获得这里朋友们的同意，我还没有十分把握。[③]亲爱的先生，我怀着最大

的敬意，

您的最忠实的

亚当·斯密

① 这封信是写给评议会执事的。当时执事是罗伯特·西姆森(1687—1768年)，他是格拉斯哥大学数学教授(1711—1761年)，闻名的“古代几何学修正者”。斯密在第6版(1790年)《道德情操论》中，对他大加赞扬：“就我所知，当代两位最伟大的数学家是格拉斯哥的罗伯特·西姆森博士和爱丁堡的马修·斯图尔特。由于公众的愚昧无知，对他们的一些极有价值的著作熟视无睹，而他们两位对这种情况从来毫不介意。”

② 评议会指示其执事于1751年1月9日写信给斯密，通知他已被选为逻辑学教授，希望他“一俟手头工作料理就绪”，马上到格拉斯哥来任职。(见斯科特：《亚当·斯密》第138页)参阅书信304。

③ 看来这里指的是亚当·斯密答应在爱丁堡开讲修辞学与法理学课程(1748—1751年)。

## 9. 致威廉·卡伦[①]

载约翰·汤姆森：《威廉·卡伦的生活、演讲和著作》第605页；又载约翰·雷：《斯密传》第44页。

爱丁堡，1751年9月3日

亲爱的先生：

刚接到您的来信。听说克雷吉先生终于决定去里斯本，我很高兴。[②]那里的气候比较暖和，毫无疑问，他一定会获得他所预期的或想望的一切好处。我将尽我所能来减轻他授课的负担，这是我极其乐意做的事。您提到他承担的课程包括自然法理学和政治学，由我来讲授，这两门课极合我意，我情愿承担这二门课程。[③]我很希望知道他何时动身去里斯本，因为，如果定在10月1日之后，我想设法在他动身之前去看他，就应遵循的教学方案或许能得到他的指点。我会一切谨慎从事，严格按教案讲授，因为我应把自己看作处于他的地位代他行事。如果他在10月1日以前离开，那么希望他为我留下指点意见，如果只是口头指点，可以通过您或通过利奇曼先生[④]转达给我。

亲爱的博士，您最忠实的

亚当·斯密

① 威廉·卡伦(1710—1790年)，医学科学家和教师。就读于格拉斯哥大学和爱丁堡大学;在汉密尔顿行医(1736—1744年)，1744年来到格拉斯哥大学，自1746年起在那里从事于医药、植物学和化学等方面的教学。接受过他治疗的人中最出名的是大卫·休谟。

② 托马斯·克雷吉(1751年11月27日卒于里斯本)，伦理学教授，弗朗西斯·哈奇森的继任者。

③ 弗朗西斯·哈奇森曾讲授作为伦理学组成部分的法理学和政治学，斯密在格拉斯哥大学所讲授的就是这些。

④ 威廉·利奇曼(1706—1785年)，毕业于爱丁堡大学(1724年)，1743年成为格拉斯哥大学神学教授，1761年起担任该校校长。其主要著作有对哈奇森《伦理学体系》的介绍，指出它经验主义的偏见。

## 10. 致威廉·卡伦

载汤姆森:《卡伦传》第606页;又约翰·雷:《斯密传》第45—

46 页。

爱丁堡,1751 年 11 月,星期二

亲爱的先生:

原来答应您在星期六写信给您。但由于我时刻在盼望霍姆先生来此,[①] 以致没有写成。可是直到现在他也没有来。

我最喜欢同大卫·休谟共事,但深恐公众跟我意见不同。为了社会的利益,我们不得不顾及公众的意见。[②] 但是,如果我们害怕的事情发生了,我们就能知道公众将有什么反应。从我对埃利奥特[③] 观点的特别了解,可以颇有把握地说,林赛先生一定向他提出这件事,而不是他向林赛提出。[④] 您对我在这件事情上利益的关心,我永远感谢您。

我在爱丁堡看到您时,您曾向我说起校长有引退的打算。[⑤] 当时我没有在意,嗣后仔细一想,听到这种消息我应该感到愉快。我为什么改变态度的理由,待会晤时面告。在这件事上我不需要向您保密。承校长的好意在阿盖尔公爵[⑥] 面前提到我,请代我向他致谢。我等待在爱丁堡他的接见会上见到他,我是在爱丁堡大学里由林德先生[⑦] 向他引荐的,但看来他已经忘记了。

在见到我时刻期待的霍姆先生之前,关于您的事,除了上次信中所述者外,没有什么特别要告诉您的。[⑧] 最亲爱的先生,永远属于您的,

亚当·斯密

① 亨利·霍姆(1696—1782 年),法学家、文学家、经济发展的促进者;

其主要著作有《法学发展史》。《公平的原则》、《人类历史概述》等。

② 大卫·休谟(1711—1776年),哲学家和历史学家。爱丁堡大学伦理学教授职位失败的候选人,也未能得到斯密空出的逻辑学教授职位。由于他的宗教观点,使评议会对他感到惊恐,不敢邀他当教授。

③ 吉尔伯特·埃利奥特(1722—1777年),受教育于爱丁堡大学和莱顿大学。担任过国会议员;后任海军大臣、财政大臣、枢密顾问官、掌玺大臣,是休谟的密友之一。

④ 赫尔克里士·林赛(1761年卒),在格拉斯哥大学讲授法学若干年以后,升为法学博士,后被任命为民法教授。林赛可能曾劝说埃利奥特促使休谟提出申请继任斯密空出的教职。但此举并不符合休谟本人的想法。

⑤ 尼尔·坎贝尔(1761年卒)于1728年获得格拉斯哥大学校长的职位。1752年他全身陷于瘫痪,从此即不能参加大学事务。

⑥ 阿奇博尔德·坎贝尔即阿盖尔公爵三世。

⑦ 其身份未能查清。

⑧ 亨利·霍姆希望卡伦调到爱丁堡,曾设法为后者从事生产漂白剂和纯化盐的实验获得奖金。

## 11. 致詹姆斯·奥斯瓦德[①]

载奥斯瓦德之孙所著:《纪念詹姆斯·奥斯瓦德》第124页;又载约翰·雷:《斯密传》第103—104页。

格拉斯哥,1752年1月19日

先生:

这封信是由威斯特霍尔的詹姆斯·约翰斯通爵士的儿子威廉·约翰斯通先生[②]带给您的,他是个年轻人,在这四年里与我相知甚深，我深知他为人笃实谨慎，性情和善，诚恳而名誉卓知，这些品德几年来多方得到证实。他的良好人品，那种自然朴实的作风，初交时是不容易发觉的。相交较久，您自会与我抱同感。他有敏锐和深切的观察力，精确的识别力，合起来形成自然精致的情操，并随着他的学业成就而不断进步，即使这个地方只能提供狭隘的交友范围。当我初遇到他时，他非常活泼，且善于戏谑。但随着学业的精通，这些个性消失了。他是个律师，虽然我明知对象他这样的年轻人预言其将来的命运，未免过于愚蠢，但是我仍敢大胆预言，他将成为律师业中的杰出人物。我认为他具有必然不断上进的一切品质，除过分谦虚与率直外，没有一点会障碍他的进步，希望阅历和对事物的正确认识，可以改进这些不足之处。我向您保证，我没有有意夸大，我以名誉担保每一项都是真的。我相信，您会发现这个年轻人具有实实在在巩固的才能与价值，不是那种华而不实的人。他为了私事必须在伦敦耽搁一段时间。他希望您能允许他有时登门求教，在怎样最好地利用时光，从而以最好方式获得不断的和切实的进步方面得到您的教益。



我深知这事会增添您的麻烦，未免过分利用您对我的纵容与姑息。但这是请您关照我的莫逆之交，虽然我的做法有点轻率，您当会原谅我的。假如不是这样，至少您就不是希望别人判断您那样来判断别人了。因此我深知，您如果遇到这种情况，您也会这样做的。

您上次到苏格兰来时，如果院方允我三天假期，我本来会拜访您的；最使我感到不快的是，而我同在一个国家而没有见到您的快慰。请相信，对于您新近的成功，[③]或者对于任何给您增荣添彩的事，没有人比我感到更大的欢欣。

先生，您的永远感激的微贱的仆人

亚当·斯密

① 詹姆斯·奥斯瓦德(1715—1769年)受教育于爱丁堡大学、伦敦法学协会和莱顿大学；曾为英国国会议员，历任海军大臣、商务大臣、财政大臣、枢密顾问官。他是斯密的同乡，也是斯密、亨利·霍姆和大卫·休谟早期亲密的朋友。霍勒斯·沃波尔(英国作家——译者)认为他是下院三十个第一流的雄辩者之一。在下院，由于他经济方面的知识丰富，使他成为商务部的主要发言人。

② 威廉·约翰斯通(1729—1805年)是威斯特霍尔的詹姆期·约翰斯通爵士的次子，两次任国会议员。1767年他的妻子继承了巴思伯爵的遗产之后，享有了普尔特尼姓氏，成为巨富；参阅1772年9月3日致威廉·普尔特尼的信(书信132)。

③ 奥斯瓦德于1751年底加入佩勒姆政府。

## 12. 大卫·休谟致斯密

原稿存爱丁堡皇家学会；载格雷格：《大卫·休谟书信集》第167—169页。

1752年9月24日

亲爱的先生：

我承认，我曾一度跟您的意见相同，认为编写英国史最好从亨利七世时期开始。[①]但是您将愉快地看到，其时国事上发生的变化在当时没有被觉察到，要过好多年以后变化的影响才表现出来。在詹姆斯的统治下，下院首次开始抬头，接着就发生了议会特权与君权之争。政府摆脱了强大王权的控制，显示了它的才能，而当时出现的派系，对我们当时的事务有影响，形成我们历史中最奇特、最有趣和最有教益的部分。上述事件很容易以反映或评论的方式来表达，然后把它巧妙地插入著作的正文，用这个方式能使整体更加紧凑和一致。我不否认，这个主题很合我口味，我以极大的热情和兴趣投入这一工作。您不必怀疑我的恒心。②

我暂时别有勾当，即我的伦理与政治的论文集拟出一新版本，现正从事修改。③您对该著作如有意见，拟加以增益或删削，乞即见示，我将非常感激。万一您手头无最近版本，④我将寄上一册。在新的一版里，我正违背我自己的判断，保留第六篇和第七篇，⑤我早就决意把这两篇删去，因为其内容显得很无聊，与其余各篇显得有些不相称。但我的出版商米勒⑥对此举竭力反对，他告诉我：一流评论家们对这两篇大加称赞的话他听到无数次；人的心都碎了，然而我要让它们活下去。

米勒还告诉我，博林·布鲁克作品的所有剩余部分都已于上周付印，⑦老实说，此举却没有引起我多大的好奇心。

您给我的信，由于地址有误，差一点遗失，结果迟了几天才收到；您没很快收到乔安尼斯·马格纳斯那本书，也就是由于这个原因。以后来信请寄到朗恩市场里德尔兰。⑧

亲爱的先生，您诚挚的

大卫·休谟

① 斯密在《论修辞学与纯文学的讲演》里多次说到历史和历史学家，但从没有提到休谟认为这些意见是属于他的。

② 休谟的《英国史》开始于詹姆斯一世和查尔斯一世的统治时期(第1卷，1754年出版)，论述了从1660年王政复辟起到1688年革命这一时期的历史(第2卷，1757年出版)，然后再回到都铎王朝(第3、4卷，1759年出版)。最后以儒略·恺撒到亨利七世继位这一段时期结束(第5、6卷，1762年出版)。

③ 作为《关于几个问题的论文》第1卷，于1753年出版。

④ 1748年版。

⑤ 《爱情与婚姻》和《历史研究》，这两篇于1760年后被删去。

⑥ 安德鲁·米勒(1707—1768年)，出生于爱丁堡，迁到伦敦后成为当时最有名气的书商(出版者)。约翰逊博士说，"我很尊重米勒，他提高了写作的价值"(博斯韦尔：《约翰逊传》)。米勒出版休谟的著作始于1748年；跟他的出版事业有关系的其他主要作家有约翰逊、汤姆森、菲尔丁和罗伯逊。

⑦ 戴维·马利特曾于博林·布鲁克死后发表其作品《关于历史研究和运用的信》。约翰逊对于博林·布鲁克作品曾加以猛烈抨击，称作者为反宗教与道德观念的恶棍，生前没有决心把这种肮脏的东西付之一炬，以至于死后贻害于人，是个胆小鬼(见博斯韦尔：《约翰逊传》)。斯密对于休谟死后拟发表其《关于自然宗教的对话》这件事顾虑重重，也许起因于对马利特上述做法的反应。



⑧ 休谟于1752年5月迁入这个新址；见格雷格：《大卫·休谟书信集》，第1卷第170页。

## 13. 大卫·休谟致斯密

原稿现为马格斯兄弟所有(1932年)；载格雷格：《大卫·休谟书信集》第176页。

爱丁堡,杰克兰[①],1753 年 5 月 26 日

亲爱的先生:

我听利奇曼先生[②]说,您最近有些不舒服,很不放心。我担心您的教学工作过于疲劳,耗尽您的精力,您需要比现在更多的闲暇和休息。[③]好在美好季节和假期将近;我希望您有意为了锻炼与休憩,到我这里来作一次短途旅行。我们之间有很多事情要交换意见。假如您不是我的好友,看到我身体如此强健,将萌妒忌之意。工作上,无论过去,还是现在,我都努力不断工作,可是我身体仍然很健康。我现在正开始着手写长期国会时期的历史,考虑到要仔细阅读大量文件和我谨慎的写作方法,我认为您的假期在这里度过对我有极大的好处。[④]这里经常有几个好朋友;并且您也知道我这里书很多,喜欢看什么,可以任您选择。

我请求您在空暇时给我回信;我是

您亲爱的朋友和谦卑的仆人

大卫·休谟

① 休谟于 1753 年从里代尔兰移居到这里,在这里度过 9 年,大部分时间用来写《英国史》。

② 见信件 3,休谟可能在爱丁堡大学他们一起时认识利奇曼。

③ 大学学期从 10 月 10 日持续到 6 月 10 日。斯密星期一到星期五教伦理学,在上午七时半到八时半,一个公开班级多至 90 人。他对班级中三分之一的学生于中午举行一小时查考早上的讲课。他私人开的班级约有学生 20 人,从上午十一时起到中午,一周开班三次。他勤于准备课程,学生可以随时进见。约翰·米勒说,斯密的课程主要分四个部门:神学、伦理学、法理学和政治经济学。以上及其他资料见杜加尔德·斯图尔特的《亚当·斯密生平及著作》一书。

④ 《英国史》(1754 年)第 1 卷,第 10 章。

## 14. 大卫·休谟致斯密

原稿存哈佛大学霍顿图书馆;载克利平斯基和莫斯纳:《新发现的大卫·休谟书信》第 35—37 页。

爱丁堡,1754 年 2 月 27 日

亲爱的先生[①]:

这是封准备分发的信件,目的是向所有我相识之人,特别是向那些[②]交友较广,长于宣传的人[③]推荐布莱克洛克先生[④]的诗篇。[⑤]这些诗有许多确实很优雅动人。假如这些诗出于得志幸运者之手,将会得到极大重视。然而,诗的作者是一个命运多舛的人,当您了解到这一点时,就会对这些诗篇发出奇迹般的惊叹!加上他性情之温和是我前所未见的,他处于这样的逆境而不以为意,这就使我们对他更加同情和尊敬。福尔斯先生[⑥]处有我寄去的诗集供出售,他愿将它们分到大家手里不求任何利润。我拜托您,不但由您自购一册,此外情多买数册转卖给您的熟人。我相信您至少买上半打由您安排。我在这几天内已经售出约 50 册,售价是三先令一册。您尽可安心地把这本书推荐出去。请读“给去几内亚海岸青年的颂歌”、“论形而上学精美的颂诗”、“给死亡夺走儿子的妇女的颂诗”、“希望一哀歌”、“独白”。如果您不认为这些都是值得称赞的杰作,那就是我的大错。所以这本集子可以与多德斯利

的杂诗集⑦甚至更好的诗集争一日之长。

这次我们愿望能在这个城市里看到您。但结果令人失望。听到今冬您的健康如此之好，我非常高兴。请代向贝瑟姆先生和夫人⑧致意。倘使那位夫人能对布莱克洛克先生的作品感兴趣，在推广销路方面当大有所助。一个天生的盲人，他对于抒情的艺术不一定不敏感，我们愚夫愚妇，只有先通过眼睛才能接受。除非是一个既聋且瞎的人，否则我不知道他怎么能够不接受贝瑟姆太太的影响。亲爱的先生，我是

您的忠诚的

大卫·休谟

① 原信无收信人。克利班斯基和莫斯纳根据休谟于1753年5月26日与1754年12月17日两次给斯密的信推测出来的。

② 原稿第一张的左边被撕掉。

③ 休谟分发信件的其他收信人有约翰·克莱芬、罗伯特·多德斯利、约翰·斯图尔特等人。

④ 托马斯·布莱克洛克(1721—1791年)，诗人，中学校长和牧师。出生六个月后因痘疾致眼睛失明。曾在爱丁堡大学学习希腊文和神学；1767年成为文学博士，同年与大卫·休谟失和，晚年与罗伯特·伯恩斯和沃尔特·斯科特交情密切；他的赞誉使伯恩斯免于流放西印度群岛(1786年)。

⑤ 诗集名《偶然得来的诗篇》。其人有苏格兰的平达尔(古希腊抒情诗人——译者)之称。

⑥ 安德鲁·福尔斯和罗伯特·福尔斯是书商和格拉斯哥大学的印刷商，他们出版的书以精美、准确著称。

⑦ 罗伯特·多德斯利(1703—1764年)诗人、剧作家和书商；以收集古代戏剧和当代诗歌著称。

⑧ 贝瑟姆夫妇是斯密在格拉斯哥的朋友，贝瑟姆先生是格拉斯哥文学

会的发起会员。

## 15. 亚历山大·韦德伯恩[1]致斯密

原稿存格拉斯哥大学图书馆，编号 1035/135；载斯科特：《亚当·斯密》第 233—235 页。

牛津巴利奥尔学院，〔1754 年〕[2] 3 月 20 日

亲爱的斯密：

自从与您握别这么久，一直没有向您写信问候，首先向您致歉意。但我仍不完全满意，因为这样的久离实在没有必要。虽然别后没有收到您一封信，但我深信，您一定时常惦记着我。我这样判断，因为变化万端的世上事物只能引起我的迷惑而不能引起我的兴趣。只有在想到阁下时，才是我最好的沉思时光。如果您的想法也是这样，就不会把我的沉默认为是我对您的忽视或忘却。您很有可能得出结论，以为我习性轻浮、懒散和放荡，我害怕这些是真实的。我可以妄称的唯一优点是我颇有些自知之明，深知赋性放荡不羁。然而，即使在这方面陷溺最深之际，最终，我的生性也会使我从深渊中自拔。您既然问起，我敢于告诉您关于我的可能已经说过的一些事情。我终日无所事事，只是寻欢作乐。我学力有限，不能完全幡然改过，但是我已经注意到这里法院的事务，甚至还多少读了点科克大法官[3]的著作。我在伦敦的社交范围越来越广，以至占去了我大部分时间，我不可能把社会交际与我的工作

同时兼顾。我决心离开城市，我现在住在牛津您原来待过的地方，这里与我来往的人与我的旧交相比完全属于不同的类型，这就不怕有人时时来打断我的学习了。自从来到这里，我就想到，根据我要进行的计划，一份苏格兰奖学金对我非常有用。我不加掩饰地向您提到这件事，也不找个幌子，因为我相信它对我是有益的。假如我有时间把全部情况向您摆出来，您一定会有相同见解。就我所知，史密斯博士④的一份职位必定是空着的，还有一位先生⑤的病情已极度严重，他的职位极有可能不久也将空出。凭我的地位和在格拉斯哥的几位朋友，我认为我有充分资格。您认为我获得提名会遇到困难吗？这件事我宁愿有人向我提出，不愿我去求人，无论怎样，我也不想在这件事上为了不失望而花费过多心思，这件事除对您外，我从未对别人说过。在得到您回音之前，我也不会说出去。如果有必要采取任何步骤以防止别人先下手，您能够作出最好的判断。关于这件事我只希望尽可能少说起，尤其在我父亲⑥还不知道我意图的时候。我深知您不喜欢过问有关学院事务。但这次我希望不会引起您的任何麻烦。亲爱的斯密，我永远是您忠诚的朋友。希望立即得到您的回音。

亚历山大·韦德伯恩



① 亚历山大·韦德伯恩(1733—1805年)，律师和政治家；内殿法学协会会员(1753年)；副检察长(1771—1778年)；检察长(1778—1780年)；枢密院顾问官(1780年)；高等民事法庭法官(1780—1793年)；大法官(1783—1801年)；1801年受封罗斯林伯爵。韦德伯恩在宦途中一帆风顺，与朋侪相处，倏离倏合，有时不免过于随便，但与苏格兰知识界中的老友，如休谟和斯密，相处是忠实的。他全力支持英国政府反对美洲殖民者的立场。后接替皮

特为掌玺大臣。

② 推测的日期与斯内尔奖学金期限相吻合(见斯科特:《亚当·斯密》第233页)。

③ 爱德华·科克爵士(1552—1634年),大法官;代表作为《英格兰法律基本原理》。

④ 约翰·史密斯,在格拉斯哥大学和巴利奥尔学院受教育,1755年退出斯内尔奖学金。1766年任牛津大学几何教授。

⑤ 未详。

⑥ 彼得·韦德伯恩(1756年卒),律师、爱丁堡市的陪审推事;1755年受封切斯特霍尔勋爵。

# 16. 一个同姓名者[①]致斯密

原稿存格拉斯哥大学图书馆,编号1464/10;载斯科特:《亚当·斯密》第235页。

阿洛埃,1754年8月27日

〔这是一个同名者给他的堂兄弟亚当·斯密教授的回信,斯密教授的一个朋友想买一个职位,要求他代为探听一下。公认他的收税员职位价值“每年200镑以上”,除非价钱“不低于相当于十年收益”,否则他是不愿出让的。[②]此外,他还写了一个呈文给阿盖尔公爵,内容是关于他个人的私事。并建议由他的堂兄弟到艾尔郡作一次短期旅游,“这个消息对您的健康有益,并使你听了感到有趣。”〕

① 这个同名者在阿洛埃海关当收税员，1711年出生在阿伯丁郡，据说在1752年时有个老婆和四个儿女。

② 1752年时，这个亚当·斯密作为海关收税员一年收入30镑，兼任盐税征收员也有同样收入。可能他还兼一些较小职位。虽然大家知道当时一个收税员的实际收入比正式薪水多一倍，但是斯密最初提出卖他职位的价格十分昂贵。

# 17. 亚当·弗格森[①]致斯密

载约翰·斯莫尔：《亚当·弗格森传略》第603页。



格罗宁根，1754年10月

〔弗格森请斯密给他一个复信，寄到鹿特丹[②]〕因为我是一个彻头彻尾的教外俗人，所以没有任何教士的头衔。

① 亚当·弗格森(1723—1816年)，牧师、教授，早期社会学家；继休谟之后任职律师图书馆管理员；先后任爱丁堡大学自然哲学、伦理学、数学教授。1778年被派到美国费城任和解委员会秘书。他最重要的著作是《论文明社会史》，此书出版后引起指责，说他剽窃斯密的想法，因而他们两人之间的感情，一度趋于冷淡。因弗格森此作的问世，在时间上先于《国富论》，使马克思在劳动分工不利条件这一理论上把他看作是斯密的"先生"(《资本论》第1卷)。当斯密最后病笃时，弗格森与他和好。弗格森同休谟、斯密、约翰·米勒·罗伯逊和坎姆斯一起，被称为社会历史学苏格兰学派的主要人物。

② 鹿特丹大学是研究罗马法的苏格兰人的常去之处。

## 18. 亚当·弗格森致斯密

收信人:北不列颠格拉斯哥大学哲学教授亚当·斯密先生
原稿存伊利诺伊大学图书馆;未发表。

莱比锡,1754 年 12 月 1 日

亲爱的先生:

上次我从格罗宁根[①]写信给您,告知您戈登先生[②]打算在这里过冬。他在路上得到对格罗宁根的印象,使他一直不满意这个地方,人们有时认为在一所没有名气的大学读书,成为没有出息的人,像是穿着一件不合时尚的外衣;此外我没有足够资格判断这所大学的优劣。[③]这里有各种各样的教授,这里所有获得文科硕士学位的人,大肆宣扬他们所喜欢的任何学科的学院;他们几乎没有任何假期。公开讲课都用德语,外国人不得不开私课为自己补习拉丁语,私课的收费很高。戈登先生和阿伯克龙比先生[④]一起听三门功课:民法、自然与国家法和近代史,同时攻读这些未免过于繁重,至少对专心读书和追求稳固成绩的人来说是这样,但像戈登先生这样的人,很少有这种习惯;他很喜欢听有关学习的问题,至于如何钻研,他是不放在心上的。劝告他不要有不正当行为是没有什么困难的,全部汇款可以信赖由他自己管理。保证十分安全,所以你可以把我叫作愉快的管理人,只要您能时刻记住一个管理人的快乐能达到多远。这里对我来说不是一个能好好谈心的地方,

我也不能通过蹩脚的拉丁文和法文从谈心中得到欣慰，也许有令人愉快的人，但是我迄今未能发现。我已经有这样的想法，认为这里的学习空气很浓，但是从没有碰到任何真正鉴赏力的闪光或非常优雅的见解。但是，我来此不久，您必须把我看作这里的陌生人，以后可能了解得更多一点。

几天前，有一位先生从巴黎去柏林路过这里，向我谈起有关韦特内勒先生[5]的一些琐事。一件是他和一位女士同行，她偶然失手落下她的扇子，他立即俯下身要为她拾起来，但女士阻止他这样做，说他年纪太大了，他听了这话后说：啊！上帝，我还不到八十岁呢！又一女士似乎是新近从别处搬来同他为邻的，这天来拜访他，告诉他说，因为他年事已高，打算常来看看他；他回答说，这不是我的理由，只能是我的借口。希望这类来自远方德国的无聊的俏皮话会使你喜欢，倘若您不喜欢，您可能会长时期思索下去，时间一久会使法国佬变酸。近来我见到伏尔泰与法国的一位高级教士之间通信的极妙的信件手稿，谈到他的无宗教信仰。他们说他一直抱怨他身体不好，并威胁地说到他就要死去。这里的一位太太告诉我，在他从柏林来的途中她见到他，[6]并说他拥抱了她的一个孩子。他说这孩子即使是莫珀图伊蒂[7]生的他也将喜欢他。我们这里住着个法国人，样子有点傻里傻气，为了学法语我们才和他住一起。他在这个地方教法文已经好几年，曾将休谟的一些作品译成法文，他拥有波兰国王秘书的头衔，一个房东有这种光荣是很好的。[8]当国王对某人要加以宠信时，不能滥施贵族头衔，而是增加许多秘书、枢密官等名称。[9]这里的贵族逐渐削弱衰落，因为全体子孙要分享产业和头衔；贵族分许多等级，每一等级有大量头衔，

如果您是莱比锡教授而不是格拉斯哥教授的话，我写信给您时，就得称您为阁下，然后加上最博学的，最闻名的等等。听说您身体不大好，而我写了一大堆东拉西扯的话，感到很抱歉。希望能收到您的信，信中不再埋怨今年冬天。请代我向斯密夫人[⑩]、道格拉斯小姐[⑪]和在格拉斯哥的其他朋友们一一问候。巴格韦尔先生和里德先生[⑫]如果在格拉斯哥，也请代我向他们问候。如果我知道他们确实在格拉斯哥，我将写信给他们。戈登先生嘱我向您致意。亲爱的先生，

我是您最亲切的

微贱的仆人

亚当·弗格森

向您的戈登先生问好

① 荷兰的大学，苏格兰人在这里学习罗马法。

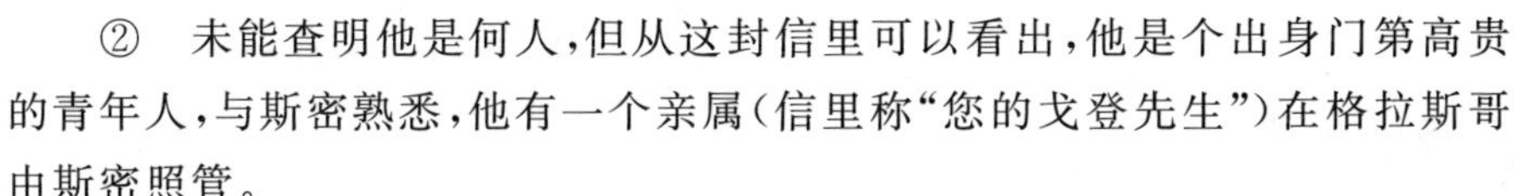

② 未能查明他是何人，但从这封信里可以看出，他是个出身门第高贵的青年人，与斯密熟悉，他有一个亲属（信里称“您的戈登先生”）在格拉斯哥由斯密照管。

③ 这一时期最知名的教授是哲学家兼神学家克里斯蒂安·奥古斯特·克鲁修斯（1715—1775 年）。

④ 未详。

⑤ 伯纳德·韦特内勒（1657—1757 年）科学院秘书，后来成为院长和历史学家。

⑥ 1750—1753 年伏尔泰在柏林由腓特烈大帝供养，后他与莫珀图伊蒂闹翻，随即离开国王。

⑦ 莫珀图伊蒂（1698—1795 年）数学家。曾任柏林学院院长，许多人说他脾气不好。

⑧ 指埃利埃泽·德·莫维朗（1712—1779 年），普罗旺斯人，1743 年成

为新教徒，迁居莱比锡，曾发表休谟《政治论述》的法译本，他性情固执，很难对付，使家人深受折磨。

⑨ 指弗雷德里克·奥古斯特(1696—1796年)，萨克森选帝候，1734年为波兰国王，后被普鲁士的弗雷德里克灭亡，此后流亡国外。

⑩ 亚当·斯密的母亲。

⑪ 珍妮特·道格拉斯(1788年卒)，斯密的表姐和管家。

⑫ 未详。

## 19. 大卫·休谟致斯密

收信人：格拉斯哥大学哲学教授亚当·斯密先生

原稿存爱丁堡皇家学会，编号26；载格雷格：《大卫·休谟书信集》第212—213页。



爱丁堡，1754年12月17日

亲爱的先生：

我告诉过您，我曾打算向学院申请要求纠正，如遭到拒绝，就放弃图书馆工作。我可以肯定，图书馆两个主持人①打算向学院公开宣布他们愿意根据我的意见纠正，有了他们的支持就不难战胜另外两个主持人。但是在那个日子到来之前，院长②迫使他们改变初衷，利用他全部势力使他们站在他一边。看来我的打算不可能成功，因此，收回了我的申请。由于同样不愿丧失使用图书的机会和不愿忍受侮辱，我保留了这个职位，但是给那位盲诗人布莱克洛克一份年金收入作为薪金。现在我消除了这些恶毒小人对我施加阴谋诡计的权力；而我所以要留在这个职位上的动机是显而易见的。您若赞成我的行动，我将不胜欣喜。我承认，我满意我自己的作为。

请您告诉我，请坦率地告诉我，我的《英国史》在与您一起的一些行家眼中评价如何？我指的是卡伦博士、贝瑟姆先生、[③]贝瑟姆夫人、利奇曼先生、米尔黑德先生[④]、克劳福德先生[⑤]等。我能否假定，认为此书值得研究，其中的优点超过了缺点？我急于想知道我作品中的瑕疵，我敢发誓说，您一定认为我作为这样的一个老作家太谦虚了。我真的不能希望很快就有机会改正我的错误之处。这次印书数量巨大[⑥]，在爱丁堡的销售量确实很大，但在伦敦的销路如何，我们没有确切的消息。[⑦]总之，我期望收集各方指教的意见，而您现在闲着。（我的意思是，您除教书外别无所为，而教书对您说是比较清闲的）因此，我坚决要听听您对此书的意见。[⑧]

请转告克劳福德先生，我已如所嘱，送了一册给卡思卡特勋爵[⑨]。

亲爱的先生，我是您忠诚的

大卫·休谟

① 休谟作为律师图书馆的管理员，于1754年4月4日，为该馆购置了大批书籍。该馆管理人于6月份普查时，其中有人认为所购书籍中有三种内容粗鄙。经过长期考虑，命令将该三种书从架上撤去。同时规定，此后增购图书不得单独由管理员决定。休谟要把这些撤去的书重新陈列起来，他深信主持人中有两人是赞同他的主张的。

② 院长为罗伯特·邓达斯（1713—1787年），1746年任院长，1756—1760年为国会议员。

③ 见信14。

④ 乔治·米尔黑德(1715—1773年),格拉斯哥大学东方语言教授(1753年);与人合作主持荷马诗集的出版工作。

⑤ 大约指帕特里克·克劳福德(1778年卒),罗纳德·克劳福德之兄,约翰·克劳福德之父,此二人均为休谟朋友。本人多次为国会议员。

⑥ 根据莫斯纳著《休谟传》的记载,印数为2,000册。

⑦ 根据休谟给巴尔卡雷伯爵的信(载《大卫·休谟书信集》第214页),在爱丁堡"五个星期里售出约2,000册",根据休谟《自传》中说,"米勒先生告诉我,12个月里只售出45册"。

⑧ 斯密关于《英国史》写给休谟的信,似乎没有留下来,但斯密仔细研究了这本著作,称休谟是"当代最杰出的哲学家和历史学家"(《国富论》第1卷)。

⑨ 查尔斯·卡思卡特第9位男爵(1721—1776年),1768—1771年任驻圣彼得堡大使。

## 20. 大卫·休谟致斯密

收信人:格拉斯哥大学教授亚当·斯密先生

原稿存爱丁堡皇家学会,编号27;载格雷格:《大卫·休谟书信集》第216—217页。

爱丁堡,1755年1月9日

亲爱的先生:

请代向文学会[①]致意。如果我没有尽到我的责任,没有把周年纪念文章送给他们,您将承担这个过失。假使在一星期前通知我,本来可以给他们寄去文章的。我原来很愿意把几页关于共和政体时期那段历史送去，但是现在不在我手头，我又回忆不起来。

国会议员的偏执与希曼[②]的宽宏大度不可同日而语，您这个意见完全正确。他们自己在国内是极端滥用权力的迫害者。此外，在法国的胡格诺教徒没有受到迫害；他们是真正煽动成性的好骚动的人，他们的国王无法使他们驯服。法国的政治迫害要到60年后才开始。

您反对爱尔兰大屠杀[③]是对的，但是反对的不是写法而是主题。如果我描述巴黎的大屠杀，是不会犯这种错误的。在爱尔兰大屠杀中，没有一个著名人物倒下或引人注目地死去。如果那一整章的议论该受指责，那是由于我的观念受重大主题思想的影响，我认为主题是最重要的。这种不幸的情况常常发生。亲爱的先生，我是

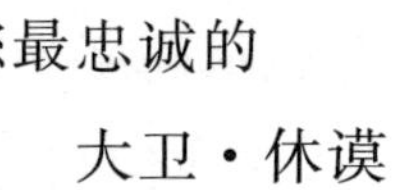

您最忠诚的

大卫·休谟



① 格拉斯哥文学会，系由斯密和该大学的有关人士所创办，包括休谟。约翰·达尔林普尔爵士和福尔斯弟兄。

② 希罗二世（公元前270—216年），锡拉库斯的暴君。

③ 休谟在《英国史》的第1卷第6章叙述了1641年爱尔兰的大屠杀。

## 21.致〔乔治·斯通博士〕[①]

原稿存格拉斯哥大学档案室（未签名的草稿）；未发表。

〔格拉斯哥,1755 年 2 月 14 日〕②

阁下:

格拉斯哥大学当局接到阁下于 1 月 25 日给他们的信,命我谨向阁下报告,他们在有幸收到阁下这个最后申请之前,已受到国内最有众望的人士,特别是现任大学校长③格拉斯哥伯爵的请求,准许安德森先生与坎贝尔先生一道,再在国外耽搁一年;但是,他们预见到如果同意了这个请求可能对校方和安德森先生④双方都会带来某些不方便,因此很抱歉,未能同意。学会的所有成员都与这位高贵的勋爵相知有素,他们深信他会原谅他们未能为这件事情出力,也不会以为由于他屈尊俯就大学校长而对他不够尊敬,他们认为这是他们无上的光荣和值得感激的事情。他们还希望由于同一目的嘱托他们的那位伯爵和别的名人因为与他们十分邻近,大学就有表示高度崇敬的许多机会,借以增进友谊。阁下与我们相距遥远,使我们只有很少机会表达我们对您的风度、声望和身份崇高的敬意,因此,我们不能不在如此细小的事情上抓住一切机会,向阁下保证,距离不能使我们感不到我们理应做到的事情。安德森先生奉昨天举行的大学评议会之命,获准假期到 1756 年 10 月 4 日止,这是坎贝尔先生希望得到的全部时间。谨请允许我向阁下表示最高的崇敬之意。

最恭顺最卑贱的仆人

校长⑤因偶感不适,未能亲自执笔。他是衷心赞成同意这一申请的,并对阁下致以最诚恳的敬意。

① 大学评议会于 2 月 13 日接到从"爱尔兰大主教"来信,此信就是对

来信的回答。这位显要人物即全爱尔兰大主教乔治·斯通博士(1708?—1764年)。

② 信里提到“于昨日举行的评议会”,即2月13日(参阅斯科特:《亚当·斯密》第188页),由此说明这封信件手稿是14日写的。

③ 约翰·博伊尔,即格拉斯哥伯爵在1754—1755年为格拉斯哥大学校长。

④ 约翰·安德森(1726—1796年),东方语言和自然哲学教授,其人很有才能而好与人争吵,有时禁不住对学生还横施搥楚,对同僚则进行挑拨。他着重于应用科学的数学。他死后,人们建立了安德森学院,吸收了他的某些思想。作为他的旅行导师的“坎贝尔先生”,未能查明是何人。

⑤ 校长尼尔·坎贝尔。

## 22. 大卫·休谟致斯密



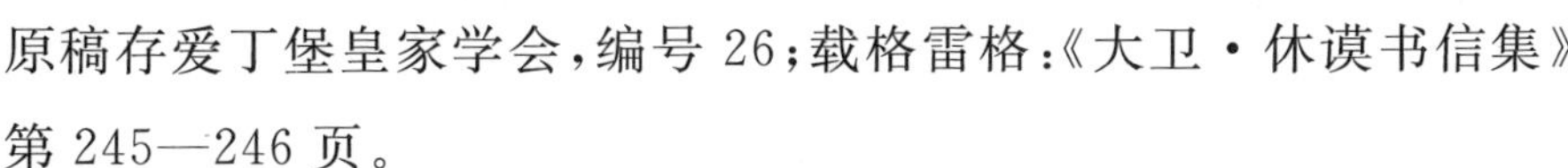

原稿存爱丁堡皇家学会,编号26;载格雷格:《大卫·休谟书信集》第245—246页。

〔1757年3月〕[1]

亲爱的斯密:

我得到几本最近在伦敦出版的我的《论文集》[2],将交由往格拉斯哥的第一班邮车给您带去,无价值之物,望惠予收下。您已读过这些论文的手稿,现在您会发现,为谨慎起见,关于宗教自然史那一篇略有修改。我不怕这篇东西会大大增加反对的喧嚷。[3]

您大概已经见到对约翰·霍姆的献辞[4],因为我发现它发表在这里和伦敦的一些周刊里。我们一些友人认为,为别人的作品使我自己向公众负责,是轻率的举动;但是作者已经在他自己上升的道路上设置异常的和莫名其妙的障碍,因而我想爱护他的人用通常的方法来帮助他是义不容辞的。我相信献辞这篇文章将被认为写得很周密而不粗俗。

我有个好消息告诉您,这个剧本在科文特园(伦敦一广场旁的剧院——译者)的演出虽然没有像在这里演出那样好,[⑤]但有希望得到很大成功。它巨大的内在价值突破一切障碍。将后剧本出版时(很快将出版),我相信它会被认为是最好的剧本。法国批评家说,它是用我们的语言写成的唯一悲剧。这种鼓励无疑将使著者继续从事这一事业。他在伦敦得到很大的赞助,我希望他不久就可以在经济上独立。

您曾听到过像我们教士近来表现的那种疯狂与愚蠢吗?至于我这方面,预期下一次集会中他们将隆重宣判开除我的教籍。[⑥]可是我不认为它会发生任何后果。您的看法如何?



现在我有些疏懒,下一步做些什么还没有打定主意。我写《英国史》应该往后写(即,写已成书的《英国史》以前的历史——译者)还是往前写?我想,你以前告诉我,您倾向于同意我往后写。可是往前写有更使人们欢迎的题材;但我担心恐怕找不到充分资料来证明事实。至少不定居在伦敦就不容易做到这一点。我承认,要我住在伦敦我还有些不愿意。我在这里安家落户十分合我的心意。我不希望在我有生之年,再改变我的居住地点。

我刚收到从伦敦寄来的一本《道格拉斯》。它将立即出版。希望能〔在《论文集》〕[⑦]同一邮包里寄您一本。

亲爱的先生，我是〔　　　　　　　　　〕

请告诉我为什么今年冬天没有见到您？我们希望这只是由于您事务纷繁而没有什么别的原因。但是您要注意的不仅是勤劳，还得有坚持的精神。

① 原稿被撕裂，但在提到伦敦演出《道格拉斯》一事暗示是在这个时候。

② 四篇论文：《国家宗教史》、《论感情》、《论悲剧》、《论爱好的标准》，1757 年 2 月 7 日出版。

③ 反对者指威廉·沃伯顿及其他人（莫斯纳：《休谟传》第 321—326 页）。《国家宗教史》正文的删改，见莫斯纳同书第 619 页；改动一些会引起亵渎神明指责的语句。

④ 《献辞》是单独发表的，是献给尊敬的悲剧《道格拉斯》的作者霍姆先生的。约翰·霍姆（1722—1808 年），著有戏剧多种；曾为威尔士亲王（后乔治三世）的私人教师。

⑤ 剧本于 1756 年 12 月 14 日在爱丁堡演出；1757 年 3 月 14 日在伦敦科文特园上演。

⑥ 1756 年教会威胁休谟。1757 年攻击的对象是休谟的伟大朋友亚历山大·卡莱尔牧师。

⑦ 原稿此处被撕掉。

## 23. 致〔吉尔伯特·埃利奥特〕

原稿存哈佛大学克雷斯图书馆；未发表。

格拉斯哥学院，1757 年 9 月 7 日

亲爱的先生：

我冒昧上书，希望为一个亲密的老友恳请您帮忙，我不能肯定的是，您允准这一请求可能不合适，恐怕，我提出这一请求更加不合适。就我所知，约翰·霍姆曾向您推荐叫约翰·柯里的一位先生[①]，他是我的老同学，是一位学力在一般水平以上的好牧师，他出于爱情，贸然与一位姑娘结婚，这个姑娘是我的表妹，人品很好，我一直表示尊敬，可是没有一点点财产。他的老父只赖他独力赡养，而他的家庭人口则在增多，因此您可以相信他们的家计十分困难。有个叫普雷斯顿[②]的是曼金奇地方的牧师，于十天前故世；新任命是国王的权利。您能否通过合适的方法为这个有才学的人申请这个职位？深知我没有一点资格向您提出这类请求，无奈此人情况紧迫，使我无暇顾虑及此。假如我能把这件事原原本本地告知默里夫人[③]，我相信，她一定会全力同我一道申请的。

关于您在这里的朋友，我没有什么重要消息可告。您的英格兰朋友们在这里广受欢迎，声誉甚隆。林肯郡的暴民反对民团，引起我们最严重的愤慨，我们希望听到为首全被绞死的消息。[④]我此次贸然向您提出这个请求，乞予原谅。谨向您致最大的敬爱之意。您最恭顺的

卑贱的仆人

亚当·斯密

① 约翰·柯里(1722—1770 年)1750 年受神职，1755 年 5 月 9 日与琼·道格拉斯结婚。

② 乔治·普雷斯顿，曼金奇牧师，1757年8月24日卒。

③ 埃利奥特于1746年12月15日与休·达尔林普尔·默里结婚。

④ 1757年5月1日实施的民团法批准在英格兰一些地方举办民团，每逢星期日训练，但是不供应经费。8月份一群暴民在斯托和林肯郡造反，向一个年老牧师要钱和一桶淡啤酒，遭拒绝后他们打碎窗户，并在林肯郡示威游行，向警察局长索回民团名册和钱。苏格兰人对英格兰反民团情绪表示愤懑。

## 24. 致〔米尔顿勋爵〕[①]

原稿存苏格兰国立图书馆；未发表。

格拉斯哥，1757年10月



阁下：

虽然我没有认识阁下的荣誉，但是由于我的友人威尔基先生[②]的殷切愿望，不得不冒昧上书。我们收到阁下来信后立即由我转达克洛先生[③]，他向我保证说，虽然此事与他全无关系，但对威尔基先生极为钦敬，深愿与他相结识。但是看来他把您的信看作是允许他与威尔基先生交朋友，而不是直接的推荐。随后我将此事立即告诉利奇曼先生，他明确表示他感到非常抱歉，他宁愿要布坎南先生[④]而不要威尔基先生，前者比后者更能引人注目；他又说，他已经有两封信给巴肯勋爵[⑤]，表示支持布坎南先生，因此无论如何不能对这个新建议加以赞同，不过在上述两封信里，他把他的答应完全说成是因为阿盖尔公爵的推荐。然而，他似乎衷心希望我们的计划成功，至于布坎南先生则由勋爵另作安排。安德森[6]先生向我保证说，只要威尔基先生能成功他愿意出一大笔钱，但是他已经答应院长[7]投票选布坎南先生，但以院长们首先同意投票选他为条件。林赛先生[8]表示对威尔基先生极为尊敬，同意他的朋友们的计划，但是由于对布坎南先生长期私交密切，使他对此无能为力。至于西姆森先生我没有亲自同他说过，只是从布莱克先生[9]那里听到，他对布坎南先生绝对没有什么承诺。向阁下推荐威尔基先生的四个人全是目前在苏格兰的我们学会的会员，要有六个人就构成多数。如果能使巴肯勋爵亲自出面向克洛先生或西姆森先生说项——如果同时向两者推荐，那就更好——我相信，事情是很容易成功的。按照我的看法，克洛先生将把这一点看作无上光荣，并倾其全力支持巴肯勋爵的推荐。一旦赢得了多数，我敢断言，那时整个学会将一致表示认可，欢呼胜利。我无法向阁下表达，这里以及爱丁堡的公众，对威尔基先生的胜利是多么关怀。我希望，阁下对我们认为无疑是当代第一流诗人和最杰出哲学家慷慨垂爱，整个国家，尤其是我们学会将感戴无已。如果巴肯勋爵不愿意亲自动笔，以阁下名义写信给上边提到的两个人，或者写给您认为适当的任何人，我深信也有同等作用。但是，如由勋爵写亲笔信，那就更有把握。现在整个学会对此事已经出现分歧意见，至少我们中间某些人感到十分厌烦，所以此事不管使用什么方式，我要求立即进行，这次写了这么长的一封信来麻烦阁下，也不必多表歉意，但是这为的是要帮助一个人，此人您对他曾表示相当重视，而他对您已给的庇护衷心感激，对您的关心别人的德性钦佩无已。

怀着极大的敬意，我是

您最恭顺最卑贱的仆人

亚当·斯密

我忘记提到汉密尔顿先生⑩，也不知道他的意向所在。再者，威尔基先生是个出色的希伯来语言学家。

格拉斯哥大学教授亚当·斯密，1757 年 10 月又及。

① 信内关于大学人选请托的主题和提到阿盖尔公爵，表明此信是写给米尔顿勋爵安德鲁·弗莱彻(1692—1766 年)的。他 1746 年任掌玺大臣，他是阿盖尔公爵三世治理苏格兰的主要助手。

② 威廉·威尔基(1724—1772 年)，诗人、牧师，号称“苏格兰的荷马”；自然哲学教授。

③ 詹姆斯·克洛，格拉斯哥大学逻辑学教授，是斯密的继任者。

④ 在这件事情上，结果詹姆斯·布坎南被选为东方语言学教授(1757 年)。

⑤ 巴肯伯爵十世名亨利·大卫·厄斯金(1710—1767 年)，斯密从前的学生。

⑥ 约翰·安德森，自然哲学教授。

⑦ 指帕特里克·博伊尔(1761 年卒)，称休沃尔顿勋爵；1712 年执业律师；1746 年高等法院法官。

⑧ 赫尔克里士·林赛，民法教授。

⑨ 约瑟夫·布莱克(1728—1799 年)，医学教授；曾研究潜热取得成果，奠定热科学的基础。

⑩ 托马斯·汉密尔顿，医学教授。

## 25. 大卫·休谟致斯密

原稿存爱丁堡皇家学会，编号 29；载格雷格：《大卫·休谟书信集》

第279—280页。

爱丁堡，1758年6月8日

亲爱的斯密：

我跟约翰斯通[①]一道坐下来写信给您，由于我们还在说这件事情，很可能我们使用同样论点。他是个年轻的律师，我让他先谈这件事，也许您已先看了他的信。我们可以肯定，解决您在这里的问题和弗格森[②]在格拉斯哥[③]的事情，这对米尔顿勋爵的力量说来是颇为容易的。说服阿伯克龙比[④]的前景也十分良好。凭这位政治家对市议会的势力，可以迫使他[⑤]出席（他不愿意），或者迫使他转让职位，让他收回为此而付出的钱。真正的困难就在于您。那么请您仔细考虑一下，我们要设法把您弄到这个城市来，这也许是我们有过的唯一机会。我敢发誓，您必然认为，要换个地方是值得付出一些代价的。然而实际上您无须付出任何代价。您在这里虽然没有教投身份，但通过教学可以年收入百镑以上。您在这里定居以后，我们估计一年所得不会在130镑以下。我们经过调查得知连约翰·史蒂文森[⑥]一年所得也近150镑。这里购买八年每年100镑，这是很便宜的即使作为一笔交易来看也如此。我们以您重视我们与您做伴而自鸣得意；而可使弗格森获得妥善安排是另一个诱因。虽然我们也曾想过，假使您拒绝这个职位，让弗格森来承担。但是他是否同意还说不定；况且就他的情况说，还有许多明显的障碍[⑦]，因此我要求您把此中的利弊再仔细权衡一下。我认为改变一下环境是值得您认真考虑的。[⑧]我接到赫伯恩小姐[⑨]来信，信中对您定居在格拉斯哥，使我们难得有机会看到您深感遗

憾。亲爱的斯密，我是

您忠诚的

大卫·休谟

附记：米尔顿勋爵可以不费力地堵住所有反对异教大声喧嚷者肮脏的嘴。

① 约翰斯通见书信11注②。

② 亚当·弗格森。

③ 由他接替斯密伦理学教授的职位。

④ 乔治·阿伯克龙比（1800年卒），爱丁堡大学自然与国家法教授。这个职位有时值300镑，但通常只是把它看作一个挂名职务。休谟和约翰斯通希望斯密购买阿伯克龙比的职位。

⑤ 指阿伯克龙比。

⑥ 约翰·史蒂文森（1730—1774年），爱丁堡大学逻辑学教授。

⑦ 弗格森没有受过法律教育。

⑧ 斯密对休谟的建议怎样考虑，得不到证据。但是在这一年中阿伯克龙比将他的职位交给他的女婿罗伯特·布鲁斯。

⑨ 赫伯恩小姐姐妹是剧作家约翰·霍姆的知交，据说他从她们姐妹中之一个获得写《道格拉斯》的灵感。

## 26. 致威廉·约翰斯通

原稿存纽约皮尔庞特·摩根图书馆；载斯科特：《亚当·斯密》第236页。

格拉斯哥，1758年8月19日

亲爱的约翰斯通：

承您关心，在埃利奥特先生[①]前提到我，十分感激。我极其盼望能见到他，但是从地图上看到，明托[②]这个地方离格拉斯哥即使走最近的路，也在六十英里以上。这点大大减退我的热情。但是迟早我得做这件事。

昨晚我收到戈登先生[③]一封信。我把该信的一部分附寄给您；信上的日期还在很久以前，因为信是寄给另一位先生转交的，而那位先生又出门在外。事情不合我们的期望，我曾告诉他，我们可以向他要求 100 或 200 镑，虽然他在这里给我无限的授权，我们必不可滥用信任，可以限制我们的要求在最高 200 镑以下，而且越低越好。请把这封信交约翰·霍姆[④]一阅，如果可能的话，也可以交詹姆斯·拉塞尔[⑤]一阅。如果可能，请在下一班邮车来到时就告诉我向他要价的数目。[⑥]亲爱的约翰斯通，我是

永远属于您的

亚当·斯密

① 吉尔伯特·埃利奥特。

② 罗克斯堡郡的明托。

③ 威廉·拉塞尔·戈登(1736—1816 年)，阿伯丁伯爵二世；1748 年求学于格拉斯哥大学，1759 年为海军上校。

④ 即剧作家约翰·霍姆。

⑤ 詹姆斯·拉塞尔(1773 年卒)，爱丁堡外科医师，后来是自然哲学教授。

⑥ 斯科特推测，信中所提到的事情是指设立格拉斯哥艺术学院(见信 236 注②)。

# 27. 吉尔伯特·埃利奥特致斯密

原稿存格拉斯哥大学图书馆，编号 1035/136；载斯科特：《亚当·斯密》第 239—240 页。

伦敦，1758 年 11 月 14 日

亲爱的先生：

近来我和菲茨莫里斯勋爵[①]多次说起关于对他弟弟[②]的教育问题，他的弟弟，现在伊顿公学，我相信年约十五六岁。他认为他弟弟年纪太轻，不宜出国，而他本人在两年前离开牛津大学，不想送他弟弟到那个大学去。我竭力向他说明我们大学的性质，和他弟弟置于您的指导下可能获得的好处，他终于作出决定要劝他父亲谢尔本勋爵[③]照我的想法行事。这位勋爵已经同意照办，要由我居间，向您说明此事，希望尽快获悉您是否同意承担这个责任。谢尔本勋爵家资丰饶，如果他喜欢的话，一年可为他第二个儿子提供一万镑，而对菲茨莫里斯勋爵毫无所损；他对我说，他不想节省费用，但也不愿孩子滥施挥霍，我恐怕已经发生这样情况。他建议让孩子住在您的屋子里，完全处于您的指导之下，为了他的饮食起居和对学业的监督，一年拟奉上一百镑或百镑以上——如果认为适当的话。我知道这个孩子是个很有教养的学生，很活泼，有一点不受羁束，但是大概不会给您带来很多麻烦，因为您将拥有不受约束的管教全权。对此您如果没有异议，菲茨莫里斯勋爵将立即造

访,他告诉我,他或许将乘到苏格兰的机会拜访邓莫尔勋爵[④],并把他的弟弟安顿妥当。我自己想,具有这样身份的青年男子来到您的大学也许对贵校有好处。尤其是我发现这里每个能思考的人都开始看到英国各大学的极其不合理的体制,不知道怎么办才好。确有可能的是,牛津大学会有转机,因为该校近来设置了一位讲授王国习惯法和宪法的教授,和允许对某些技术课程的学生授予硕士学位,在这种课程中最后两类至少与日常生活中的职业有一些关系,而寻常学术机构不能办到这一切;它们很不适应年轻人地位或自由见解的进步。我觉得毫无疑问,您可以从这里招收很多青年到格拉斯哥去待上一二个冬天,尽管距离遥远,方言上稍有隔阂,只要您造就技术课程的优秀人才,还可以使他们学会法语,您就真正有所收获了。此种必不可少的必要的知识是不能在伊顿或威斯敏斯特学到的,尽管所有在父母身边养大的男女学童也受到合格学校教授法语会话和书写的正规教育。请你尽快赐给回音,您的书业已付印、还是不久即将出版?[⑤]

亲爱的先生,我是

您极其忠实的

吉·埃利奥特

① 菲茨莫里斯子爵名威廉·佩蒂(1737—1805 年),军人和政治家;1761 年起晋为谢尔本伯爵,1784 年起晋为兰斯多恩侯爵。受教育于牛津大学。1760—1761 年为下院议员;1761 年继其父为上议院议员。1768—1782 年反对政府对美洲人的政策。当美国独立时,他是财政大臣。他才智过人,是贵族中“哲学急进派人”的先驱,曾掖进普里斯特利、边沁和普赖斯。

② 托马斯·佩蒂·菲茨莫里斯(1742—1793 年),初受教育于伊顿公

学,1759 年被格拉斯哥大学录取;1761 年入牛津大学,后来成为下院议员。

③ 约翰·佩蒂(1706—1761 年),谢尔本伯爵一世。

④ 约翰·默里(1730—1809 年),邓莫尔伯爵四世,军人、行政官吏、政治家;曾为纽约、弗吉尼亚和巴哈马总督。

⑤ 指的是《道德情操论》,此书于 1759 年 4 月 12 日出版,当时斯密送休谟一册,后者曾复函致谢(见书信 31)。

## 28. 致菲茨莫里斯勋爵[①]

收信人:菲茨莫里斯勋爵　地址:伦敦汉诺威广场谢尔本伯爵住宅

原稿存兰斯多恩侯爵的鲍伍德图书馆;载斯科特:《亚当·斯密》第 241—242 页。

格拉斯哥大学,1759 年 2 月 21 日

阁下:

我又写此信打搅您,虽然除上信所述者外,别无特殊之事可以奉告。我要说的是,菲茨莫里斯先生[②]上课极其准时,分秒不误,对于学习的刻苦认真已超过了一般所期希的程度。他在各方面都极其温顺、听话,使我们感到非常满意,但愿我们施之于他的也能使他感到同样的满意。他学习希腊文进步神速,此后不难继续进步,我相信,如果照现在这样继续下去,我敢预言,再过这么一年,他就能够容易阅读了。他目前无论学习什么,总能容易地精通,因此我打算今后一个月里,就让他跟数学教授学习代数和算术。这个地区几乎没有足以引起外地人兴趣的各种学报,任何人别想从

苏格兰任何通信中发现一点点令人感到欣喜的东西。我们写给在首都朋友的书信，一般以向对方讨教者居多，提供情报者较少。因此我必须把阁下铭记不忘。因为你多次慷慨地向我允许，告诉我国内和国外发生的大事。我很高兴地听到议会中不存在派系倾轧情况。虽然在议会中偶尔发生一点摩擦，能振奋国民精神，但内讧继续不断，将阻碍国家事务，使第一流大臣失去为国尽瘁的权力。据我想来，如果不是反对派（在开始时没有什么牢固基础）对他施政的破坏，罗伯特·沃波尔爵士政府本来会做得更加出色。现在我们在国内事务上舆论十分平静，因此葡萄牙的阴谋成为世界这一部分主要关心的事情。今天我在报纸上看到的新闻摘要，报道一些倒霉的贵族被判有罪的证据或者毋宁说是事实。[③]在审判终了，他们发现不利于他们的法律的专横，由于没有特别详细提出别的证据，使我害怕这次骇人的处死方式未免有点鲁莽。由于别的无可奉告，我只能向您说些不但你比我知道得更详细，而且必然感到十分讨厌的事情。

谨致最大的敬意

您最恭顺最谦卑的仆人

亚当·斯密

① 菲茨莫里斯子爵威廉·佩蒂，以后为谢尔本伯爵二世。

② 托马斯·佩蒂·菲茨莫里斯，菲茨莫里斯子爵的弟弟。

③ 1758年9月3日的阴谋被首相德庞巴尔侯爵以惊人的残暴手段所粉碎；阿维罗公爵和塔沃拉侯爵活活被车轮礫死，公爵的儿子和女婿被绞死，塔沃拉的妻子上断头台。

# 29. 致谢尔本勋爵[①]

原稿存兰斯多恩侯爵的鲍伍德国书馆；载斯科特：《亚当·斯密》第243—244页。

格拉斯哥，1759年3月10日

阁下：

阁下委我教育菲茨莫里斯先生之重任，我久疏写信给您，确是十分失责。我一直等待我对他的期望有可靠的收获才敢写信给阁下，现在我敢向阁下保证，如果他不能成为一个不平凡的学者，那必然是我对自己职责的严重过失。学院里没有一个受慈善机构资助和为面包而学习的穷困孩子像他那样准时到学院每一个课程上课的。他每天五小时听希腊文、拉丁文和哲学大师的讲课，二到三小时在家里与我一起听我辅导，其余时间还去听各种学科的讲座。[②]他每天还自己阅读一些著作，星期六和星期天有空闲时读太重的书。他从不空过一个小时，除了有两天由于受寒患了严重的胆酸过多，我怀疑还由于他缺乏寻常的锻炼；我发觉体育锻炼在伊顿公学十分盛行，而他目前没有时间参加。在他患病的两天中，我费了九虎二牛之力才把他留在家里。他非常有节制，不吃晚饭或者只吃一点点，吃一个烤苹果或诸如此类极简单的东西，不饮酒，只喝开水。他的这种举止出于他的决心而不是出于习惯，那就更了不起。我发觉他以前已经完全习惯伊顿的生活方式。但是阁

下，我相信，您和谢尔本夫人[③]的忠告使他有这种变化。我能向阁下保证，我在这两个月里已与他作过极为亲密的谈话，我发现他不论哪方面都令人满意；精神饱满、感情充沛；这两种品德别人很少集于一身。我还有许多话要向阁下说，但是突然来了不速之客，使我不得不突然终止此信。下次邮班我将更详细地写信给您。我已拖沓过久无信呈上，再拖下去使我无地自容，故而抽一点时间草草作书。致最大敬意

最顺从和最卑贱的仆人

亚当·斯密

① 谢尔本伯爵一世。

② 格拉斯哥大学课程极紧，与牛津大学的松弛正成对照；见书信 1 和书信 27。

③ 玛丽夫人是爱尔兰古伦的威廉·菲茨莫里斯之女。她于 1734 年嫁给堂兄约翰·菲茨莫里斯(后谢尔本伯爵一世)。



## 30. 致谢尔本勋爵

原稿存兰斯多恩侯爵的鲍伍德图书馆；载斯科特：《亚当·斯密》第 243—245 页。

格拉斯哥大学，1759 年 4 月 4 日

阁下：

我有幸于不久前呈上一函，函中答应下次邮班再作一明确详

尽之报告。可是我没有力量信守前言，在上信寄出后患了一场小病，加上几件偶然的事情使我应接不暇，以致我不但精疲力竭而且终日惶惶，直到如今没有时间和精神坐下来写信给您。

上封信中我把有关菲茨莫里斯先生在这里的状况报告阁下，没有什么可以增添。迄今一切如旧。

对于他的教育，如果他继续留在此间，我愿提出一个计划；今年冬天他将完成哲学研究；如果菲茨莫里斯勋爵[①]提出他明年仍留此地，我建议这段时间应用来完善他的哲学和语言学知识，但主要精力用于研究法律和历史。下一年里，我将劝他听罗马法教授[②]的讲课；虽然罗马法在英格兰法庭里没有权威，但是学习它是为学习英国法做良好准备。罗马法较之英国法有更为正规的体系；虽然前者的原理在许多方面与后者的原理不同，但是两者有许多原理是相同的；学过罗马法的人至少知道什么是法律的体系，它由哪些部分组成，和这些部分必须如何分类排列。因而，当他以后学习比较凌乱的其他国家法律时，至少在他的头脑里有体系的思想，知道他所读的每一法律条文应当归类于体系的哪一部分。在他去罗马法教授讲座听讲的同时，我将亲自与他一起阅读封建法的基本原理，它是当前所有欧洲国家法律和政府的基础。[③]

为了使他在我的直接照顾下，我曾催促他加紧哲学研究。我曾使他通过从正规上说必然是他首先要学习的逻辑学课程，使他立刻进入我自己讲授的伦理学。他每天上一小时逻辑学教授[④]的课，上二个小时我的课，上一个小时数学教授[⑤]的课，一个小时希腊文教授[⑥]的课，一个小时拉丁文教授[⑦]的课，除星期六和星期日外，他每天上课六小时。他从不旷课一小时，早上和晚间到我处复习上边所说的功课成为规矩。我宁愿迫使他在这第一个冬季就有这么多功课,它使他经常忙碌没有空闲时间。其实这些功课对他的压力并没有像可能想象的那么大。学习希腊文和拉丁文根本不是新功课;逻辑学不需要花多大精力,因此只有伦理学与数学才要求他花许多时间。他似乎有特别天赋的精力和体力,每种功课在他心目中都不困难。这个月我们有一天假日,在假日中他一直自愿选择用于补习他漏学的功课,漏学的原因是他来校较迟,而不是耽于嬉戏。

学院在六月初放假,要到十月初才重新开学。在此休息时期,我建议他应学习法语、跳舞和击剑,此外跟我于每天上午用二三个小时读一些希腊、拉丁和法国作者关于伦理学的著作,这样他不会在假期中空闲无事。数学教授也建议在假期教他欧氏几何学,因为他在班里学习开始得晚。这位先生年已七十,还保持着青春的活力和欢乐,他对菲茨莫里斯先生的教导据我所知比对任何人更费苦心,一般每周个别辅导两到三次。这纯粹出于个人的喜爱,没有其他动机能使西姆森先生放弃他的休息。

我请菲茨莫里斯先生支付全部账单,这些开支都经他同我一道合计与审查。凡是收到钱款都给我一纸收据,在收据上注明该款拟作何项用途,并保存支出账单作为用途证明,在其背面加注支付日期。这些账单有机会时即全部寄给您审核。由于菲茨莫里斯勋爵已有五十镑留在这里,在相当时期内不需要再求汇寄款项。

关于对菲茨莫里斯先生的指导或教育,阁下对我不论有何种要求,您尽可相信,我将以最虔诚的顺从态度照办。

今后将在苏格兰见到阁下,使我近来感到十分愉快和光荣。

它将给菲茨莫里斯先生和我以莫大满足。那时您就可以亲眼见到他现在的状况，并能更好地判断现在加在他身上的功课有必要作何种程度的增加或减轻。

我们在这里对高贵而仁慈的行为并不陌生，正如您在爱尔兰热心从事的。在我们苏格兰还有一些其产业从东边延伸到西海岸的贵族，他们自称改良者，他们的同乡也这样称呼他们；他们在邸宅周围开垦二三百英亩土地，同时让其余全部土地闲置着，差不多杳无人烟，更说不上改进，以致 100 英亩土地不值一先令，他们如此可耻和愚蠢的玩忽责职，从不自责，何以对上帝、对国家和对子孙后代。我听说阁下不同意这种做法，虽然您不忽视自己乡村别墅的优雅与宏伟，但是并不认为注意了那些事情，就可以不管向贫苦的乡村引进艺术、工业和独立那种更高贵和重要的责任，这些事物是村民到目前为止完全陌生的。我常常这样想，对阁下尊贵的祖先威廉·佩蒂爵士[8]来说，最使他在天之灵高兴的，莫若见到他的后人执行符合他理想的既聪明又有公益精神的计划了。

相信我对您怀着最大的敬意

我是您最顺从而感激的谦卑的仆人

亚当·斯密

① 后来的谢尔本伯爵二世。

② 赫尔克里士·林赛。

③ 对斯密的法律思想的详细论述见《法学演讲集》。也许文中“封建法的基本原理”出于托马斯·克雷格的《封建法》(1603 年)，此书在荷兰大学里用作法学权威教材。

④ 詹姆斯·克洛。

⑤ 罗伯特·西姆森。

⑥ 詹姆斯·穆尔。

⑦ 乔治·米尔黑德。

⑧ 威廉·佩蒂爵士(1623—1687年),政治经济学家,“政治算术”(统计学)的创立者。曾任牛津大学解剖学教授;曾对爱尔兰作第一次有系统的调查。并曾主管对爱尔兰土地的再分配,1662年被封为爵士,成为皇家学会会员。他于1662—1690年间发表的经济学论文,拒绝接受重商主义者关于财富就是金钱的说法。认为财富属于劳动与土地。斯密在这里对佩蒂备至尊敬,但在他写的《国富论》里对“政治算术”表示怀疑,对之“不抱多大信念”。可参阅致乔治·查默斯的书信249。

## 31. 大卫·休谟致斯密

原稿存苏格兰国立图书馆;载克利班斯基和莫斯纳:《新发现的大卫·休谟书信》第51—55页。

莱斯特菲尔德,莱尔街,1759年4月12日

亲爱的斯密:

承赐大著[①]谨表谢忱。韦德伯恩[②]和我将我们手里所存的若干册转送给我们素未相识的、我们认为是优秀的评论家和为此书传播声誉的人。我送给阿盖尔公爵[③]、利特尔顿勋爵[④]、霍勒斯·沃波尔[⑤]、索姆·詹宁斯[⑥]和伯克[⑦](一位爱尔兰人)各一册,最后那位近来写了一篇挺漂亮的论“崇高”的论文。米勒希望我用您的名义送一册给沃伯顿博士[⑧]。我推迟了给您的信,因为我想等到能够告诉您此书的成功之处和能够有几分把握地预言此书将最后

被人遗忘还是将进入不朽的庙堂，而后再给您写信。虽然此书出版才几个星期，我认为已经有了明显征兆使我敢于预料它的前途。总之是这样——写到这里，有个新近从苏格兰来到这里的不速之客突如其来，打断我写信。他告诉我，鲁奥[9]将跟霍普勋爵一道出国，因此，格拉斯哥大学打算宣布空出来的职位。我相信您将照顾我们的朋友弗格森，万一代他在爱丁堡大学谋一职位的计划失败的话，为他谋取这个职位。弗格森对他所写的《优美论》[10]进行了仔细的修饰和改进，加上一些修正，它将成为令人称道的书，它将使作者成为优雅而非凡的天才。我希望，《后辈》这本书能够成功，但是这似乎是艰难的任务。我相信您目前有时是要看看"评论杂志"的，您会在那上边看到关于那首诗的一封信；我希望您施展您的推测能力找出这封信的作者。让我看看您猜度此人的本领。[11]我对凯姆斯勋爵的《法学论文集》[12]有些担心。一个人尽可以想到把形而上学和苏格兰法律凑成一篇令人喜爱的文章，就像把苦艾和芦荟混合起来制成美味酱汁一样。然而，尽管很少有人会耐心地去钻研它，我相信这本书是有它的优点的。现在再谈谈您这本书和它在这个城市里获得的成功，我一定要告诉您——又有人来打断我写信，我原想自己能不受干扰，可是没有办法，只能暂时中断接待突然来访的人。他是一位饱学之士，与我曾作过多次文学上的谈话。您曾告诉我，您喜欢听文人的轶事，那么就奉告一些我所听到的消息。我记得以前曾向您提到爱尔维修的《精神论》[13]那本书，此书很值得您一读，并不是因为它的哲学思想（我不很欣赏），而是因为它令人愉快的文采。前几天我收到他来信。信中告诉我，他在此书原稿中多处提到我的名字，但巴黎的检察官迫使他

把它们删去。伏尔泰[14]近来出版了一本小册子，叫作《天真即乐观》。书中充满玩世不恭的语句，以批评莱布尼茨的学说为借口，实际讽刺上帝。以后我还要把其中的细节奉告——但是您会问："所有这一切与我的书何关？"——亲爱的斯密先生，且耐心一点，把心情平静下来，在行动中和在表白中都要像个哲学家；想一想人类一般的判断力是何等空虚、轻率和无聊。他们在任何主题，特别在哲学主题上极少遵循理性的规范，而哲学主题远非一般庸流所能理解。"如果昏头昏脑的罗马人对任何事物轻嘴薄舌，不要同他们一般见识，跟他们计较是非，除了你自己，也不要指望乞助于别人。"[15]一个聪明人的王国就是他自己的胸襟；或者，如果他看得远些，就会看到他只能乞助于不怀偏见，能够理解他著作的少数杰出人士的判断。世上没有任何事情比受群众欢迎更为虚假的假象；您晓得，当福基翁[16]受到群众欢呼时，他老是疑心自己犯了大错误。

因此，假如您看了所有这些意见已经对更坏的情况作了充分准备，那么，我将告诉您令人不快的消息：你的书遭遇很不幸；公众似乎有意于极度欢迎它。愚蠢的人们带着不耐烦的心情找寻它；一般徒有其名的文人学士已经开始高声赞扬它。昨天有三位主教来到米勒的书店要买这本书，并询及关于其作者的情况。彼得伯勒的主教[17]说，昨晚他和朋友们在一起，听到朋友们夸赞这本书，说是比世上所有的书都好。一般有迷信观点的人对此如此称赞，由此您也可推定真正的哲学家们将对它怀有怎么样的见解。阿盖尔公爵对此书有好感，其态度比他以往更坚决。我看他要么是把这本书看成是本外国书，要么认为其作者将在格拉斯哥选举中对他有帮助。利特尔顿勋爵说,罗伯逊[18]、斯密和鲍尔[19]是英国文坛的光荣。奥斯瓦德[20]抗议说,他不知道他从这本书里得到的是更多教益呢还是乐趣。但是他一生从事国事,从来看不到他朋友的任何瑕疵,这就很容易使您作出判断,他的评价可信赖的程度有多大。米勒眼看这部书已经销出三分之二,成功已有把握,使他欢欣鼓舞。他只是从能使他获利多少的角度,来看一部书的价值,这是何等的世俗之见。就这个见解说,我相信它真是一部了不起的书。

查尔斯·汤申[21]超过英格兰最聪敏的人,他对您的大作倾倒备至,他对奥斯瓦德说,准备把布克勒公爵置于作者的辅导下,并将努力使接受这个责任的人得到相当报酬。[22]我一听到这番话,就前往拜访两次,希望就此事跟他谈谈,并希望使他相信把这位年轻的贵族送到格拉斯哥就学的确非常妥当。因为不能希望他提供的任何条件能诱使您放弃教授职位,但是我没有碰到他。人们认为汤申先生遇事往往会犹疑不决;因此,您对这件突如其来的事不必寄以过大希望。

在补偿如此众多使人屈辱的事情中,我只信服真理,我能举出许许多多这种事情。我毫不怀疑您是以德报怨的善良基督徒;您满足我的虚荣心,您告诉我,所有苏格兰的虔诚的人都因我叙述约翰·诺克斯[23]和宗教改革等事,而在背后骂我。我认为您乐于见到我文章的结局,我必须尽快结束它。

您卑贱的仆人

大卫·休谟



① 指米勒书店刚出版的斯密的《道德情操论》;见米勒 1759 年 4 月 26

日的书信 33。

② 亚历山大·韦德伯恩。

③ 阿盖尔公爵三世阿奇博尔德·坎贝尔。

④ 乔治·利特尔顿(1709—1773 年),政治家和文学之士;1756 年任财政大臣;著有《死者对话》(1760 年)和《亨利二世传》(1767—1771 年)。

⑤ 霍勒斯·沃波尔(1717—1797 年),1791 年为牛津伯爵四世,是著名的作家;受教育于伊顿公学和剑桥大学,以小说《奥特朗托城堡》闻名于世。

⑥ 索姆·詹宁斯(1704—1787 年),1742—1760 年任国会议员;著有《论基督教内心证据》等。

⑦ 埃德蒙·伯克(1729—1797 年),作家和政治家;著有《为自然社会辩护》(1756 年)等;见信件 38。

⑧ 威廉·沃伯顿(1678—1779 年),教士和雄辩家;休谟在他的《自传》中指责他说,"我发现,经过沃伯顿一番奚落之后,我的书在朋侪中开始受到重视。"

⑨ 威廉·鲁奥,1751 年为格拉斯哥大学东方语言教授,1759 年成为霍普爵士(1765 年卒)的私人教师;1762 年向格拉斯哥大学辞职;见书信 59。



⑩ 弗格森没有发表过以此为名的作品,可能是他的《文明社会史论》的初稿或其中的一部分。

⑪ 这封信是休谟写的,见 1759 年 4 月号《评论杂志》。

⑫ 指的是《历史的法学论文》两卷本,爱丁堡 1738 年出版。

⑬ 克劳德-阿德里安·爱尔维修(1715—1771 年),哲学家和《精神论》(1758 年)作者,此书受巴黎最高法院查禁并焚毁。

⑭ 伏尔泰是弗朗索瓦-玛利·阿鲁埃(1694—1773 年)的笔名;他是法国伟大文豪;斯密对他终生崇敬。

⑮ 罗马诗人佩尔西乌斯(Persius)的诗句。

⑯ 福基翁(phocion)雅典将军,政治家。——译者

⑰ 理查德·特里克(1710—1777 年),1757—1764 年为彼得伯勒主教;1764—1777 年为伦敦主教。

⑱ 威廉·罗伯逊(1721—1793 年),历史学家和教会政治家;著有《苏格兰史》(1759 年)、《查理四世史》(1769 年)和《亚美利加史》(1771 年);1762

年起任爱丁堡大学校长。

⑲ 阿奇傅尔德·鲍尔(1686—1766 年),小册子作者;著有《教皇史》(1748—1766 年)。

⑳ 邓尼基尔的詹姆斯·奥斯瓦德。

㉑ 查尔斯·汤申(1725—1767 年),政治家;历任陆军大臣、财政大臣。个性古怪,后来查明乃受癫痫病影响。

㉒ 此事发生在约 1764—1766 年,当时斯密是布克鲁奇公爵三世亨利·斯科特(1746—1812 年)的私人教师。

㉓ 约翰·诺克斯(1505—1572 年),苏格兰政治家、历史家、宗教改革家。——译者

## 32. 谢尔本勋爵致斯密

原稿存格拉斯哥大学图书馆,编号 1035/138;载斯科特:《亚当·斯密》第 245—248 页。



都柏林,1759 年 4 月 26 日

先生:

不久前我收到您本月 4 日的来信;您以前 3 月 10 日的来信也已及时收到。我的孩子在您的照顾下,承关怀备至,感激之情,非言可宣。您对孩子的描述,使我深信您对他具有深入的观察力,您对他的学习进程所拟订的计划,也使我相信您的判断力;所有一切足以证明,您确实具有使我衷心愿意把孩子托付给您的品质,如果我没有误解您,我得向您赔礼,向您保证,我现在越是考虑孩子的环境越感到高兴。您对他给予帮助时所表现出的才能和意愿,使

我心满意足到这样程度，以致您要我指出以后应当怎样做时，使我感到无言可答，实在指不出什么来，我只能赞同您所要做的一切。我看到牛津和剑桥一个重大缺点在于，把孩子们送到那里，不但不能受到管教，反而成为学校的管理者，在那里受到尊重的主要是门第和财产，而不是本人的学业成就。我高兴地知道格拉斯哥不是这样。您称赞我的孩子遵守他所在地方的纪律，使我相信，您的想法跟我一样——引导一个孩子走向成人，对他的最大帮助莫过于通过长期熏陶养成青年人的服从习惯。具有采纳别人意志的力量，才会使他有掌握自己意志的力量。您对于节约这件事似乎同样相当注意。不讲节约便谈不上致富，任何人忽视节约就谈不上什么慈善、慷慨或公正，节约能使一个收入微薄的人快乐，如果他收入丰盈，节约能使他的生活熠熠生辉。您的学生来到这个世界一无所有，既无权力又无资格，关于他我敢预言，他今后自己需求越少，他所有的就越多。我希望他养成需求不多的习惯，这不是为了要他积贮财富，而是使他能更多的给予别人。他在我为他打下的基础上打算建造的大厦，我是没有希望看到的，但是我相信，并确有信心，当我不再有力量干预时，我不会因此而苦恼。因此，我希望他相信，在我心中想的是他的幸福，而不是我自己的幸福。我希望他成为一个正直和仁慈、严肃的人；我希望他精确而认真；喜爱有条不紊，精于数字和从事的职业，能在我的晚年帮助我，使我快乐，作为我对他的早年培植不辞劬劳的报答。

现在教他改进书法，也许时机还不甚适当，但这是他所需要的，也是他能够做到的，因为当他用心写时，写出来的字使我相信他是会把字写好的。我认为，他的天资在各方面的表现都不错。

在他幼年时，当他把所见到的一些形象和线条涂抹在纸上时，既迅速又清楚；凭这点使我希望，您打算让他学习欧氏几何学，对他有好处，不至于力不从心；在我看来学习几何比学习逻辑学对推理能力有更大帮助。他如果能够改掉那种疏懒与轻率的习性，那么我想数学是会合他的口味的，由此转入机械学，我确信自然科学的实验部分是会引起他很大兴趣的。我所以向您谈到这些，无非是要您相信，我关心他和他的未来幸福，倘若他的将来成就不能和他的天资相称，您尽可放心，我不会怀疑或不感谢您孜孜不倦的努力的。

我的孩子停留在格拉斯哥的时间并无限期——您从他兄长告诉您的话里，似乎存有相反的想法。我的意思是，只要您能容他待在您身边，请您照管，只要他仍然值得您照管，您要他待多久就待多久。至于我，除了希望他进步外没有别的想法，也不想叫他做任何工作。直到他所攻读的那些我只知道钦佩不知道教导的学业达到完美为止。在他离开我的整个期间我将很快活，我老是在想，苛求孩子过快地变成成人会产生很大弊端。罗马法知识是他能具备的引导他学习祖国法律的最好基础，学习罗马法会使他变得聪明。但是，要能使他前途幸福，我所依靠的是您道德上的训诲和榜样。

我不能自以为有机会于今后到苏格兰来，但是，我非常希望能到那里作一次短期旅行。

您称赞我的努力使这个国家的一部分居民比先前较为快活，使我非常得意，如果我获得成功，我一定这样做；为大家做好事，我是十分高兴的，可是无论如何我出的力量极为微小，就目前情况说，我当之无愧的只占赞美的很小一部分，事实是，我的产业极为分散，而各处来的杂务又这样的多，如果没有我的好友亨利博士[①]大力而干练的帮助，对于您所说的工作我只能在心中盘算，不可能做得如此完美。这位先生虽然是这里本地人，却受教育于格拉斯哥您的大学；您校能培养出如此崇高如此无私人物，为人类作出巨大贡献，这是格拉斯哥的光荣。我后来的工作负担落在他的身上，因此，如果有任何功绩可言，受到赞扬的应当是他。使我感到高兴的是，我有机会对他的品质，因此就是对您的一份功劳，作了如实的叙述。我希望，您的学生听到他的朋友亨利博士继续得到这里每个人的尊敬，当会感到高兴。请转告我对他的爱，并请您相信我对您的极大的敬意。

您极为感谢的和卑贱的仆人

谢尔本



① 威廉·亨利(1768年卒)，1761—1768年为基拉卢教会职员；1750年为都柏林神学博士；1755年为皇家学会会员。

## 33. 安德鲁·米勒致斯密

原稿存格拉斯哥大学图书馆，编号1035/137；载斯科特：《亚当·斯密》第238页。

伦敦，1759年4月26日

斯密先生《道德情操论》半革装订本赠阅的对象：

布特伯爵—哈德威克伯爵—马卡姆博士—塞尔温先生—谢尔本伯爵—曼斯菲尔德勋爵—休谟先生—利特尔顿勋爵—沃伯顿博士—埃利奥特先生—韦德伯恩先生—詹宁斯先生—阿盖尔公爵—沃波尔先生—伯克先生—伯奇博士—查尔斯·汤申先生—副检察长[①]—

亲爱的先生：

我收到勘误表业已将其印入，目录占了半张，全书一共用了34个印张，售价6先令。装帧考究，特别考虑到使用确实精美的材料。

上列的18本，是奉休谟、韦德伯恩和约翰·达尔林普尔[②]先生之命送去的。我还想到有两位评论杂志的编辑须各送一本，总计值20镑。我建议，其中10本作为对您的赠阅本，不再计费，其余每本收费2先令；卖给书商的价格有差别，这些书均是用较差的纸印刷和硬板纸装帧的出售的。因此差价3便士由金凯德和贝尔[③]付给您，还有2.3便士版权费由我直接奉上。

与鲁奥相熟的罗斯先生买了25本分送给他的朋友们。毫无疑问，虽然这书要到下周才发行，但不久将销售一空。我准备在下周前将书从水路运给金凯德先生。我们夫妇谨向令堂、您自己和所有朋友问候。亲爱的先生，我是

您最忠诚的

安·米勒

① 查尔斯·约克(1722—1770年)，为哈德威克伯爵一世的次子；求学于剑桥大学，1746年当律师；1747—1770年为国会议员；1756—1761年为副

检察长;1770 年当上院议议长仅三天即自杀。

② 约翰·达尔林普尔爵士(1726—1810 年),1751—1775 年为爱尔兰议员。

③ 亚历山大·金凯德(1734—1777 年)和约翰·贝尔(1736—1806 年)是爱丁堡的书商,在《道德情操论》初版的扉页上,他们作为发行者,其名与米勒并列。

## 34. 威廉·罗伯逊致斯密

收信人:格拉斯哥大学伦理学教授亚当·斯密先生

原稿存格拉斯哥大学图书馆,编号 1035/139;载斯科特:《亚当·斯密》第 238—239 页。

爱丁堡〔1759 年〕6 月 4 日

亲爱的先生:

两天以前,我们的朋友约翰·霍姆从伦敦来到这里。我敢说您已听到《道德情操论》问世以后受到各界人士的欢迎,我觉得必须将霍姆带来的消息告诉您。他向我保证说,此书在知识界已经人手一册,由于其内容和文体都使人满意,因此受到广泛赞扬。谈这样严肃的主题的任何著作不可能得到人们更亲切的接纳。人们听到您出身于牛津大学,使英格兰人深感安慰,他们认为您今日能获此成就部分原因即在于此,霍姆和我都坚决认为,您下一部作品将是论述比较浅明易懂的主题。我仍然希望您考虑一下"哲学史"这个题材[①]。约翰斯通[②]正在等着我出去散步,所以我写这封信

时十分匆忙。我几时能在这个城市里见到您呢？我永远是

您最忠实的

威廉·罗伯逊

① 在18世纪50年代，斯密在格拉斯哥文学俱乐部宣读关于“风格、写作和哲学史”的论文，这些论文他先前在爱丁堡当修辞学讲师时曾提出过。见《哲学主题论文集》；罗伯逊希望他出版的就是这个作品的现存部分。

② 威廉·约翰斯通。

## 35. 斯密致谢尔本勋爵

原稿存兰斯多恩侯爵的鲍伍德图书馆；载斯科特：《亚当·斯密》第248—249页。

格拉斯哥大学，1759年7月23日

阁下：

人们对阁下略效微劳，您就令人愉快地表示您的满意和感谢，这就使为您效劳的人得到最大的快乐。阁下认为我们这里是接受教育的适当场所，承您的美意，要把您友人约翰·科尔瑟斯特[1]的孩子介绍到我们这里来，我必须向阁下转致我校对您的谢意。

这里普通寄宿处的住宿膳食费用是每人每季度5镑到8镑。洗衣费通常是每打一先令10便士，不包括在上述膳宿费之内，教学费每人大致为8到10畿尼。此外还有些校方的其他费用，总数每人每年不会超过20先令。孩子们的内衣宜从爱尔兰寄来，那里的同这里相比，价廉而物美。用上等料子做的一套家常衣服，大约

要5镑才能买到。这些是任何人的孩子要来这里上大学所必需的全部费用。至于何者为不必要的费用,我无法决定,这就要看年轻人自己,看他们自幼养成的习惯和在家庭中所受到的管教如何而定了。阁下可以相信,对于与府上有渊源的任何人我会尽我力量给予充分的关心;我将努力注意他们的行为,解决他们的问题就像他们住在我家里一样。如果我没记错的话,在去年冬季的某一天,菲茨莫里斯先生给我看两封信,是这两位青年写给阁下的,内容充分表明他们在态度上的持重,谦虚和天真无邪,使我衷心愉快。因此,我对于如此正确教养出来的子弟的行为一点也不担忧。

关于菲茨莫里斯先生,他每一方面的行为、举止和以前一样正常。大约在一个月以前,我有事不得不到爱丁堡一行,当时我带他同去。这次两个星期的宽松生活,对他说来,除了享受一次短期休假外,别无其他影响。他从回来的翌日起就恢复以前一样的生活,一点也没有因在爱丁堡的快乐生活而心不在焉。当他在爱丁堡时,他充分享受娱乐,就我所知,几乎没有错过一次机会。因此,这使他的花费稍稍高于我的预料。但是,由于这是他所有的唯一一次假期,我没有拦阻他,也不认为有必要制止他。

我与亨利博士虽无缘相识,请为我代致敬意。阁下在给我的信里提到他之前,我对他的品德也并不陌生。去年冬天,菲茨莫里斯先生曾把他写的信给我看,使我得到他品德的印象完全跟阁下告知我的相符。致最大的敬意,我是

您最恭顺和最卑贱的仆人

亚当·斯密

① 约翰·康韦·科尔瑟斯特(1775年卒)1751—1775年为爱尔兰国会议员;娶谢尔本伯爵一世之表妹夏洛特·菲茨莫里斯为妻。其子名约翰和尼古拉斯,约翰1787年死于决斗,尼古拉斯后任国会议员。

## 36. 大卫·休谟致斯密

原稿存爱丁堡皇家学会,编号30;载格雷格:《大卫·休谟书信集》第311—314页。

伦敦,1759年7月28日

亲爱的先生:

两三天前您的友人威尔逊先生[①]来访,其时,我不在家,把您给我的信留下后走了。我今天才见到他。他似乎是很谦虚、灵敏、足智多谋的人。我在会见他以前,曾与约·米勒谈起关于他的事,发觉米勒有意帮他的忙。我特地向米勒先生建议,像他这样一位名闻遐迩的书商,值得出版一套完整的经典著作。这个工作可能使他同奥尔杜塞斯、史蒂文斯和埃尔齐费斯齐名;而威尔逊先生是帮助他实行这个计划的世间最适当的人。他很坦率地对我说,他有时也曾想到过这个计划,但最大的困难是要找一个能够改进印刷术的文学之士。我向威尔逊谈起这件事,他说在他心目中有这样一个人,此人就是莱昂[②],是格拉斯哥的一个不肯宣誓效忠的教士。您大概认识他,或者至少知有其人,我希望听到您对他的评价。

威尔逊先生给我讲了他所作的机器，这种机器似乎十分精巧，应当受到鼓励。我将很快看到这些机器。

我和伯克[③]很熟，他对于您的书深感兴趣。他为了要写信给您，谢谢您送他的书，已从我这里抄去您的地址，因为当初我是用您的名义把书送给他的。不知他是否有信给您，他目前在爱尔兰。我跟詹宁斯不熟，但他在奥斯瓦德前很称赞这本书，奥斯瓦德是他的兄弟，在商务部供职。前几天米勒拿菲茨莫里斯写给他的信[④]给我看，信里说，他带来了几本您的书到海牙去准备送人。约克先生[⑤]，还有些别的读过这本书的人，对此书都很感兴趣。

听说您准备出一个修订版，[⑥]对内容有所补充和改动，以便消除某些反对意见。忝在知己，我有个意见奉告，如果我的话有一点道理，可供斟酌参考。我希望您已经充分证明各种类型的"同情"必然是令人愉快的论点。这一点是您的理论体系的关键，可是您在第20页上只是轻轻一言带过。现在看来似乎是，除去"愉快的同情"还存在着"不愉快的同情"。的确，由于同情感实际是本人在反射作用下的一种形象，也就必然带有它的特性，在处于这种情况的时候是痛苦的。当然，当我们和我们完全同情的一个人交谈时，就会产生一种热情和亲密的友谊，这种交往的开诚布公，就会压倒"不愉快的同情"的痛苦，从而使整个生活成为愉快的。但是，在通常情况下，不会出现这样的情况。譬如说，一个性情乖戾的家伙，对一切都感到倦怠和厌恶，总是在怨天尤人，觉得这也不是那也不是，这样的人会使他的同伴们感到沮丧，这种沮丧的感情我认为也是出于同情，然而，这种同情是不愉快的。



要说明由悲剧触动的悲痛、流泪和同情所引起的愉快，一直被认为是个难以解决的问题;假使一切同情都是愉快的,就不会发生这种情况。一家医院总不能比一个舞会更加能引人入胜。您在第99和第111页恐怕没有注意到这个论点,或者更确切地说,同您在那里的推理混合在一起了。您说得很明确:赞同悲哀是痛苦的,因此我们总是不大承愿去研究它。关于这个思想感情也许需要您加以修正和解释,使之与您的理论体系和谐一致。

我亲爱的斯密先生,您切不可全神贯注于您自己的书而置我的书[⑦]于不顾。有人告诉我辉格党人现在又开始对我发火,虽然他们不知道怎样向我生气,因为他们不得不承认我的一切论据。您大概已看到赫德对我的攻击。[⑧]他属于沃伯顿流派,因此十分傲慢无礼和庸俗下流,我对这种人不屑回答。如果我过去的作品不能充分证明我不是詹姆斯一世的党羽,再写上十本也是白费。

昨天我跟米勒先生签订了一个协议,在协议里我提到由我写一部从开头到亨利七世即位止的一部英国史。他答应为这部书付我1,400镑。这是我与书商第一次在出书前签订的协议。此书我当于闲暇时从容为之,不至于像以前那样,十分专心致志,使自己感到疲劳。我写这部书,主要是作为消磨空闲无聊的办法。至于金钱,我已足够有余;至于名誉,我已经写的,如果不错,那就足够了;如果写得不好,看来今后也不可能写出更好的东西来。我觉得(至少是这么想)写英国史从革命写起是不切实际的。我现在有些犹豫不决,是否应待在这里做我的工作,还是回到苏格兰,不时到这里来查阅手稿。两地都有它们一些优点。

苏格兰最适合我的习性,它又是我的一些主要友好集中所在;

但对我说来，那里太狭窄，往往不免使我精神抑郁，因而有时得罪朋友。请您务必立即来信告诉我您的看法。盲从者为了这最后一卷书是否准备大加挞伐？罗伯逊的书⑨有很大价值，但是可以看得出，由于人们憎恶我从而使他得利。我料想您所处的情况也跟我一样。亲爱的斯密，我是

您忠诚的

大卫·休谟

① 亚历山大·威尔逊(1733—1786年)，医学博士，在伦敦行医，后成为活字铸造工在格拉斯哥大学做铸字工作；1760年为格拉斯哥大学天文学教授和观察员，由于写成关于太阳黑子的论文在1772年获哥本哈根皇家科学协会金奖。他为福尔斯印刷所铸字，他所铸希腊文活字当世无匹。

② 詹姆斯·莱昂牧师。



③ 埃德蒙·伯克，参阅他的书信38。

④ 参阅书信27，注①。

⑤ 查尔斯·约克。

⑥ 指《道德情操论》1761年第2版。关于斯密对这本书的校正，参阅1759年10月10日他给吉尔伯特·埃利奥特的信(书信40)。

⑦ 指他的作品《英国史:都铎王朝》，2卷，1759年出版。

⑧ 见理查德·赫德:《道德与政治对话录》(1759年第1版)的后记："他〔休谟〕见神见鬼地用符咒招来了'专制权力'这一幽灵之后，认为有必要把事物的秩序颠倒过来，并用写作招来这个可怕的鬼怪(就像巫师念咒一样)。因此，他的一番苦心，一半花在揭露'改革宗教'的荒谬上，一半花在使大家对'公民自由'事业发生怀疑。"在后出的版本中，将这段后记删去，增加一个脚注，注中对《英国史》的第一部分(儒略·恺撒到亨利七世)给予有限度的称赞，表示这部分与其他部分是有区别的。

⑨ 指威廉·罗伯逊:《苏格兰史》(1759年)。

# 37. 斯密致谢尔本勋爵

原稿存兰斯多恩侯爵的鲍伍德图书馆;载斯科特:《亚当·斯密》第249—250页。

格拉斯哥大学,1759年8月31日

阁下:

约于月前我曾寄奉一函,寄至汉诺威广场,此信送到爱尔兰时,谢尔本夫人可能看到在那封信里,我将在格拉斯哥大学支付的各种费用项目详细奉告。此时阁下必定已经收到那封信,在这里不再重述。阁下主要关怀的,当在于对您所推荐的这两位青年[①]的品性,无疑这是最重要的。在这件事情上我要向您说的是:第一,那位您认为极其合意的指导教师应该尽可能多时间陪伴他们;第二,需要为他们请一位指导教师;第三,让他们在有接纳寄宿生习惯的某些教授的家里寄宿。据我看,上述第一个方案最为有利,对年轻人的管教说来,没有比已经建立起来的权威更好的了。上述第二个方案的缺点是,不仅所涉及的费用也许相当可观(对这样一位指导教师,也许一年至少须付给二三十镑,而且为了让教师发挥作用,他必须与他们一起食宿),而且要找一个可靠的人,事实上极度困难;但是我认为这个方案可以考虑。第三个方案的缺点,也是在于它的费用过大,在教授家里寄宿每人每季度是十镑。请阁下自行斟酌哪一个方案最为合宜。

阁下提到读了我新近出版的那本书觉得满意，使我十分得意，您还提到您认为我已担承了公家约定的工作。我可以向您保证，我没有承担什么工作。我是这个大学里的一分子，要尽我之力对送到这里来学习的年轻人，特别是推荐给我、由我照管的那些年轻人进行帮助。我希望，一旦您的朋友在我这里安定下来，他们能够把我的家视同他们自己的家，在他们学习中遇到任何困难，可以随时求助于我，我绝对不会把这种请求看作对我工作的打扰，而是把它看作我自己能够做的最合意、最有益的工作。

我预计阁下将有一笔款子汇来。菲茨莫里斯勋爵留在这里的50镑现已用尽，我现在已垫付约30镑。关于在校的费用，我拟将上几年的费用开一详细清单奉上。开支的主要项目是付给各位教师的学费、两套衣服（一套是丧服，一套是粗斜纹布制的夏装）、书籍和其他必需品。供他用的零花钱是每月一畿尼。阁下，我怀着最大敬意，我是

您的最感激最顺从最微贱的仆人

亚当·斯密



① 约翰·科尔瑟斯特的两个儿子；参阅书信35。

## 38. 埃德蒙·伯克致斯密

原稿存耶鲁大学图书馆詹姆斯·M.和玛丽—路易丝·奥斯本收

藏室;载科普兰:《埃德蒙·伯克通信集》第129—130页。

威斯敏斯特,1759年9月10日

先生:

我有幸写给您的第一封信就要为我的行为道歉,深以为愧。我收到您富有教益的大作以后,深感满意,理应立即复函道谢,为我未能及早做到这一点不能不表示歉意。我从休谟先生那里收到《道德情操论》时,即以极大的热情拜读一遍;随即立刻离开这里城市,自此一直纠缠在种种令人烦恼的琐事中。[①]我的意思是,将此书仔细认真地拜读之后,再函致我的谢意,否则就是对这本研究深刻的巨著的极大不恭。拜读此书的确非常值得,而且收获丰富,我不仅从您书中富有的独创见解而感到喜悦,而且深信书中所说的是真情实理。我想不到,我能不觉得有多大困难便接受这么多我以前完全陌生的道理。[②]我一直认为,旧的道德体系范围太窄,这门科学只能以整个"人性"为基础,不能建立在任何较狭的基础上。在您以前写这个主题的所有作家,就像那些哥特式建筑师,他们喜欢把建筑物上的大拱顶,安在一根细细的柱子上。其间有技术无疑也有一定程度的独创性;但它是觉察不到的,它也不能长期令人喜爱。像您这样建立在永久不变的人性基础上的理论会长期存在下去,而那些建立在他个人意见上的理论,时刻在变化,必然将会被人遗忘。我承认我特别喜欢您从日常生活和生活方式角度来描述那些轻松愉快的说明,这种说明在您的大作中比我所读过的其他作品都多得多。这些确是最适合解释那种心灵的自然活动,一切关涉到我们天性的科学都应当从此种活动开始。但是人们知

道,任何东西都要比直接放在我们面前的东西更有用和用得更多。因此哲学家往往见不到可能有极大优点的无数东西,它们就在你身旁却失之交臂。看来只有不嫌弃任何东西的童提的单纯才能成为真正的哲学家,才能成为真正的基督徒。在您的大作中除了许多有力的推理外,还有许多对生活方式和人的情感方面的优雅描绘,这方面的描绘本身即具有莫大价值。文章风格到处显得活泼明畅,而且还有我认为在这种作品中同样重要的文体的巧妙变化。文体还常常显得庄重,特别是在接近第一部分结束处谈到斯多葛派哲学那部分,写得雄伟壮丽,给人以富丽堂皇的幻觉。以上我已提到您大作中的端庄的美深深打动了我。我将不揣冒昧,谈一谈我所看到的一些瑕疵。在您书中的少数地方,稍稍有点散漫,这种缺点出现在洛克[③]先生的多数作品中。这是一种通病,但远远优于有些想象力贫乏的作家容易犯的干枯贫乏的毛病。对别的作家,我是不会这样挑剔的。

这次我复函愆期,倘再有所乞请似乎不当。但是,这里有一个要求,在我心底隐藏多时不能不一吐为快。那就是不论何时您来到这个城市,让我有认识您的光荣。[④]我准备把介绍我们会面这件事交托给休谟先生,他已经将大作送给了我,使我感激不尽。我对大作和您的为人有最真实的敬佩。

您的最感激和最恭顺的仆人

埃·伯克

① 参阅1759年7月28日休谟致斯密书信36。在那封信里,休谟认为伯克当时在爱尔兰,但是关于信中所说的事别无其他佐证。

② 伯克在1759年《年鉴》中对此书作了评论，他特别赞扬斯密的独创性："作者对这个主题的思考提出了一条新的，同时又极其自然的途径……我们认为，这里提出的正是理论的实质部分，它以真实和自然为基础。作者探索我们最常见、最能接受情感中的正义、合理、允当、体面的基础；使美德与邪恶的尝试令人赞货和反对，从而表明所有这些态度都是以同情心为基础的，他就从这一简单真理出发，提出极其优美的道德理论结构，这恐怕是前从未见过的。"

③ 洛克(John Lcoke，1632—1704年)，英国哲学家。——译者

④ 看来斯密和伯克直到1777年才会见。

## 39. 斯密致查尔斯·汤申

载约翰·雷：《斯密传》第148页。



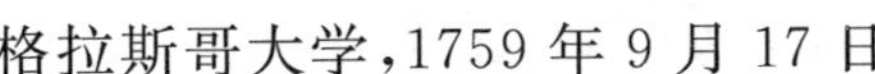

格拉斯哥大学，1759年9月17日

先生：

使我非常遗憾的是，我有幸给您写的第一封信，竟是谈到如此令人悲伤的事情。令弟[1]在这里为人所共识，因此，人人都哀悼他。您的朋友深感遗憾的是，当此大家在欢欣鼓舞的时候，而您家却在哀悼中。此间每个人对您都怀着崇敬与爱戴，关于您的事他们没有一件不关心的，有许多人对您所抱的同情心比您自己知道的更多。当然，用任何话语来安慰您这位坚强而果断的人是最为迂腐可笑的。令弟是为国捐躯的，这一点就是您最好最高贵的安慰。令弟未能像您所期望那样久存于世，这是上帝的安排，而他去世的方式为您增添荣誉。

您这次离开苏格兰比您原来所说的要早得多。当我在格拉斯哥见到您的时候,没有机会如我所希望的请您在回伦敦之前莅临达尔基思。

我约在两周之前将您为布克勒公爵订购的书寄给在爱丁堡的坎贝尔先生,根据您的指示,在书册寄出前书款我已付清。兹附上清单一纸,已付讫的价目列于背面,以便您于书收到时核对。坎贝尔先生会把书送到伦敦的。[2]我本当在两周前写信给您,由于生性疏懒,以致延迟。

谨表示最大的敬意和关怀,永远是

您最恭顺和最微贱的仆人

亚当·斯密

① 上校罗杰·汤申是查尔斯最小的弟弟,1759 年 7 月被从泰孔德罗加要塞发出的炮弹击中身亡。

② 参阅斯密致阿奇博尔德·坎贝尔的信,书信 41 和 44。

## 40. 斯密致〔吉尔伯特·埃利奥特〕

原稿存苏格兰国立图书馆明托收藏室;未发表。

格拉斯哥,1759 年 10 月 10 日

亲爱的先生:

久未问候,不知应怎样向您道歉才好。您提出我论据中的一

部分缺点[①]使我无限感激，我立即提笔作复，说明您所担心的将由这个缺点引起的后果其实与它没有必然的联系。可是经重新考虑之后，我认为还是将书中第三部分的第二节[②]改动一下为好，以便消除那个缺点，并打算将改动处寄给您。我写了不过三张纸，然而所费的时间和精力，却不是您所能想象的；因为在已写好的文章中插进一段要与上下文天衣无缝地衔接，再没有比这件事更困难的了。在您阅读我寄上的修改文字之前，请您先读一遍书里第三部分第二节的开头几段，然后跳过以下的几段，接读第六和第七段，直到第260页下端以“不幸地”那个词开端的那一段；这里用增补的第二部分来代替那一段，该增补部分用另函同时寄上。您赐阅以后，若承以尊见见示，我将非常感谢。您会看到，我的补充部分意在既要进一步证实我的理论，即对于我们自己行为的判断，总是与别人的感情相关联，又要表明，虽是这样，但真正高尚的行为和自觉的美德，尽管受到大家的非难，也不会有所改变。我亟愿知道您认为我对此二者说明了多少；如果您认为我说明得还不够，我还可以使用新的实例进一步把它说清楚。我还想请您读一读我关于曼德维尔体系的看法，然后考虑一下，总的说来我是否不能够把美德说成是不受大多数人的意见影响的。

我想，我已经清楚地说明，我们对别人行为的评价，是以同情为基础的。但是我们用一种原则评价我们自己的行为，而评价别人的行为则用另一种原则，那就显得非常奇怪了。

在我寄给您的校正稿件里，您还可以看到我对大卫·休谟提出的意见的答复。[③]我认为他的说法已经被我完全驳倒。

此书的新版正准备问世，[④]您如果对它提出任何批评意见，不胜欢迎。您如看到克拉克上校，请将我寄上的稿件交给他看看，我很想听听他的意见。[5]我完全知道，所有这些会增添您多大麻烦。但是叨在知己，我晓得您是会加以原谅的。

博斯科恩的胜利，使这里人人感到欢欣鼓舞。[6]我们把这场胜利看作防止入侵威胁的措施，有少数人对这场战事看来十分关心。承您来信告诉我此事[7]，使我感到光荣和感激。

这里听到关于选举的仅有的消息是这样：克劳弗德先生落选；被亚当·弗格森爵士和劳登勋爵击败。您的朋友米尔先生正在受到坎宁安先生方面的威胁，形势危险。昨日郡高等法院开庭，看上去一切对米尔先生有利，所有反对他的新选票都被拒绝接受。听说此事的最后决定将由阿盖尔公爵作出。[8]

亲爱的先生，我永远是

您最感激和最卑贱仆人

亚当·斯密

附件：

〔为《道德情操论》1761 年第 2 版写的修正稿。〕[9]第 99 页第 12 行，[10]在“但是，赞同悲哀是痛苦的，因此我们总是不大承愿去研究它。”这一句话的后面。

作一个参照符号，把下边的注释插入该页的底部。

## 注 释

**反对我理论的人这样说：既然我认为同情是一种认可的情绪，它永远是令人愉快的，那么与我的理论承认可以有令人讨厌的同情就相矛盾了。我的答复是，在认可的情绪中有两种须加以注意的东西：第一是旁观者的同情心；第二是旁观者看到他自己的心情心和主要有关的那个人原有的感情之间完**

**全一致而产生的感情。这最后一种感情(认可的感情存在于这种感情中)总是令人愉快和高兴的。其他的感情可以令人愉快,也可以令人讨厌,要根据原来感情的性质而定,其特点必须经常保留几分。我想,两种声调,分别地听起来也许是不大悦耳的,然而,如果两者完全和谐,则此种和谐与一致的感觉也许是令人愉快的。**

第260页的底部。[11]

用下面的文字代替此页和下页的涂去部分。

当我竭力检查自己的品行,对自己行为或者加以赞许或者加以谴责时,在这种情况下我显然把我自己分成两个人,一个是检查人或评价人,代表与另一个我——其行为将被检查和评定——不同的品性。这第一个我是旁观者,这个旁观者对我自己行为的感情就是我努力要进入的感情,进入的方法是把自己置于他的地位,和想一想当从那个特殊观点来看时,在我面前会出现怎样的感情。第二个我是个动作者,这个人我恰当地称之为"我自己",在旁观者那个角色的观察下,我努力以他的行为来形成某种见解。第一个是法官,第二个是陪审员。但是法官不可能在每个方面都与陪审员相同,就像因和果不可能在每个方面都相同一样。

为人和善有功绩,应当受到敬爱和奖励,就是具有美德的人;反之,如果为人邪恶,就应受到憎恶和惩罚。但是所有这些人对其他人的感情都有直接关系。美德不一定表现在和善和功绩上,因为它是其自身的爱和自身的感恩的目标;而且因为它激起别人的那种感情。意识到它是受到称赞的目标,这就是同时自然得到的内心安宁和自我满足的来源,犹如对处于相反情况时的心怀疑忌,就会产生邪恶的折磨。还有什么比受人敬爱,并且知道自己应当受人敬爱更大的幸福?还有什么比受人嫌恶,并且知道自己活该受人嫌恶更大的痛苦?

由于人是被看作能够解释的动物,因此他被认为是有是非感的。但是,从字面上即可看出,作为一个能够解释的动物,他就必须将他的行为向别人作出解释,因而他必然根据接受解释对象的爱好调整解释的语句。人对上帝解释,也对其他人解释,虽然无疑他主要对上帝负有解释其行动的责任,但随着时间推移,在他能够形成神的任何概念或形成神判断他行为的规则的任何概念之前,他必然想象他自己负有对其他人解释的责任。一个小孩必然认为对父母有说明义务,根据他父母的称赞或责备而高兴或沮丧,要到很久以后才形成向神解释的任何概念,或形成神判断他行为的规则的任何概念。

我们伟大的最高裁判者,出于最明智的动机,认为应该在人类微弱的理智与神的永恒的公正之间,插入一点模糊和黑暗,这些模糊和黑暗虽然从人类的观点看来没有完全遮蔽那伟大的裁判所,但是使它与想象中如此宏大目标应具有的雄伟和重要相比还是显得黯淡微弱。假使万能的主为那些遵守和违反他的意志的人所准备的奖励和惩罚,看起来像人们彼此间可以预见的那种轻率和暂时的报复那样清楚,那么人类天性中存在的弱点,就会使他不理解伟大目标而感到无限惊讶,从而使他们不再注意世界上细碎小事。假使在这方面上帝的意志昭示得比现在更加明显,则社会上的各种事务将绝对不可能继续进行。但是人类绝不可能没有规则来指导他们的行为,也不可能没有其权威足以进行观察的裁判者。大自然的创造者使人直接判断人类,在这一点上也同许多别的方面一样；上帝按照他自己的形象创造人，任命他作为自己在世上的代理人来监督他的兄弟们的行为。出于神的教导，他们承认神授的权力和裁制权，依据他们想象自己应受到他的责罚或赞扬而战战兢兢或欢欣鼓舞。

但是不管这个次等裁判所的权威如何，它还是明摆在人们的眼前；如果任何时候它的决定违背上帝规定裁判的规则和原则，人们就会对不公正的决定提出上诉，要求在他们自己的心灵中设立更好的裁判所，从纠正这个偏颇的、没有说服力裁判的不公正处。

神设立某些原则，作为裁判与我们居住在一起的那些人的行为的根据。只要我们的决定遵照那些原则，不称赞和责备神没有指定为称赞和责备目标的任何东西，也不比神规定的做得过分；作为我们作出判断对象的人，他本人必然会同意这个判断。当他设想自己处于我们的地位时，他势所必然地持有他自己行为正确的见解，他觉得这种见解我们必然也有，同时他也必然用我们对待自己行为的同样角度来考虑他自己的行为。因此，我们的感情对他必然要产生深刻影响，当在他看来值得称赞的行为，他不会不想到人们的资许，从而自我赞赏，同样，他也会从他应受责备的行为中感到羞惭无地的害怕。但是，如果我们对他赞扬或谴责违反神所制定的、用以指导我们判断那种事情的那些原则和规则，情形就不同了。如果我们为了在他看来不是称赞或责备目标的事情对他加以赞扬或谴责，在这种情况下，他就不能理解和接受我们的感情，如果他有一点坚定之心，就不会受到我们判断的影响，既不会因受到赞扬的感到喜悦，也不会因受到不利的裁定而感到屈辱。另一方面，如果我们受到自己良心的责备，即令世界普加赞扬，对我们

也不会起什么作用;当我们得到心中裁判所的原谅,即使受到全人类的责难,对我们也不能横加压制,因为我们自己的良心告诉我们,错误的是他人。

虽然在我们心胸中的这个裁判所是我们一切举动的最高仲裁人,虽然它能扭转全人类对我们品质和行为作出的决定,虽然它能在一片赞许声中使我们感到于心不安,在一片斥声中给我们以支持,然而如果了解一下它的建立和它的裁判权的根源,我们将发现它们大部分是从这个裁判所的权威产生的,而它的决定经常而且有正当理由改变方向。当我们初到人间时,总是想取悦于跟我们一起生活的那些人,我们习惯于考虑什么样的行为可能取得与我们相处的每个人的欢心——对我们的父母、师长和同伴们。我们与各人攀谈,有时喜爱追求不可能和荒谬的目的,即博得普遍好感和获得每个人的好意和称许。然而,阅历稍长以后,我们很快认识到,要博得普遍同情和赞许是根本办不到的。一等到我们有些较重要的事要处理时就会发现,要取悦于某一个人,就几乎必然要得罪别一个人,要迁就个别的人,就常常会惹恼所有的人。最公平、最平等的行为必然会阻挠某些人的利益和反对他们的爱好,这些人很少有足够的正直来同意我们的正当的动机或者看到我们的行为(尽管不合他们的意)完全适合我们的地位。因之,我们很快在我们内心树立起我们自己和跟我们住在一起的那些人之间的裁判者。我们想象自己的一言一行都有一个公平无私的人看到,这个人对我们自己或者对其利益要受到我们行动的影响的那些人,并没有什么特殊关系;他对他们或对我们说来,既不是父亲,也不是弟兄或朋友,只是普通人,是个无所偏向的旁观者,他以同样不感

兴趣的态度，也就是以我们用来对待别人的那种态度来考虑我们的行动。如果我们使自己处于这样一个人的地位，我们自己的行动会使我们感到满意，如果我们觉得，这样一个旁观者，难以避免掺杂影响我们的所有动机，那么世界上还有什么正确判断可言，我们就免不了对自己的行为感到满意，尽管受到我们同伴的指责，我们将仍然自认为是应当受到赞许的正确对象。反之，如果我们内心的裁判人谴责我们，外界对我们的高声欢呼，在我们听来，只能算是无知和愚昧的嘈杂声，不论何时我们如果假装这个公正的裁判人，我们就无法避免以厌恶和不满的态度来看待自己的行为，只有意志薄弱、虚荣心重或赋性轻浮的人，当他受到毫无根据的责难时，才会感到受辱，当受到极其荒诞的颂扬时，才会洋洋自得。这样的人在必须为他们自己行为形成见解时，不习惯向他内心的裁判人请教。这个存在于我们内心的伙伴、这个抽象的人、这个人类的代表和大自然派他作为人们行为最高仲裁者的神的代替者，这些人对他没有兴趣。他们满足于次等裁判所的决定。他们全部希望的最终目标只是他们同伴的赞扬和与他们住在一起互相交谈的那些人的赞扬。如果在这一点上得到成功的话，他们的快乐不能再多了；如果得不到，他们将完全失望。他们从来不曾想到去求助于那个至高无上的裁判所。他们对这个裁判所作出的决定很少去探究，根本不知道它作出决定程序的规则和形式。因此，当世人对他们加以伤害时，他们就没有能力申诉，结果必然沦为人间的奴隶。但是，有的人在任何情况下习惯于乞助于他们内心的裁判者，所考虑的不是世人赞成或不赞成的意见，而是这个不偏不倚的旁观者的意见，这个称赞和责备的自然而正确的标准。他主要追求

的是,这个最高裁判者对他行止的赞许;所主要畏惧的是这个人对他的责备。对一切世人的感情,他虽然不能全不介意,可是同这个最终决定比起来,是微不足道的小事;他既不会因别人称赞的判断而得意忘形,也不会因别人不利的判断而灰心丧气。

我们只能通过向这个内心裁判者请教,才能看到与我们有关任何东西的固有形状和范围,才能将我们自己的利益与别人的利益进行适当比较。

至于用肉眼看物体显得有大有小主要并不是按其实际体积,而是按其位置的远近;内心的自然眼睛的情况也一样;我们补救肉体上和内心的眼睛的缺陷可使用同样的方法取得良好效果。譬如在我现在所处的位置中,窗外的草地和树林及远处群山看来不比我在它旁边写作的小窗大,比我处身其间的斗室更是不成比例的小。我要在那些宏大的对象与微小的对象之间作出正确的比照,唯一的办法就是使自己至少在想象中转移到另一地点,那时我可以在近似于等距离下观察二者,从而断定它们的实际大小。习惯和经验教导我极其容易和极其乐意这样做,甚至在自己没有觉察的情况下就已经这样做了。一个人必须具有某种哲学眼光,他才能相信,如果不是知道远处物体的真实大小,然后由想象力加以扩大和膨胀,那么在他的眼中,它们还是显得何等微小。

人类天性中的自私和原始感情的情况也一样,我们自己一点纤小利益的得失,与跟我们没有特殊关系的另一人的重大利益相比,显得巨大而重要,会激起更大的欢乐或悲哀以及更多的想望或嫌恶。只要站在这个立场上观察,别人的利害就永远不能跟我们自己的利害相提并论,就绝不能阻止我们做任何事情去推进自己

的利益，不管会严重损害他的利益。在我们对那些对峙的利益作出公允的比较，就必须改变我们的立场。我们看待那两种利益时，不能从我自己的立场出发，也不能从他的立场出发，不能用我自己的眼光看问题，也不能用他的眼光看问题，而必须使用第三者的立场和第三者的眼光。这个第三者对两者的任何一方都无特殊关系，能在二者之间作不偏不倚的判断。这就是从那里可以等距离地看事物。观察二者的唯一位置，也是从那里可以对二者作出正确比较的唯一位置。习惯和经验在这里又一次教导我们，采取这个位置是如此的容易和现成，以致我们几乎没有意识到便采用了它；在这个事例中也需要一定程度的深入思考，甚至哲理上的考虑，才能使我们相信，假使正当和正义的观念不能纠正我们感情上的自然形成的不平等，我们对邻人的最大利益就会不感兴趣，或者对他有关的不论什么事情，我们都会漠不关心。只有从这个位置出发，我们才会看到仁慈宽宏的正当和不公正的丑恶；不惜为别人的更大利益放弃自己的最大利益的可贵，和为得到自己的最大利益去损害别人最小利益的可鄙。只有站在这个位置上才会看到我们自己以及关于我们自己的任何东西的渺小，也只有在这个位置上，我们才会学到斯多葛派恢宏大度和坚贞不屈的伟大教训——对于邻人发生的事，应当和对于我们自己发生的事一样关心，这样，同样邻人也会关心我们发生的事情。爱比克泰德[12]说，在我们的邻人丧妻或失子时，人人都感到这是人生的灾难，是完全根据事物的一般过程发生的自然现象。但当同样事件临到我们自己头上时，我们呼天抢地，好像遭到最可怕的不幸。可是，我们应当回想一下，当别人发生这类意外时，我们的感受是怎样的，我们在别人

事件中怎样想，在我们自己事件中也应当怎样想。

但是，不是在任何场合我们都能用这个完善的、公正的态度来判断人我之间的事情。即使内心的裁判人也往往受到我们自私感情中的暴虐和不公正所施加的腐蚀的危险，往往被引诱而作出与事情的实际情况十分不同的报告。

我们检查我们的行为并努力根据公正的旁观者的观点来对待它，一般只在两种场合中进行：第一，当我们打算着手行动时；第二，（下边紧接第261页）。

① 戴维·拉斐尔教授对此曾加以分析："从信函的内容及其附件可以看出，埃利奥特所反对的主要是：如果对我们自己行动的道德评价，是社会认可或不认可的反映，那么，一个人就不可能作出他明知道与大多数人意见相反的道德评价。斯密附在函内的第二次较长的订正稿，以发展他公正旁观者的理论来答复埃利奥特的反对意见"。

② 《道德情操论》1759年4月初版第三部分第二节的标题："在什么方式下对我们自己的评价与对别人的评价有关：一般规律的起源"。

③ 参阅休谟致斯密书信36："我希望您已经充分证明，各种类型的'同情'必然是令人愉快的"。关于斯密的答复，见《道德情操论》插入的注脚（格拉斯哥版第一部分第三节）。

④ 《道德情操论》第2版于1760年12月30日付印，见那天发出的致斯特拉恩书信54。但版本上所注的日期是1761年。

⑤ 罗伯特·克拉克（1724？—1797年），1762年为上校；1793年晋升中将。谢尔本勋爵的被保护人。亚当·弗格森说他反对斯密的"同情"理论，见《思想史杂志》第21期（1960年）第222—232页。

⑥ 1758—1759年法国人集合了军队和平底船入侵英国。当时德拉克吕率领舰队驶出土伦，到距拉各斯不远处1759年8月18日被海军上将爱德华·博斯科恩击败。

⑦ 无可查考；也许就是指埃利奥特指出《道德情操论》缺点的信。日期

可能在9月初，因为博斯科恩胜利的消息传到伦敦要二到三个星期。

⑧ 此时苏格兰某些地方的议会选举事务情况十分糟糕。选举管理被牢牢掌握在阿盖尔公爵三世的手里；埃利奥特当选为塞尔扣克郡议员也是这位公爵的力量。

⑨ 此修正稿出于抄写员之手，此人曾抄写"国富论初稿"。此稿附在1759年10月10日信中，根据斯密习惯，书稿抄写三份，这份估计是准备给印刷厂的。

⑩ 此段在第1版书中是第一部第四节第一章第九段；在第2版书中是第一部第三节第一章第九段。

⑪ 与第一次修正稿一样，这份修正稿也在这里和那里有细微的修改，此外，当它要印入第2版时，又在末尾作了大量补充。

⑫ 爱比克泰德(Epictetus，60? —120?)，希腊斯多葛派哲学家。——译者

## 41. 致〔阿奇博尔德·坎贝尔〕①



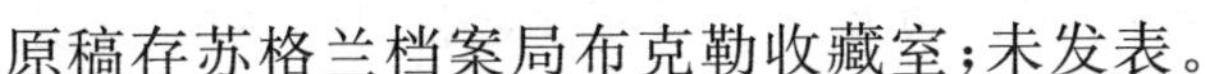
原稿存苏格兰档案局布克勒收藏室；未发表。

格拉斯哥，1759年10月24日

先生：

很费心，您还记住这样一件小事，深为感谢。兹谨将所欠账款偿清。②我已嘱福尔斯先生将他的书单另录一份，以前我交给汤申先生的那一份，可能他已遗失。谨此问候。

您顺从的谦卑的仆人

亚当·斯密

① 布克勒家的代理人。

② 账款指福尔斯兄弟为布克勒公爵提供书籍的费用，共计 17 镑 2 便士。该款由斯密向书商付清后由公爵归还。

# 42. 致谢尔本勋爵

原稿存兰斯多恩侯爵的鲍伍德图书馆；部分载斯科特：《亚当·斯密》第 250—251 页。

格拉斯哥，1759 年 10 月 29 日

阁下：

我同时交邮寄上此信和两个附件，一个附件是，菲茨莫里斯先生来此以后，先后向我支款时交给我的收据，另一个附件是部分款项花费用途的说明。我已在各收据上用字母标示，并在相应用途说明的背面用同一字母标明，以便核对。

您会看到，有几张收据并没有相应的用途说明。在这种情况下，我总是在收据上注明支款的用途，但不一定有第三者证明此款确是这样用的。所有支付给他的教师们的有关项目都属于这种情况，他们之中没有一个曾提供任何收款证明；此外，还有付给医师的费用，零用钱，用现款购买书籍的费用（在收据上已注明书名），购买银制鞋扣、数学用具以及只值几个先令的某些零星用品的费用等。有两笔较大的没有凭证可查的支出，一笔是赴爱丁堡旅行的费用，一笔是赴莫弗拉拜望阿盖尔公爵的费用。上述第一笔应由我负责，因为他是由于我的缘故到爱丁堡的，我不愿意把他一个人丢在校里。我以为带他往返一次只需花四十先令就够了。但是，到了那里以后，发现我往往不得不到不宜带他一道去的地方去就餐。当发生这种情况时我就会想到，让他独自处于这样一个风气不大好的地方，他会碰到些不三不四的人。我在我们的住所举行一次小型集会，并邀请了两三位学法律的青年人当我不在家时和他做伴。英弗拉离格拉斯哥有两天路程，我们事前听到的关于公爵行踪的消息不够正确，结果比他早到了两天。在这段时间内我们住在一个很高级的旅馆里。当我们待在这两个地方时，我付钱，菲茨莫里斯先生记账，回家后费用由两人分担。

去冬，在他的班级上有四位教师辅导，您一定会认为学费过于昂贵。但对贵族子弟说来，这笔费用不算太高。与高贵人家子弟的学费相比，并不超过其半数。



阁下会看到，账单内第一笔零花钱是 4 镑。他需要此数，考虑到这是我第一次经管此事，就给了他。此数不到一个月就花完了。但绝不是在什么不正当的享乐上花费的，而是用来买了没有多大实用价值的出版物和小玩意，还有相当一部分是买坚果、苹果和柑橘。自此，对他在这方面的给付即以每月一畿尼为限，他大体上也颇能守此范围。您还会看到，有一两次给他达二畿尼，那是由于我的疏懒，没有及时向他索取收据，结果把上个月给的也一并列入本月给付的收据之内了。

您在以前的一次来信中曾提到，您所以要他坚持节约，不是要他聚敛钱财，而是为了便于施舍。当时我匆匆读过，并不以为意。现在我敢向您保证，虽然您对于这种开列账单的办法，也许认为对他不足为训，可是他为人信守时刻、合乎礼仪、遵守纪律，就他的年龄和身份来说，简直是我从来没有见到过的，他对书籍、衣服等都倍加珍惜，从不轻易浪费，从而使我深信，他将来经手银钱时也会是这样，所以不随意浪费，正是为了便于博施济众。他处事不苟，这是由于他心怀大志，希望异日能有所作为，借此可以在世间博得广大声誉。在这种热情的激励之下，甚至在他完全成长之前已跃跃欲试，要显露一下他卓越的才能。按照我的猜想，他长大成人之后，一定会成为一个异常坚决、果敢的人，到壮年时必将成为一个严肃的、甚至有些严峻的、道德高尚的人。我是

您的受惠最深恭顺而卑微的仆人

亚当·斯密

## 43. 致谢尔本勋爵

原稿存兰斯多恩侯爵的鲍伍德图书馆；载斯科特：《亚当·斯密》第251—252页。

格拉斯哥，1759年12月3日

阁下：

本日我荣幸地收到您11月17日来信，附有汇票二纸。这次汇款在时机上对我有利。这晌的汇率总是偏向伦敦，不利于格拉斯哥。伦敦汇票售出时通常高于平价，而这次寄来的两张汇票，在售价上还获得升水千分之五。如果趁您信任我的机会，认为这次

赐款还不足以补偿我对菲茨莫里斯先生所尽的一点小小的辛劳，那就太辜负您的厚爱了。实际上所费的辛劳是极有限的，我还没有见到过这样易于管教的人，只要把事理向他解释清楚，他就会立即欣然接受。他来到这里以后，在全校中也许是生活最有规律的学生。举例说，这里为了使学生严守纪律，每个星期六早晨召集全体学生集会一次，查问一下在这一周有否犯规行为，对犯规者则处以少数罚金。关于出席的次数，要求并不严格，一般认为每三次到一次也就够了。但是菲茨莫里斯先生却每次必到。上星期六，他偶然睡过了头，那天我没有出去，但我认为没有必要将他唤醒。可是这一次缺席是这样引人注目，据我所知，在这一天上午我相信学校里差不多有一半人都在探问他身体好不好。作为一个学生，他在各方面谨小慎微，严格遵守纪律，认为这是与自己体面攸关的事，在这一点上，我再提不出比此更突出的事例了。他在学业上非常勤奋，立志要使自己出人头地，成为一个学问高深的人。他似乎对机械学和数学具有特殊的才能和爱好，从去年起直到现在，除逻辑学外，这些学科一直是他的主要研究对象。他在学习上最感欠缺的是语法学，尤其是英语语法，有时会愚昧到使我茫然若失，莫名其妙。但是我预料他不久会改进的。

同时附上小册子两本，内容是关于普鲁士国王[①]的轶事。这是菲茨莫里斯勋爵从他在德国的一个朋友那里拿到的。他把书寄给伦敦的一位博伊尔先生（我猜想他是奥雷里勋爵的儿子），以便由他转给我，再交给阁下，还说“如果您认为他不应无缘无故地寄书给您，那么您看了以后，也许会把书付之一炬”。这是菲茨莫里斯勋爵的话。这是我在大约三星期以前收到的，我很喜欢这本书，读了又读，我相信，您也会是这样。博伊尔先生是希望我看过以后将书还给他，我却愿意听从菲茨莫里斯勋爵的意见，我觉得博伊尔先生建议的方法不大妥当，此书还他以后，下文怎样，他也没有详细见告。菲茨莫里斯勋爵日后也许要把此书交给某一第四者看看，为了便于实现他这一可能有的意愿，在我没有把博伊尔先生的想法搞清楚之前，请您不要把书当真“付之一炬”。我永远是

您的受惠最深谦卑恭顺的

亚当·斯密

① 指腓特烈大帝。

## 44. 致阿奇博尔德·坎贝尔

原稿在苏格兰档案局布克勒收藏室；未发表。

格拉斯哥，1760 年 1 月 9 日

先生：

您为此区区之事还劳神记在心上，十分抱歉。请费心将该款交付书商金凯德先生，他自会向我结算。不知您还记得否，该款一共 17 镑 9 先令。我想他出立的收据已足够作为清账的证明，倘使认为有必要出立进一步正式收据的话，该收据当由我送上。请代向坎贝尔夫人以及府上各位问候。我衷心祝愿您合家新年好。我带着十分敬意和关怀，是

您最忠实的

亚当·斯密

## 45. 致谢尔本勋爵

原稿存兰斯多恩侯爵的鲍伍德图书馆；未发表。

格拉斯哥，1760 年 3 月 10 日

阁下：

我认为有责任向您报告，菲茨莫里斯先生这几天发低烧，有些不大舒服，可是看上去他的情况并没有丝毫危险，但愿他已在康复中。

病情是从星期三开始的。那天上午我在课室中没有看到他，这种情况是向来所未有的，我回到自己的屋子时，发现他躺在床上嚷头痛。我立即派人去请医生。来后他关照为病人抽血。抽血后觉得好得多，但当晚热度很高。第二天整天都是这样，第三天，由于隔夜睡了一个好觉，睡得很酣畅，病情大减。我本当在那天晚上，即星期五写信给您，但是看上去他已经好得多了，布莱克医师很有把握地说，现在一切危险已经过去，他在明天也许会完全康复，我因此决定再等一等，索性等他痊愈后再告诉您，以免使您接信后可能受到惊吓。医生的预言有一部分得到应验，星期六即发病第四天的整天，直到晚上六时许，他感到轻松愉快。从六时起他开始再次感到头痛，并轻度发烧。但是这两种症状都比头两天要

轻微得多。他变得极其嗜睡，结果一连睡了一整夜和次日一整天。第五天即星期日晚上六时他醒了，自己感到霍然病愈。他别无不适，只是喊肚饥，吃了许多面包，喝了茶。打那时就觉得自己一直很适意，现已完全不存在发烧现象。然而医生认为在当晚或次晨即第七天，可能还会有一次轻微的发作。但他自己觉得有把握，即使再发作也微不足道，而且是最后一次了。您也许要认为我这次写信不该这样延宕时日，该早写信给您；我承认我在这一点上的态度有些迟疑不决。当菲茨莫里斯先生在星期六晚上发生轻度的反复，由于前一天没有写信给您，感到心神非常不安，当时自己决心今后不再陷入此种窘境。您尽可以放心，他现正受到精心照料。我对照料他的布莱克和汉密尔顿两位医师，具有完全信心。他们两位每天都至少来五次。他们对于他的这次身体失调，丝毫没有怀疑到将发生什么危险，都认为事情已经过去。他们都认为我不必急于汇报，使你徒然受到一场惊吓。您请放心，在他自己未能动笔之前，我会每天给您写信的。阁下，我永远是

您的最顺从最感激的仆人

亚当·斯密



## 46. 致谢尔本勋爵

原稿存兰斯多恩侯爵的鲍伍德图书馆；未发表。

格拉斯哥，1760 年 3 月 12 日

阁下：

我上次写信给您时内心不胜悲戚，这次却感到愉快。医生们的预言，这次已经不折不扣地应验了。菲茨莫里斯先生在前天晚上轻微地发了一次热。薄薄地出了一身汗，热就退了。昨晚他又一次出鼻血，布莱克医生把它叫作一次理想的、毫无窒碍的危机。此后就一直没有发生热病现象，昨晚通宵安然熟睡，今日整天心境平静，精神饱满。他大部分时间不再卧床不起，以阅览新出版的悲剧自娱。他的两位医生陪着他一道饮茶消遣，谁也不担心他会旧病复发。在他的小便中发现有沉淀物，医生认为这是发烧以后复原时最确凿的征兆。我写此信时在晚上七时以后，他刚上床睡觉，显得很困乏，但除此以外，情况完全正常。我上次给您的信也许要使您受到惊吓，这次能很快写信使您解除一切忧愁，使我很感快慰。如果发生了什么事，我会立即写信告诉您的。以后他也许会通过邮局自己向您写信了。永远对您致以最大的敬意，我是

您的最顺从最感谢的仆人

亚当·斯密

## 47. 威廉·威尔逊致拉纳克自治市的市政官员

原稿存格拉斯哥大学档案室；未发表。

格拉斯哥，1760 年 3 月 15 日

先生们：

安德鲁·斯图尔特嘱将格拉斯哥大学教授斯密先生给他的一封信转交给各位。各位从信中可以看到，关于举荐沃森先生享受奖学金事所带来的困难。他提出解除困难的办法是，对沃森先生的荐举暂时取消，一面让他参加逻辑学课程，然后由斯密先生举荐他享受奖学金待遇。这样既符合校规，沃森先生仍然可以享有被举荐之权，只是获得此项享受的时间比原来的迟一年。

您最恭顺的仆人

威廉·威尔逊

爱丁堡，1760 年 3 月 15 日

斯密教授致斯图尔特先生函的抄本



亲爱的先生：

我要奉告的是，由于汉密尔顿公爵的家庭教师的小小疏失，很有可能为两位可敬的青年带来一些困难；这封信要使您添麻烦了。他们推荐了一位沃森先生，为了享受奖学金待遇，他必须选修伦理哲学课程。但是根据当局最近一次视察后订立的章程，对苏格兰人来说，除非事先已在某一别的学院学习了逻辑，否则必须参加逻辑学习班。此外，为了取得享受神学奖学金的资格，沃森先生必须在两年以内取得一个学位；但是根据这个章程，凡是苏格兰人，没有学完哲学全课程，是不能取得学位的。我校所依据的就是这个章程，我们是不敢擅改它的规定的。因此，在我看来，对沃森先生的举荐，我校是不会接受的。

就我所知，布鲁斯先生曾获准填补明年逻辑班出现的空缺，目前在上伦理哲学课程，如果发生周折，将延迟他接受教育的进程，使他陷于莫大困境。

要做到两全其美，最好是把沃森先生的举荐权先让给布鲁斯先生，同时为沃森先生保留原拟授予布鲁斯先生的举荐权。这对两位青年同样有利，我相信，这也是符合他们两人的意愿的。

亚当·斯密（签字）

## 48. 致谢尔本勋爵

原稿存兰斯多恩侯爵的鲍伍德图书馆；未发表。



格拉斯哥，1760 年 3 月 17 日

阁下：

原以为菲茨莫里斯先生完全恢复健康以后，这次当由他写信直接向您联系，可是我正在作此设想时，却发生了一点小枝节，以致我的想法未能实现。他在上星期五和星期六复原得极快，这种现象我好像还从未看到过。特别是在星期六，他脸色非常好，约八点钟就寝。那时他热度刚退，对任何处于这种情况的人说来，这是可能有的最好的健康状况。星期日早晨，他开始整天腹泻，脉搏加速，看上去寒热似又将发作。医生叫我放心，这极可能是最后一次复发，说他上一次鼻衄，血流得不够多，他一直在疑心，可能会发生这类情况。经他一说，我才想起，当他鼻衄停止以后，医生曾告诉

我，这样的现象今晚可能要再一次发生，可是结果并无其事，这是他对这次病情预言没有能在某种程度上应验的唯一的一次。菲茨莫里斯先生在星期日整天热度很高。到晚上大约八点钟，他很快睡着了，睡得很熟，没有醒过一次，一直睡到今天(星期一)早上十点钟。看上去他精力完全恢复，已没有丝毫发热的症状。随时想要如厕的感觉已大大减轻，似乎已完全不复存在。我写此信时在晚上八点钟。他虽然由于昨晚的身心失调显得很疲乏，但看上去很宁静，适意，没有一点病容。这次轻微发作，虽然延缓了痊愈过程，但我希望，可以使他健康的恢复获得更加可靠的保证。我是

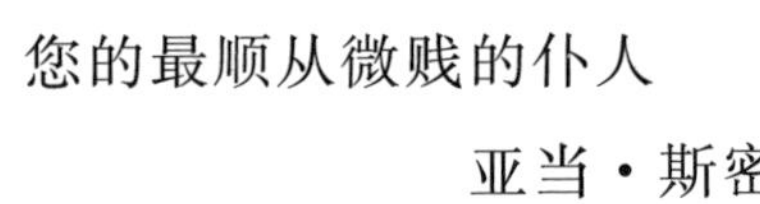

您的最顺从微贱的仆人

亚当·斯密

# 49. 致谢尔本勋爵

原稿存兰斯多恩侯爵的鲍伍德图书馆；未发表。

格拉斯哥，1760 年 3 月 19 日

阁下：

菲茨莫里斯先生从上星期一以来，已完全没有任何发热的症状，体力恢复很快。昼间他已经不再躺在床上，并已给谢尔本夫人写了信。他本来打算再写封信给您，但今晨服药之后感到很疲倦，要我代他向您道歉。这是自从他开始生病以来医生要他服的唯一

的一种药，他只抽过一次血，此外只是静坐密室休养，喝了大量用温大麦茶制的柠檬水。怀着最大的敬意，我是

您的最顺从最谦卑的仆人

书于晚上九点钟

亚当·斯密

## 50. 致威廉·斯特拉恩[①]

原稿存伦敦大学戈德史密斯图书馆；载约翰雷：《斯密传》第149—150页。

格拉斯哥，1760年4月4日



亲爱的斯特拉恩：

我在四五天前寄给米勒先生一份对原稿加以补充的材料，跟我以前寄给您的相同，内含我后来想到的许多修正和改进意见。如果在上一版中有什么我未及注意到的印刷错误，望您代为更正。在其他方面，望您严格地按照我交给您的稿子付印。西班牙有个谚语，与其自以为戴上了绿头巾，其实不是，不如当真是这样，而自己却蒙在鼓里。就我来说，情况也是这样，有的时候一位作家与其自己是对的，而怀疑错了，还不如事实上有错误，而自以为是对的。要求您把我的书从头到尾看一遍，并在应由我在勘误表上加以订正的地方作出标记，然后把书送给我，那恐怕太麻烦您了。但是您如果自愿不辞辛劳地这样做，我当然

将感激万分。

顺便问一下，您读过胡克[②]的回忆录吗？这十天来我在生病，否则早写信给您了。前天我坐在床上读完了这本书，感到非常满意，虽然写得并不怎么好。所述内容，事前我已有所知，不过没有这样详细。看来此书的出版时间很不凑巧，也许是对民兵自卫队泼了冷水。在我看来，当时苏格兰的不满是完全可以谅解的。英格兰和苏格兰联合成为大不列颠，可以使国家得到无限好处，但在当时看来，这种好处的前景既很遥远，又有些捉摸不定；而它的直接影响是有损于国内每个阶层的直接利益。贵族的尊严将受到打击。绅士中的大多数人习惯于在他们自己的议会内代表他们的国家，此后在不列颠议会中要永远放弃行使这样的代表权的一切希望。商人甚至在开始时似乎已受到损害。与殖民地进行贸易，对他们确实是开放的，但是他们对这种贸易一无所知。他们所熟悉的是，对法国、荷兰和波罗的海一带的贸易。但是其间新发生的困难重重，那个最重要的部门差不多已被完全消灭。还有教士，他们当时所处地位并不是无足轻重的，然而对于教会的前途也感到忧心忡忡。这就难怪在那个时候，所有各阶层人民对有损他们直接利益的措施，要群起而攻之。现在他们子孙的见解跟他们的却大不相同，但是我们的祖先只有少数能领会这种见解，而且即使有所领会也是模糊的，不完整的。

您如不吝赐教，我将感到莫大的荣幸，希望不久能拜读您的复信。请代我向富兰克林家问候。他家最年轻的一位送来一件很合意的礼物，将以我校以及我个人的名义向他去函道谢。并请代向格里菲思先生问候。他在书评对拙作揄扬备至，我深为感谢。亲

爱的斯特拉恩，我永远是

您的最信实忠诚的

亚当·斯密

① 威廉·斯特拉恩，印刷出版商，政治家。

② 纳撒尼尔·胡克(N. Hooke)：《为支持王位觊觎者，胡克上校在苏格兰谈判的秘密经过；1707 年》(伦敦，1760 年)，格拉斯哥大学图书馆藏本上有斯密的藏书印记和录自这封信的铅笔附注。

## 51. 致谢尔本勋爵

原稿存兰斯多恩侯爵的鲍伍德国书馆；部分载斯科特：《亚当·斯密》第 253—254 页。

格拉斯哥，1760 年 7 月 15 日

阁下：

兹随函送上菲茨莫里斯先生从去年十一月初以来向我支取银钱的收据。您会看到，其数在九十镑以上。关于这个问题，我本来不打算在今年十一月以前打搅您，但是不幸我于今年三月得了感冒，由于自己粗心大意，以致病情一直不能解脱，直到三个星期前才好些。当时我以为已经痊愈。但是约于十天前到爱丁堡后，因睡在附近一所房子内的潮湿的铺上，致使病情急剧复发，那天后，我的友人卡伦医生连忙把我迁走，并告诉我，他认为他有责任郑重通知我，如果我要想在今冬以后还活下去，那么在九月初以前，至

少得骑马作五百英里的行程。我昨天回来料理一些事务，据我估计，这得花上近两星期的时间。假使健康状况允许，不到两天即可完成。但是现在，我持续工作的能力很弱，单是写这封信就停顿了两次。才写了三行就浑身大汗，不得不擦干了再动手。此外，为了骑马，还不得不花费很多时间。我打算等我手上的事告一段落，还想到约克郡，然后经英格兰西部返回。我在想，假使在今后十天内，我的身体衰弱得跟前十天一样快，那就不要多此一举，也省去我的母亲在接受朋友建议时的花费。

由于这次计划旅行所涉及的费用是有点出乎意料的，我不得不请求阁下即将所垫支之款汇下。除了附上的账目之外，菲茨莫里斯先生还有三笔欠账，两笔是欠两位书商的，一笔是欠一位服装商的。这些账单须等三四天后我才能收到。据他告诉我，其数一共达三十到四十英镑，我相信，实际上比较近于后者，而不是前者。即请先按后一数值汇来，我自当留意，一俟收到账单即行送上。我此行也许会把我的一点现款用光，因此我别无他法，只能让他留下，让他独立生活。

我这次远行，如果让菲茨莫里斯先生做伴，对他完全是虚耗光阴。当他跟我一起在爱丁堡的十天期间，他已有足够的娱乐和消遣。像他这样健壮的体格，再作一次较长期的休养是完全不必要的。他平时能够充分利用在校的时间，上午待在住所阅读英国第一流作家的作品；午餐以后，立即跟我一道阅读《论法的精神》至少一小时，直到我最近的一次感冒为止，这类学习从现在起，在今年整个夏季内可能要停止进行；晚上则从事运动、跳舞，或者向军官或士兵学习体操。他所以要学习这些，看上去别无其他目的，无非是为了锻炼身体，因为我从未发现他有丝毫参军的意向。他对只在某些方面有个人爱好的学科，不像对数学、机械学那样有兴趣。他学习他所喜爱的那类学科时进步非常快，而对于所得优雅的文学，似乎就匀不出多少时间去研究。在某些方面，他的精神就跟他的肉体一样，强健而坚定，富有男子气，而不属于那种斯文风雅的一派。只要他认为是对的，就会下决心去做，他那种勇往直前的气度是无人能比的。要他做一件事，只要能合他的口味，那就尽可放心，他一定能把这件事做好。这是他性格的优点，同时，不妨谈谈他的个性较强，这就使他在应付不同的处境和不同的人物时，不能十分从容自如。他对人生应尽的主要责任和义务——那是永不会变的——方面，我们尽可以放心，他是绝不会逾越范围的；至于那些生活小节，既无定则可循，是时刻在变化的，他就往往会发生差错。因此当他想赢得对方的好感时，对不同的对象就不善于灵活地因人而异，从而往往失败。他在伊顿公学时，学了一套夸夸其谈的作风，由于这跟他的本性格格不入，他已大半遗忘，再过几个月，也许忘得干干净净。他的性格，实际上非常稳重、老成，当他到二十五岁的时候，假使说他有什么缺点的话，缺点就是稳重和老成的性格，而这些都是作为一个青年可能有的最好的性格。记得在四月的某一天，我听到有人在指责他气量狭小，我立即转告他，他当即向我解释，这是在什么样的场合下怎样发生的。从此，在银钱上即待他比较宽纵，不久我交给他 6 镑，后又给他 4 镑，以备他在巡回审判期间使用，他袋里的零用钱这就宽裕得多了。我已完全相信，他不会成为一个恣意挥霍的人，我认为现在让他感到拮据，使他觉得在银钱上束手束脚，对他绝没有好处，可能还会酿成很坏的结果。总之，他是我所见到的最好的青年之一，自从他到这里来以后，所做的好事情，超过任何人在同

期所做的。我这次出门,不打算超过一个月。我一点不担心在我离去后会出什么事故。他住在我的屋子里,高兴的话,可以随时请我的几位同事前来谈天,或给予帮助。跟这些完全无关,我对他的性情稳重,做事踏实,是具有信心的,我在病中的唯一损失是,未能对他进行讲授。请代我以最大的敬意向谢尔本夫人问候。此信于上午写起,直到夜晚才写完。差不多花了一天的时间,由此可以想见我不得不中途多次打断。怀着最大的敬意,我是

您的最顺从而感谢的仆人

亚当·斯密

菲茨莫里斯出去时,忘记将账单和收据留下,下次邮班您会收到上述单据。这次邮班寄来的收据是用一个邮包单独寄递的。您会看到,这次到爱丁堡作短途旅行时用款的收据,其日期是昨天,这是我们回来后结算账目那一天。他有必要领取此款,放在身边备用,其他领款的情况也是这样。收据上的日期往往滞后于实际收到款项的日期。



## 52. 致谢尔本勋爵

原稿存兰斯多恩侯爵的鲍伍德图书馆;未发表。

格拉斯哥,1760 年 11 月 11 日

阁下:

现在菲茨莫里斯先生眼部有些发炎,因此未能像经常那样按时向您和谢尔本夫人通信,现由我具函代致歉意。他在英弗拉受了

寒，然后波及脸部和眼睛。他告诉我，在英弗拉时已得病，回校后一直未愈。三天以来他在暗室里闭门不出。假使一回校即予以精心治疗，也许会减少些烦恼。但是他气质刚强，不注意保重身体，也没有像我希望的那样，在刚发现身体失调时即注意调养。他有一个眼球发炎，经医生用抽血方法医治后，今天轻松得多，已不再感到任何痛苦。在这个星期的末了几天，他终于同意待在家里，不看任何读物；毫无疑问，在下星期一、二，一定会好起来。在他眼疾痊愈，自己能写信之前，我会写信给您或您的夫人，随时将他的近况奉告。当炎症尚未消失时，他宜爱护眼睛，竭力少用，这确是一件令人遗憾的事。他这次返校后，立即全神贯注于学习，一点没有因旅行分散精力。我一面为他代致敬意，一面深感我自己有更多的理由向您致歉，当我在怀科姆比[①]时，受到盛情款待，还没有向阁下和谢尔本夫人郑重道谢。然而，我深信您宽大为怀，一定会原谅我的坦率的。我是

您的最顺从最感谢的仆人

亚当·斯密

① 推测起来，斯密在这次旅行中是拜访过谢尔本勋爵的家园的，但是关于这次访问并无记载可查。

## 53. 致谢尔本勋爵

原稿存兰斯多恩侯爵的鲍伍稳图书馆；未发表。

格拉斯哥,1760 年 11 月 11 日

阁下:

最近两次邮班我都无法写信给您。我为了写这封信预先留出了时间,哪知临时有些刻不容缓的事突然打乱了我的计划。菲茨莫里斯先生的眼疾已经好得多。他已经能外出,昨天乘驿站马车去呼吸新鲜空气,今天已到校上课。但是,他双眼仍然蒙上一块黑色绸子,不敢轻易使用目力。大概在明后天他可以写信给谢尔本夫人了。我是

您的最感谢最卑微的仆人

亚当·斯密

# 54. 致威廉·斯特拉恩



收信人:威廉·斯特拉恩先生,伦敦印刷商

原稿存波士顿公共图书馆;部分载斯科特:《亚当·斯密》第 254—255 页。

格拉斯哥,1760 年 12 月 30 日

亲爱的斯特拉恩:

在附信中的另纸(从略——译者注)上您会看到,在您为我印制的那本书上,印制中存在许多差错和谬误。该纸所列的前六个错误,至少是其中第一、第三、第四和第六个错误,是您所说过的所谓违犯圣灵的过失,[①]无论如何是难以宽宥的。其余纰缪,经过谦

虚地承认错误，并作出深刻的检讨，或者还可取得读者的谅解。后一部分勘误表，不久当送上。

代我向罗斯问好。告诉他，前所承诺的事我没有忘记，无奈我过于繁忙，以致稽迟，希望不致因此使他感到不便。万一他确是等得很急，我深表关切，当将我留在英格兰的一些文章送些给他。我本来是不愿这样做的，为了使他不致由于我的疏略而受到损害，即使稍稍有损于我的名声，也不暇深计了。不论从您那里还是从他那里能早日获得回音，我将深表欢迎。

从国王那里，听到了许多佳音善言。②

亲爱朋友我永远是您的

亚当·斯密

斯特拉恩夫人，还有富兰克林博士前，请代致问候。

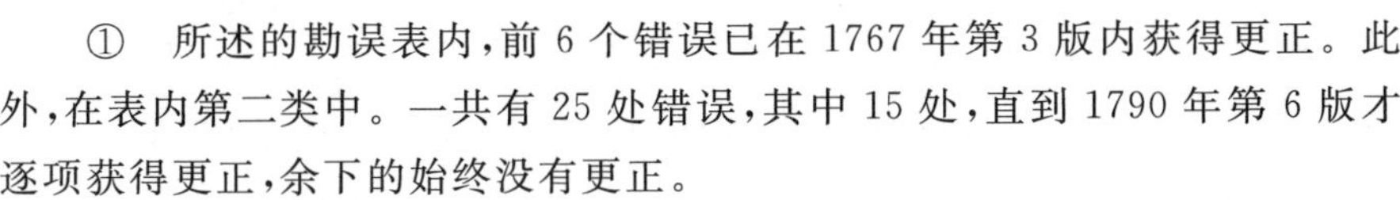

① 所述的勘误表内，前 6 个错误已在 1767 年第 3 版内获得更正。此外，在表内第二类中。一共有 25 处错误，其中 15 处，直到 1790 年第 6 版才逐项获得更正，余下的始终没有更正。

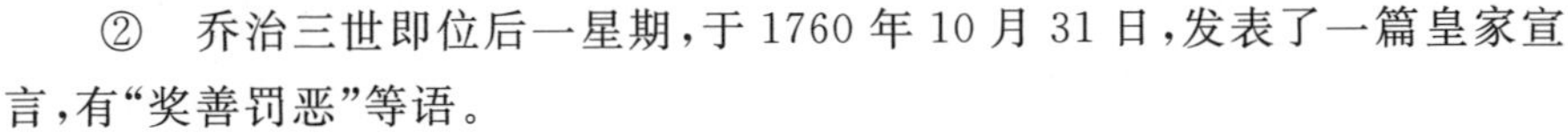

② 乔治三世即位后一星期，于 1760 年 10 月 31 日，发表了一篇皇家宣言，有“奖善罚恶”等语。

## 55. 卡德罗斯勋爵①致斯密

原稿存格拉斯哥大学图书馆；未发表。

圣安德鲁斯，1761 年 6 月 6 日

亲爱的先生：

这次邮件，除了这封信外，还有我父亲给您的一封信[②]，恳求您在一件深深关系到我们父子两人的事中给予关怀和帮助。此事的性质，也就是使我们的请求得以实现的那些细节，这里无须详陈。总之，此事的实现，对我们全家说来至关重要，是我们求之不得的。

您对我的仁慈和礼遇，使我敢于冒昧地将我父亲的来信附上，信中向您表明，我对您的好意和友情，是深深铭感于心的。

我不再循常套，于恳求您帮助时，详陈所恳之事之必要性。如果贵校赐予荣誉，允许我的兄弟[③]享受奖学金[④]，他将赴格拉斯哥在您的指导下学习。我认为他的能力和长处，自会以事实证明，无须我用笔墨详细举述，事实上，通过这样方式的赞美之词，必然是有几分虚伪的，既不合时宜又会使人感到厌烦。

我听您说过，您是在牛津大学完成学业的。不用说，任何一类学生都必须缴纳许多必不可少的费用，特别是一个有身份的、生气勃勃的青少年更加是这样。因此布坎勋爵想求您为他的子弟申请奖学金，他知您手头还保留着奖学金空额。由于世袭产业的性质关系，不容许后代接受大量补助，可将该奖学金的一部分移作供教士的教育费之用，从而消除对我的弟兄们的反对意见。恕我冒昧，兹附上给菲茨莫里斯先生[⑤]的一封信。并请代向斯密夫人和道格拉斯小姐问候。久未听到不幸的林赛博士的消息，但愿他病情有所减轻。

我深知您素来宽大为怀，这次真是麻烦您了，乞加谅宥。亲爱的先生，我对您怀着诚恳的敬意，我是

您的最感激最卑微的仆人

〔署名处被撕掉〕

附言：请代向菲茨里斯先生问候，适有小事，使我这次无法向他专函致意。

① 封皮上注明，寄信人是布坎伯爵的儿子，即戴维·斯图尔特，厄斯金，后来成为十一代布坎伯爵。

② 此信未能查出；他的父亲是第十代布坎伯爵。

③ 他的兄弟亨利·厄斯金后来是律师、法学家、政治家、诗人。

④ 斯内尔奖学金。

⑤ 尊敬的托马斯·菲茨莫里斯。

## 56. 罗伯特·卡伦[①]致斯密

收信人：亚当·斯密，格拉斯哥大学伦理学教授

原稿存格拉斯哥大学；载斯科特：《亚当·斯密》第 255 页。

爱丁堡，1761 年 6 月 24 日

亲爱的先生：

我的父亲本来打算今晚亲自写信给您，可是他今天特别忙，简直没有时间坐下来马上写信。因此，他要我来出面代他写这封信。听说您不幸丧失了布坎南先生。我们感到惋惜。我父亲要我告诉您，如果您要物色一位继任者的话，就我们所知有一个青年人，富有文学才能，曾努力学习东方语言而获得成就，对于这样一个职位他一定能愉快胜任。此人就是卡明博士②的儿子彼得③。

您最卑微的仆人

罗伯特·卡伦

① 罗伯特·卡伦,威廉卡伦的儿子,受教育于格拉斯哥,曾被斯密誉为“是我一生遇到的最好的学生”。

② 帕特里克·卡明,爱丁堡教会的教长。

③ 帕特里克·卡明是帕特里克·卡明博士的第三个儿子。后来他被选为格拉斯哥大学的东方语言教授。

## 57. 大卫·休谟致斯密



收信人:格拉斯哥大学斯密教授

原稿存爱丁堡皇家学会;载格雷格:《大卫·休谟书信集》第345—346页。

奈茵韦尔斯,1761年6月29日

亲爱的斯密:

贵校有一个希伯来语教授的职位空着,我受委托,向您推荐年轻的卡明先生,我想您是对他的事能产生影响的人。但是,我认为您这次的选贤任能绝不会以兴趣为基础,我在这方面将缄口不置一词。我要说的是,比较切题的,您要听的话,我认识卡明先生已久,我的印象是,他既有过人的能力,又酷爱文学。他告诉我,他曾研究东方语言,特别是希伯来语,并能熟练掌握。但是我对此说私下不免有些怀疑。古语云，希伯来语植根于不毛之地，最能繁荣滋长，[①]他既非“不毛之地”，想获得丰收是很少可能的。但你们通常把希伯来语教授当作通向其他教授的阶梯，在这个职位上能充分地发挥一个人的才能，既然这样，请允许我提出自己的意见。我认为像这样一位其学力与勤奋很可能为贵校荣光的年轻人，是很难找到的。

我正要到伦敦，希望本季度在那里看到您。届时我准备住在莱斯特广场。希望您一到伦敦就通知我，亲爱的先生，我是您忠诚的

大卫·休谟

① 语出自塞缪尔·巴特勒(1612—1680 年)，英国诗人。



## 58. 威廉·利奇曼致斯密

收信人：格拉斯哥大学伦理学教授亚当·斯密先生

原稿存格拉斯哥大学档案室；载斯科特：《亚当·斯密》第 200 页。

格拉斯哥，1761 年 7 月 15 日

先生：

我谨通知您和其他教授，由于我已辞去副院长职务，[①]除非院长他自己[②]出席这次会议，否则今天的会议不能召开。我还要告诉您的是，我已接到国王陛下的通知，任命为校长，同时我已将此

事告知院长。一俟安排就绪,我的资格将在教务委员会获得证明,从而由院长召开会议公开宣布。请把此事传达给同僚和有关人士。先生,我是

您的恭顺的仆人

威廉·利奇曼

① 亚当·斯密以副校长身份,于1761年7月15日召开一次校务会议,会议通过聘约翰·米勒为法学教授,推选了一位东方语言教授。利奇曼想通过此信对会议施加影响,但斯密的同事们认为这次会议的召开是完全合法的。斯密曾将邀请出席会议的通知送给利奇曼,但遭到拒绝,结果会议是在他没有参加的情况下进行。这次作出的决定,在1761年8月26日有院长出席的另一校务会议中加以进一步确定,参阅斯科特:《亚当·斯密》第200—202页。

② 埃罗尔勋爵。

## 59. 埃罗尔勋爵[①]致斯密

原稿存格拉斯哥大学档案室;载詹姆斯·库茨:《格拉斯哥大学史》第243页。

伦敦,1761年10月27日

亲爱的先生:

我刚从布特勋爵那里回来,他要我通知贵校,奉国王命令,着您立即解除鲁奥先生的职位,另作安排,[②]一切都可以按合法手续

处理，一俟鲁奥的职位问题解决后，国王陛下将委派一继任者。[③]现在的情势是，我们必须照他所说的进行，否则对贵校将引起不堪设想的后果。我已力尽于此，尽一切努力为他说项，但终于无效。布特勋爵向我声明的一点是，对于由何人继任，他并无成见，但是所推荐的作为最能胜任此职的人，大概是他的方面的人。希望关于这个问题不久能听到您方面的回音，有消息望立即以告。请向各位友好致意。我永远是

您最忠诚的

埃罗尔

① 詹姆斯·海，十五代埃罗尔伯爵，1766—1781 年时任格拉斯哥大学院长。

② 威廉·鲁奥于 1759 年 9 月，放弃他的教会史教授职位，从事于别的活动。1760 年 2 月 2 日，举行的校务会议，事先未通知鲁奥与会，即宣布职位处于空缺状态，会议记录和其他文件送交埃罗尔呈内阁。本函就是他对此事的答复。

③ 埃罗尔的信在 1761 年 11 月 11 日的会议上宣读后，经过辗转协商，以为 1760 年 2 月 2 日会议未通知鲁奥，即作出决定，是个重大欠缺。结果将该决定撤销，邀请鲁奥于 1761 年 12 月 22 日出席会议，但事实上他没有出席会议，只是送来一封辞职信了事。

## 60. 致乔舒亚·夏普[①]

原稿存哈佛大学霍顿图书馆；未发表。

格拉斯哥,1761 年 11 月 2 日

亲爱的先生:

校方决定,关于催促与承租人按照我前跟您说的方式订立独立的契约一事是否适当,请您与韦德伯恩先生商量一下,关于将如何安排的一切细节,似以尽量采纳他的意见为宜。我得写信给牛津大学,俾与巴利奥尔学院能早日达成协议。亲爱的先生,我永远是

您最卑微的仆人

亚当・斯密

① 乔舒亚・夏普是具有高等法院工作经验的律师,负责处理有关格拉斯哥大学的事务,尤其是因斯内尔奖学金同巴利奥尔学院长期存在的争执问题。



## 61. 亚当・弗格森致斯密

收信人:格拉斯哥大学哲学教授亚当・斯密先生

原稿存格拉斯哥大学图书馆;载斯科特:《亚当・斯密》第 255—256 页。

爱丁堡,1761 年 11 月 5 日

亲爱的先生:

我于收到大函之前的两三天,有一位在这里经商的亚历山大

先生问我能否向他推荐一位适于担任他儿子的家庭教师的年轻人。我收到来信，当即拿去给他看，他表示非常满意。我感到十分满意的是，在同亚历山大先生及其全家见面之后，您的朋友完全有理由为他的幸运感到欢欣。亚历山大先生对他的孩子们抱有正确的看法，对受托管教他们的教师抱着尊敬的观念。他曾告诉我如能碰到这样一位年轻人，他将深以为幸，为了争取到这样一个人，他不惜犯万难而为之。唯一困难在于，托他管教的那两个孩子似乎年龄太小，一个八岁、一个只有六岁，但已成熟到足以共同开始学习拉丁语。他认为不妨让他们一方面在公立学校上学，一方面请私人教师在家进行补习。关于教师的待遇，他请您或我代为决定；他们想法是，随着孩子的逐渐进步——尤其是要想拴住教师的心，使他继续愿意倾其全力，使用全部时间从事于管教——而逐渐提高其待遇。约·布莱克，以及所有其他友好，统请代为致意。一俟令友作出决定，即请见告。亲爱的先生，我是

您最亲爱最卑微的仆人

亚当·弗格森

## 62. 戴维·莱尔致斯密

收信人：格拉斯哥大学斯密教授

原稿存格拉斯哥大学图书馆；未发表。

伦敦，1761 年 11 月 12 日

〔他在伦敦没有能见到斯密。他想在工会谋得一个职位。假使能如愿以偿,他准备将他自制的一套“新的数学仪器”呈献给国王。他想把一种量圆体用的“体积计”作为礼物送给伯爵谢尔本二世,为此他想请斯密代缮仪器用法的说明信。他还批评了首相皮特(老)于1761年10月辞职之事,说“像他这样一个人,过于强大,过于激烈,作为一个臣僚,对年轻国王的性情说来,是不能收相得益彰之效的。”〕

## 63. 托马斯·华莱士致斯密

收信人:格拉斯哥大学伦理学教授斯密先生

原稿存格拉斯哥大学图书馆;未发表。



邓洛普,1762年1月4日

先生:

请将莫珀图伊先生的著作收下。您使我获得一次欣赏此书的机会,从而使我感到无限乐趣,谨表示由衷的感谢。可是不管他写得怎样出色,您得允许我表达一下我的见解。他对维纳斯雕像作出结论的那种方式方法,是处处缺少哲学修养的,所塑造的形象也至为贫乏。

您可曾注意到,根据他自己发现的原理,推演出一种运动静力学和机械学的规律,就是说,由大自然发挥的作用量必然是个最小量。这就大大削弱了他自己的论点。使人们不得不感到惊异的是关于"普遍性节约"这一概念,当他把这一原则应用到静力学时,人们看到的既不是最大量也不是最小量而感到惊讶。

关于您给我的这次享受,我得再一次向您致谢。但愿我能给您适当的回报,先生,我是

您最忠诚最卑微的仆人

托马斯·华莱士

您对这里的产品如有所需,请即见告,我当欣然应命照办。[①]我们准备在集市的第一天前去观光。斯密夫人前请代致意。

① 邓洛普属艾尔郡,以乳酪闻名。



## 64. 尊敬的托马斯·菲茨莫里斯致斯密

原稿存格拉斯哥大学图书馆;未发表。

牛津大学,圣玛丽礼堂,1762 年 2 月 26 日,星期五

亲爱的斯密:

刚收到您本月 19 日来信,立即致复,未敢片刻迟延。您给我哥哥的信我已见过,我认为是关于账单写得不甚明确,可能将 200 镑误为 10,000 镑那件事。您急于要把事件搞清楚,免使谢尔本夫人[①]疑为您待人有不够正当之处。其实即使在她的心目中,在您自以为可能引起麻烦之前,此事早已一清二楚,无须您再操心。账单已经我母亲过目,认为完全准确无误——老实说,由于我一时粗

心大意，曾以为账单数字跟事实有些出入，但为时甚短。关于这件事我没有早些写信给您是由于我哥哥说过他自己要写信给您。后来他尽管没有这样做，我却不以为意，那是为了他在政治上的活动，我敢说，您一定听到，近来的政情是有些复杂的。[②]在布莱克斯通博士的这次假期中，我在伦敦待了五星期，前两星期是在汉诺威广场我母亲处，后三星期待在我哥哥在希尔街的一个屋子里，此屋很舒适，原属于韦默思勋爵。

我哥哥告诉我，您给他的信有一张是附给我的，被他同别的文件放在一起，后来找不到了。总之，是被他遗失了。以后如承赐函我总是欢迎的，不管您是否拥有免费邮寄权，请您直接寄到牛津大学。不用说，来信多多益善，我是不胜欢迎之至的。

我曾告知我母亲，关于墓志铭事您曾答应加以考虑并说能否做到尚无把握，母亲兹命我再向您探问一下。现附上基拉拉主教给我的关于戈弗雷的信一件，我准备向他说明，您是当今最宜于获悉这个情报的人，一切当由您来处理，这样最为适当，您如果能费心给他个回信就再好没有了。希望戈弗雷先生近况胜常，请代为向他问候。有人见告，现今在您那里的青年，一般比我这一辈活泼聪明。

我经常参加查普尔，尤其是布莱克斯通博士的演讲，希望到下一夏季时，我能够比现在进一步地掌握这种知识。

您把我的信转寄给威尔逊教授，非常感谢，但温度计迄今仍未收到。

金、史密斯和里亚尔诸博士近况均佳。他们托我转达对您的问候。

这里的生活费高得惊人。商人在这里至少可以获倍称之利。我常听到您说这里的煤价很高，自从我到这里，在这方面所费在12镑以上。

这里可交的朋友很多，同多年来所遇到的一样多。彭布罗克和亨特小姐私相恋爱的事件轰动一时，可以说是我听到过的最不寻常的事。他的一切称号都被剥夺，据说将不允许他再回祖国。事情是这样的——如果您还没有听到的话——他已同那个既聪明又美丽的亨特小姐一道私奔，传说他们去的地方是德国的不来梅，是事先计划好了的，您是知道的，他已有一个很娴雅的正妻，是马尔巴勒公爵的女儿，可是他们夫妇之间一向不和，这真是件反常的事。

请问您可曾看到刚出版的浴思博士的英语语法？这里谈论此书的人很多。有些“好事之徒”——这样的人这里有的是——喜欢吹毛求疵。不知您的看法如何。我读此书后，准备一读《赫耳墨斯》这本语法书。近来听到对您书中的一个措辞有些不以为然的意见，此词载于谈“风俗”第一节的开头部分——“腰扣”(Haunch-button)这个词，我也认为不是地道英语。③



我在伦敦看到了您的友人迈克尔·拉姆齐，还有亚历山大，他们都从法国回来，现都在赴苏格兰的行程中。我有个包裹，内装华氏温度计一支和罗宾·福尔斯写的一本书，是托二位中的一位带给布莱克博士的，究竟是哪一位带去的，我搞不清楚。见到这二位，还有我在校的所有知交们，请代为致歉。斯密太太和道格拉斯小姐谅近况佳胜。请她们别忘了我啊。请相信我是抱有极大诚意的，是您极其亲爱的

托马斯·菲茨莫里斯

再者：不用说，对您的来信我是非常欢迎的，请有便时就写信，虽然对您来说，我盼候来信的热烈程度还不只是这样。请勿忘，在我的老朋友西姆森博士前代为致意。我听到，约翰斯通博士终于亡故了。

① 写信人的母亲，谢尔本伯爵一世的遗孀。

② 此时谢尔本伯爵二世正在担当亨利·福克斯与布特勋爵的联系人，后者于5月29日成为第一财政大臣。关于同法国议和的问题使会议发生分裂。

③ 见1759年第1版《道德情操论》第292页："甚至缺了个腰扣，我们就会感到惭愧和不安。"这个词一直保持到1790年第6版。似乎是很好的英语（参阅《牛津大辞典》）。

## 65. 致威廉·约翰斯通

收信人：威廉·约翰斯通先生，爱丁堡，律师

原稿存纽约皮尔庞特·摩根图书馆；未发表。

格拉斯哥，1762年3月9日，星期二

亲爱的约翰斯通：

本函是托特雷尔先生[1]带给您的。校方派他跟洛卡特一道前来向高明请教关于法律上的一个问题。他还奉有使命，向您探询有关某一问题的您个人的见解，其内容不可向任何人外传。您会

看到特雷尔先生是个极其机敏、伶俐的人，所以我把他作为一个相识和当事人推荐给您。敬向约翰斯通夫人问候，我是您最真诚的

亚当·斯密

① 罗伯特·特雷尔，格拉斯哥大学神学教授。

## 66. 致明托勋爵，吉尔伯特·埃利奥特爵士

收信人：爱丁堡，尊敬的明托勋爵

原稿存格拉斯哥大学图书馆；未发表。

格拉斯哥，1762 年 4 月 9 日

大人：

我日前收到詹姆斯·克拉克先生来信，内称大人在很久以前曾给他一封信，将他介绍给令郎埃利奥特先生。由于他一时没有机会到伦敦，把这信交给了他的朋友转致，这在我看来是必须立即送达的。他作为一个水兵，不谙世情，对这种处理失当的情况，您一定会加以谅解的。他现在已经具有充分资格，热烈希望当上一个海军尉级军官，并因此准备在近期内来伦敦接受考试，从各方面的反映来说，他是一个勇敢、正直和有经验的海员，在工作上是完全能胜任愉快的。他衷心希望您能给他与上次目的相同的一封信，他写信给我，求我助他一臂之力，因此使您添了麻烦。如果承您美意，把所求的那封信附交给我，我将立即转交给他。看来，他

从各方面都表现得很好,甚至还积了一点钱帮助他的妹妹。他们阖家的表现都很好,希望能给他们的朋友增加光彩。大人,我怀着极大的敬意,是

您最感激最顺从的仆人

亚当·斯密

## 67. 致乔舒亚·夏普

收信人:乔舒亚·夏普先生,伦敦,林肯法律学会
原稿存格拉斯哥大学档案室;未发表。

格拉斯哥大学,1762 年 6 月 15 日

先生:

近来我们这里一再发生巴利奥尔学院斯内尔基金会的奖金获得者对奖金的处理啧有烦言的情况。他们说,根据高等法院最近颁布的法令中所规定的优惠条件,到目前为止,他们只享有其中的一个极小部分,而且还不是其中最重要的部分。所谓最重要部分,他们所指的无疑是金钱方面的诺言。据我猜想,也许是由于确定与此相关的协定时,在商讨中发生了拖延。我曾写信给圣马丽府的金博士①,请求巴利奥尔学院命令凯特先生对该协定表示同意。不久接到金博士的回信,附来未签名文件一纸,说这是巴利奥尔学院的沃特金斯先生交给他的,内称巴利奥尔学院对协定颇表同情,他们立即按照我们的想法写信给凯特先生。您于去年 3 月 8 日给

西姆森先生的信里说，“巴利奥尔学院的态度近来变得很温和，关于土地划分的解决方案，我已遵照您的愿望交给韦德伯恩先生，我们在院长前谈得很顺利，我相信这件事终会很快结束。”因此，希望我对金博士的请求，或者不至于一无所获。我们想了解的是，目前阻碍协定成立的究竟是什么，以便使这些年轻人听了以后可以聊以自慰，他们对于这项基金的措施愤愤不平是很自然的。在您给西姆森先生上述信件之前——好像是去年十月一的另一封信中，您似乎认为，如果按适当方式向巴利奥尔学院提出申请，则相关的那个协定，也许会在下一学期订立。但依我看来，要处理这样一件复杂的事，遇到的困难一定会很多。

我是受校务会议之命，当着他们面写这封信的。他们还要我通知您，我们可尊敬的前任西姆森博士因年老已辞去职务，[②]现在的校方秘书是医学教授约瑟夫·布莱克博士。因此，校务会议希望您以后通信时，可写给他或写给我，您认为怎么合适就怎么办。请代我向韦德伯恩先生问候，告诉他我一直在盼望他的信。先生，我是

您极恭顺的仆人

亚当·斯密

① 威廉·金，民法学博士，从1719年起是圣马丽府主人。

② 职务是评议会秘书。

## 68. 埃罗尔勋爵致斯密

收信人：斯密先生，格拉斯哥大学伦理学教授

原稿存格拉斯哥大学图书馆;未发表。

斯莱恩斯城堡,1762 年 7 月 8 日

先生:

听到不幸的布坎南先生逝世的消息,我感到非常难过。我深感这是校方一个很大的损失,因为他还年轻,正当奋发有为之时。如果他留下的空缺还未递补,我拟谨向贵校推荐詹姆斯·克龙比先生。据我所知,他名声很好,至于他的才能,他曾与贵校达费先生共过事,您必有所知。此外关于鲁阿茨先生职位那件事,则由于当时我正在全力照顾我不幸的妻子,心情恶劣,不久就发生了命中注定的那件事,[①]而且此事不在我能力范围之内,我爱莫能助,但是我于九月间将赴伦敦,那时我希望或者可以获得一个良好结果。[②]亲爱的先生,我怀着极大的敬意,是

您的最顺从的仆人

埃罗尔

① 伯爵夫人丽贝卡,于 1761 年 5 月 2 日逝世,所谓"命中注定的事",指的大概就是这件事。

② 参阅第 59 号书信。

## 69. 致乔治·贝尔德

收信人:乔治·贝尔德先生,由乔治·奥斯瓦德先生转交

原稿存伊利诺伊大学图书馆；载约翰·雷：《斯密传》第159—160页。

格拉斯哥大学，1763年2月7日

亲爱的先生：

我已极其愉快地读过了您友人的作品，他既富于天才又勤奋好学，我衷心希望在力所能及的范围内给予他一切应有的鼓励。他还亲切地提到了我，我将尽我之力作出任何贡献，使他得以完成计划。我非常赞成他关于"理性语法"的想法，深信以他的才能和勤奋从事于这一工作，不但可以证明这是研究语法的最好方法，而且可以证明这是研究任何语言的逻辑性时和研究形成一切推理所依据的最重要的抽象概念时、人类理智的自然发展史的最好方法。承沃德先生[①]的盛意送来一份简略摘要，根据这个摘要，对于他使用的方法在各个方面是否适当，我无法提出具体意见，尤其是对于其中的某些部分。假使由我来处理这个问题，我当从考虑动词开始。依我的理解，这是最早的词类，是首先创造出来的用一个词来表达一次完整活动。其次，我将试行表明主语是怎样先和定语分开的；然后将表明宾语是怎样区别于这两者的。我将在这样情况下来审查一切不同词类的起源和用途以及各类不同的修饰，我以为这是表达任一活动的各种不同的限制条件和关系情况时所必要的。[②]然而沃德先生尽可以有充分的理由按照他自己的方法去做，假使我从事于这一工作，也许会认为有必要在使用方法上作出和他同样的选择。事物从全面来看，和从细节上来看时相比，会呈现出全然不同的面目，而我自以为所采取的是全面的观点。

沃德先生举述各位作家对实名词所下的定义时，没有提到作家阿贝·吉拉德的题名为《法国语言的真正原则》那本书，这使我想到他也许没有见到。首先使我对这类问题有所启发的就是这本书，对这类问题从中得到的教益，比我所看到的任何别的这类书里所得到的都多。如果沃德先生没有看到这本书，我这里有，可供他使用。法国百科全书内所载的一些语法条目，也给我很多乐趣。沃德先生很有可能已经看到了这些作品。他对这个问题也许考虑得比我多，而对这些作品较少注意。

请代向贝尔德夫人和奥斯瓦德先生问候。亲爱的先生，我怀着极大的诚意，是

您忠实的

亚当·斯密

① 威廉·沃德，约克郡贝弗利语法学校校长，著有《论语法》，伦敦，1765年。

② 关于斯密对语言的见解，见他对约翰逊《词典》的评论，载1755年《爱丁堡评论》和《关于语言开始形成的问题》，载《语文学全集》第440—479页，并附载于《道德情操论》第3版。

## 70. 致大卫·休谟

收信人：大卫·休谟先生，爱丁堡，詹姆斯大院

原稿存爱丁堡皇家学会；载约翰·雷：《斯密传》第161页。

格拉斯哥,1763 年 2 月 22 日

亲爱的休谟:

这封信将由亨利·赫伯特先生[1]面交给您。他是个青年,对您的著作极其熟悉,由于这个原因,他深盼有人能介绍他会见这位作家。我深信你们会一见如故,所以不揣冒昧把他介绍给您。他的同伴住在市区,他则打算在爱丁堡耽搁几星期,当您以为方便时,他随时会欣然地前来拜访您。您对他的拜访如果抱宽容态度,那不但他会深以为幸,我也将感同身受。您久已答应我们要到格拉斯哥来,我向赫伯特先生约定,请他同您一块儿来。您虽然屡次拒绝我的请求,希望这一次不要再拒绝了。不用说,能同您见面是我求之不得的。亲爱的朋友,我永远是

您的亲切忠诚的

亚当·斯密

① 亨利·赫伯特,1762 年受教育于格拉斯哥大学,后来成为下院议员,后又担任枢密院官员等职。

## 71. 大卫·休谟致斯密

收信人:格拉斯哥大学斯密教授

原稿存爱丁堡皇家学会;载格雷格:《大卫·休谟书信集》第 381 页。

爱丁堡,1763 年 3 月 28 日

亲爱的斯密：

接奉大函,使我有机会得以结识赫伯特先生,非常感激。在我看来,他是大有前途的青年。我已备好了一辆马车准备在五月间出发,那时我就可以到各处去漫游了。不用说,格拉斯哥是我首先要到的地方。我以极大的关注想知道您准备怎样度过空闲时间,我十分希望您能利用此时作一次旅游。您若不这样做,是要后悔不及的。您在这里的友好们也都在盼望,到那时您能跟我一道回来。我俩似乎已经暌违很久了。亲爱的斯密,我是

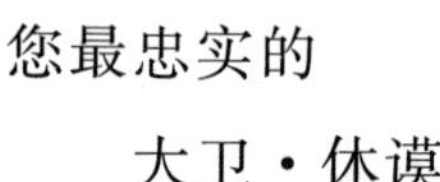

您最忠实的

大卫·休谟

# 72. 大卫·休谟致斯密

原稿存爱丁堡皇家学会;载格雷格:《大卫·休谟书信集》第 390—391 页。

爱丁堡,1763 年 7 月 21 日

亲爱的斯密：

关于道格拉斯案件[①],法官是要求进一步提供证据,还是对现有的证据已经感到满足,这个重大问题今天将作出决定。他们之间各执一端的态度是显而易见并令人惊讶的,然而很少人相信,他们会敢于拒绝查问已经被证明得一清二楚的事实。他们正在开

庭，我希望能将决定的结果在此信的附笔里告诉您。[②]我们的友人约翰斯通[③]写了一篇举世无双的绝妙文章，他答应今晚把它邮递给您。请将函内附件交巴雷上校[④]。亲爱的斯密，我是

您最忠实的

大卫·休谟

① 所谓道格拉斯案件，对苏格兰说来，震撼了神圣的人的与生俱来的权利的保障。按照博斯韦尔在《约翰逊传》中所述，对阿奇博尔德（即道格拉斯公爵，卒于1761年）的财产，有互相对立的两个要求者。一个是阿奇博尔德·詹姆斯·爱德华·斯图尔特，宣称是公爵的妹妹简·道格拉斯夫人（卒于1753年）的儿子，还有一个是詹姆斯·乔治，是汉密尔顿公爵七世。

② 决定的结果是继续听取证词。

③ 威廉·约翰斯通，是汉密尔顿一方的辩护者。

④ 艾萨克·巴雷，军人，政治家，后来成为下院议员。

# 73. 大卫·休谟致斯密

收信人：格拉斯哥大学斯密教授

原稿存爱丁堡皇家学会；载格雷格：《大卫·休谟书信集》第391—392页。

爱丁堡，1763年8月9日

亲爱的朋友：

赫特福德勋爵[①]将赴巴黎就任大使职务，他邀我陪他一道去，

我对他为人如何,虽然在开始时一无所知,但对我说来预计是很值得一行的。对于这一表面上看来很诱人的建议,应否接受,我起先很费踌躇。像我这样年纪,在生活上还想别开生面,其欲逐逐,想起未免有点可笑。经仔细考虑之后,想到我曾一度在思想上发生动摇,企图放弃著作生涯,将后半世光阴完全倾注在寻欢作乐上。照这么说,这样一次旅行,尤其是跟赫特福德这样一个人和他同行是一点说不上含有攀附的意味的。由于这些原因,再加上我请教了几位老朋友的意见,我终于决定伴随这位爵爷一道去,明天就动身到伦敦。这次准备工作上未免有点匆促,但是,我的好朋友,在起程之前我不能不向您告别,并向您说明这次突然而行的原因。我这次重游法国并没有多大希冀,但愿我们也许能在国外相遇,这并不是不可能的,果然那样的话,我得大喜过望,亲爱的斯密,我是

您最忠实的

大卫·休谟



① 弗朗西斯·西摩、康韦,即康韦男爵二世,1750 年成为赫特福德伯爵,1793 年侯爵,1763—1765 年驻法国大使。

## 74. 亨利·赫伯特致斯密

原稿存格拉斯哥大学图书馆;未发表。

阿伯丁,1763 年 9 月 11 日

亲爱的先生：

我早应写信给您，使您知道我的行踪，由于我的疏忽，有些来信也许已被我丢失。我最后一次是在阿洛厄收到您来信的，但愿打这以后您没有来过信。您如有信，请待我回家后再寄。我会见了里德博士[①]，他是个很敏感的人。他的书在印刷中，估计今冬可以出版。大卫·休谟的对手坎贝尔[②]是个很和善的人。我在潘穆尔勋爵处见到了马歇尔；我和他很说得来，他认为卢梭将顺便到苏格兰访问，但目前他病得很厉害，不能远行。潘穆尔勋爵的别墅，是自从我到苏格兰以来所见到的别墅中最漂亮的。明天我将离开这个地方。坎姆斯勋爵已经到班夫的德斯克福德勋爵那里去了，我打算先到皮特福的弗格森先生那里耽搁一两天，再从那里去看望德斯克福德勋爵。

我在这里的跳舞会上遇到了戈登。请代向全家问好。亲爱的先生，我是



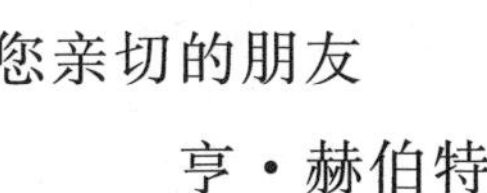

您亲切的朋友

亨·赫伯特

① 托马斯·里德，阿伯丁金氏学院哲学教授，后被任命为斯密在格拉斯哥的继任者。

② 乔治·坎贝尔，在阿伯丁的马里斯查尔大学的校长。他的《谈奇迹》，目的在于反驳休谟的《论奇迹》(载《人类理智研究》)。

## 75. 大卫·休谟致斯密

原稿存爱丁堡皇家学会；载格雷格：《大卫·休谟书信集》第 394—

397 页。

莱斯特广场,莱尔街,1763 年 9 月 13 日

亲爱的斯密:

我在苏格兰作出的决定,使我心情沉重,给我精神上带来了极其深刻的影响,当初竟然会发生迁地为良的想法,真使我懊丧欲绝。像我这样年纪,弃旧图新的想法,对我已经格格不入,此时再想在生活改弦易辙,既不安全,也不切实际。就我本人说,到伦敦以后,觉得处处比我原来有理由期望的为好。尤其是关于赫特福德夫妇[①]的款待之情,大家都认为他们两个是英国贵族中无可指摘的人物。赫特福德勋爵为人和善,彬彬有礼,待人接物从来不刚愎自用,他择我为伴,使我增加了光彩,而且他对我隐然存在的对事物的种种反感,视若无睹,一概不与计较。此外,假使我头脑简单,易受外诱,则发家致富的机会倒多得是。总之,我发了一番议论之后,您要我把实话告诉您吗?我耿耿于怀的是,由此丧失了我避世隐居、安闲自得、独往独来的素志和乐趣,我瞻前顾后,未尝不欷歔叹息。这种情绪,是不是出于本能在警告我勿趋入歧途,还是由于我情绪低落引起的一时的精神上的沮丧,待与朋辈一齐娱乐活动之后,这种颓废情绪就会一扫而空。究竟是什么情况,只有耐心等待这一哑谜的揭开。

我发现,赫特福德勋爵所以要我陪他一起去的目的之一,是他认为我也许有助于比彻姆勋爵[②]的学习,一般都认为他是一位和蔼可亲、年轻有为的贵族。但我还隐约记得曾从您那里听到的话,与此说完全相反,您说曾有人对他提出严厉批评,关于这一点,您

若能提供一些情况，我得深为感荷。此时他在巴黎，我还没有见到过他。我还要在伦敦耽搁三星期。

您肯定听到大臣们这次互相倾轧的奇闻，以及皮特先生进行谈判的经过。关于皮特先生与国王的秘密会谈，关于这位受到百姓欢迎的领导所要求的条件，众说纷纭，矛盾百出，这种情况真是闻所未闻。全部经过大体上是这样：布特勋爵③逝世之前，皮特先生展开了一次谈判。皮特先生说，他始终认为必须将全部条件预先谈判，使之不可能再有发生反复的余地，然后由他们面呈国王。否则是非常不合适的。他这样说，对当时的事态也是这样想的。因此他见到国王作初次会谈后，认为问题已按照他的所见解决。他当即写信给德文希尔公爵，通知他到伦敦来，以便任命他为财政大臣。纽卡斯尔公爵于回国前的星期日在他餐桌说，内阁已组织就绪。但是皮特先生在那天下午去见国王时，看到他的态度全变了，已经作出的诺言都一笔勾销。据传，另一党派谈情况的经过是这样：他后来提高了他的条件，要强使国王同意。据我猜想，在初次会议中所谈的主要是一段事态，或原则性的叙述，那时皮特先生在态度上，脸色只是极其卑谦、恭顺，在礼貌上是恰守规范的，可是当他谈到一些具体细节时，就不那么注意仪态了，这是我对这件事至少是从最好的方面的着想，是无损双方的尊严的。

内阁于组成后您会看到公告。这些人对布特勋爵表示愤懑，表面的借口是谈判的内容没有给他们知道，更没有征得他们的同意。而另一派则由于没有和他们一道来完成条款，同样感到愤愤不平。这位贵族在一两个星期前说，他将出国，现在则决定在伦敦过冬。两派之间的倾轧，显然使国家蒙受损害。我相信，这绝不是布特勋爵的原意所在。

谢尔本勋爵在这次谈判中也有他的一份，现在觉得自己成为赘疣，因此提出辞呈。我看到，您对这位贵族有些不对劲，但是他倒时常提到您，对您拳拳致意。我还听到，您的学生菲茨莫里斯先生在巴黎名声很好。

一般认为皮特先生在这次谈判中赢得了信誉和威望。民意都瞩望于他，认为从这件事上足以证明，国王对他和坦普尔勋爵④的个人怨恨是不介意的。他得到了他自己政党的信任，后者看到，他是站在党的立场上说话的，是把人民放在心上的。

您当已听到，现在即使极其昏聩，成见极深的人，对道格拉斯案件也已经看得一清二楚，我为我们的朋友们感到高兴。亲爱的斯密，我是



您最忠实的

大卫·休谟

① 赫特福德勋爵的妻子是格拉夫顿公爵的第四个女儿伊莎贝拉。

② 赫特福德勋爵的长子。

③ 国务大臣。

④ 皮特的亲戚；掌玺大臣。

## 76. 查尔斯·汤申致斯密

原稿存格拉斯哥大学图书馆；载约翰·雷：《斯密传》第164—

165 页。

阿德伯里，1763 年 10 月 25 日

亲爱的先生：

请容我冒昧地把旧话向您再提一提，布克勒公爵打算出国的日子快到了，如果您准备和他同行的打算没有变，我将非常愉快地去通知他和达尔基思夫人[①]，代他们感到庆幸，因为我深知他们同我一样，对您此举是非常重视的。公爵目前在伊顿，他得留在那里一直到圣诞节，然后在伦敦作短期停留，也许将进宫廷觐见。他并不打算一出校门就到外国去观光，但他不愿久居伦敦，以免他的意识在教育和获得的经验的熏陶和锻炼了尚未形成和完善之前受到伦敦的习俗和朋辈的浸染。

我不想在此时谈地位待遇之类的问题，因为假如您对这一职业无异议，我知道在待遇等方面我们之间是不会有异议的，事实上我同布克勒公爵谈您的事时比您自己还着急。总想尽力做到使您满意，对您有利，因为我深知在这件事中真正得益的是他。

布克勒公爵在古代语言的知识和文艺的爱好方面，近来有很大进展。有了这些方面的进展，他就会从阅读和从各种知识的启迪中，获得越来越多的乐趣。他有出众的才能，有丈夫气概，心怀坦荡，崇尚真理。以他的地位和财产，有了这些品质，就为他在行事的方正不阿奠定极其牢固的基础。如果您认为他完成学校中的教育，把这些优秀的素质定型化是个上策，则无可置疑对国家和对他个人说来，他将成为我们想象中最完美的一个人物。

我下星期五将赴伦敦，此函如蒙赐复将深为感荷。亲爱的先

生,我怀着诚恳的敬意,是您

最忠诚恭顺的仆人

查·汤申

达尔基思夫人嘱代为致候。

① 汤申夫人。

# 77. 大卫·休谟致斯密

原稿存爱丁堡皇家学会;载格雷格:《大卫·休谟书信集》第407—410页。



枫丹白露,1763年10月28日

亲爱的斯密:

我在巴黎待了三天,在枫丹白露待了两天。在一片浮嚣的阿谀声中,我到处受到破格的吹捧和不虞之誉。达官贵人的殷勤和赞美之词又与我何干,可是来自女士们的又当别论,当我被引导到蓬巴杜侯爵夫人[①]前交谈时,其左右趋承者都向我断言,从来没有见到过她对任何人一气说了这么多话,她的兄弟,〔此处有涂抹痕迹〕但是此时我已把对交际场中虚词酬应感到厌烦的前说,置之度外。然而,即使像这位女士交际手腕的高明,也有更胜一筹者,其人即首相夫人,贵妇人中之出类拔萃的舒瓦瑟尔公爵夫人。我第一次见到她后,她说了许多亲切之言,意犹未足,特地从室内的另一端派人来唤我去,把前言向我再说一遍,再进行一次短短的交谈,可是她还没有感到满足,又请丹麦大使来向我保证:她所说的一切绝不是礼貌上的殷勤,而是真心要跟我交朋友,彼此常常通信。这两位贵妇人中的任何一位,如果对法国朝臣中的任何一位说了这些亲切之言的哪怕一半,我相信,他不会不欣喜若狂的。据我的推断,对她们两位说来,更加使人惊奇的是,她们都相当仔细地读过我的著作的法文译本,就是说,差不多是我全部的著作。我见到国王时,他却没有跟我细谈。您大概想不到,我竟会愚蠢到认为我受到了一次怠慢。后来朝臣们告诉我,国王对任何人的第一次接见,是从来不多开口的。我从各方面听到,皇储路易到处说他对我有高度的好感。许多人对我说,像他这样的人,即使作为个人来说,能受到他赞许的也将引以为荣。我在巴黎难得看到被称为文人而当之无愧的天才人物,可是大家都急于要告诉我,我在受到交口称誉,您可以相信〔此处文字被涂抹〕对我的欢迎之词纯属朝臣们的客套话。

我知道,您一定要问我:"我的好朋友,您对这些形形色色的表现,是否感到不大愉快?"不,我认为这对我很少有什么影响,或者可以说,根本没有影响。由于这是我写给故乡老朋友的第一封信,将对这些纷纭扰攘的情况略加陈述,聊以自娱,并望您看了也会开颜一笑。回想在几年以前,就是这一类人,在爱丁堡见了我,简直连一点起码的礼貌也没有,而今在巴黎却给我这样盛大的欢迎,人情变幻如此,是我永不能忘的。老实说,从我居停(指赫特福德勋爵夫妇和比彻姆勋爵)那种亲切相待之情所得到的精神上的安慰,这胜于从虚礼与浮华中所得到的感受。依我想,只有从家庭中得到的乐趣,才是真正惬意的生活环境。尤其是最近两天,我在枫丹白露从一片阿谀逢迎声中所受到的

“痛苦”(这个词在这里没有用错),可以说是没有人在同期间的这种经历能比得上的。我们的公使内维尔先生是位正直可敬的英国人,有一次与我同行,见到我受到的礼遇大为惊讶,他说回国后一定要把这些细节告知国王和大臣们。好了,不谈这些废话了。彼此是老朋友,您一定会谅解我的心情,以您的谨慎持重,一定会代我保密。

有件事我一开头就想告诉您,可是由于我满腔愤世嫉俗心情,或者是由于我心浮气躁,写了一大堆废话,就几乎把它忘了。我在巴黎会见霍尔巴赫男爵时,他告诉我,他亲眼见到有个人在从事翻译您的《道德情操论》[②],要我把这件事转告您。您的老友菲茨莫里斯先生对此深为关注。他们两人都想知道,您对这一著作是否打算有所改动,希望告知关于这方面您的打算。复函请寄伦敦赫特福德伯爵在诺森伯兰的府邸,这样寄发的信就会转到在巴黎的我们。请向所有朋友问好。亲爱的斯密,我是

您忠诚的

大卫·休谟

① 路易十五的情妇。

② 《道德情操论》的法文译本出版于1764年,译者M. A. 埃杜斯。

## 78. 致大卫·休谟

载约翰·雷:《斯密传》第168—169页。

格拉斯哥，1763 年 12 月 12 日

亲爱的休谟：

接到您最近来信[①]的前一天，我荣幸地收到了查尔斯·汤申的来信[②]。他以最谦恭的态度重提旧议，说我应该陪同布克勒公爵出外旅行，并通知我，公爵打算在圣诞节离开伊顿，此后不久即将出国。我接受了这一建议，同时向汤申先生表明，我在四月初以前离校有困难，我想知道，在那时以前，我是否必须做伴公爵。此函发出后尚未获复[③]，其原因我猜想是由于公爵尚未离开伊顿，关于他出门时间，尚未确定下来。我耽搁给您复信，原想等到能够通知您什么时候能见到您时再写……最亲爱的朋友，我永远是

您最忠实的

亚当·斯密

① 指 1763 年 10 月 28 日书信 77。

② 指 1763 年 10 月 25 日书信 76。

③ 无从查考。

## 79. 约瑟夫·布莱克致斯密

原稿存格拉斯哥大学图书馆，编号 1035/148；载斯科特：《亚当·斯密》第 256—257 页。

格拉斯哥，1764 年 1 月 23 日

亲爱的先生：

兹附上来自爱尔兰的书信一件，又寄给我兄弟的书信一封请便中转交。斯密夫人和道格拉斯小姐都安好如常。昨晚您母亲见到您的来信颇感快慰，她特别高兴的是，您在信中含蓄地提到在国外的时间可能比预期的为短，她请您尽可能多来信。您在爱丁堡给我的信，谈到鲍尔弗[①]以及住房问题，我已收到。关于住房，校方肯定会同意让斯密夫人住到圣马丁节，甚至可能让她住到降灵节以后，T.扬表现得很好，学生都尊敬他。再会，一切请放心。

您的约瑟夫·布莱克

① 约翰·鲍尔弗，爱丁堡市政官和书商。



## 80.约翰·米勒[①]致斯密

收信人：亚当·斯密博士，由书商安德鲁·米勒转交　地址：伦敦斯特兰德，圣凯瑟琳街对面

原稿存格拉斯哥大学图书馆，编号 1035/149；载斯科特：《亚当·斯密》第 257 页。

格拉斯哥，1764 年 2 月 2 日

博士先生：

为了让您了解到您离开我们后这里的一些情况，经布莱克博士的同意，特地写信给您。爱伯丁郡的里德博士得到凯姆斯勋爵的大力推荐。[2]还有德斯克福德勋爵把他推荐给特雷尔博士[3]。我们很有理由相信，麦肯齐先生[4]将利用所有这些不同方面的势力。昆斯伯里公爵[5]和霍普顿勋爵[6]也可能为他撑腰。因此，目前事态的结果完全不能肯定。

布莱克和我仍然认为莫尔黑德[7]拒绝接受这个职位，扬看来是最适当的人选。我们恳切地盼望，您是否能出点力来对抗这些外来的干扰。我只能说，我们都希望，如果您知道您对扬的推荐能起作用的任何地方，您一定会抓住机会进行推荐的。我向您保证，他需要这方面的支持。现在有个极其有利于他的情况，这是我们以前所不知道的。他教授这门功课，迄今一直受到巨大而普遍的称赞；据说，他说话从容自若、流利畅达，我承认这是我以前没有料到的。我写此信，除布莱克外没有别人知道。

您忠诚的

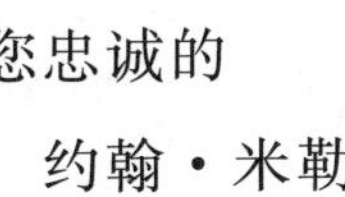

约翰·米勒



令堂身体很好。

① 约翰·米勒(1735—1801 年)，法理学家和历史学家；18 世纪 50 年代后期当凯姆斯勋爵儿子乔治的家庭教师；从 1761 年起任格拉斯哥大学罗马法教授，为该校文学协会杰出成员；政治观点激进，反对奴隶贸易，同情法国革命。著作有《社会阶层差别的起源》(1771 年)和《历史上英国政府的观点》(1787 年)。

② 托马斯·里德于 1764 年 5 月 22 日被选为斯密的继承者；凯姆斯和里德是毕生好友，部分原因在于他们哲学思想相同。

③ 罗伯特·特雷尔(1775 年)，东方语言教授和神学教授。

④ 约翰·麦肯齐(1778 年卒)。

⑤ 查尔斯·道格拉斯(1698—1778 年)为昆斯伯里公爵三世和多佛尔

公爵二世;1763—1778年为最高法院院长。

⑥ 约翰·霍普顿伯爵二世(1704—1781年),1744—1760年任检察长。据说乐善好施,把工资都用于慈善事业。

⑦ 乔治·莫尔黑德(1773年卒)为东方语言学和人类学教授。

## 81. 致托马斯·米勒[①]

收信人:托马斯·米勒,苏格兰的皇家律师

原稿存格拉斯哥大学档案室;载约翰·雷:《斯密传》第172页;又载斯科特:《亚当·斯密》第220—222页。

巴黎,1764年2月14日



阁下:

我到达这个地方后,直到昨天才第一次有机会向阁下、学院院长[②]、系主任[③]和所有其他最高贵、最可敬的同事辞去我的职务。我向您和他们辞去格拉斯哥大学伦理学教授的职位、学院伦理学教授的职务连同属于这个职务的全部薪水、特权和优待。但是,我保留从本年10月10日起的当前半年时间一部分薪水的权利以及圣马丁节最后一天起,另一部分薪水的权利。我希望把这笔薪水付给替我做未完成工作的那位先生,支付根据我这位可敬的同事和我在分别前商量同意的办法办理。我从没有像此刻那样迫切希望学院蒸蒸日上,我衷心祝愿我的任何一位继任者[④],不仅以他的才华为这一职位增添荣誉,而且以他心地的正直、性格的和善使那

些可能与之终生相处的、杰出的人感到的快慰。阁下，非常荣幸成为

您最恭顺最忠诚的仆人

亚当·斯密

① 托马斯·米勒(1717—1789 年)，律师、政治家和法官；受教育于格拉斯哥大学和爱丁堡大学；1742 年执律师业；1759—1760 年任副检察长；1762—1764 年担任格拉斯哥大学校长。

② 威廉·利奇曼。

③ 詹姆斯·克洛。

④ 托马斯·里德博士。

## 82. 致大卫·休谟

收信人：休谟先生，英国驻巴黎大使住所〔改寄贡比涅〕

原稿存爱丁堡皇家学会；载约翰·雷：《斯密传》第 178—179 页。

图卢兹，1764 年 7 月 5 日

最亲爱的朋友：

布克勒公爵提议立刻就要动身到波尔多去，在那里他打算停留两周或两周以上。如果您能把推荐给黎塞留公爵[①]、洛尔热侯爵[②]和省监督官[③]的介绍信寄给我们，我将十分感激。汤申先生蛮有把握地对我说，舒瓦瑟尔公爵[④]将把我们介绍给这里以及法国其他地方的上流社会人士。可是关于这类推荐之事迄今尚无下

文,我们只好走我们的路,同时得到一位修道院长[⑤]的帮助,虽然他差不多跟我们同样是个异乡人。我们这次旅行的收获不大。公爵连一个法国人都不认识。我在这里虽认识几个人,但是不能靠他们来扩大交游,因为我不便请他们到我住处来,也没有自由老到他们那里去。我以前在格拉斯哥的生活与目前在这里的生活相比,真是又快活又逍遥。为消磨时间,我开始写一本书[⑥]。您可以相信,我在这里实在没有什么事可做。假使詹姆斯爵士[⑦]在他的旅行中能到这里来同我们共度一个月,不但会使我非常愉快,而且通过他的影响和示范,对公爵大有裨益。但是,除他以外,不要将这些事同别人说起。请代我向比彻姆勋爵[⑧]和特雷尔博士[⑨]致问候。亲爱的朋友,我是

永远属于您的

亚当·斯密



① 黎塞留公爵(1696—1788年)原名路易—弗朗索瓦·阿尔芒·迪普莱西,军人、外交家、官员和浪子;1758年起为吉耶讷地区的总督;不喜欢哲学,虽然伏尔泰把他当作英雄。

② 洛尔热公爵(1714年生)原名路易·德·迪尔福·迪拉斯,军人和官员,长期在黎塞留手下服务。

③ 此人不详。

④ 舒瓦瑟尔公爵(1719—1785年),原名艾蒂安—弗朗索瓦;1770年12月前担任法国首相。

⑤ 修道院长塞涅莱·科尔贝(1736—?),休谟的表兄弟,1750年到法国加入法国天主教;1781年为罗德兹主教;对工农业有兴趣;1789年出席国民议会;后为路易十八的秘书。

⑥ 第一次提到关于《国富论》的写作。

⑦ 詹姆斯·麦克唐纳爵士(1741—1766年),在欧洲旅行时死于罗马。

⑧ 赫特福德勋爵的长子,英国驻法大使。

⑨ 詹姆斯·特雷尔(1783年卒)是英驻法使馆牧师,当赫特福德任爱尔兰副总督时,他为唐郡的主教。

## 83. 致大卫·休谟

原稿存爱丁堡皇家学会;载约翰·雷:《斯密传》第181—182页。

图卢兹,1764年10月21日

亲爱的休谟:

趁库克先生[1]到巴黎之便,谨向您并通过您,向大使先生[2]致诚挚由衷的感谢。感谢他慷慨书写的、由您转寄给我、将我介绍给黎塞留公爵的介绍信。信内有个小小的误会,他不称我斯密,却称为鲁宾逊。我在提交此信时亲自在公爵面前更正这个错误。我们都受到马雷沙尔隆重的待遇,尤其是公爵,他以极其合乎体统的方式特别给予礼遇。那位监督官[3]不在波尔多,但是我们为了要会见公爵的弟弟[4],还要回到那个地方,因此我们很快就会有机会将他的信交出。



库克先生要到凯恩去谒见斯科特先生,再从那里陪他去图卢兹。库克先生在行程中将经过巴黎,我拜托您,一听到他到达这个城市,就请您去看他,带他到大使先生住宅以及他喜欢去的任何其他地方。我对詹姆斯爵士[5]也提出同样请求。库克先生一到巴黎就会通知您。我对斯科特先生表示欢迎是有充分理由的,我窃喜与他做伴对他的兄弟说来,既有助益又令人高兴。我们到波尔多的考察和到巴涅尔以后的考察,使公爵有了很大的变化。他开始惯于同法国人士交往,而我也觉得我们在一起的余下时间里将生活得不但平静满足而且欢乐有趣。

候斯科特先生来到,我们打算去看看在蒙彼利埃举行的法国南部各地区的集会。您能设法给我们搞到给厄镇伯爵⑥、纳博纳天主教⑦和当地监督官⑧的介绍信吗?我发现,这些旅行对公爵大有裨益。亲爱的老友,我永远是

您最忠实的

亚当·斯密

① 布克勒公爵的仆人。

② 赫特福德勋爵。

③ 未能查明是何人。

④ 休·坎贝尔·斯科特(1747—1766年)布克勒公爵的弟弟。

⑤ 斯莱特的詹姆斯·麦克唐纳爵士。

⑥ 爱恩公爵的儿子。

⑦ 夏尔-安托万(1692—1777年),1752年为纳博纳大主教;1762年为兰斯大主教;1771年为教育主教。

⑧ 无从查考。

## 84.致大卫·休谟

收信人:大卫·休谟,巴黎

原稿存爱丁堡皇家学会;载约翰·雷:《斯密传》第 183 页。

图卢兹,1764 年 11 月 4 日

亲爱的朋友:

兹托厄克特先生送上此信。就我所知,朋友中性情和美能胜于阁下者,只有他一人。您会看到,他为人极其和蔼可亲,我诚挚地把他推荐给您,请随时加以指点和照拂,他不是什么文人学士,只是个平易近人,善于与人交往而机警可爱的人,他没有丝毫做作,您会一天比一天更欢喜他。亲爱的老友,我永远是

您最忠实的

亚当·斯密

## 85. 约翰·格拉斯福德[①]致斯密

收信人,斯密博士

原稿存格拉斯哥大学图书馆,编号 1035/150;载斯科特:《亚当·斯密》第 258—259 页。

格拉斯哥,1764 年 11 月 5 日

亲爱的先生:

从您离开格拉斯哥以后,虽未获教示,但不时听到您情况佳胜,深感快慰。希望您日子过得很好,您在空闲时间正在写的一本有益的书,在这里早有所闻。[②]假如成书的时间,比您自己认为必

要的时间更长，那是使人感到遗憾的。

这封信是附在给这里的乔治·基彭先生[③]的信里寄上的，他上月29日从格拉斯哥动身到伦敦，预计此信寄到时，他本人已在那里；他打算从伦敦出发到法国去，为了他的健康，在那里的南方过冬，有一年以上他的身体很不好，布莱克医生认为，经过这次旅程的锻炼，对他的身体有极大好处，但是法国南方冬天的温和气候会使他在那几个月里过分激动，您知道对体弱多病的人，长期在国外很不相宜。基彭夫人跟基彭先生一起去，同行的还有克拉森先生[④]，后者您大概在此间的大学里认识，对基彭先生说来，他是个意气相投的好伴侣。

关于基彭先生的性格以及他在社会上的作为您肯定早有所知，因此，他如果定居在图卢兹或其附近，不需要由我过分啰唆地把他推荐给您，您一定会以礼相待的。我深知，他可以信赖您最好的指教和友谊，您会指引他们觅得适当住所，使他们得到异乡人在这种情况中最大的方便。

您一定知道您的友人威廉·斯密[⑤]在您离开格拉斯哥之前按计划来到英克尔工厂的仓库，[⑥]他在那里专心业务，似乎很适于担当那种工作。他的弟弟[⑦]乘我的船外出航行，从那里到格雷斯港，再从那里到马里兰，然后再回到原处，如果这次试航使他合意的话，他打算从事航海生涯。

关于此间任何新闻，请您向别的通信者探询。我确实想不起有什么值得奉告的，除非只有这么一点，那就是苏格兰的议员现在似已决定，要在下一届议会中提出废除银行和银行钞票可任意兑换现金的条款[⑧]，您知道，这一议案在上届议会中被否决。亲爱的

先生，怀着极大的敬意，我是

您最顺从最微贱的仆人

约翰·格拉斯福德

① 约翰·格拉斯福德(1715—1783年)，烟草商人和船主，格拉斯哥豪富之一；格拉斯哥银行的合伙人。为纪念他，该市有一条街以他的姓氏命名。

② 指《国富论》。这里是一个迹象，表明在斯密作教授的时候，他在格拉斯哥的朋友已经晓得他在写关于经济学的书了。

③ 乔治·基彭，1737年代表格拉斯哥进入国会。

④ 帕特里克·克拉森(1811年卒)，1758年国会议员，邓莫尔的家庭教师。

⑤ 大概是亚当·斯密的远堂兄弟。

⑥ 该厂制造宽条带，1752年由亚历山大·哈维创办。他冒险购入二台织机，雇用一个工人在格拉斯哥开办工业。

⑦ 也叫亚当·斯密，1764年离开格拉斯哥大学，未得学位。

⑧ 关于银行钞票可任意兑换现金或其他银行钞票的条款，这个“任意选择条款”要到很久以后方可废止。



# 86. 致大卫·休谟

收信人：休谟先生，英国驻巴黎大使住所

原稿存格拉斯哥大学图书馆，编号1035/129；载斯科特：《亚当·斯密》第262—263页。

〔图卢兹，1765年8月〕

亲爱的朋友：

最近赫特福德勋爵突然离开巴黎，乔治·伦诺克斯勋爵[①]被任命为英国大使馆秘书，种种出人意料的变化，使我十分吃惊。如果您也要离开巴黎，如果已为您作好了适当安排，望立即见告。我们打算11月初到巴黎。如果到那时布克勒公爵在那里见不到您，他将大失所望。他将您所有的著作几乎都读了好几遍，如果不是我小心谨慎，将其中比较有益心智的理论灌输给他，恐怕他也许有吸收某些您那比较诡谲的原理的危险。您将看到他现在已大有进步。

我很想知道这次发生惊人变动的原因。在我看来，除非王后[②]在独断专行上比平常稍稍过分了一点，否则这对我是个不解之谜。请您尽快给我回音。我最亲爱的朋友，我永远是

您最亲切的

亚当·斯密

① 乔治·亨利·伦诺克斯勋爵(1737—1805年)，军人，政治家和外交家，1765—1766年接替休谟为英国大使馆秘书，当时他的兄弟里奇蒙公爵取代赫特福德勋爵。

② 乔治三世于1761年与已故梅克伦伯格—斯特雷利茨公爵的次女夏洛特·索菲亚结婚。

## 87. 大卫·休谟致斯密

原稿存爱丁堡皇家学会；载克利班斯基与莫斯纳：《新发现的大

卫·休谟书信》第130—132页。

巴黎,1765年〔9月5日〕[①]

亲爱的斯密:

最近感到从来没有过的晕眩,但是除了这一点,这些剧变从来没有对我造成任何威胁,也没有使我发生哪怕片刻的焦急心情。结果一切都很好,正如我的心愿。在刚过去的6月[②],我获得了大使馆秘书之职,每年薪水1,200镑,这使我极为称心,而看上去要长期做下去。数周之后,赫特福德勋爵接到一封信,从这封信中他知道,他将被调为爱尔兰副总督;他告诉我,他有种种理由,不乐意担任这个新职位,除非满足他的一些要求,尤其是要求派我为爱尔兰的秘书,可以继续与他的儿子比彻姆勋爵在一道,否则他就不接受这个任命。在爱尔兰,秘书是个极为尊严的职位,有点像当那个王国的首相,一年薪俸2,000镑。以后副总督无论有什么变动,当秘书的总能得到相当好的任命。尽管有这些好处,可是我对此职很不乐意,因为他逼使我在这一把年纪还要进入新的场面,这个场面我害怕我是不大合适的。我把我的心情向赫特福德勋爵说明,但他仍然坚持他的主张。数星期以后,当他到伦敦时,看到了那里反对苏格兰人的怒火是那样高涨,于是他不得不放弃他原来的主张。这种情况也许与反对自然神论的热情有点关系。结果,他任命他的儿子为唯一秘书。但是他告诉我,国王已答应他将为我提供一个安全的工作。十天以后他写信通知我,已为我设法取得每年400镑的终身年金。再没有比这个更合我心意的了。现在我又富裕又自由。以前我只要有自由就心满意足,何况现在二者兼而

有之,此后只求允许我活得久些。

预计里奇蒙公爵 10 月份到这里,[3]我等他到后就走,那时我必须回英格兰。此后我还要到爱尔兰去看一看。我将谢绝再担任什么工作。赫特福德勋爵来信,说爱尔兰下院的指导人,在一个会期,通常可以收入 900 镑,如果我愿意的话,他可以用 300 镑代价得到一个工作者,余数归我所有。我婉言拒绝了这个收入,因为我已不愿陷入不光明的圈子,不择手段图财谋利。我相信,您一定会赞成我的想法。

还有一些伤脑筋的事情使我困惑,就是究竟什么地方是我今后安身之处。巴黎是欧洲最令人满意的城市,对我最适合,但是它在外国。伦敦是我祖国的首都,但我从来就不顶喜欢它,那儿的人文不怎么可敬佩;苏格兰人使我讨厌;迷信和无知日益严重。爱丁堡有许多缺点也有许多魅力。眼下是 9 月 5 日的上午,我此时此刻的心情是,想回到法国去。我在这里受到很大压力,要我接受这一个或那一个职务,这些工作将使我生活愉快,但是一朝厕身于王公贵族和贵夫人身旁,可能会破坏我的独立。何去何从请告诉我您的判断。[4]

近三个月以来我日日在盼望见到您,近期见不到您,使我颇感遗憾。听说您对您的学生感到满意,我听到了也同样满意。

给我写信时,请寄英国驻法国大使馆代办,不必再加上些什么。

关于最近政情奇特的变动,信中无法详叙。有人怀疑,皮特先生任首相,必然会使现政府臻于稳定。

里奇蒙公爵不可能任命我为秘书。他能任命的只有他的弟弟，这样不会冒犯被赫特福德勋爵拒绝的他的内弟查尔斯·邦伯里爵士。

您最真诚的

大卫·休谟

① 休谟将9月误写为10月，见此信第三段。

② 盖有国玺的任命状日期为1765年7月3日。

③ 里奇蒙到达巴黎在11月11日，11月17日觐见路易十五。

④ 见1765年9月某日写给休谟的书信88和1766年秋天写给安德鲁·米勒的书信99。

## 88. 致大卫·休谟

原稿存格拉斯哥大学图书馆，编号1035/130（原稿中有一部分被剪去）；载斯科特：《亚当·斯密》第263—264页。

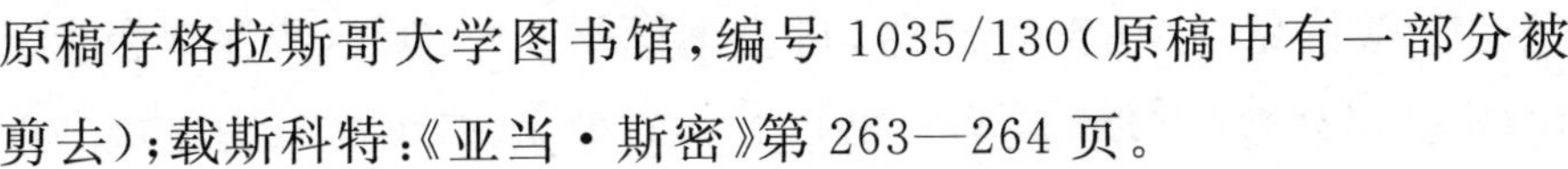

〔图卢兹，1765年9月〕[1]

亲爱的朋友：

知道您对目前的处境很满足，使我感到莫大的安慰。您想在巴黎长住，我认为您这个想法是不对的。一个身居国外的人总不免有格格不入之感，尽管这个国家以人道和礼貌著称，在我看来，他们一般趣味较为低下，在友情诚挚方面比我们自己的同胞要靠不住得多。他们处于一个大范围的社交生活中，把爱的观念扩散于大量不同的对象，施之于任何个人方面的爱是微乎其微的。不要以为那些要您同他们生活在一起的王公大人和贵夫人是出于对您的真情厚意。他们要有个知名人士住在自己家里，不过是为了满足自己的虚荣心，您不久就会感觉到，像赫特福德勋爵和夫人那样真挚的友情，在他们那里是看不到的，请求您代我向勋爵和夫人郑重致意。您对伦敦的反感，我认为是没有根据的。对苏格兰人的仇视即使在当前，也只在最愚蠢的人们中继续存在，实在毫无理由，即使在那些人中间，这种无谓的仇视也会在一年内平息下去。在伦敦为了自然神论而反对您的喧嚷无疑是强烈的。因为在伦敦您是本地人，什么事您都可能参与，在巴黎您是外地人，您不可能参与任何事情。您在国内时，半年内就驱散了爱丁堡一些人对您的严重偏见；当您在光天化日下来到宫廷(您回来后必须这样做)，而不是像以前那样，同六七个苏格兰人在一起不引人注意地寄居在埃利奥特小姐[②]所经营的公寓里，同样良好的气氛几个星期内就会消除伦敦一些人对您的轻微偏见，一切浮言碎语，自会逐渐平息。总之，我深望您能定居伦敦，虽然我曾多次下决心回到苏格兰，但是，看来最可能我自己也将定居伦敦。[③]那时我们可以一道到法国或到苏格兰作短期旅行，去看望我们的老朋友，但使伦敦成为我们的平时住处。您在离开巴黎之前，请为我写几封介绍信留在可靠人士那儿。介绍信可以写给弗利、泰拉森或内卡处，[④]在我到巴黎时交给我。公爵向您致意……[⑤]



① 此信无日期，但看来是回答9月5日休谟的来信〔书信87〕。

② 安·埃利奥特小姐在伦敦莱塞期特菲尔德的莱尔街开了一家公寓，休谟在伦敦时寄宿该处。

③ 斯密于1766—1767年、1773—1776年，1777年1月11日，1782年，1786年4月到5月和1787年5月到8月暂居伦敦，可是他的家却在柯科迪

和爱丁堡。

④ 这些人都是巴黎的银行家。

⑤ 以下被剪去。

# 89. 玛丽·路易丝·德尼[1]致斯密

收信人:斯密先生

原稿存格拉斯哥大学图书馆;载斯科特:《亚当·斯密》第 260—261 页。

费尼,1765 年 12 月 10—11 日

本月 7 日,星期六,上午 11 时许,德尼太太(即费尼夫人)的狩猎队前来告知,萨科内克斯村民 5 人在费尼森林的林荫道打猎,这个森林属费尼庄园园林组成部分,三个门都是紧闭的。

居住在萨科内克斯村的木匠约瑟夫·菲荣,在今天(即 12 月 10 日)向财务检察官作证说,狄龙先生[2]曾和一名驻扎在日内瓦的士兵到萨科内克斯村找他,并带他一起到费尼狩猎。约瑟夫·菲荣曾向狄龙提醒过此处禁止狩猎;而狄龙回答说得到过德尼太太的允许,并对她负全部责任。

有 4 人作证说,狄龙先生曾当他们的面说要火烧庄园。

在昨天,即本月 9 日中午,有 3 人作证,狄龙先生和 4 位佩带火枪和手枪的武装人员来到费尼村,他们进入看守人家里,在那里和附近的住宅里寻找看守人,狄龙先生边发火边说,看守人可能死了,也可能还活着。德尼太太要所有居住在日内瓦的英国绅士来仲裁狄龙的此种行径。

狄龙先生抱怨说,有人宰杀了他的一条猎狗。但是,并不是看守人杀了这条狗,因为狗被杀时,看守人正在整理诉讼报告,这条狗是费尼村的村民杀的,他们以为它是属于奥尔内克斯村名叫西蒙的偷猎者的,他们也不知道它卖给狄龙先生已有4天了,他们既不认识狄龙先生,也从未会面过。

所有这些诉讼中作证的事实说明,狄龙先生应该就对德尼太太的侮辱赔偿损失,并支付落在萨科内克斯村民身上的诉讼费。

注意:在费尼村,狄龙先生强行进入他家的那位看守人,为了逃避追杀,摔断了腰,生命垂危。

昨天,德尼太太打算将此诉状送给施米特先生,她已授意在诉状下边写几句话;但别人疏忽大意,将它写在另一张纸上。德尼太太再三表示,此事涉及施米特先生的品德,也涉及对居住在日内瓦的英国贵族的评价;她听命于施米特先生和德·伏尔泰先生。

① 玛丽·路易丝·德尼,伏尔泰的外甥女,女管家,后来是他的情妇。

② 查尔斯·狄龙(1745—1813年),后来是第12代狄龙子爵,1764年作为约翰·特伯维尔·尼达姆的弟子访问日内瓦,他与伏尔泰关系不佳。狄龙的举动可能源出于此。

## 90. 大卫·休谟致斯密

收信人:亚当·斯密先生　地址:巴黎银行家福利先生住宅

原稿存爱丁堡皇家学会；载格雷格：《大卫·休谟书信集》第 5—6 页。

〔伦敦，1766 年 1 月末〕

亲爱的斯密：

我也会像您那样，懒于写信，写短信——遗憾的是，我在离开巴黎之前没能见到您，尤其使我不快的是，在短期内我不会在那儿见到您。我要在今后数周之内，要他完全懂得卢梭的为人是办不到的，他虽然平易近人，但心情有些飘忽不定，好作奇思幻想[①]。赫特福德勋爵打算在 4 月间到这里来，我得等着他，以后一段时间如何安排，得看他的意向行事。我想把我的仆人圣琼推荐给您，如果让他跟着您或公爵，您肯定会喜欢他，把他留下来——关于我这些话您不必向他说起。您如果不想雇用他就打发他走，并告诉他，由于我不能保证很快回到巴黎，他如果有别的良好机会，请他不必等我。他住在老奥古斯丁路，离开您要住的皇家花园饭店只有几家门面。有些人竭力劝我把《英国史》继续写下去，米勒愿为我的书出任何代价。一切关于马尔巴勒公爵的资料都提供给我。[②]我相信没有人敢拒绝给我资料。但是我贪图的是什么呢？为什么我应放弃懒散、安适和社交的乐趣，再次让自己遭受愚蠢的、有门户之见的公众的叫嚷指责呢？我还没厌倦安闲的生活，也没有变得非常豁达置外界于不顾。慢慢地我将过分老朽负担不起如此辛劳的工作。再见。

大卫·休谟

① 威廉·鲁奥1766年1月25日由伦敦写给威廉·穆尔的信中，说法完全不同，信中说，“大卫·休谟和J.J.卢梭住在白金汉街。许多人出于礼貌都到那儿去拜访他。他对他的学生十分担忧；那个人非常古怪甚至荒谬。”

② 戴维·马利特打算编写伟大的马尔巴勒公爵的历史，搜集了大量资料。历时二十余年未能写成。这里所说的很可能指这项资料。

# 91. 苏格兰代理主教[①]致斯密

收信人：亚当·斯密先生

原稿由布克卢奇收集；载斯科特：《亚当·斯密》第109—110页。

〔图卢兹〕，1766年2月18日

而你，亚当·斯密是格拉斯哥的哲学家，思想超群[②]的夫人们所崇拜的偶像和英雄，亲爱的朋友，您在干什么呢？您是怎样控制昂维尔公爵夫人[③]和布法莱夫人[④]，或者您的心总是沉湎于娇媚的尼可拉夫人[⑤]，或是您如此爱恋的另一位吹笛子的夫人[⑥]的或隐或现的魅力？英国绅士[⑦]，我能得到您的消息吗？如果您因为懒，不愿亲自动笔，或胡乱涂写几句，像公爵那样，这就糟糕了，如果亚当·斯密也由于同样理由不愿给我写信，如果令人尊敬的斯科特[⑧]也保持沉默，您至少应该告诉家里人通报一些情况；我想知道，您今年冬天是否待在巴黎，或要周游世界，我想知道上述情况。如果您缺的是代笔人，那您可找我的朋友和表兄吹笛手邓肯[⑨]，他将用盖尔语告诉我您愿意让我知道的一切，并寄给我能和芬格，奥斯扬，麦克·厄林[⑩]等作品可以媲美的作品。

代理主教于圣部

① 写信者是苏格兰人，居住在法国，在朋友的建议下，担任牧师。在巴黎至图卢兹旅途中为托钵僧。

② 此字(high-broad)为 high-brow 的过去拼写法(?)

③ 玛丽—路易丝—尼可拉·伊丽莎白，昂维尔公爵夫人(1716—1794年)。写《格言》的拉·罗什富科的孙女，杜阁忠实的朋友。她和儿子，即年轻的罗什富科公爵至迟在 1765 年与斯密相识。

④ 玛丽—夏洛特—伊波利特·德·卡佩·德·索戎(1728—1800年)，即爱德华夫人，侯爵德·布法莱·鲁弗埃尔的大人，1746 年 2 月以后成为孔蒂王子的情妇，在教堂和别墅里举行的沙龙担任女主人。法国的一位著名亲英分子，伊斯尔·亚当于 1761 年开始与休谟通信，并可能利用她的影响于 1763 年被带到巴黎。他在巴黎待了二年，她成为他的密友，并因为他的原因，最早在 1766 年，欢迎斯密到她的沙龙。他计划翻译《道德情操论》。

⑤ 英国妇女，在巴黎到阿布维尔旅途中，亚当·斯密想与她恋爱。

⑥ 杜格尔德·斯图尔特记载他在 40 岁以后遇到一位吹笛夫人，斯密的生活中有几年迷恋着她。

⑦ 写信人这样称呼布克洛茨公爵。

⑧ 指休·坎贝尔·斯科特。

⑨ 可能大卫·休谟向黑尔斯勋爵所提到的吹笛人阿盖尔夏尔·米利蒂亚，他已经向斯密背诵麦克弗森翻译的所有诗篇，而更多的诗篇有同等妙笔。

⑩ 詹姆斯·麦克弗森的出版物：芬格(1762 年)，特莫拉(1763 年)，还有奥斯扬(1765 年)，由于休·布莱尔的评介，这些作品整个欧洲感到高兴，社会上的人们谈起了盖尔族英雄和史诗。

## 92. 致大卫·休谟

收信人：大卫·休谟先生　地址：伦敦莱斯特菲尔德，莱尔街，埃利

奥特小姐公寓

原稿存格拉斯哥大学图书馆，编号 1035/131；载斯科特：《亚当·斯密》第 264—265 页。

巴黎皇家花园饭店，1766 年 3 月 13 日

亲爱的休谟：

承蒙把您的仆人推荐给我，非常感激。[①]他无疑是我一生中遇到的最好的一个，我一直受到他十分周到的服侍。我写此信的目的主要是想把送信人置于您的庇护之下。自从出国以来，他以大家公认的忠诚为布克勒公爵服务，可是由于公爵总管库克性情乖张和心怀嫉妒而遭到排挤。他为人性情和善，诚笃不欺，这点我可以负责保证，在我看来，像这样一个人，任何人不可能不喜欢他。他还很年轻，有时不免有些莽撞和粗心大意，在旅途中供使唤，没有人比他更相宜。如果您认为很方便，不至于给您带来麻烦，请为他在英格兰找一个适当的安身之处，您就可以完全相信，他的确充分具有上述的品质。他的名字叫戴维·查林德，是个瑞士人。

这里人都很记挂您，我碰到的人都问起您什么时候回来。可是，看在上帝面上，千万别到这个国家来安家落户，让我们把有生之年在海峡的同一边度过吧。在此期间我们仍然可以来巴黎，我们可以一道制订我们今后生活的计划。我亲爱的朋友，永远是您的

亚当·斯密

① 见书信 90。

## 93. 致大卫·休谟

收信人:大卫·休谟先生　地址:伦敦莱斯特菲尔德,莱尔街,埃利奥特小姐公寓

原稿存爱丁堡皇家学会;载约翰·雷:《斯密传》第 208 页;又载格雷格:《大卫·休谟书信集》第 409 页。

亲爱的朋友:

我跟您一样,完全相信卢梭是个大坏蛋,这里每个人也都是这样认为。关于他对您犯下的鲁莽和无礼行为,我请求您不要公之于世。他拒绝您好意为他申请经他自己同意的年金,他可能使用这种卑鄙行径,让您在廷臣的眼中显得有点可笑。顶住这个恶作剧,揭发他蛮横的信件,但这事不要由您出面去做,这样才不会刊印在报纸上,同时,如果做得到,把此事一笑置之,我以生命担保,三个星期内眼前使您感到烦恼的这桩小事就会得到人们的理解。人们对您就会一如往昔地加以尊敬。您若努力揭发这个伪君子,您就会冒打乱您整个生活宁静的危险。不要去理他,他给您的麻烦两个星期里便自然消失。写文章去反驳他,您以为是最好办法,其实正是他希望您做的事情。他在英格兰正处于湮没无闻的危险中,他只想激怒一个声名卓著的对手,使得他受别人重视。到那时,教会、辉格党党员、詹姆士二世的拥护者以及所有英格兰的聪明人都会站在他一边,这些人乐于

诋毁一个苏格兰人,并为拒绝国王年金的人喝彩。同样很有可能的是,由于他拒绝国王年金,这些人会给他钱甚至他已经想到这种补偿。这里您所有的友人都希望您不要为此写文章,他们是男爵①、达朗贝尔②、丽卡博妮夫人③、丽昂科特小姐④、特戈特先生⑤等人。图特先生是各方面都值得您尊敬的朋友,他希望我把这个忠告郑重转告您,作为他最诚挚的恳求和意见。他和我都担心您被恶意的顾问们包围,英格兰的文人学士惯于把他们的流言飞语在报上发表,他们的建议可能对您有很大影响。请向沃波尔先生致意。请相信我对您的真诚的爱护之忱。永远属于您的

亚当·斯密

请代向米勒⑥致敬歉,因为我在接到信后也没有给他复信。我正在准备为他写复信,他肯定会在下次邮班收到。请向米勒夫人致意。您曾见到汤申先生吗?



① 霍尔巴赫男爵即保罗-亨利·蒂里(1723—1789年)。

② 让·龙德·达朗贝尔(1717—1783年),与休谟最接近的法国哲学家;1759年前与狄德罗一起办《百科全书》。

③ 丽卡博妮夫人名玛丽-让娜(1714—1792年),小说家,一度是个演员;是斯密的热烈崇拜者。

④ 未详,大概是当时哲学界中人之一。

⑤ 安妮-罗贝尔-雅克·杜阁(1727—1781年),政治家和经济学家;曾任财政总监(1774—1776年)。

⑥ 安德鲁·米勒是个出版商,但这里所说的这封信没有找到。

## 94. 致查尔斯·汤申

载约翰·雷:《斯密传》第222—224页。

贡比涅,1766年8月26日星期三
下午五时

亲爱的先生:

您可以相信,我以最关切的心情向您报告,布克勒公爵偶发轻度寒热,今天热度已大大减退,但是还未完全恢复正常。他陪同国王和宫廷大臣们来这里视察军营并进行狩猎。上星期四他从猎场回来,夜间约七时,感到非常饥饿,就狼吞虎咽地吃了一顿冷餐,有大盆沙拉,饭后还喝了一些冷饮。这顿晚餐似乎对他很不适合。第二天就不想吃东西,但是,看上去还是跟平日一样精神饱满。后来在户外活动感到有些不舒服,比同伴先一步回家。他又与乔治·伦诺克斯勋爵共进午餐,并告诉我他吃得很尽兴。但是,午餐后回来他感到非常疲乏,就迫不及待睡倒在仆人的床上。他睡在那里大约一个小时,到晚上八时醒来,觉得浑身难受,开始呕吐,但还不足以解除痛苦。我发现他脉搏跳得很快;他当即就寝,服了一些醋乳清,深信经过安眠,出一身汗,这种通常的疗法就会使他霍然而愈。那一夜他睡得很少,但汗出得很多。第二天是星期天,我一见他就知道他在发高烧。劝他去请一位医生来看看。他先是不同意,最后见我神情不安,才答应了。我派人去邀请国王的第一御

医魁奈[①]。他对来人说他自己也在生病。于是去请塞纳克,[②]他同样也在生病。我只得亲自去恳求魁奈,向他说,他虽有病但不严重,望他勉力去为公爵诊察一下。他告诉我,他是个年老体弱的人,他的诊疗是靠不住的,以朋友的身份劝我去请主后的第一御医德·拉·索恩[③]。我到德·拉·索恩那里,可是他不在家,说是在深夜以前不会回家。我再次到魁奈那里,他立即跟我去看公爵,此时已经晚上七点钟了。公爵仍然是大汗淋漓,昨夜和今天全天,出汗没有停过。在这种情况下魁奈说,在汗止以前,不宜用任何药剂。他只是让他喝了些冷了的大麦煎汤。魁奈由于有病,第二天(星期一)无法再来,打这天起,由德·拉·索恩照料公爵,我这才放下心来。星期一他看到公爵热度已退得差不多,认为没有必要放血。今天星期三,他在早晨发现公爵皮肤有点发烧,他建议到下午二时放少量的血。但是到那个时候他再来诊视时,他看到公爵热度已退,人也轻松,认为没有放血的必要。当一位法国医生认为无须放血时,您就可肯定,热病不会很厉害。公爵一直没有感到一点头痛,全身的任何部分也没有感到任何痛苦;他的精神一直很好,头脑清楚,目光清澈,面部没有异常的红光,舌部也没有比通常感冒时更甚的难闻气味。脉搏比平时稍快,但是相当柔和、有力和有规律。总之,他没有一点不良的症状,只是有点热度,躺在床上……德·拉·索恩认为,这次发病是由于星期四晚上饮食不消化引起的,有一些未消化的物质进入血液,由此引起体内的混乱,爆裂了他的微血管……。此后我决定每次邮班给您一信,直到他完全康复为止。万一出现什么危险症状,我将立即以专差急送的办法给您写信。一切尽请放心。我不过这样说,事实上不可能发生这种症状。现在每天从早晨八时到晚上十时，我绝不使他的卧室有任何吵扰，一方面我随时随地留心着，观察发生在他身上的最微小的变动。如果不是库克[④]可笑的出于常情之外的妒忌(他认为我的小心翼翼是侵犯了他的职责)达到如此惊人的地步以致打扰他病中的主人，我本来会通宵坐守在他的病榻之旁。

国王在早朝中见到乔治勋爵和德·拉·索恩先生，几乎每天要问起公爵的病情。菲茨詹姆斯公爵[⑤]和夫人、克勒蒙爵士[⑥]、盖尔希伯爵[⑦]加上在这里和在巴黎的全部英国人，对公爵的康复都极其关怀。请代我向达尔基思夫人郑重致意，并向您致最高的敬意。

您最感激最微贱的仆人

亚当·斯密

① 弗朗索瓦·魁奈(1694—1774 年)，医生和经济学家；1767 年发表《重农主义》二卷，为重农学派的创始者。斯密在《国富论》内称赞他“是重农主义理论有独创性的渊博的作家”，但认为他的体系是纯理论的，“就我所知，以土地的产品为国家的岁入和财富的唯一来源，这个理论从来没有一个国家采取过，现在只有法国少数几个有学识和才智的学者持这个见解。”

② 让-巴蒂斯特·塞纳克，路易十五的首席医生。

③ 未详。

④ 公爵的仆人。

⑤ 菲茨詹姆斯公爵为朗格多克地区的司令官。

⑥ 未详。

⑦ 盖尔希伯爵姓名是克洛德-路易-弗朗索瓦·德·雷尼耶(1715—1967 年)，法国驻英大使(1763—1767 年)，在伦敦广受欢迎。

# 95. 致〔查尔斯·汤申〕

原稿存格拉斯哥大学图书馆,编号 1464/7;未发表。

贡比涅,1766 年 8 月 27 日星期四

下午六时

亲爱的先生:

关于公爵的病情,让我紧接着昨天说到的地方继续说下去。[①]昨天我刚刚封好信,德·拉·索恩走了进来。他说,他发现公爵的体温比昨天下午两点钟他上次诊视时略有增加。他发现热度上升的时间总是从晚上大致七时起到十二时或翌晨一时止。他认为作一次轻度放血能够减轻使公爵通宵不能休息的阵发高热。于是,他吩咐为公爵放三茶杯血;手术在当晚八时做了。结果这一夜公爵果然睡得比发病以来安稳。德·拉·索恩今晨看到他依旧有热度,但脸面呈现前所未见的青灰色。他的小便昨夜又恢复发黄,但并不十分混浊。德·拉·索恩要我让他离开一会儿,去找塞纳克商讨一下这种异常症状,他在下午一点钟领了塞纳克一同来看公爵。塞纳克极其仔细地检查了公爵的一切症状,了解得病开始的全部过程,甚至他的生活方式和一年来与他健康有关的所有事件。然后对这些偶发事件和整个病情与德·拉·索恩作了长时间商讨。商讨时我也在场,我能够说他们的商谈与通常医生之间的商谈迥然不同。两人都认为,发烧系由于消化不良,与我们所见到的

那些症状并无关系；认为它是过劳的结果或者是发热本身的结果；很可能是后一种原因，因为每次热度增加时，症状就明显，减轻时，症状就缓和；认为小便之所以变色，是由于血液的关系。可是，他们有些拿不准的是，血究竟是从肾脏的小血管还是从膀胱里出来的。由于血和尿已经完全混合在一起，这一现象使他们相信，血多半是从肾脏出来的。但是，即使去捏捏他的腰部，公爵没有疼痛或不舒服感觉，这又使他们相信血是从膀胱内部出来的。他们同意在这样情况下是不会产生任何严重后果的。过去几个晚上放血极为成功，因此使他们主张，如果到了晚上七八点钟，热度像往常一样上升，就为公爵稍稍多放一点血。塞纳克比较拘谨，德·拉·索恩却是个极其讨人喜欢的人。可是根据后者的推断和判断，塞纳克是一个极其聪明、杰出和最明白事理的医生。实际上德·拉·索恩也和他一般高明。

我写这封信时，德·拉·索恩对公爵在进行观察。他看到病人显得很安静，他想今晚已没有放血的必要。关于这一点，他打算到八点钟再来与塞纳克一道作出决定。我永远是

您最感激最微贱的仆人

亚当·斯密

今晨，国王和王后起先向医生以后又向撒丁大使和里士满公爵详细询问公爵的情况，后者对公爵表示深切的关怀。塞纳克现在很好。

① 见书信 94，8 月 26 日致汤申。

# 96. 大卫·休谟致斯密

收信人：斯密先生　地址：巴黎[1]皇家公园饭店

原稿存爱丁堡皇家学会；载格雷格：《大卫·休谟书信集》第82—83页。

〔莱斯特菲尔德，莱尔街，1766年8月〕[2]

亲爱的斯密：

巴黎有个书商叫做德赛恩[3]，此人性情有点古怪，他对我耍了一次非常恶劣的花招。我向他买了两本巴夫的《自然史》，给了他30个利弗尔。但是后来巴夫把这两本作为礼物赠送给我。德赛恩就把他的两本拿了回去。我曾委托他代办大量书籍，通过戴维·威尔逊[4]寄给我。现在我留在他那里除了巴夫的两本书外，还有麦考利夫人[5]的《英国史》和一些别的书。他也发送给威尔逊先生好几批书，但是既不将书寄给我，也不回复我的信，简直对我不理不睬。他住在奥古斯丁码头区，离您那里不远。我希望您同他谈谈，略微吓他一下。告诉他，如果不把我的书籍和款项及时寄来，我或者回到巴黎时将亲自对他起诉，或者以书面起诉。我不知道他做事为什么这样傻，他若规规矩矩为我代办书籍，所得的利益比这点小数目要大得多。

您从达朗贝那里可以看到我和卢梭之间事情的整个叙述以及一系列往返信件。他是个恶棍也罢，是个疯子也罢，或二者兼而有之，但是这总不是个令人愉快的问题。我的想法他是二者兼备，但是在我看来，他的性格中还是恶棍占主要地位，除非出于不得已，我不会公布这些信件，您当同意，这是出于我的高度的自我克制。在这一纠纷中，我的行为举止将为我博得莫大的名声，而他的行为将使他永远身败名裂，他的作品也将同时毁灭。因为这些作品原来就浪得其名，当他个人品质一落千丈时，它们的评价当然要落到固有价值之下。但是我担心，到最后我将被迫公布这些文件。大约两三天以前，《圣詹姆斯记事报》转载《布鲁塞尔批》上的一篇文章里提到这次争端。这也许会使卢梭大发雷霆；他会发表一些内幕。从而迫使我为了维护自己的名声不得不把此事全部公之于世。没有理由害怕发生长时期令人不快的争论。在我这方面，一次就可以把事情的原委彻头彻尾说清楚。请告诉我您对我作品的评价，如果它称得上作品的话。请告诉达朗贝，我请他作为绝对的评判人，根据他的标准加以删节或更改，以便适合巴黎的环境。

亲爱的斯密，假使您和我在一起，我们现在将为不幸的詹姆斯·麦克唐纳爵士的死共洒一掬同情之泪。对于这样一个有作为的年轻人的去世，我们受到的损失是无以复加的了。我是

您最忠诚的

大卫·休谟

附言：

我打算不久就同几个朋友到苏格兰去消磨几个星期，有信可仍寄埃利奥特小姐的公寓，她会将信转来。将来定居在伦敦还是巴黎，我在这一点上有一种强烈的无法回答的动机。我的愿望和

决心指引我倾向后者,而我的理智向我指点前者……[⑥]现在我有很好的条件把《英国史》继续写下去……[⑦]两派间的喧嚷之声,似以渐告平息。但是……[⑧]我又何苦置身于这一纠纷之中呢?请向D.奥尔巴奇男爵致意。

① 原稿中"巴黎"两字被涂掉,加上"贡比涅"字样,显然是他人笔迹。

② 休谟在此信"附言"中说,他住在埃利奥特姊妹所经营的公寓里;此信日期是从他和卢梭发生争吵的时日推算出来的。

③ 让·德赛恩(1776年卒)1720年开始经营出版业,卢梭的《通信集》中多次提到他与夏尔·赛扬合办的书店。

④ 在伦敦的书商(1777年卒)。

⑤ 凯瑟琳·索布里奇(1731—1791年)与乔治·麦考利博士结婚。她的《英国史》第1卷在1763年出版,由麦考利送一本给在巴黎的休谟。

⑥⑦⑧ 原稿此处撕掉。

## 97.致弗朗西丝·斯科特夫人[①]

原稿存苏格兰档案局,编号1/479/14;未发表。

巴黎,1766年10月15日,星期三,
晚十一点

关于斯科特先生极其令人忧郁的病情经过,我在上信[②]已告,现在继续下去。

前几天吉姆医生[③]认为斯科特先生热度已完全退清,星期一早晨他从他的脉搏上看出有些热度。魁奈先生看法也同样。医生一早给他服了一剂安定药，可他仍然整天剧烈吐泻，到傍晚，他的热度似乎完全退净，医生仍给他吃两天前吃过的轻度鸦片剂，以安定他的胃肠，使他夜里休息得好一点。昨天早晨，吉姆医生发现他的脉搏跳动得比以前更快，但不久就缓慢下来，恢复到与正常情况相差不远的程度。这一整天呕吐得比前几天少得多。他们在上一天晚上和那天早上给他服了 15 谷（英美重量单位，等于 64.8 毫克——译者）的大黄，腹泻的次数也没有超出预期。从下午一点到大约三点，我感到他说话的情形与平时有些两样，看得出他的思想非常急躁和混乱。但这种使人不安的现象很快就过去，使我难以断定，这会不会是我自己的忧虑所造成的幻象。他的脉搏虽然表明他有些发烧，但一直跳动得极其平静与和缓。到夜里，他显得比前几天安适。那天晚上，他们没有给他服鸦片剂，可是睡得很好。今晨八时，他自己要起床一直坐到十一点。他完全没有难受的模样也不再呕吐；脉搏上是比平时略快一点；今晨与昨晚服了 15 谷大黄后，腹泻也并不比预期的多。两位医生见此情形也很高兴，以为大风浪已经过去。魁奈说，他曾经感到不知所措，现在觉得有把握了。我想我可以到银行去取些钱，虽然我并非没有时间，但为了不离开他，我整整推迟了八天。吉姆医生答应坐守在他旁边，一直等到我回来。我在外边大约一小时，心里愉快地想，我的忧虑焦急这下可以结束了。可当我回来，看到他已陷入昏迷状态，而热度却并不很高。我立刻遣人去叫魁奈，他立即施行放血。放血后他昏迷状态有所减轻，随后就睡着了，并且满身出汗，他的脉搏在加快。大约两小时后，他鼻腔大量出血。他说话虽然有时候很清楚，但神志不清仍未完全过去。可是其他症状都有所减轻：他的胃部很舒

适;他不抱怨多次腹泻;他身上任何部分都没有疼痛,甚至也不感到头痛。唯一可怕的现象是神志不清。我已两次写信给公爵请他回来,写信时我留意不让他受到惊吓。今天下午我又写了一封快递邮件给他。虽然我对一直护理着他的两位医生的技术完全有信心,可是他们的预言却错了,我想还是应当邀请特隆香④,以后由他与那二位医生一起来进行治疗。他是我非常亲密的朋友。魁奈是法国最有价值的人物之一,是在任何国家能够碰到的最高明的医生之一。而他不仅是医生,而且是蓬巴杜夫人的朋友和知己,蓬巴杜夫人具有不可轻视的评价人物的能力。吉姆是位笃实敦厚、重视友谊的君子。自从斯科特先生染病以来,吉姆坐守在他床边,一天至少有十二小时,并且承担医生和护士的双重责任。虽然后来发生的情况不符他们的预期,我深信他们都小心翼翼地尽了他们的职分。他们依旧很抱乐观。这封信写得很杂乱,望您曲加原谅。我一听到隔室斯科特先生的呻吟声,使我几乎同他一样的发昏。目前我不敢请您将我所说的告诉达尔基思夫人。这场可怕的疾病以后不管出现何种情况,我祈求上帝,使他保持平静并作好准备。我永远是您最卑微的仆人

亚当·斯密

斯科特先生昨晚情况不错。虽然不时说些胡话,但一般说来很安静睡的时间也不少。吉姆医生感到脉搏跳动得不很快但有点衰弱。写于星期四晨七时。



① 布克勒公爵的妹妹,出生于1750年7月26日,其夫为道格拉斯公爵阿奇博尔德。据此信和下面一信可以看出,她的兄弟休·坎贝尔·斯科特

勋爵,并非如《苏格兰新统计报道》所述,在巴黎大街上被人暗杀,而是在家病死的。

② 该信未能查到。

③ 医生理查德·吉姆,受教育于剑桥大学,定居巴黎,是那里英国大使馆的特约医生,对法国哲学造诣甚深。

④ 泰奥多尔·特隆香(1709—1781 年),日内瓦医生和《百科全书》撰稿人;1761 年把他儿子送到格拉斯哥,受教于斯密,两人的友谊由于斯密在 1766 年 11 月到 12 月居住在日内瓦而更加密切。

## 98. 致〔弗朗西丝·斯科特夫人〕

原稿存苏格兰档案局,编号 1/479/14;未发表。

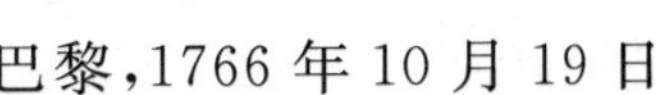

巴黎,1766 年 10 月 19 日



我不得不通知您,这里发生最可怕的灾难,使我感到伤心之至。斯科特先生在今晚七时去世。我已去里士满公爵那里通知布克勒公爵,他的弟弟不能活到明天早晨了,一切希望都完了。我在半小时内回来,为我最好的朋友尽我最后的责任。他在我回来前五分钟断了气,使我不能亲手为他闭合两目。我已没有力量再写下去了。这位公爵虽然受了很大折磨,但在其他方面是完全健康的。

我永远是您最感激最卑微的仆人

亚当·斯密

## 99. 致安德鲁·米勒

原稿存爱丁堡皇家学会;载格雷格:《大卫·休谟书信集》(摘录米勒给休谟信中的片段)。

巴黎,1766 年 10 月

我在这里虽然过得很愉快,却一直在惦念着一些老友,总想同他们欢聚一起。如果我有朝一日渡过海峡到您那一边,我就不想再到这边来了。请把我认真的想法告知休谟。告诉他,当他谈到想把余生在此间度过,即在法国度过时[①],他是轻率、没有经过郑重考虑的。

① 另一次关于休谟希望在巴黎定居的讨论,见休谟的书信 87,和斯密答复的书信 88。

## 100. 致威廉·斯特拉恩

载约翰·雷:《斯密传》第 234 页;又载詹姆斯·博纳:《亚当·斯密图书馆目录》第 147—148 页(节录)。

〔伦敦,1766—1767 年冬〕星期五亲爱的斯特拉恩：

今天下午我要动身到乡下去几天，在我回来之前，那些印制件不必再送来。那本《语言起源论文集》打算在《道德情操论》印就之后付印。[①]该书的校样中有些文字上的错误，我很想加以更正，可是没有机会，因为我手边没有清样。这些都没有什么重大关系。关于这两篇的作者，可以直称为亚当·斯密，在我姓名之前或之后，不必加上任何称号。[②]

我永远是您最卑微的

亚当·斯密

① 《语言起源论文集》最初发表于《语言学杂论》第1卷中(1761年)第440—479页；这次在1767年3月出版。

② 《道德情操论》第1、2版的标题页上均印有"格拉斯哥大学伦理学教授"头衔；第3、4、5版在名字之后加上"法学杨士"头衔；第6版形容作者为"伦敦和爱丁堡皇家学会会员、法学博士亚当·斯密；苏格兰海关专员；前格拉斯哥大学伦理学教授"。

## 101. 致谢尔本勋爵

收信人：谢尔本勋爵

原稿存兰斯多恩侯爵的鲍伍德图书馆；载约翰·雷：《斯密传》第235—236页。

〔伦敦〕，1767年2月12日星期四

阁下：

兹附上基罗斯[1]航行回来以后呈递给菲利普二世的请愿书，此文由西班牙文译出，原文是在普尔切斯印刷的。这次航行本身时间长情况模糊，除了特别熟悉那些国家的地理和海上交通情况的人，其他人很难理解；经查看许多达尔林普尔的论文[2]之后，我才想到这份请愿书一定是您最喜欢看的。此外，他刚刚完成对由美洲西海岸到塔斯曼新发现的岛屿[3]止的南方诸海所有发现作地理上的记述。如果得到阁下的同意，他将欣然前来将他所写的记述读给您听，并将各个岛的位置在他所绘的图上指给您看。我已看过他所写的东西，文字极短，并不比他的请愿书长多少。我不知道此事对阁下是否方便。这片大陆究竟是否存在，也许还不能确定。但是，倘假定它是存在的话，我敢肯定，您决计找不到一个人比他更恰当去发现它，或者有更大决心为了发现它去冒任何危险。他要求的条件是：第一，对船只的绝对指挥权以及提名全体船员的权力，为的是他可以得到对他信任和他能信得过的人员；第二，万一他在到达南太平洋之前，因意外事故失去他的船，政府将负责给他另一条船。这就是他坚持要求的全部条件。他悦，最适合这类探险航行的船是一种老式的、不装炮的 50 门炮船。可是，他并不坚持以此为必要条件，而愿意驾驶从 100 吨到 1,000 吨的任何船只。他只希望有一只船，船上有许多舢板。他说，这类远征多数失败于这一条船必须等候另一条船，或者是为了寻找另一条船而丧失时机。

这两天我已仔细阅读了我能找到的关于罗马殖民地的每一种资料。[4]但没找到有很大价值的东西。这些殖民地是按照共和国的模式进行统治的。它们有两个执政官，叫做“两头政治”(duumviri)，有一个叫做殖民地元老委员会的元老院，其他地方行政官和共和国的行政官相似。殖民地居民没有投票权或被选为罗马国民议会中的任何职位的权利。在这一点上，这些殖民地不如许多自治市。但那里的居民保留了罗马公民的全部其他特权。它们似乎是完全独立的。在第二次迦太基战争中，罗马要求 30 个殖民地出兵，结果有 12 个殖民地拒绝服从，它们常常发动叛变并与共和国的敌人联合。它们是有几分独立的小共和国，就当然追求它们的特有处境向它们指出的利益。

我十分尊敬的阁下，我是

您最顺从最谦卑的仆人

亚当・斯密

① 佩德罗・费尔南德斯・德・基罗斯(1615 年卒)，葡萄牙空想家和海员，曾在南太平洋从事探查不知是否存在的大陆，结果发现了新赫布里底群岛。

② 亚历山大・达尔林普尔(1737—1808 年)，黑尔斯勋爵的弟弟，水文地理学家；曾在东印度公司供职。

③ 阿贝尔・扬松・塔斯曼(？1603—1659 年)，荷兰伟大航海家，在为荷兰东印度公司从事贸易与探险活动时，作出了很多贡献，1642—1643 年他发现塔斯曼尼亚和新西兰，并环航澳大利亚。

④ 古罗马殖民地通常由人民选举的三人委员会统治；斯密在《国富论》第 4 卷第 7 章第 1 节第 3 段有较详尽的论述。

## 102. 致托马斯・卡德尔[①]

收信人：托马斯・卡德尔先生

原稿存牛津大学图书馆蒙塔古分部;载《经济杂志》第 8 期(1898 年)第 402—403 页。

伦敦,下格罗夫纳街,〔1767 年〕[②] 3 月 25 日

亲爱的先生:

为了我的私事已经添了您很多麻烦,感歉之至,可是我还有一些琐事要麻烦您。请您尽快把那四只盒子全部送爱丁堡请金凯德先生照顾,并请您为它们保险 200 镑。同时还请您把我的全部费用账目,包括最近为我购买的安德森[③]和波斯特尔思韦特[④]的那两本书,尽快寄给我。

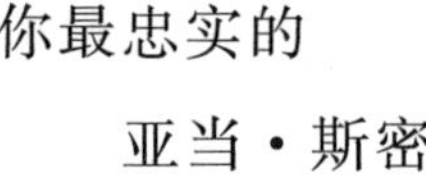

你最忠实的

亚当·斯密

① 托马斯·卡德尔(1742—1802 年),出版商。1798 年任伦敦高级市政官;1801—1802 年任行政司法长官。

② 斯密写的日期是 1766 年 3 月,而那时他在巴黎。

③ 亚当·安德森(1692—1765 年),《商业起源的历史推论》的作者,《国富论》中对此书多次引证。

④ 马拉奇·波斯特尔思韦特(1717—1767 年),《商业通用辞典》的作者。

## 103. 致大卫·休谟

收信人:大卫·休谟先生,北方部次长,康韦先生住所,伦敦

原稿存爱丁堡皇家学会(稿纸被撕裂);载约翰·雷:《斯密传》第241—242页(部分)。

柯科迪,1767年6月7日

最亲爱的朋友:

这封信主要是想向您介绍萨斯菲尔德伯爵[①]请您予以特别关怀,他是我在法国最要好、最相契的朋友。如果您认为恰当的话,请把他介绍给您所有的朋友,尤其是奥斯瓦德和埃利奥特。我但愿他在伦敦能过得舒舒服服,我无法向您形容,我在这一点上的心情是何等急切。您是认识他的,一定了解他是个何等爽直、何等值得尊敬的人。兹附上我给他的一封信,您看情况,或者寄给他,如不影响您的公务由您亲自送给他。至于给莫顿爵士[②]的那封信,可以从邮局寄去。

我在这里只是埋头钻研,已经苦干了约一个月。我常常独自在海边悄悄地作长途散步,这就是我的消遣。您由此可以看出,我是怎样消磨时光的。可是我的日子过得非常舒服,感到心满意足,似乎在一生中从来没有过得这样称心。

希望经常来信,告诉我,我在伦敦的朋友们是怎样消遣的,这会使我感到莫大安慰。请代我向他们逐一问候,特别是亚当先生一家[③]和蒙塔古夫人[④]。

卢梭[⑤]的情况怎样了。听说他在英国备受迫害,无法久居,他已到别处了吗?

您处内阁与东印度公司作出的交易不知是何用意。[⑥]我知道他们的特许状没有延长,这是一个良好的机会。您打算做些什么,或者更确切地说,〔以下原稿被撕去〕。

① 萨斯菲尔德伯爵,爱尔兰血统,有一段时间人们认为他将继格希之后成为驻英大使,但结果此事并未实现,休谟与他很熟稔。

② 查尔斯·莫顿(1716—1799年),1760—1774年为英国皇家学会秘书;1776年任不列颠博物馆馆长。

③ 指罗伯特·亚当(1728—1792年)和詹姆斯·亚当(1732—1794年),都是建筑师;斯密幼年时代在柯科迪的同伴。

④ 伊丽莎白·鲁滨逊·蒙塔古夫人(1720—1800年),1750年起她的伦敦住所为知识界人士常去的地方;在她的著作《论莎士比亚的作品与才能》中攻击伏尔泰。

⑤ 此时卢梭已回到法国。

⑥ 当时英国当局和反对党在东印度公司问题上态度友好。改革只是说说而已,当时政府一年要向公司榨取40万镑,同时规定股息1分,倘使将股息降为6厘,公司就无须补贴。参阅L.S.萨瑟兰:《在十八世纪政纲下的东印度公司》(伦敦,1952年)。



## 104.大卫·休谟致斯密

原稿存爱丁堡皇家学会;载格雷格:《大卫·休谟书信集》第142—143页。

伦敦,1767年6月13日

亲爱的斯密:

萨斯菲尔德伯爵从我在巴黎会见他时起就是我的好朋友。他真是个有才气之士,任何时候能在这里会见他,都会使我感到非常高兴。由于事务见忙，我无法如心所愿地加深与他的友谊。我没有把他介绍给埃利奥特，因为我知道此君那种冷漠和懒洋洋的样子，会使他不重视这种交谊；我也没有把他介绍给奥斯瓦德，因为在我看来恐怕他和我永远关系破裂了，至少他似乎不愿采取任何步骤与我言归于好。我要告诉一件您从未听到过的、极其不可思议的奇闻。两个多月前，我和奥斯瓦德一起进餐，座中除别的客人外还有拉福主教[①]。餐后大家闲谈使我感到快活，我向大家说，在赫特福德勋爵处的差使对我很不合适，因此我一直盼望在他任副总督时委派我为主教，但是使我感到极大恼火和失望的是，他有两次机会都不提我的名字。这位主教听了我的话无缘无故突然大发雷霆，这是我前所未见的。他说我说话毫无顾忌，极不礼貌；又说如果他没有穿上教士的长袍，我就不敢这样放肆，只有软骨头的懦夫，才会这样对待一位教士；又说今后要么他不再到他哥哥家去，要么我不去；又说他已不是第一次从我嘴里听到这种愚蠢的戏谑，我声色不动，以最宁静的态度请他原谅。我声明，我敢以名誉担保，没有丝毫触犯他的意思。我假使想到这会使他生气，就不会提到这个话题；这个玩笑一点也不是对他开的，而完全是对我自己开的，好像我有能力期望当上主教似的。我尊敬他本人，更尊敬他的哥哥，我与他的哥哥有长期特殊的交往，绝对不会以戏谑或认真的态度去冒犯他。假使我以前曾提到这个话题，现在已经完全忘记了；即使真的提起过，至少是一年以前的事情。隔了很久，他的盛怒才慢慢平息下来。最后，我把话题转向别的方面。告别时，我表现得似乎没有发生任何不快，甚至情绪很好。我对这位先生的乖张性格毫不惊讶，也不关心。因为在别的场合，我也曾见到过充满

在他内心的、同样的、正统教士的激情;有我在场时,他往往很难平心静气地交谈。但真正使我感到诧异和恼怒的是,他的哥哥对此事始终保持沉默。当我出门在路上遇到他时,他也不向我道歉。此后,他不再到我处来;他知道我再也不到他家去,虽然以前我们一星期有三四次在一起;他丝毫不以此为意。我承认,这种情况使我气恼,因为我对他是真心关怀的。我唯一感到安慰的是,在这件事上,我是完全对的,没有丝毫怀疑或模棱两可的余地。当时皮特凯恩医师[②]也在座,事后他说,他一生中从未见到过这样当众大发雷霆的情景。亲爱的斯密,我相信,您我之间是永不会发生这样的争吵的。我是您极其真诚、极其亲爱的

大卫·休谟

① 指约翰·奥斯瓦德(卒于1780年),他是詹姆斯·奥斯瓦德的弟弟,亚当·斯密的同学;1763年任拉福主教。

② 威廉·皮特凯恩(1711—1791年),1775—1785年任英国皇家医学院院长。



## 105. 乔治·路易·勒萨热[①]致斯密

原稿存格拉斯哥大学图书馆,编号1035/239;未发表。

伦敦,1767年6月23日

先生,我已收到您7日[②]的来信,您的信使我感到荣幸,也使我感到愉快,这是友谊继续的标志,我们的友谊令人欣慰。我希望

这能消除您的寂寞，弥补不能在此地会面，或和您一起到海边漫步散心的遗憾。昂维尔夫人责怪我，说我的最吸引人的计划还未实现。但是，在这里，我由于事务缠身，被人搅得心烦意乱。将来我们见面时，我会告诉您是怎么回事。但是在这段时间，我求您对谁也别说此事。对我来说，重要的是让别人永远不知道此事，在这里，谁也不知道。如果我不是信得过您和有告诉您的必要的话，我是不会对您说的，也正是出于这个原因，我要求您今年夏天来这里。如果您总是待在柯科迪，那得我有空时再去看您：如果您有离开柯科迪的计划的话，请告诉我时间。我将尽力在此以前或以后去看您。如果到这个岛而见不到您，我会十分沮丧。

王妃之死损害了我们的朋友特隆香[③]。我想，他最大的错误是没有谨慎对待对他光火的医生们。还有，在王妃得病伊始，他说病是来自肝而不是肺，不相信有肺病是他的臆想，这种臆想总是使我感到吃惊。我过去见过昂维尔夫人的一个女儿的病例。确实，对王妃，如果特隆香先生在她发病时不说是肝病损坏了肺就好了，那是不久前的事。但是，误诊的事被遗忘了，而人们只记得他的讲话中那些冠冕堂皇的词句。这些讲话反驳了讲实话的公众舆论。在剖尸前，特隆香在尸体上放了一封盖印的信件，里面写有他的想法。翌日，人们要给国王念这封信，国王说信上读到的是过去的那一套。这封信件和剖尸有关，剖尸后完好无损的肝仅带有小疤，这像是旧疤。我不知道最初是否弄错了，有人说早就搞错了，有人将特隆香经常给王妃使用的热汤茶作为证据。有些强有力的人物打定主意反对特隆香，尽管他的支持者并未败北，但仍要孤注一掷，尽管人们明显地看到，这一切不过是文字上的问题，因为当人们呼喊王妃夫人时，她已不省人事。尽管奥尔良公爵先生试过很多办法，而阿德莱德夫人再一次殷切地向公爵提出要求。最好是不要碰到这种倒霉事情。我送给他一本丁斯代尔关于接种的书④，为的是使他认识这种已逐步征实的办法，为的是掌握它。但是，应该说对他来说这是件难办的事。

您曾经把不同国度的人作过比较，其中有一点您忘了。这里谈论妇女自由权问题，比在法国更有甚之。正因为如此，这就成为他们的优点之一，妇女们在可怜的拉泰事件中所起的作用，您是见证人。

我最近刚读了您的同胞弗格森先生的一本书⑤。此书给了我很大乐趣，但书中对拉斯迪莫尼⑥的颂扬使我不快。对一个国家来说，在僧侣那里培养人，用的是同样原则，对这样奇怪的制度，我是不能苟同的，而且这些僧侣需要奴隶来维持他们的生活。总而言之，与此类人为邻甚为倒霉。我真希望也有一个伟大的哲学家给我们举出一些样板，即使他找不到什么效仿的好榜样。热爱祖国这件事本身已提醒我们，人们相信这种提法是不完善的。一是在他的国家中，其制度本身就不是好制度，它剥夺了人们的大部分才能；其二是使这种制度形成和持久存在，需要各种境况配合，这种配合并不是确实存在的，人们从来也没有见过。我觉得这对我们的祖先是不公正的。确实，希腊将大部分荣光归诸历史学家是应该的。但是，人们也很容易看到，我们的先辈也很埋怨他们的祖先。我还觉得对勇敢刚强的佩剑贵族未予足够公正的评价。由于他们的勇敢刚强性格，在我国，战争的恐怖由之而明显减少。希腊人以从事战争的男子汉的全部激情来打仗。也不像弗格森先生所说的那样，我们祖先的骁勇并不是仅仅来自女人的感情力量，也不

是骑士书籍[7]。一谈到战争，他们就叫女人住口。您读读贝特兰·盖克兰传[8]就会明白，也不应该以此来解释他们之间与希腊人的区别，说这些人在这里总是以组成社团这种方式行事，而那些希腊人不以这种方式行事。唯有骑士曾相信某些事，因此，所有使他们获得荣光的事都是珍贵的。某些将军身先士卒，执行的是他们具有的同样原则。你们的英国〔上尉?〕很〔明白〕，勇敢的约翰国王只知道在他面前正步向前时办事要有谋略。我们看到的只是他们的声誉在这种〔意见〕指导下受到打击。总之，在我看来，由于弗格森先生研究了城市居民，从而忘记了乡村居民。我将永远不信，一个政府或漂泊不定的英国政府并不值得人们加以更多关心，也没有权利得到颂扬。

先生，信已写得够长，但跟您交往是令人快慰的事。有人说卢梭在圣但尼，也有人说他颇受款待。我不大相信议会会让他在那里待得很久。对直接来自巴黎的消息我一无所知。这里有人早就跟我说：再见，先生。就此搁笔了。[9]



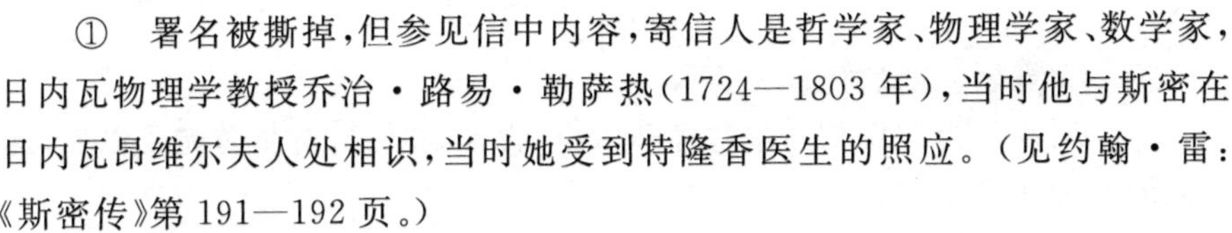

① 署名被撕掉，但参见信中内容，寄信人是哲学家、物理学家、数学家，日内瓦物理学教授乔治·路易·勒萨热（1724—1803 年），当时他与斯密在日内瓦昂维尔夫人处相识，当时她受到特隆香医生的照应。（见约翰·雷：《斯密传》第 191—192 页。）

② 无据可查。

③ 泰奥多尔·特隆香医生。

④ 托马斯·丁斯代尔男爵（1712—1800 年），他的《现代天花预防方法》一书出版于 1767 年。

⑤ 指亚当·弗格森的《试论文明社会史》（1767 年版）。

⑥ 上述书中《文明自由》第 3 部分第 6 节。

⑦ 上述书中第 4 章第 4 节《有礼貌的和商业的国家的方式》。

⑧ 贝特兰·盖克兰(死于 1830 年),法国查理五世的总管,他使法国从英国人手里获得自由。

⑨ 未署名。

## 106. 致约翰·克雷吉[①]

载弗雷泽:《巴克勒的开支》,摹真本,载第 491 页对页。

柯科迪,1767 年 6 月 26 日

1767 年 6 月 26 日柯科迪,兹收到基尔加斯顿的约翰·克雷吉先生以布克勒公爵的名义交来公爵的账款,金额壹佰伍拾英镑。这是 1767 年 6 月 24 日应付之款。此款是布克勒大人决定支付给我的每年叁佰镑的半年金额;[②]我凭此履行对布克勒公爵和所有其他人的应尽的职责。1767 年 6 月 26 日于柯科迪。亲笔签收。

亚当·斯密



① 布克勒公爵的代理人。

② 斯密作为布克勒的旅游导师,每年收入 300 镑,待旅游完成以后,此数额即转为终身年金。

## 107. 大卫·休谟致斯密

原稿存爱丁堡皇家学会;载格雷格:《大卫·休谟书信集》第

150 页。

伦敦,1767 年 7 月 14 日

亲爱的斯密:

附上萨斯菲尔德伯爵的一大包文件。这也许是我将拟订的最后内阁法案。经过这一次努力,在我就算结束了我的职责。目前我还不准备离开这个国家。将来也许到法国去。我们的辞职[①]是一件极不寻常的事,也许会引起内阁的全部改组。您忙吗?您的

大卫·休谟

在怎样寄回这一文件的恰当办法没有向您指出以前,您必须将萨斯菲尔德伯爵的论文妥为保存。您可曾读过利特尔顿勋爵的著作[②]?您对他的辉格党精神和虔信态度不钦佩吗?他的品质对这一代和下一代何等有用!

① 指国务大臣办公室北方事务部工作的休谟和亨利·西摩·康韦(1721—1795 年)提出的辞职。也许辞呈未被接受,休谟担任副大臣一直到 1768 年 1 月。他们辞职的关键在于查塔姆的病,1767 年 7 月他的康复绝望。格拉夫顿是当时的实际领袖。

② 指延迟已久的《亨利二世传》的前三卷,刚刚出版不久。

## 108. 致威廉·斯特拉恩

原稿存伊利诺伊大学图书馆;载斯科特:《亚当·斯密》第 265 页。

柯科迪，1767 年 8 月 30 日

亲爱的先生：

附上汇票一张，计 12 镑 11 先令。此票两星期前即可支付，当您提款时，请您帮个忙，将其中 2 镑 11 先令交给皇家学会秘书莫顿博士，这是他出于好意为我安排的。[①] 就我记忆所及，我欠您大约或近于 10 镑，多余或不足一二先令，见面时再算清。务必请您代我向莫顿博士致最高敬意，并告诉他我深深感激他待我的好意。您给他钱时不必索取收据。并请代向米勒先生和夫人以及所有别的朋友们问候。亲爱的先生，我永远是

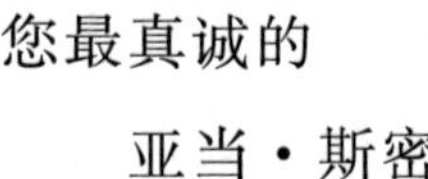

您最真诚的

亚当·斯密

①斯密于 1767 年 5 月 21 日被选为皇家学会会员，直到 1773 年 5 月 27 日方被接纳。



## 109. 致大卫·休谟

收信人：大卫·休谟先生，北方事务部副大臣，伦敦

原稿存爱丁堡皇家学会；部分载约翰·雷：《斯密传》第 243 页。

达尔基斯宅邸[①]，1767 年 9 月 13 日

亲爱的朋友：

我难以向您表达您最近来信[②]带给我的愤懑之情。这位主教

简直是个狼心狗肺的人，是个畜生。看来无功受禄的高位使他更加狂妄。说起来使我感到惭愧，我对他的哥哥[3]怀有的良好感情，竟使我对他也颇有好感。自从收到您的信以后，他一直在柯科迪，我不得不去看望他，但我对他的态度与得知此事以前大不相同。他认为应该在他哥哥到爱丁堡的当天或早一天离开那里，不等待见到对他有莫大帮助的哥哥。他的哥哥在当时和现在一直处于精神极度沮丧中，他过去没有别的缺点像尊敬和关心这位目中无人的傻瓜那样严重。鉴于他目前的健康情况，我原谅了犯没有更多注意这件事情错误的我们的老朋友，待我们见面时，我将亲自更详细地告诉您他的身体状况。[4]

附上给萨斯菲尔德伯爵的信，请转达。很抱歉，对他和您的信都迟复了这么久。

有个生气蓬勃、谦虚、和蔼、富有勇气的年轻绅士就住在您的同一寓所。他的名字叫戴维·斯基恩[5]，是我的姨表兄弟。我对他的敬重主要不是基于他与我的亲戚关系，而是由于他个人的品质。近来他在美洲表现英勇，颇有作为，但这不是他自己对我说的，直到最近几天，我才知道这个情况。您如果对他能有所帮助，那就是做了使我最感激的事情。



布克勒公爵和夫人在这里差不多已有两个星期。[6]下星期一起，他们将开始招待来宾。我深信，他们俩是会和这里的人士相处得很融洽的。我不相信以前曾见到过比公爵夫人更和蔼可亲的人。遗憾的是，您没有能在这里，因为我可以肯定，假使您见到她，您一定会深深爱她。我在这里大概还要耽搁几个星期，希望您和萨斯菲尔德伯爵像在柯科迪时一样，随时给我指教。我很想知道

卢梭在离英格兰前后的真实情况[⑦]。您尽可以放心，您告诉我的那件事，我绝不会转告别人。亲爱的先生，我永远是您最忠实的

亚当·斯密

① 达尔基斯宅邸在中洛锡安郡，它是布克勒家族的住宅之一。

② 指1767年6月13日第104号信。

③ 指詹姆斯·奥斯瓦德。

④ 詹姆斯·奥斯瓦德此时有病。

⑤ 即后来的皮特劳；1787年任苏格兰道路视察。

⑥ 公爵和蒙塔古公爵的独生女儿贝齐小姐于1767年5月3日结婚。新婚夫妇于9月初来到达尔基斯，这次斯密和他们住在一处约有两个月。

⑦ 见1767年10月8日和17日休谟来信，第111和112号。

## 110. 大卫·休谟致斯密

原稿存爱丁堡皇家学会；载格雷格：《大卫·休谟书信集》第163页。

〔伦敦，1767年9月末?〕

亲爱的斯密：

您为对我的支持而对这位主教表示愤慨，我深为感激。我们的朋友[①]没有向我道歉，我心平气和地原谅了他。我深为关切地注意到，他没有足够的气魄这样做，这也许是因为他对他那畜生般的弟弟有某种依赖之故。我曾接到他两封与寻常一般友好的信，

我也以同样态度给了他答复。您的

大卫·休谟

① 见信 109,"我们的朋友"指詹姆斯·奥斯瓦德,他这时是个病人。他于 1768 年退出议会,不再从事社会活动。

## 111. 大卫·休谟致斯密

原稿存爱丁堡皇家学会;载格雷格:《大卫·休谟书信集》第 176—179 页。

伦敦,1767 年 10 月 8 日

亲爱的斯密:

我就记忆所及,把卢梭近来一些反常的、不近人情的一些作为告诉您。这里不需要什么保密,其中大都是公开的,是每个人都熟知的。他们见到这个奇特的、不可名状的人物的行动,莫不极为惊奇,人们往往把他看成想象中的人物,当然不是具有理性的人。

我相信您一定知道,去年春季,卢梭曾向康韦将军申请给予年金。将军回答提呈这份申请的达文波特先生[①]说,我近几天将到伦敦,没有我的同意和批准,他对此事不得采取行动。您可以相信,我痛快地给予同意,我还为此事请求财政部;事情全部办妥以后,我写信给达文波特先生,希望他通知他的客人,只消指定任何人领款即可。达文波特回复我,要执行我的委托事项在他的权限之外。为此，他的那位狂妄哲学家（如他称呼他的）突然出走，把大部分行李和一些钱留在达文波特处，桌上放着一封信，达文波特说，内容和给我的信同样荒谬，信中暗示达文波特先生和我在串通一气，施展阴险的阴谋作弄他。此后有两星期没有听到他的音讯，直到大法官接到他从林肯郡的斯帕尔丁寄来的信。信中说，他是被诱惑来到这个国家的；早先答应他在这里会受到殷勤款待，结果他受到最恶劣的待遇，他的敌人阴谋伤害他，他的生命有危险，因此他向王国的最高司法长官申诉，希望派个警卫给他，费用由他自己负担，警卫可能平安地引导他离开王国。大法官让他的秘书答复他，说他对这个国家的性质存有误解，因为他可以请求一个驿站送信人做向导，就同大法官指派的警卫员同样安全。就在卢梭写信给大法官的同时，他另写一封信给达文波特，说他所以不告而别，是出于一个十分自然的愿望，那就是恢复他的自由，可是发觉他肯定仍然在他人掌握之中，他宁可在伍顿被捕；因为他如果在斯波尔丁被囚禁，那是人的耐心所无法容忍的；目前他是世上最不幸的人，因此，倘若能使他确信达文波特会接待他，他愿意回到伍顿。谈到这里，我必须告诉您，斯帕尔丁的牧师[②]约两个月前在伦敦，他告诉菲茨赫伯特先生[③]，我是从他那里听到的，当他在那个地方时，他每天要和卢梭相处几个小时；他是个心情舒畅、待人和气、态度随和的人，日子过得挺快活，没有任何担忧或牢骚。但是，我们的英雄可能没有等待大法官或达文波特先生的复信，就突然从斯帕尔丁出走，宜接去多佛；在那里他写了一封长达七页的信给康韦将军，充满了荒谬绝伦的言辞。他说，他在英格兰失去人身自由，使他无法再屈服下去。奇怪的是，世界上最伟大的国家竟会被一

个私人引诱，去反对另一个私人为他复仇。他从每一件事情中发现，他在这里已成为普遍嘲笑和厌恶的目标，因此，他极为希望离开这个国家。他恳求将军恢复他的自由，允许他离开英格兰。他提醒将军，他也许有暗中被刺杀的危险，因为他不是一个极有名望的人，假使突然失踪，没有人会调查他的下落。他答应允许他离开这个王国的条件是，不讲国王、国家或大臣们甚至休谟先生的坏话。他说，实际上也许我缺乏理智；我对休谟先生的妒忌也许出于我自己由于不幸造成的多疑性情。他说，他写了一卷回忆录，主要是关于他在英国受到的待遇；他把它交给一个可靠人士，万一允许他离开这个岛国，他将叫他把它焚毁，国王和大臣们不光彩的事情就将了无痕迹。

就文字的结构和风格而言，这封信写得挺不错；作者对此很是自负，当作一份杰作，抄了许多副本。诚如康韦将军所说，这封信是一个想入非非者的手笔，不是一个疯子的文章。但更加令人惊奇的是，就在同一邮班里，他还有一信给达文波特，说他已来到一个大海在望的所在，发觉他享有如他所请求的随意去留的真正自由，他曾自愿打算回到达文波特那里去；但由于看到报纸上记载他离开伍顿的报道，最后说他犯的错误太大难以得到宽恕，于是他决计动身去法国。就这样，未作任何进一步的准备，也不等康韦将军的回信，他当晚即乘班轮离去。由此您可以看出，他是个狂想、做作、邪恶、虚荣和焦躁的混合物，还带有一点点疯狂的成分。他总是在抱怨身体不好，可是我很少见到像他那样年纪的更强壮的小个子。他在英格兰想到厌倦，其实他在那里，既不受迫害，也得不到奉承，他在那里暴露了自己的弱点，这对他是很敏感的。他决定离开英格兰，但没有借口，他不得不凭空捏造出许多荒谬之词，这些胡言，连他自己这样肆无忌惮的人也不能置信。至少，这是我对他的性格可能想到的唯一解释。上述主要品质，加上忘恩负义、残忍凶恶、善于说谎，我不需再提巧舌如簧和凭空捏造，构成了他的全部本质。

当他来到巴黎时，所有我的朋友像所有他的朋友一样，全都同意不去理他。公众也厌恶他可耻的、放肆的言行，对他表示毫不关心。自从我在约一年半以前同他交往以来，他从没有陷入如此的被人瞧不起的境地。达朗贝尔和霍勒斯·沃波尔告诉我，他感到这种巨大的变化，于是向每个人承认他对我的错误行为，力图恢复他的信誉，可是毫无效果。M. 杜兰德先生[④]告诉我，他已隐居在奥弗涅山区的一个村庄里，在那里，没有人问起他的情况。他也许想出版新的著作来力图恢复名誉，我带着几分好奇心希望读一读他的回忆录，我认为，这本书足以在众人眼里和在我自己眼里证明，我公布他的信件和我对这件事的说明是完全正当的。您在报纸上将会看到，公布出来他新近写给 M. D.（我猜想是给达文波特）的一封信。这封信可能是他到巴黎后立即写出的，也许又是他寻常前后不一老毛病的结果，我对它不很关切。他会获得一时的满足，因为他近来的作为又会成为人们的谈资，而这一点正是他最最希望的，但其代价是永远遭到蔑视，他的名字将从此湮没无闻。向奥斯瓦德先生和斯密夫人问候。亲密的斯密，我是您最诚挚的

大卫·休谟

附笔：下一个冬天您是否打算来伦敦？

① 理查德·达文波特曾将斯塔福德郡伍顿的一所房屋供卢梭使用。

② 指斯帕尔丁教区长塞缪尔·迪纳姆牧师。

③ 指威廉·菲茨赫伯特(1772 年卒),德比的议员;1766 年 3 月曾派一个仆人陪同卢梭从德比到阿什伯恩。

④ 伦敦法国大使馆的公使。

## 112. 大卫·休谟致斯密

原稿存爱丁堡皇家学会;载格雷格:《大卫·休谟书信集》第 168—169 页。

伦敦,1767 年 10 月 17 日

亲爱的斯密:

我以前对您所述卢梭的事情,现在坐下来纠正一二处不确实的地方。前几天碰到达文波特,他告诉我,所有各报刊载的那封信他从来没有收到过。他甚至怀疑是否真有此事。这一方面是因为他知道此人对我的感情与信中所说的相反,他诚恳地希望我与此人和解;另一方面因为信的内容太荒谬和放肆,看来是捏造出来与此人开玩笑的。达文波特还说,卢梭现隐居在法国某处,已改换了他的姓名和服装;但曾写信给他说,他是世上最痛苦的一个人,他不可能留在现在居住的地方,如果达文波特能够接纳他,他将回到原来的住处。确实,他在法国的遭遇有理由感到屈辱。因为最近从那里回来的霍勒斯·沃波尔告诉我,卢梭虽然居住在克利希①,离巴黎只有 1 里格远(约 3 英里——译者),可是没有人问起他,没有人访问他，没有人谈起他，每个人都一致不理睬和不关心他。他所遭遇命运的剧变，几乎比任何人至少比任何文人遭遇的更加突然。

我向达文波特问起关于卢梭自称正在写作的回忆录，问他是否曾见此书。他说是的，他见过。卢梭计划把它写成十二卷的作品，但是现在只写了第一卷，全部是在伍顿写成的。书写得很动人，结束时写的是关于他初恋的一段十分独特、有趣的经过；描写的对象是他本人，书中故事也是他的初恋。达文波特是个有鉴别力的人，他说这些回忆录将是他作品中最吸引人的一部书；事实上，您很容易想象，这样的一支笔写我提到的那种主题会写出些什么来。同时，看来很清楚，如同我以前告诉您的那样，他目前并不比一生中任何时候更加疯狂，他有能力发挥才能。我想，我可以安心等待他写出我们之间的交往情况。但无论如何，这个我预见到的事情将证明我发表他的信是正当的，可为我走这一步进行辩护，你，甚至我本人往往为了这一步有时受到责备和常常感到后悔。

请告知奥斯瓦德先生，昨天我看到奥索里勋爵的弟弟，年轻的菲茨帕特里克，[②]他刚从卡昂回来，非常详尽地告诉我杰米[③]各方面的情况。

① 卢梭当时并不在巴黎郊区克利希而是在瓦兹。到1768年止，他一直逗留在那里完成忏悔录的写作，所写事迹时间上不迟于1765年，因此没有提到与休谟争吵的事。

② 尊敬的理查德·菲茨帕特里克(1747—1813年)，经历美国战争的军人，1783年任陆军大臣。

③ 詹姆斯·汤森·奥斯瓦德(1748—1814年)，邓尼基尔的詹姆斯·

奥斯瓦德的儿子。他于1768年接替他父亲进入下院。

## 113. 致谢尔本勋爵

原稿存密歇根大学图书馆;载《经济学季刊》第73卷(1958年)第157—165页。

柯科迪,1768年1月27日

阁下:

日前在伦敦承蒙关照,深以为感,早应修书致谢,但自以为阁下知我很深,不一定要用书信来表达谢意,而且此地如一池止水,没有什么事情能引起您的兴趣。这次致函阁下,是感谢您对另一人的恳切情意,我指的是我可尊敬的、极为高尚的朋友萨斯菲尔德伯爵。他来信说,您待他极好;我自负地认为(也许您将笑我)您待他的好意,部分是看在我的情面上。您能做的事情使我对您五体投地的莫过于这件事。我深信,只有您能发现他是我所说的那种平易、高尚和敏锐的人。

自从我到这个国家以来,我完全采取我以前决定的态度。但是没有完全做到预期的进展;因此,我决定延长在这里逗留的时间,到今年冬天11月或者到圣诞节假期以后。

阁下见到克拉克上校[①]时,请告诉他,关于他提出应当修改我与布克勒公爵原来所订契约一事,我完全按照他的意见办理,[②]我非常感谢他的这一番好意,时时感到他意见的良好效果。一切详情他将向阁下面述，这比用我的拙笔写一封长信要好得多。

谨以最崇敬的心情向谢尔本夫人[③]问候。阁下必定相信我对您的最高崇敬。

您最感激和最忠实的仆人

亚当·斯密

① 关于罗伯特·克拉克，参阅信40，注⑤。

② 克拉克的意见未详。关于该契约细节，参阅1767年6月26日斯密写给约翰·克雷吉的信106。

③ 谢尔本在1765年与索菲娅·卡特雷特结婚。1771年夫人去世，丈夫陷入极大痛苦中，曾出国一段时间。

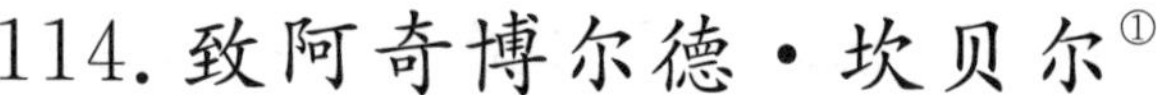

## 114. 致阿奇博尔德·坎贝尔[①]

收信人：阿奇博尔德·坎贝尔先生，爱丁堡詹姆斯法庭掌玺官

原载弗雷泽：《布克勒的开支》第406页；又载约翰·雷：《斯密传》第246页。

柯科迪，1768年12月25日

亲爱的先生：

我已于本日邮班将您盼望的账单寄给约翰·罗斯先生[②]，他就是我以前向您谈起过的那位先生。明天他会把它送给您，您支付时可用现金或银行汇票。承您友好问候，我非常感激。

我最近收到詹姆斯·约翰斯通[③]来信。他已经向您说明，作为伦纳尔伯恩的继承人，达文顿的斯科特先生向布克勒公爵所要求的是什么。[④]假若您不感到过于麻烦的话，如果能写二三行让我知道问题的关键所在，我将不胜感激。我永远是

您最亲切最微贱的仆人

亚当·斯密

① 布克勒公爵的法律事务代理人，参阅信41和44。

② 罗斯大概是斯密在爱丁堡的法律事务代理人。

③ 斯密的友人威廉·约翰斯通的父亲。

④ 也许是关于继承财产问题；公爵是这个苏格兰家族的首领。

## 115. 致黑尔斯勋爵[①]

收信人：黑尔斯勋爵阁下，爱丁堡

原稿存东京大学图书馆。

柯科迪，1769年1月15日

阁下：

最近您托约翰·鲍尔弗先生交给我的极为客气的信件使我十分感激。使用阁下所收集的古代谷物和其他食物价格的材料，更使我感激万分。[②]关于这个题材我没有材料，只有一份中洛锡安从1626年起的“菲亚斯”[③](fiars)的记述。这份材料还是几年前从苏格兰最高民事法庭审判过程中提供的一份印刷品中抄下来的。我

希望不久能够得到一些别的材料，尤其是来自食物供应处[④]的报道。但是，我已有许多出版物，如弗利特伍德和迪普雷·圣莫尔的作品、C.J.赫伯特的《谷物的管理》、梅桑的《人口与谷物价格》和关于谷物贸易的一些论文等等。所有这些，除去梅桑的作品外，阁下可能都已看过。梅桑的叙述没有提到1640年以前的情形，但我认为他是上述这一些人中最有见识的一位作家。我对于这些书中的叙述以及对于我在《英国财政史》[⑤]、《英国议会法案》[⑥]和《法国国王法令》[⑥]内发现的这类题材作了许多评论。我自己的论文[⑦]还处于极端杂乱状态，我正在等候更多的资料，我希望能从各方面得到更多资料后，再把我的文稿作最后整理。一俟整理就绪可供阅读时，我将愉快地把它呈上；如果您同意，我或者将其送上；或者当面念给您听。

前些日子我有幸收到您十分客气的来信，拖延很久未复，深为惭愧。我打算将《苏格兰法令》[⑧]通读一遍，把它们与我们自己的以及与我曾有机会浏览过的某些其他国家的法令进行比较，以便在我能做到使您满意时对它进行答复。目前我还没有时间做这件事，按照我现在的处境，我应该说无事可做，但是我自己的研究计划使我极少空闲，我的研究继续下去很像永远做不完，我看不到这项工作有到达尽头的可能性。阁下对苏格兰法令的评论，其性质似乎非常类似巴林顿法官[⑨]对受到普遍称赞的英国法令的评述。这种工作对于所有那些仔细留心自己国家历史的人肯定极端有用和十分有趣。我非常乐于就我力之所及对此有所贡献。但我怕我只能作极小的贡献，甚至这种微薄的贡献也非短时间所能实现。[⑩]

谨致敬意。

您最恭顺的仆人

亚当·斯密

如果阁下希望阅读我所有的关于食物价格的任何书籍,听凭阁下使用,今后我能收集的关于这个主题的材料,也将提供阁下使用。

① 戴维·达尔林普尔爵士(1726—1792年)受封黑尔斯男爵,律师、古物收藏者和文学家;1766年任上院议员;1776年任高等法院法官。

② 见黑尔斯1769年3月6日致斯密信117。

③ 斯密对“菲亚斯”(fiars)作出的解释是,“每个苏格兰郡根据实际市场状况,在宣誓下对各种谷物作出的一年一次的估价。”

④ 指供应皇家海军船舰食物的港口办事处。

⑤ 指托马斯·马多克斯:《从诺曼征服到爱德华二世英格兰诸王财政的历史与习俗》(伦敦,1711年)。

⑥ 不知斯密指的是哪辑法案汇编。

⑦ 大约即指《国富论》的一部分。

⑧ 斯密存有一册《1424—1564年苏格兰王国的法令和法规》(爱丁堡1566年),现存格拉斯哥米切尔图书馆。

⑨ 戴恩斯·巴林顿勋爵,英国布里斯托尔市法院推事,切斯特的高等法院法官。

⑩ 虽然黑尔斯曾将他对苏格兰法令观察所得,印成样本分发,可是他没有获得所期望的帮助,结果他的计划没有成功。

## 116. 致黑尔斯勋爵

收信人:黑尔斯勋爵阁下,爱丁堡

原稿存东京大学图书馆；载约翰·雷:《斯密传》第247—248页。

柯科迪，1769年3月5日

阁下：

您曾谈起关于昔日食物价格的论文，倘能寄我一阅，将不胜感激。为了传送时确保安全，如蒙同意，我将于本周内派仆人到爱丁堡尊府前来面取。我曾想阅读加洛韦勋爵和莫顿勋爵[①]的著作，但未能得到。如果阁下有他们的作品，能借我一阅，更为感荷。二者我将尽快奉还。如蒙阁下允准，我将誊写手稿，但是这点完全取决于阁下。

从上次上书阁下后，[②]我较前更仔细地阅读詹姆斯一世的法令，并将它与阁下的评论对照。从这样的阅读中我得到许多快乐和教益。我清楚地看到，您的评论对我十分有益，远过于我对您可能发生的作用。我研读法律，意在对不同时代和不同国家执行法律时所根据的方案大纲有一个大体上的概念，对个别细节很少钻研，[③]而我知道，您对特定法律细节的精通是首屈一指的。您的擅长在纠正我的一般观念上有很大用处，而我担心我的一般观念过于含糊和肤浅，对阁下未必有多大助益。

阁下对詹姆斯一世法令的评论，我没有什么可补充。这些法令与同时期英格兰或法国的法令相比，一般说来，在措辞上显得较为粗疏，不够精密；苏格兰甚至在历史学家称为强有力的统治时期，似乎比法国和英格兰受到丹麦人和挪威人入侵时期更为混乱。法令第5、24、56和85诸条似乎全都试图纠正同一弊端。由于该地区时常发生骚乱，旅行必然是非常危险的，因此旅行的人一定很少。结果是，很少人能够依靠为旅行者服务而维持生活，从而很少会有或甚至没有客栈或小饭店。旅行者不得不乞助于私人家庭的殷勤好客。这情形就同一切别的未开化国家一样。在这种局势下，真正值得怜悯的对象——私人家庭感到自己有义务去接待他们，即使这种款待完全出于无奈。荷马说，陌生人是神圣的人，受到大神朱庇特的庇护。④但是没有一个明智的人会无端招揽陌生人，除非对方是吟游诗人或占卜者。单身或只有少数几个随从旅行的危险，使所有那些有相当地位的人物在出行时都带着许多随从，从而使这种殷勤招待更加带有压迫性质。因而在第 24 和 85 条命令设置旅店。但由于有许多人选择以前的方式，在住宿上宁愿别人花费，而不愿自己破钞，由此发生了旅店主人的抱怨，从而出现第 56 条法令。

尽管信已太长，然而在我还没有向阁下表达我对最近伦敦和爱丁堡所发生事情⑤的关心和愤慨之前，我不能结束此信。我经常想到，联合王国的最高法院非常像一个陪审团。上议院执掌司法的议员通常着手处理案件，统计证据，向其他贵族解释法律，后者通常总是无保留地听从他们的意见。在办理此案的两个执掌司法的上议员中，一个经常追求群众的喝彩；⑥另一个要聪明得多，他常常表现出非常畏惧招致公愤，但结果还是不能避免。⑦人们一直怀疑他有偏袒两派中的一派的倾向。我怀疑，他在处理这个案件中所遵循的是他的畏惧心情和他的倾向性，而不是他的判断。对这件事，我还有许多话向阁下说，但是恐怕我已经说得太多了，就我自己这方面说，我宁愿有您所最敬重的议长⑧的那种坚实的声誉，虽然他易受蛮横无理的暴民的攻击，而不愿有给予另外两个

议长(或者其中一个)的那种虚伪的毫无价值的赞扬。阁下,我怀着最大的敬意,是您

最顺从和最感激的仆人

亚当·斯密

① 亚历山大·斯图尔特(约1694—1773年),于1746年继承加洛韦伯爵之位;詹姆斯·道格拉斯(1702—1768年),第十四世莫顿伯爵。

② 见1769年1月15日致黑尔斯信115。

③ 斯密于1748—1751年在爱丁堡大学的最后教授课程是关于法律的。在格拉斯哥,斯密根据信中所说明的方针讲授法律。

④ 见奥德赛第六场:诺茜卡在奥德赛面前对她的侍女说:“……所有陌生人和乞丐都得到宙斯的保护。”

⑤ 指道格拉斯案件,见信72注①。黑尔斯升任法官之前是汉密尔顿一方的拥护者。苏格兰的知识界差不多全是汉密尔顿派,而道格拉斯派(其中包括博斯韦尔)是受欢迎的党。当苏格兰最高民事法庭的判决有利于汉密尔顿公爵时,道格拉斯派即向上院上诉,1769年2月27日,上院否决了苏格兰最高民事法庭的判决。由此使爱丁堡民众欢欣鼓舞。参阅信117注④。

⑥ 指查尔斯·普拉特(1713—1794年),1766—1770年任大法官兼上院议长,他对上院的演说对推翻苏格兰最高民事法庭的判决起决定作用。

⑦ 关于曼斯菲尔德伯爵威廉·默里的事情见信33注③。

⑧ 指小罗伯特·邓达斯;见信19注②。

## 117. 黑尔斯勋爵致斯密

收信人:亚当·斯密先生,柯科迪,由柯科迪邮政局长转交

原稿为纽黑尔斯手抄本(1805年抄录),苏格兰国立图书馆432号

缩微胶卷;未发表。

爱丁堡,1769 年 3 月 6 日

亲爱的先生:

为了不使您有派遣仆人来取材料的麻烦,我已从邮局把它们寄给您;它们是专供您使用的,在誊录方面我已经做得比您所想的多;其中的主要资料已有记录,我知道,这样我需要时即可取出;如果您有时需要这些材料,我可以提供给您。我在找寻关于奥克尼案件①的材料,有许多未能寻得,但是我将把容易得到的一套完整材料寄给您。近来出版了一本从诺曼占领起有关英格兰谷物价格的书,但我没有见到,实际上,除了我的职责以外,目前我没有时间去想任何别的事情。如果事态照目前情况继续下去,一位法官的职务将是十分轻易的,他既无须查究法律,也无须问问他的良心,他将在玻璃窗的敌人中找到万无一失的规律,有谁讨厌玻璃窗,如果没有,那么他就错不了。

认真地说,这是一次不愉快的危机,一位法官必须在刺刀的保护下研究案情。我有两个夜晚经受的就是这样。您可以相信,他们是我所遇到的最难相处的侍从,与打碎玻璃窗的人相差无几。法官不但必须有自由,他们必须觉得自己是自由的,而且全国必须深信他们是自由的。迄今我以为我的行为对国家的法律和对上帝都是无愧的,还认为我不会受到其他法庭的审判——而今知道,在每个篝火处都有个最高法庭。

当一群暴民首次向议长的住宅攻击时,他走到大门前,在门前走来走去足足有一刻钟,直到支持者到来。我是从一个目击者那里听到这段趣闻的，您对他的坚定镇静颇为钦佩，我告诉您这件事意在证明您看法的确当。[②]

在九点与十点之间，外院发生了一桩怪事[③]——当时我正在审理一桩案件，一霎时全院秩序大乱。我问发生什么事？得到的回答是“他们正把议长从职位上拉下来”。当时我一心在审判方面，忘记了一位议长除法庭外还有别的职位。我去看望在另一法庭的皮特福勋爵[④]，我说：“阁下，他们正把议长从职位上拉下来，我们应当去与他分担同样的命运。”他跟我同到内院，可是那里阒无一人；这进一步证实我的误解，以为法院已经解散。我的第二个想法是唤来一个持权杖的职员，使我可以安然离开。后来我发觉，对议长的侮辱不是发生在法庭上或者事态已经趋于缓和，但我坚信这批人甚至高喊“打倒他”；他们肯定在他的后窗喊“绞死他”，不过这点不要让别人知道。

现在一切已风平浪静，但是当我们处于既无头脑又变幻莫测的群众控制下时，我们的安全是朝不保夕的。亲爱的先生，我对您是十分敬佩的，我是您

最恭顺最卑贱的仆人

戴维·达尔林普尔

（此下附有从最早有记载时候起到詹姆斯五世止苏格兰谷物、家畜等物品价格记录，此略未译。）

① 是何案件未详。奥克尼有特殊的法律制度，以挪威的制度为依据，一直施行到十七世纪采用苏格兰法律为止。

② 群众获悉最高民事法庭关于道格拉斯文件的判决，已由上议院否决

这一消息以后，于3月2日和3日发生了过火行动，将议长的窗户用石块砸得粉碎，经法官呼吁苏格兰总司令，随即派来了骑兵的一个支队以维持秩序。

③ 当时苏格兰最高民事法庭分成二部分办事：外院与内院。从1642年起它在议会厅开会。议会厅由外院办案；内院为上诉法院。

④ 皮特福勋爵名詹姆斯·弗格森，在这次事端中作为法官审理这一案件。因为他的妻子与道格拉斯家族有关系，一般认为这对他作为一位裁判官判决道格拉斯案件有影响。

## 118. 致黑尔斯勋爵

收信人：黑尔斯勋爵阁下，爱丁堡

原稿存东京大学图书馆；载布鲁厄姆：《乔治三世时代文学家与科学家小传》第219页；又载约翰·雷：《斯密传》第249页。

柯科迪，1769年3月12日

阁下：

我及时收到了阁下从邮局寄来的信，并已将附下的文件以极大兴趣专心致志地读了一遍。这些文件深合我用，非常感激。

我应告诉阁下，我们先人对谷物估值似乎十分不明确和不精确。他们时常把一段时期内同一微小的数目，看作谷物和其他物品的平均价格，而在这些年份里，铸币的内在价值已经发生很大变化。[①]例如1523年和1540年，1博尔[②]大麦和麦片的估价为13先令4便士，而实际上在前一个年份，1磅重的白银只能铸7镑；而在后一个年份，同量白银可以铸9镑12先令[③]。这一估算出自最高民事法庭法官，当有高度准确性。在西属西印度群岛发现之后的十六世纪期间，谷物价格竟降低到接近平均价格的三分之一，或者说只需付出这个价格的白银实际量，那是不能想象的。在那个时候，谷物的市场价格波动得极为猛烈，远远超过现在，人们似乎在怎样确定一个平均数上不知所措，于是就乐于抓住前一时期确定的任何平均数字，而不注意情况的不同。在租赁双方同意的换算价格问题上，租金支付实物或货币的选择权有时在佃户手里，有时在地主手里。当选择权在地主手中时，由于地主一般住在农村的庄园里，为了他家庭的方便，他往往选择收取实物地租，这时换算价格不管订得怎么低，对他也无甚出入。④ 在这个邻近地区，一只上好的鸡，多年来的定价是10便士到1先令15便士。几年前，我的一个朋友所收的实物地租把全部鸡换算为每只1先令。但当选择权在地主手中时，租约中订定一只鸡的通常价格是5便士。这种租约每隔二三年续订一次。我很想知道，不知您是否记得(因为叫您麻烦地去查记录很过意不去)，在您曾考究过的修道院和主教管辖区租约中，选择权是属于地主，还是属于佃户。倘若选择权属于前者，(由于修道院往往坐落在它自有的地产上，主教在古老时代一般也住在他自己的地产上)我们对有些换算价格订得非常不规则或者订得很低，就不需惊诧了。阁下我对您怀着极大的敬意，

您最顺从最感激的仆人

亚当·斯密

各地因为道格拉斯案件而进行的欢庆(我从报上看到)和据说此地也曾有过的欢庆场面都是捕风捉影之谈，在这件事情上，人们

很少有欢乐的表示。此间未出现任何种类欢乐现象，只有 4 个中学生在放天平秤的地方点上三支蜡烛，通过照明的方式，让人们认为是庆贺之意。

① 参阅《国富论》第 1 卷第 5 章谈到谷物的实际价格与名义价格时的说法，它说铸币是“比任何其他商品或其他一组商品更为准确的价值尺度”。

② 苏格兰 1“博尔”(boll)，约相等于英格兰 4 蒲式耳。

③ 斯密关于苏格兰钱币的资料来自詹姆斯·安德森著作和托马斯·拉迪曼的介绍。

④ 古代差不多所有地租都用实物——某一定量的谷物，家畜、家禽等等——支付，但有时地主会坚持，他应当可以随意向租户要求每年地租缴纳实物，或者用一定额的货币代替实物。这就要把缴纳实物的价格转换为一定数量的货币。在苏格兰这就叫换算价格(conver sion price)。参阅《国富论》第 1 卷第 11 章。

## 119. 致黑尔斯勋爵

收信人：黑尔斯勋爵阁下，爱丁堡

原稿存东京大学图书馆；部分载《索思比目录》(1698 年 5 月 21 日)，未发表。

柯科迪，1769 年 3 月 16 日星期二

阁下：

我极其愉快地拜读了阁下论马尔科姆法律的论文。我完全同意您的意见，它们不是任何一个马尔科姆国王制定的，而是某一个

私人的写作，他意在概要地描述这个国家的法令和习惯，在他看来，或者传统告诉他，这些法令和习惯是由古代某个姓马尔科姆的著名国王首先引入的，不是马尔科姆·麦肯尼思就是马尔科姆·坎莫尔。[①]两者具有同等的可能性。依我看来，作者自己似乎也不认为这些法令和习惯应该作为那位国王所订的最初法规流传下去。全书是一些法规的叙述和沿革，他认为这些法规形成的时代比他的时代更加古老。这本书的风格处处不是法令形式而是历史形式。他把这些加上《马尔科姆法律》的书名，因为他认为它们最初是由姓这个姓的某一国王用他所说的方式制定的。这种说法虽然荒谬可笑，但是与许多关于其他法令和习惯起源的古代书籍的记述相比，并不更加荒谬。假定它们是某一国王的法令，显然是后代作家的大错，一个非常严重的错误，对于这种错误，作者是不能负责的。我想，阁下已清楚地证明，这位作者必定生活在诺曼时代，时间上可能在理查德二世之后。阁下已注意到了几种不同物品价格的不一致与法国许多省份的古代服装价格发生的差异十分类似。迪普雷·德·圣莫尔先生费尽脑力，要把这些价格上的不一致调和起来，使它们趋于一致。发生这些差异的真正原因似乎在于编制者或者某些省份法院在某些情况下简单地根据以前的估价，而在另一些情况下，则考虑到后来铸币标准的变动，据此调整以前的估价。像这种受偶然情况引导的现象几乎比比皆是。

非常感谢阁下费神将奥克尼诉讼案的文件送下，我前已收集到了关于该案的全部文件，只欠两种；而这两种对我极其有用。承阁下同意，我把您关于谷物等古代价格的手稿誊写一份。我将归还两种手稿连同我以前未能收集到的奥克尼全部材料。几个星期内，在法院夏季开庭期结束时，[②]我准备乘邮车来爱丁堡，到那时，我将恳求您的帮助，读一下您从它那里抄录的谷物等价格的契据登记簿。阁下，我怀着极大的敬意，是您

最顺从最卑谦的仆人

亚当·斯密

① 即马尔科姆二世，在位时期为1005—1034年；和马尔科姆三世，在位时期为1058—1093年。

② 开庭期定在夏季6月12日到8月12日。

## 120. 致〔黑尔斯勋爵〕

原稿存伊利诺伊图书馆；载斯科特：《亚当·斯密》第265—267页。

柯科迪，1769年5月23日

阁下：

兹奉还您的手稿两份，承蒙允准，我已把有关价格部分抄录下来。

我没有马尔科姆法律的拉丁文本；但是斯基恩似乎懂得其中某一节与阁下见到的不同。这就是书中第3章第5节，此人在拉丁文本中未发现羁押的时间，加冕者应留在他所居住的房子里，时间为一天一夜；他应有他自己和两个仆人适当的饮食，并应有另外两个与他一起作为证人的适当饮食；并获得适当供养，他的书记的

工资是 2 先令,此外不能有更多的开支。按照这里译出的一节,适当的食物是供应 5 个人的,2 先令是书记的工资。如果说 2 先令被认为是适当食物的价值,那么此数应是 6 个人的供养,每人 4 便士。4 便士是爱德华三世时劳工法令规定的付给熟练的沙石石工一天的工资,因而这个数目在那个时代作为一个加冕者和 5 个随从适当食物的费用是说得过去的。

我在上星期偶然看到阁下的被监护人萨瑟兰夫人[①]的案件。此案眼下要依据巴黎议会正在审理的性质相同的诉讼而定。该诉讼是克莱蒙·通内雷的马雷沙尔和拉尼翁伯爵夫人之间为在多菲内的这位夫人与我的一些友好有密切交往,他们把她的文件送来给我看。此案与萨瑟兰伯爵夫人的案件有许多类似之处。两者都取决于妇女勋位和妇女采邑那种古老的风俗习惯。如阁下认为这些文件有用,我当交下星期的邮车送上。阁下,我是

您最感激和最卑微的仆人

亚当·斯密

① 作为萨瑟兰—伊丽莎白·戈登(1765—1839 年)——的监护人,黑尔斯草拟要求赐给她萨瑟兰女伯爵的申请,他的书面申请书仍被认为是贵族爵位法的重要根据。

## 121. 大卫·休谟致斯密

原稿存爱丁堡皇家学会;载格雷格:《大卫·休谟书信集》第 206—

207 页。

爱丁堡,詹姆斯邸宅,1769 年 8 月 20 日

亲爱的斯密:

我的窗外就是柯科迪的景色,使我感到高兴的是,又可以同您会面了。我十分企望能同您畅叙交谈,愿我们能协力达到这一目的。我十分厌于航行,并对此心存恐惧,这恐水病就像一道鸿沟一样横亘于我们之间。我也怠于旅行,一如您老待在家中应感到厌烦那样。因此,我建议您能到我这里来,在这偏僻之地同我一起度过几天。我急于知道的是,您一直在做些什么,并想请您仔细谈谈,您是如何度过隐居生活的。我确信,您的想法中有许多是不正确的,特别是那些同我有分歧的想法,所有这些是我们相见的原因。我希望您会为此目的提出一些合理的建议。因奇基思岛上没有住宅,否则我会邀请您在那里见面,在我们之间的分歧未完全消除之前,谁也不离开该岛。康韦将军预期明天到达这里,我将陪他一道去罗思尼斯[①],并去那里逗留几天。当我从罗思尼斯回来时,希望能见到您大胆接受我这一建议的来信。亲爱的斯密,我是您

最忠实的朋友

大卫·休谟

① 在克莱德湾的盖尔洛赫,属阿盖尔公爵所有。康韦将军的夫人艾尔斯伯里是约翰·阿盖尔公爵第四个女儿。

# 122. 詹姆斯·包斯威尔[①]致斯密

收信人：亚当·斯密先生，柯科迪

原稿存耶鲁大学图书馆，编号 L1161（复制品为格兰奇的约翰·约翰斯顿所有）；未出版（见于耶鲁大学《包斯威尔通信录》）。

爱丁堡，1769 年 8 月 28 日[②]

亲爱的先生：

我知道您禀性善良，乐于助人，因此，我也就冒昧地替弗朗西斯·斯科特先生的遗孀说情来了。斯科特先生是个高尚的人，是巴克勒家族的后裔。

这位善良的老妪在坎诺比教区有一所叫做诺利霍姆的小屋，是公爵的家产。她很想能在那里度过余生，但又担心哪天被收回。请费心在公爵面前提一提这件事，免得事发而伤了人心。亲爱的先生，我永远是

感激您的恭顺的仆人

詹姆斯·包斯威尔

① 詹姆斯·包斯威尔（1740—1795 年），律师、记者和传记作者。曾在爱丁堡、格拉斯哥、莱顿受教育，1764—1766 年参加毕业前的大陆旅行。斯密是他在格拉斯哥大学读书时的老师，据包斯威尔称，曾因他"温文尔雅"而受到斯密称赞。他于 1766 年取得律师资格，但他的第一爱好是写作，主要著作有：《科西嘉记事》（1768 年）；《赫布里底群岛游记》（1785 年），记述他与约

翰逊1773年同游该群岛的情况;和《约翰逊传》(1791年)。近年来在马拉海德城堡和费特凯恩的日记的发现和出版,使他再度引人注目。

② 包斯威尔于8月27日晚直至次日凌晨5点写信,接着于8点动身赴伦敦。

## 123. 大卫·休谟致斯密

收信人:亚当·斯密先生,柯科迪

原稿存爱丁堡皇家学会,第2卷第46页;载格雷格:《大卫·休谟书信集》第2卷第214—215页。

爱丁堡,1770年2月6日

亲爱的斯密:

听说您在前往伦敦的途中只能在这里逗留一两天,这是怎么回事?面对这些邪恶的、无耻的疯子,您为什么竟然想到要出版一部充满理智与学识的书[①]呢?

这一起使人震惊的辞职,[②]我想,您是至今还在惊愕不已的。至于我,这是公爵的过错还是国王的过错,开始也不了然。但现在我感到完全应归咎于公爵自己,对此,我想他会永远负疚的。昨天,我收到了一个很知底细的人的一封来信,这里是其中的一节:"这个国家从未发生过的最令人惊奇的政治事件昨天发生了。格拉夫顿公爵好像精神失常了似的,居然认为还是在1月30日(星期二)午前12点辞职的好。国王则无论态度之坚决还是心情之愤怒都出乎人们的预料,他断然拒绝与反对派进行谈判,他指名要诺思勋爵出任公爵辞去的职务并恳切地告诉他说，他绝不会退让。[③] 诺思勋爵就这样接替了格拉夫顿公爵的职务，并已于昨天以大臣身份会见下院了。迫在眉睫的威胁是金融大恐慌，他发表声明，制止了这场大恐慌。声明说，他绝不会辞职，一息尚存，他就要支持国王的忠于职守的公务员和维护议会的尊严，反对内讧和阴谋。反对派一计不成，再生一计，接着又提出(英格兰)米德尔塞克斯的选举这个同样强词夺理而廉价的议题。经过漫长而激烈的争论，他们分裂了，而诺思勋爵以四十票通过了这项动议。这被认为是自英国革命以来人们公认的最勇敢的举动，于是他被捧上了天。现在，试图瓜分英国的反对派是陷于绝境了，因为毫无疑问，这位新大臣时刻都在集结力量，在这个关键时刻他已经显示了那种实力，而这正是到目前为止政府持久所缺少的东西。户外寂静无声，人们就连一只跑动的耗子都见不着。我想局面会好转的。”



信就写到这里。我的朋友，但愿您的预言将成为现实，我是丧失获得成功的信心了。但我以为，只有反抗和流血才能使受骗的人们醒悟。这是只同他们有关，然而他的结果会怎样，那不要紧。别忘记一定把有关诺森伯兰王室的那部书[④]和普里斯特利的语法书[⑤]带来。亲爱的斯密，您的

大卫·休谟

① 《国富论》。

② 格拉夫顿公爵(1735—1811 年)，当其同事在查塔姆煽动下背叛他时，于 1770 年 1 月辞去了第一财政大臣职务。

③ 格拉夫顿辞职前，乔治三世就和诺思勋爵商议过事态的发展(乔治三世:《通信集》第 2 卷第 126—127 页)。

④ 《第五代诺森伯兰伯爵亨利·阿尔杰农，于公元1512年在其在约克郡的雷西尔和莱金菲尔德城堡开始施行的王室规章制度》，托马斯·珀西编辑（伦敦，1770年）。《国富论》中斯密讨论小麦价格波动时提到了本书。不过，他似乎被这本《王室书籍》正文中的一处错误引入歧途了；见《国富论》第6版，坎农编辑（1950年），第1卷，第200页，注①。休谟后来与珀西曾就《英国史》中一个涉及该《王室书籍》的注进行过争论，见《新编休谟书信集》，17—19，第197—199页。

⑤ 约瑟夫·普里斯特利：《英语语法基础》（伦敦，1769年）。

## 124. 大卫·休谟致斯密

收信人：亚当·斯密先生 地址：柯科迪

原稿存爱丁堡皇家学会，第2卷第50页；载格雷格：《大卫·休谟书信集》第2卷第217页。

〔爱丁堡，1770年2月〕①

“这个夜间反对派提出了一项动议，据他们说，不允许任何担任陛下征税官的人参加投票选举议会议员。政府以263票对188票通过了此项动议，因此，政府自上次分裂以来赢得了35票。同时，上院以81票对41票陷于分裂。我们期待着反对派的完蛋。”②

请向您什么时候到我们这边来？不要给我买红葡萄酒来。

大卫·休谟

① 出处由该信末段的一句“到我们这边来”、即跨过福思湾到爱丁堡来表明。日期由第一段提及试图剥夺征税官员选举权这一点说明。

② 在这一段里,休谟引用的是伦敦某人的一封来信。这项动议是下院罗金厄姆派领袖威廉·多德斯韦尔于 1770 年 2 月 12 日提出,旨在减少政府的影响,并成为 1782 年克鲁法的先兆。动议的失败标志诺思勋爵在下院的权力与日俱增。

# 125. 致约翰·戴维森

收信人:律师约翰·戴维森先生,爱丁堡,信内附有一块表

原稿存爱丁堡大学图书馆,第 2 卷第 191 页;载斯科特:《亚当·斯密》第 267 页。



柯科迪,1771 年 3 月 11 日

亲爱的先生:

您的朋友考恩[①]没有把我的表修好。来到河这边后,我刚一上好表就停了。发条我看不是给弄得很坏,就是被丢了。我认为他是叫他的某个徒弟修的。现在我得请他亲自仔细检查一下。亲爱的先生,我永远是

您最忠实最亲爱的

亚当·斯密

① 爱丁堡的钟表匠。

## 126. 萨斯菲尔德伯爵致斯密

原稿存格拉斯哥大学图书馆，编号 1035/239；未发表。

巴黎，1771 年 6 月 7 日

我想，毫无疑问您认为我已经把给您寄这些账单的约定忘记了。也许您自己也把此事忘记了。但我向您保证，我一点也没有忘记，这是不会发生的。

回法国以后，我在外省待了很长时间。因此，我没有机会给您寄这些东西。

我常回布列塔尼的雷恩。无论在哪儿，我都是您的仆人和朋友。

萨斯菲尔德

如能碰见休谟先生，请告诉他我有很多话对他说。《查尔斯五世的历史》在这里颇受欢迎。什么时候能读到您的来信？

## 127. 致约翰·斯波蒂斯伍德[①]

原稿存纽约皮尔庞特·摩根图书馆；未发表。

柯科迪，1771 年 7 月 26 日

亲爱的先生：

公爵[②]那里我已去信了，希望能阻止再满足别的什么请求。假如西姆森[③]死了，请速来信。我已忘了我们的朋友担任牧师的那个教会的名称。我永远是最忠实于您的

亚当·斯密

① 威廉·斯特拉恩的外甥。

② 巴克勒公爵。

③ 也许是一个牧师，他的教堂可能为“我们的朋友”妥善保管着。

## 128. 致约翰·戴维森



收信人：律师约翰·戴维森先生　地址：爱丁堡

原稿存爱丁堡大学图书馆，第2卷第191页；载斯科特：《亚当·斯密》第267页。

柯科迪，〔1771年秋〕[①]星期四

我亲爱的先生：

我很想在巴克勒公爵离开这里的乡间之前见他一面。因此，如果您能告诉我他什么时候回到达尔基恩以及他打算在那儿待多久，我将非常感激。

如果您见到了安德鲁·斯图尔特，就请告诉他我很想同他一叙，他曾答应我会一会的。

个把星期前我曾打算来河[2]对岸拜访您和朋友们，多住些时候。我胃里有风，觉着得散散心、消消气。想不到三四次很费力的步行后，身体的不适全好了。所以，〔今后〕[3]六个月内，我不准备〔让〕我再有一天以上悠闲了。我亲爱的先生，

最忠实于您和热爱您的

亚当·斯密

① 本信无日期，这个推测系斯科特所作。

② 福思河。

③ 拆信时撕掉了几个字。

## 129. 大卫·休谟致斯密

收信人：亚当·斯密先生　地址：柯科迪

原稿存爱丁堡皇家学会，第2卷第47页；载格雷格：《大卫·休谟书信集》第2卷第256页。

爱丁堡，1772年1月28日

亲爱的斯密：

要不是家有不测，我早写信催您践诺了，您应允过圣诞节前后就来我处。上一个月，家姐发烧，病势危急。现在，烧已退，但身体仍虚弱乏力，日内恐难复元。家中如此阴郁，怕不宜邀您前来。不过，康复我以为只是个时间问题，到时请您来访我可不容您再以健

康状况为由推延了，我知道，那不过是您懒得走动再加上生性孤僻所使然。事实上，我亲爱的斯密，如果您任由这种性格驱使，您会把自己与人类社会完全隔绝开来，这样双方都要蒙受巨大损失。

那位夫人的姓名、地址是 Me la Comtesse de B. Bouairiere au Temple。[①] 她有一个继女，写信时得写清楚寄给哪一位。

谨启

大卫·休谟

又及：我还没有读《热恋中的奥尔兰多》；[②] 但打算就要读。现在读的是意大利历史学家的著作。意大利语造就了几位才华横溢的诗人，但懂得如何写优美、正确的散文的作家却一位也没有产生过，我过去就有的这种看法现在加深了。您自己的著作的情况，您还什么也没有告诉我呢。

① 巴夫勒伯爵夫人，见信 91 注④。
② 作者是马蒂奥·博伊雅多（约 1430—1494 年）。

## 130. 致巴夫勒夫人

〔爱丁堡，柯科迪，1772 年 2 月〕[①]

看见我的书（《道德情操论》）[②] 被以如此的方式译成这一民族的语言，对我来说是莫大的侮辱。我毫不奢望会得到比我要求要多的重视。您的慷慨的善意使我从这困境中解脱出来，并且给了我人们所能给予作家的最大帮助。[③] 我决心读一个译本，因为您希望我这样。如果不算过于好奇的话,我将十分乐意知道拙作译者的姓名。

① 见休谟于1772年1月28日致斯密的信129。斯密也许是在此后不久就写出这封信的。

② 《道德情操论》最早法文译本系 Marc-Antoine Eidous 所译(两卷本,巴黎,1764年)。此译本斯密有一部。

③ 布拉韦神甫于1774年出版了他的译本(两卷本,巴黎)。在给此信加的一个注中,他提到巴夫勒夫人曾从头到尾将原文与译本作了对比。斯密藏书中有布拉韦译本的一部赠本。

## 131. 大卫·休谟致斯密

收信人:亚当·斯密先生　地址:柯科迪

原稿存爱丁堡皇家学会;载格雷格:《大卫·休谟书信集》第2卷第262—264页。

圣安德鲁斯广场,1772年6月27日

收到克拉森[①]来信后,我就给切斯特菲尔德勋爵[②]写了信。穆尔男爵曾对我讲过克拉森先生在负责照顾托马斯·华莱士爵士期间干得相当出色。我也把这件事告诉勋爵了。但愿这年轻人成功。

这里的局面很糟:银行接连倒闭、信用普遍丧失、公众满腹疑团。[③]现在这里只有曼斯菲尔德[④]和卡茨这两家银行还在营业。

据我所知,其中不包括交易一直很窄的卡明银行[5]。曼斯菲尔德几天之内就已付掉40000英镑,但如果不发生什么变化,他和他们当中任何一个人恐怕都坚持不到下周末。[6]伦敦的情况也不见好一些。据认为,乔治·科尔布鲁克爵士[7]不久就得停业。就连英格兰银行也不是完全没有疑惧。纽卡斯尔、诺里奇和布里斯托尔的银行据传都已倒闭。西斯尔银行[8]据说境况相同。卡伦公司[9]举步维艰,为全部灾难中最大的灾难之一,因为他们提供就业岗位近10,000个。这些事件绝不至于影响您的理论吗?抑还是将引起哪几章的修订?

在全部受难者中,我最关心的是亚当一家,尤其是约翰。但他们的事业如此庞大,我是什么也帮不了他们。[10]他们只得解雇3,000名工人,这部分人如果包括他们使用的原材料,年支出当在100,000英镑以上。他们是有雄厚的资金,但如果就这样匆忙地、不利地进行处理,他们恐怕也就所剩无几了。人们很同情约翰,但谁都要问,他上一次的不幸[11]并没有过去很久,现在为什么又遭灾了呢?他对他兄弟的情谊是一种解释,尽管我相信他有自己的特殊才能。我不解的是阿德菲尔计划一开始就是冒失的,可他们执行了这么久。

如果乔治·科尔布鲁克爵士停业,我们的朋友们的计划就可能全被打乱,因为停业将减少他们的支持者的影响。这是一种新的不幸。

话又说回来,我们过高而又基础薄弱的信用这一受挫从长远观点看来我以为是件好事,因为它将使人们懂得,制订计划得注重可靠,不能盲目乐观,而且还给商人和厂主引进了节俭这个意识。[12]我不知道您的看法如何？这是供您思考的材料。

夏天我们还能会面吗？

① 帕特里克·克拉森；见信 85 注④。他致休谟的信没有找到，但可以看他 1775 年 2 月 25 日致斯密的信 144。

② 切斯特菲尔德正在监护他的教子菲利普·斯坦厄普的教育，后者于 1773 年接替前者成为第五代伯爵。克拉森也许就在谋求做家庭教师的工作。但最终是亚当·弗格森成了切斯特菲尔德的家庭教师并伴随他到大陆旅行了两年。见信 139 注②。（此注前后矛盾——译者）

③ 18 世纪 60 年代末，苏格兰经济有很大发展，同时又有资本和银行设施短缺等问题。为了增加资金的供给，新建了一家新银行，即道格拉斯·赫伦公司，而更显赫的名称是埃尔银行。该行股东中地主占很大比重，于 1769 年 11 月 6 日开业。主要是为了支持土壤改良计划，它采取了结果招致毁灭的政策："这家银行无论在转让现金账还是在贴现汇票方面都比其他任何一家银行慷慨大方"（《国富论》II. ii. 第 73 页）。该行开业时，适值苏格兰经济出现危机。造成危机的原因在于投资超过储蓄、亚麻布一类的商品降价和"过额贸易精神"。1772—1774 年转为萧条。1772 年 6 月，与埃尔银行有广泛交易的一家伦敦银行的破产，导致了爱丁堡的一场金融大恐慌。而对埃尔银行的硬币的挤兑迫使它于当月 25 日宣布破产。见斯密于 1772 年 9 月 3 日致威廉·普尔特尼爵士的信 132 和休谟于 1772 年 10 月致斯密的信 133。另见汉密尔顿著作，第 317—325 页。

④ 爱丁堡的一家银行，创建于 1738 年，叫曼斯菲尔德·拉姆齐公司。

⑤ 威廉·卡明父子公司，1750—1760 年间创建于爱丁堡的一家私人银行。

⑥ 这场危机过后，爱丁堡仅存四家银行，其中包括曼斯菲尔德银行和卡明银行。

⑦ 一家伦敦银行的首脑，1769 年成为东印度公司董事会董事长。

⑧ 1761 年创办的一家格拉斯哥银行，单独存在至 1836 年，后并入格拉斯哥联合银行。

⑨ 由罗巴克博士创办于 1760 年，此时已成为苏格兰最大的工业企业。

几年来它一直有资本匮乏问题,1772 年危机期间又有几家合伙人面临破产,但该公司最终幸存了。

⑩ 亚当氏兄弟,即罗伯特、詹姆斯和威廉,全力以赴投入了富于想象力的阿德尔菲计划,试图在达勒姆豪斯修筑泰晤士河河堤,并把仓储设施与低成本住房结合配置起来。该计划从资金上说是失败的,亚当氏兄弟求助于发彩票幸免于破产。见约翰·萨默森:《乔治时期的伦敦》(1962 年修订版),第 138—140 页。

⑪ 约翰·亚当和托马斯·费尔霍姆 1764 年的失败。

⑫ 休谟的这些观点在《国富论》II. ii. 第 72 页中得到共鸣。埃尔银行历史上的这一教训记载于《梅萨斯·道格拉斯·赫伦公司的沉沦,业主委任的一个调查委员会对埃尔银行已故银行家及其困境和破产原因所作的调查和分析》(爱丁堡,1778 年)。

# 132. 致威廉·普尔特尼[①]

收信人:下院议员威廉·普尔特尼先生　地址:伦敦,巴思住宅

原稿存纽约,皮尔庞特·摩根图书馆;载约翰·雷:《斯密传》第 253—254 页。(日期错写为 9 月 5 日。)

柯科迪,1772 年 9 月 3 日

我最亲爱的普尔特尼:

您十分友好的来信早已收到,而我拖延日久,这才回信。这一次的社会灾难对我没有任何影响,但至交中有几位深深卷入了。近来,我有很大一部分注意力集中在思考最体面的办法帮助他们摆脱困境上了。[②]在我准备付印的这本书[③]里,您以前向我提出的那个问题，它的各个方面我都一一充分论述了。原想择其要者给您寄来看看，但细读之后，我又感到它们与全书其余各部分关系很密切，不易把它们分开。关于詹姆斯·斯图尔特爵士的书，我和您的看法相同，虽然我一次也没有提到过它，但书中的每条错误原理，我以为在我的书里都一一给予清楚的驳斥了。④

您曾对东印度公司董事会说我可以成为他们有用的人选，这使我深感荣幸，非常感激。您对待朋友，一如既往，总是暗暗成人之美。而有的人完全相反，总在背地里对人使坏。您有什么事要我办，我会毫不迟疑地做好。关于孟加拉的货币混乱问题，您提出的恰当解决的意见，斯图尔特先生和弗格森先生对我说起过，我认为我们在这个问题上的看法是完全相同的。⑤

拙作原以为入冬前能一切就绪，可以付印。但由于修改工作不时中断，现在看来只得推迟几个月出版。这中断的原因，一方面是没有娱乐再加上长期专注于一个问题，健康状况不好；另一方面是上述事件上的分心，一度未能进行这件工作。最亲爱的普尔特尼，我永远是

最忠实于您、最热爱您和

对您感激不尽的仆人

亚当·斯密

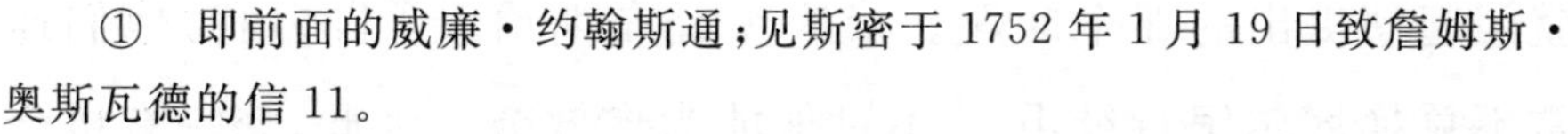

① 即前面的威廉·约翰斯通；见斯密于1752年1月19日致詹姆斯·奥斯瓦德的信11。

② 苏格兰实业家和银行、尤其是巴克勒公爵为最大股东之一的埃尔银行的困境。见休谟于1772年6月27日和10月致斯密的信131和信133。

③ 《国富论》。

④ 詹姆斯·斯图尔特(后来的斯图尔特-德纳姆)爵士的《政治经济学原理研究》(1767 年)。“错误的原理”也许是指关系到政府干预经济事务的原理。据说斯密说过,他理解斯图尔特的理论体系,多年是借助于听他的演讲,其次才是阅读他的著作(见约翰·雷:《斯密传》)。

⑤ 见信 133 注⑥。作为研究东印度公司事务的一个委员会的成员人选,普尔特尼不仅推荐了斯密,还推荐了亚当·弗格森和安德鲁·斯图尔特。詹姆斯·斯图尔特爵士由于写过一本论述德国货币问题的书,且有朋友在英国政府中供职,曾被要求对该公司严重的货币问题进行调查。他的调查报告后来以《适用于孟加拉货币现状的货币原理》为题出版(1772 年)。见 S. R. 森:《詹姆斯·斯图尔特爵士的经济学》(1957 年),第 10 章;和斯图尔特的《原理》,A. S. 斯金纳编辑(爱丁堡,1966 年),i. XIix 和 n。

# 133. 大卫·休谟致斯密

原稿存爱丁堡皇家学会;载格雷格:《大卫·休谟书信集》第 2 卷第 265—266 页。

〔1772 年,10 月〕

我亲爱的先生:

收到您的来信时,我还在乡下。[①] 要不是法国大使有信来,我现在还会在那儿。大使想在城里见我,明晚可望到此。我一回城,就问起您提出的那个问题。威廉·福布斯爵士[②] 告诉我,他们通常不兑换埃尔银行纸币,[③] 不过他能为您效劳。因此,您一有机会就可以把纸币寄过来。我认为,这最后一个步骤比他们以往的所有行动都更严重地使该行丧失了信用。他们谎称还要开业,为的是好有一个阻止利息提高的借口。但一旦有了对巨款的需求，他们也就骗说他们只兑换少量国内流通所需的纸币，因而拒绝支付。这实际上是再次停业。他们似乎没有预见到，造成向他们挤兑的正是这里的这两家银行和所有银行家的利息，而对此，他们本应有所准备。据我所知，只有昆斯伯里公爵[4]是以自己的名义签发年金债务了。不过据推测，巴克勒公爵、道格拉斯先生[5]等人也答应承担自己的那份责任。否则，他就是愚蠢的；他和他们事实上确也不是很聪明。最近我收到过安德鲁·斯图尔特的来信。我不喜欢委员会那种监督人职位的现状。要有六个人从欧洲去，还有三个人在印度等着和他们合到一起。他们中间不仅会发生腐化问题，而且还可能出现荒谬、愚蠢的事。九个人最好的结果也就是一事无成。他告诉我，弗格森很想出任委员会秘书长一职。[6]但愿如愿以偿。否则他将大失所望，会叫苦不迭，他对原先的工作是厌恶的。

您的

大卫·休谟

① 休谟于1772年秋访问了奈茵韦尔斯和明托，听说法国大使吉尼斯(1735—1806年)要在爱丁堡见他后，就赶回城里。

② 威廉·福布斯爵士(1739—1806年)，爱丁堡银行家；1753年，做梅瑟斯、库茨的学徒；1761年，成为合伙人；1763年，组成梅瑟斯·福布斯·亨特·赫里斯公司，1773年又成为福布斯·亨特公司。著有《詹姆斯·贝蒂传》(1806年)。

③ 见休谟1772年6月27日致斯密的信131。1772年9月28日，埃尔银行重开董事会，试图决定用纸币换硬币，但最后还是在1773年8月被迫

停业。

④ 查尔斯,第三代昆斯伯里公爵,在苏格兰低地拥有大量财产,是杰出的农业改良家。1769年当选埃尔银行董事长,此前已是福思和克莱德运河公司董事长。1772年6月银行破产后,董事会开始在伦敦用利率极高的有期年金集资。

⑤ 道格拉斯案件中的阿奇博尔德·道格拉斯,他和昆斯伯里以及埃尔银行其他合伙人应对银行财产负全责。最后,债权人领取了价值663,397英镑的全部本息,而且据说银行还得卖掉价值75万英镑的地产。

⑥ 1772年2月,休谟听说安德鲁·斯图尔特要被委任为监督人之一,去调查东印度公司事务。亚当·弗格森则是作为委员会秘书长人选得到提名。但最后他和斯图尔特均未得到任命。见斯密于1772年9月3日至威廉·普尔特尼爵士的信132。

# 134. 大卫·休谟致斯密

收信人:亚当·斯密先生　地址:柯科迪

原稿存爱丁堡皇家学会;载格雷格:《大卫·休谟书信集》第2卷第266—267页。

圣安德鲁斯广场,1772年11月23日

亲爱的斯密:

如果您的决心可以信赖的话,[①]我同意您的推论。圣诞节前后到这里来住几个星期,该放松几天了;然后回柯科迪去,争取入秋前完成大作;接着去伦敦,等付印完,就回到这座城市住下来。这里要比伦敦更适合于您那种勤勉好学、不愿受约束的癖性。就不折不扣地执行这个计划吧，我会原谅您的。

几天前，可怜的罗比·阿巴思诺特[2]求我为他的儿子想想办法。他儿子年方十三，是个有前途的孩子。就为了能得到进牛津大学的奖学金，他打算送他上格拉斯哥大学。您是了解那个家庭的状况的，而且或许还听说过这孩子的父母都是善良的不幸的人。坦白地说，由于我信赖您有仁爱之心，我回答他们说您重视这件事，而且会关照着，就那样办了。您可不要答应把那个名额给其他任何人，否则我可就怀疑您的合作诚意了。

弗格森虽然谋事不遂，[3]但坦然自若，而且很高兴，也胖了。他这样回来，我认为很好。他下星期起就要住到这边来。今冬就请过来和我们一起生活一段时间。

亲爱的斯密，我永远是您的

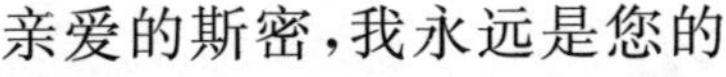

大卫·休谟



① 可能是指斯密致休谟的一封信，没有找到。

② 柯克布雷赫德的罗伯特·阿巴思诺特（1708—1773 年）。他有三个儿子，或许是一家私人银行、阿巴思诺特·格恩里银行的雇员，该行于 1772 年 6 月倒闭。

③ 也许指未能就任东印度公司事务调查委员会秘书长一事。见信 133 注⑥。

## 135. 大卫·休谟致斯密

收信人：亚当·斯密先生　地址：柯科迪

原稿存爱丁堡皇家学会;载格雷格:《大卫·休谟书信集》第2卷第276—277页。

圣安德鲁斯广场,1773年2月24日

亲爱的斯密:

这里有两本新作,我劝您一读。一本是安德鲁·斯图尔特致曼斯菲尔德勋爵的书信集,据说在伦敦销路很大。安德鲁心安理得,不怕有人议论。曼斯菲尔德勋爵则决定全然置若罔闻。[①]另一本是蒙博多勋爵的《论语言的起源与发展》。[②]后一种只是篇幅更大的一部著作的一部分。凡我想到会有的荒谬和恶意,书中都有了。不过写得巧妙,文体也流畅,这我有些估计不足。

Surge et inhumanæ senium depone Camenæ. [③]

您的

大卫·休谟

又及:若能告诉往那儿寄,这两本书我就给您寄来,这样好给您省点钱。

① 在1773年1月私人出版的《致尊敬的曼斯菲尔德勋爵的书信集》中,安德鲁·斯图尔特以冷嘲热讽的语调攻击了曼斯菲尔德在道格拉斯案件中表现的偏心。见信72注①。

② 蒙博多:《论语言的起源与发展》一书的第1卷,在1773年2月23日的《爱丁堡广告报》和3月29日伦敦各报都登了广告。蒙博多讲述的猫尾人的故事和猩猩的基本人性使读书界开心,但其主要论点具有独创性:“本书的内容……可以归纳为三项。首先,语言不是人类固有的。其次,它也许是

(毋庸赘言)创造出来的。最后,紧接着就此论点说明创造语言的过程。”见E.L.克洛伊德:《詹姆斯·伯内特·蒙博多勋爵》(1972年),第4章。《起源》的第6卷亦即末卷出版于1792年。

③ 霍勒斯:《书信集》i.18,1.47:“起来,抛弃那冥思苦索引起的恼怒!”这无疑是又一次规劝斯密访问在爱丁堡的休谟。

# 136.大卫·休谟致斯密

收信人:亚当·斯密先生　地址:柯科迪

原稿存爱丁堡皇家学会;载格雷格:《大卫·休谟书信集》第2卷第280—281页。

圣安德鲁斯广场,1773年4月10日

今天本城得到消息说,埃尔银行倒闭了,而且很多人认为是一蹶不振了。[①]我听说,巴克勒公爵在旅行中。这期间,苏格兰将处于极严重的货币危机中。G.科尔布鲁克的破产被认为是造成这一事态的直接原因。



您见过麦克弗森的霍默吗?[②]很难说清楚是见过好呢还是没有见过好。我听说他现在受雇于书商,在继续写我的传记。不过在我看来,在所有有才能的人中,他是天底下最反历史的人。

您见到约翰·达尔林普尔爵士了吗?[③]他一生中有那样值得称赞的行动,[④]怎么竟大骂起他来,不可思议。他的著作集精细是精细,但并没有给文明史注入什么新观点,无论怎么说,没有给当代传记轶事史注入什么新观点。

看过《阿朗索》[5]了吗？韵文化太草率了点，有些感伤，看起来很让人想起《道格拉斯》。

希望不久就能看到您。近来一直很忙吧？给拖垮了呢还是更结实了？

大卫·休谟

① 见休谟于1772年6月27日致斯密的信131。

② 詹姆斯·麦克弗森把《伊利亚特》译成了欧希安式的散文，1773年初出版；他的《大不列颠史，从复辟到汉诺威皇室的继承》由斯特拉恩和卡德尔于1775年出版。

③ 克兰斯顿的詹姆斯·达尔林普尔爵士(1726—1807年)，第四代从男爵；在爱丁堡和剑桥受教育；1748年任律师；1776—1807年间一直是苏格兰税务署巨头；斯密的朋友。他的主要著作有《英国封建所有制通史》(1759年)和《英国和爱尔兰实录》(第1卷，1771年；第2卷，1773年)。他发现了用鲱鱼制皂的方法。

④ 他的《英国实录》触怒了辉格党人。

⑤ 约翰·霍姆的第一部悲剧，这一年完成于伦敦剧院区的特鲁利街。



## 137. 致大卫·休谟

收信人：大卫·休谟先生，爱丁堡，圣安德鲁斯广场

原稿存爱丁堡皇家学会；载格雷格：《大卫·休谟书信集》第262—263页。

爱丁堡，1773年4月16日

亲爱的朋友：

因为我已托您保管我的全部文稿，[①]所以我必须告诉您，其中除我随身带着的外，[②]别的都不值得出版。不过，有一部篇幅很大的著作是讲述笛卡尔时代以前相继流行的天体学说史的，它的断编残简还是有出版价值。[③]虽然我自己现在感到其中有些部分连续性不够，用词又文雅[④]，但是否作为少年读物的一种出版，您定下来就是。这本很薄的对开小册子就放在我卧室内的写字台上。其余散乱的文稿，有的也在那张写字台上，有的在我卧室中装有玻璃折门的一个矮衣柜里。这个矮衣柜里还有18本左右对开的文稿，页数都不多。这些手稿，我想好了，毁掉就是，不必翻看。[⑤]除非我突然死去，否则我手头的这些手稿我一定设法托人谨慎地交给您。我亲爱的朋友，我永远是

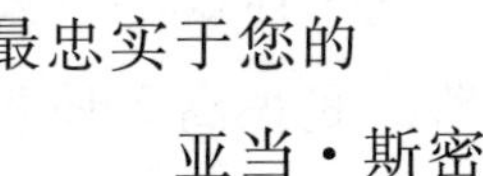

最忠实于您的

亚当·斯密

① 斯密健康状况极糟，决定委托休谟做他的遗稿保管人。但休谟先死（1776年），反过来又托斯密负责出版《自然宗教对话录》。这责任斯密避而不负，留给了休谟的侄子，小大卫·休谟。见休谟于1776年5月3日致斯密的信156和信157。

② 《国富论》手稿。

③ 死后以“以天体学说史为例证的哲学研究的指导原则”为题出版，见《哲学问题论文集》，斯密的遗稿保管人约瑟夫·布莱克和詹姆斯·赫顿编辑（爱丁堡，1795年）。这部《原则》，它作为斯密的科学方法论的准则，后人如何评价，见A·S.斯金纳的“亚当·斯密：哲学与科学”，载《苏格兰政治经济学杂志》xix.3(1972年)第307—319页。

④ 副本略去了前五个字。

⑤ 布莱克和赫顿遵照类似的嘱托，于1790年将斯密的十六卷手稿烧毁(载约翰·雷:《斯密传》第434页)。

## 138. 亚当·弗格森致斯密

原稿存爱丁堡皇家学会学报；载约翰·斯莫尔:《亚当·弗格森自传》第614页。

爱丁堡，1773年9月2日

我亲爱的先生：

有人告诉我贝蒂博士[①]之流扬言，他不仅仅驳倒、简直是彻底摧毁大卫·休谟了。要是前者，那倒颇有意思，如是后者，可就令人气愤。我很高兴地告诉您，他健康状况很好。要不然，在前几封信中我就一定提及了。他在您离家不久[②]就得了咳嗽，人消瘦了。这原因我们不得而知，但结果发现也就是着凉所致，且已见好，没留什么恶果。与平时相比，他还是瘦了些，这谁也不懊悔，但就健康状况和情绪而言，我从未看到有现在这般好。您或许要问我是否不准备给斯坦厄普勋爵[③]写信了。我很想，不过还没有决定就写信给他，还想看看您的意见，看看您是否认为合适。因此，我就干脆等待着了。过意不去的是，如是写了，他从礼节上说就得回信，这就麻烦他了；再说，如果他已在国外，他还得付大陆邮资。不知道您的看法怎样。J.弗格森[④]有些日子没见了，不过他对我的考虑不会有异议。

亲爱的先生，我永远是

最热爱您的

亚当·弗格森

① 詹姆斯·贝蒂(1735—1823年)，诗人兼阿伯丁大学马里斯查尔学院道德哲学教授(从1760年起)；在《论真理的性质与不变性，驳诡辩法与怀疑论》(初版，1770年)中讲了休谟的坏话。1773年，贝蒂在伦敦备受约翰一伙青睐，乔治三世给了酬金。休谟在为其身后第一版《论丛》(1777)年所作的一则“广告”中，否认“幼稚”的《人性论》是他的著作，并要求人们把他随后要出版的著作看成是“阐述他的哲学观点和原理”的著作，从而“彻底反驳了里德博士及其顽固而愚蠢的伙伴贝蒂”(《大卫·休谟书信集》第2卷第301页)。

② 斯密于1773年5月去伦敦，1776年4月，《国富论》出版一个来月后才离开伦敦。

③ 菲利普，第二代斯坦厄普伯爵(1717—1786年)，数学家；斯密在日内瓦逗留期间结交的朋友；曾就他的被监护人，第五代切斯特菲尔德伯爵菲利普·斯坦厄普(1755—1815年)的教育问题请教斯密。亚当·弗格森被推荐为家庭教师。



④ 亚当，弗格森的亲戚，1774年要随他一起到伦敦，见信141。

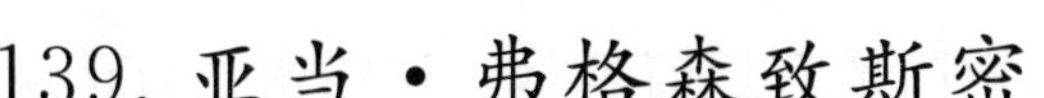

# 139. 亚当·弗格森致斯密

载约翰·斯莫尔：《亚当·弗格森自传》第614页。

爱丁堡，1774年1月23日

我亲爱的朋友：

您适可而止，没有让我写信，斯坦厄普勋爵因此而没有再为有关切斯特菲尔德勋爵的建议费心，这使我非常高兴。[①]我要是知道他在这件事上所持的立场，我早就欣然接受要我任家庭教师这项提议，就是谢绝，我也绝不贸然从事，让人觉得我对报酬还有异议。这个建议是接受呢还是不接受，这是我目前要作出的唯一抉择。这个问题，昨夜和今晨我都在想着。这当中，我可能成为斯坦厄普勋爵一家的负担这一点考虑得很多，但转念一想，切斯特菲尔德勋爵前程远大，我心里也就平静了许多。几年前，我在这里供职，年薪为300英镑左右。可去年和前年已减了很多。而且，尽管爱丁堡教育经费不足而费用日涨这种令人惊恐的情况犹存，我的年薪要回复原有金额是不太可能了。再说，年老体弱时，我的年薪可能还得减少，充其量也就是100英镑。由于这几个原因，如果我在有选择工作地点和职业的特别待遇的情况下接受年薪200英镑的差使，我认为对家人我可以是问心无愧的。如果切斯特菲尔德勋爵的监护人认为，勋爵成年时，他应该解除与勋爵之间的契约，同样，我忠于职守工作出色时，我的年金也应增加到我提到的金额，那么我同样认为，对世人我可以是坦然自若的，他们对人说长道短同评估马的优劣一样，都是按质论价的。[②]但关于这一点，我现在不会对切斯特菲尔德勋爵有任何表示。我到现在为止还没有跟任何人商量过，我有主意了，但还得改。这就是说，我还要读读您的来信，看看您的意见。这封信我就是写给一两位朋友看的。如果他们同意的话，再寄给您看。如果您也同意我的主意，那就请把我的决定转告切斯特菲尔德勋爵的监护人。如果此刻您还不同意，那就请暂时放一放，过些时候您再给我来信。我现在以为，如果我自己以及家人在无损于我的利益的情况下有机会得到这样一位善良而可

敬的人的保护而错过了机会，那我只有怪自己。但我现在的心情实在还太激动，想起斯坦厄普勋爵，尤其如此，担任这项新职的问题还得再看看。

亚当·弗格森

① 见前一信。

② 弗格森终于辞去道德哲学教授职位，以年薪400英镑的待遇担任了陪同切斯特菲尔德进行大陆旅行的私人教师。他得到了终生享受年金200英镑的允诺。1774年，爱丁堡市议会解除了他的教授职位，但两年后由于诉诸法律行动又复职了。

## 140. 大卫·休谟致斯密



原稿存爱丁堡皇家学会；载格雷格：《大卫·休谟书信集》第2卷第285—286页。

圣安德鲁斯广场，1774年2月13日

亲爱的斯密：

如果您已有了什么打算，并已作出了相应的决定，但就是不告诉我，那就是您的不对了。可是我还得写信同您商量一个问题，不知道我要向您提出的这个建议，更确切地说，给您的暗示，荒唐与否。弗格森要任新职就得辞去教授职位，这样解决在他实在得不偿失，他希望保留教授职位，在他暂离学校期间请人代课。但是，这个方案实际上很难行得通，它看上去就是招人嫉妒且不说，市议会中还会有人拼命反对，他们当然想用自己的朋友补充这个空额，再说他自己也想不出由谁作代课人就那么无可挑剔。我想，如果您愿意以他一回校便辞职为条件代他讲课，或干脆接替他的职位，这个棘手的难题也就迎刃而解了。这完全是我个人的想法，如果您以为不妥，请一定不要告诉弗格森。我的意思无非是，既然他曾经友好地帮助过可怜的拉塞尔①一家人，他也理应得到同样友好的这样一种恩惠。

我们听说的关于对弗兰克林的处置②的这些传闻，怎么这么让人不可思议？尽管我深知他是个热衷于派系活动的人，而派系活动对道德的破坏作用，在所有感情当中也就仅次于狂热的观点或行为，是非常严重的，但我还是很难相信他就犯下了那么严重的罪，竟至于成为受惩处的口实。他到底是怎么得到这些信件的？我听说韦德伯恩在枢密院对他的处置是非常残忍的，可一点也没有受到责备。真是遗憾！③

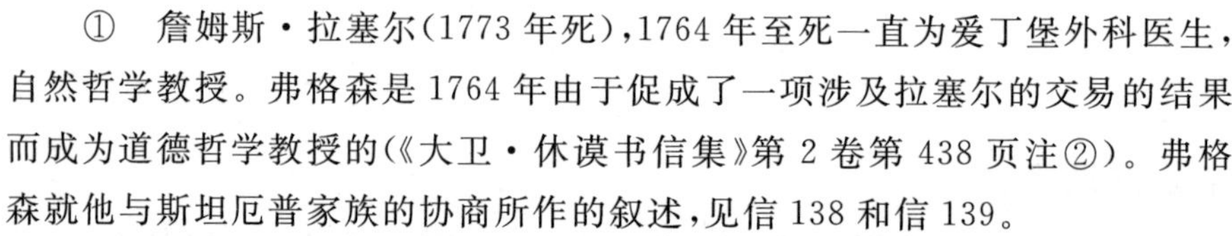

① 詹姆斯·拉塞尔(1773 年死)，1764 年至死一直为爱丁堡外科医生，自然哲学教授。弗格森是 1764 年由于促成了一项涉及拉塞尔的交易的结果而成为道德哲学教授的(《大卫·休谟书信集》第 2 卷第 438 页注②)。弗格森就他与斯坦厄普家族的协商所作的叙述，见信 138 和信 139。

② 1774 年 1 月 29 日，弗兰克林因为向波士顿发送哈奇森总督鼓吹对马萨诸塞使用武力的信件，而在白厅对面的政府建筑物、科克波特街的枢密院受审。审问是由副检察长亚历山大·韦德伯恩采取粗俗的方式严厉进行的。据认为，对美国殖民地的战争随后即成为不可避免：

骄横的苏格兰人滥施淫威，
对沉默的弗兰克林他声色俱厉。
镇定的哲学家不屑于回答，

给这个国家自由才能撤退。
(引自费伊第125页。)

③ 此信无署名,也许未写完。折叠的信封既无地址,也无邮戳。

## 141. 亚当·弗格森致斯密

收信人:亚当·斯密先生,伦敦,Charing Cross,"英国咖啡馆"
原稿由詹姆斯·R.阿比私人收藏,爱丁堡,梅多赛德路31号;未发表。

爱丁堡,1774年3月11日

我亲爱的先生:

我不知道您是否曾提过您有一封信[①]我没有收到,但误送可能没有发生过。关于我已经作出的决定和我打算采取的行动,我上一封信[②]作了明确无误的说明。离校手续的办理我已安排定当,今天结束了哲学的一门课程,明天再结束一门。我拟于本月15日,星期二,和J.弗格森一起动身赴伦敦,但由于同伴珍爱自己又兼懒散,星期天或其后的星期一前怕到不了伦敦。我给您写这封信,仅仅因为您说这么多日子没有收到我的信您感到不安。担任家庭教师一事的前后整个处理过程及其现状,我都很满意,细节等我们见面时再详谈。我曾和大卫·休谟共进晚餐,他说,他心情很郁闷,而且日甚一日,快酿成病了,但您还从未设法给他治一治这一病症。[③]我亲爱的先生,我是

最热爱您的恭顺的仆人

亚当·弗格森

① 可能见于斯密致弗格森的一封信，该信没有找到。

② 弗格森于1774年1月23日致斯密的信139。

③ 休谟曾就弗格森的事于2月13日致信斯密（信140）。

## 142. 亚当·弗格森致斯密

载约翰·斯莫尔：《亚当·弗格森自传》第618页。



日内瓦，1774年6月1日

我亲爱的斯密：

承蒙关照，我拿定了主意，多谢。[①] 现在，我荣幸地告诉您，担任公爵的家庭教师，诸事顺遂。我受到了隆重的礼遇，还会继续得到敬意。我感到，不仅这里的各个方面都如我所期待的令人高兴，而且，就连仆人也都经年历久，养成了良好的气质和品性，我同他们成了朋友，且又不必如我注意到的当心是否失礼或不正常。我原以为会受嫉妒的困扰，并决心严于律己，就凭着尊敬公爵的心意专注于工作的。看来，这里需要我这样一个不同身份的人。我认为，我有过挫折，但现在有了好的结果。我到这里来的旅行中，谈不上有什么奇遇。斯坦厄普勋爵在巴黎逗留的那几天里，我有机会结识了几位很值得尊敬的、令人愉快的朋友，他们向我探询了您的各种情况，恩维尔公爵夫人尤其问得多。她还抱怨您的法语，[2]就像抱怨我的法语一样。但她说，在您离开巴黎前，她很幸运能够听懂您讲的法语了。我也遇见了您的朋友萨斯菲尔德伯爵，他对我情深义重，您给他写信时请一定代我向他表示谢意。

亚当·弗格森

① 见弗格森于1773年9月2日和1774年1月23日致斯密的信138、信139。

② 《国富论》译者莫尔莱神甫也说，斯密的法语讲得很不好。

## 143. 致威廉·卡伦

载约翰·汤姆森：《威廉·卡伦的生平、演讲和作品》第1卷第473—481页；又载约翰·雷：《斯密传》，第273—280页。

伦敦，1774年9月20日

我亲爱的博士：

实在对不起您和巴克勒公爵。[1]我确实早就答应过公爵一定给您写信，可一拖再拖，今天这才践诺。要说终于食言，也有点实情，就是这里有过一些我非常感兴趣的事情，且是公爵一离开就发生的，它们使我完全忘了公爵交办的事了，而这件事，说实在话，我没有什么兴趣。

就苏格兰各大学的现状来说，它们是有各种各样弊端，但与欧洲大陆各地的大学相比，平心而论，我还是认为它们是最好的学术中心，而且无一例外。是的，无论过去还是将来，它们总的看来也许并不比同类其他公共机构强到哪儿去，它们就其自身的性质而论也都有滋生渎职和腐败的种子与土壤。但我十分清楚，这种状况可以改进，而且可以有很大改进。我认为，设置检查机构是使它们得到这种改进的唯一正确的方法。不过，由于它们总的情况原已很好，现在如有哪一位贤哲为求更好而要设立这样一个不听命于任何当事人的机构，他首先就得切实弄清：首先，什么人可能受命担任这个机构的成员，其次，这些人可能推行什么样的改革方案。但目前苏格兰事务管理上有待解决的问题多，希图参与改革者又鱼龙混杂；情况如此，我担心这两点不是你或我，也不是副检察长[2]或巴克勒公爵所能了解的。因此在我国目前的情况下，为了革除不见得就会对公众造成严重后果的某种弊病而要求设立检查机构，我以为是极不明智的。以后或许会有机会到来，到时提出这种请求可能稳妥一些。



至于从精确和严格的意义上说都不正常和合法的训诫、威胁或其他任何干预法人团体事务的方法，那都不过是权宜之计。我深信，无论现在还是以后，即使是为了达到比实现苏格兰的这种学会制度改革还要重要的目标，国王陛下或现任大臣谁也不会采用这种应急办法。

我注意到，您提出凡申请参加学位考试的人都必须持有在某个大学至少学过两年的证书。作出这种规定，无异于要贬低亨特兄弟、[3]休森[4]和福代斯[5]这样一些私人教师，难道不是吗？这样的教师培养的学生，他们比起在某些大学待过多年的大多数人来，毫无疑问，更有资格获得学位所带来的荣誉和利益。后者是上过大学，但那里或者根本就不曾系统地讲授过各种医学知识，或者教过，但很肤浅，与没有教相差无几。只要功课学得好，在哪儿学、师从谁，就没有必要计较。

我担心，作出这种规定而使大学得以垄断医学教育，将有损于大学这种法人团体持久繁荣兴旺下去。垄断者很少能把事情办好。如果规定某门课程多少多少学生必须听讲，听后有无收获则不管，这门课程能讲好才怪。这个问题我作过多年探索，旁及欧洲大陆几所主要大学，我还曾很仔细地研究过它们的章程和历史。⑥我可以肯定地说，目前欧洲大陆各地多数大学每况愈下、声名狼藉，主要原因就在于：第一，有些大学，教授一律高薪，根本不问教学业绩；第二，有很多学生进某些大学读书只是为了取得学位或获得从事某一职业的资格，或是为了得到奖学金、补助费等等，不关心在那里可能得到的教育是否值得接受。这种滋生渎职和腐败的种子与土壤，苏格兰各大学在某种程度上无疑也都存在，但其中最好的几所与欧洲大陆多数同类主要大学比，这种情况少得多。我认为这一差别就是苏格兰各大学目前很出色的真正原因。爱丁堡医学院尤其如此，那里教授薪金很低，学生几乎得不到奖学金，由于受国内外其他所有大学冲击，在授予学位上也没有形成垄断的局面。目前，世所公认，这所学院比欧洲大陆其他所有同类大学办得都好，我认为原因就在于此。

为几乎完全不了解的人开具证明，这种做法很难证明就对。但是，就是世界上办事最认真的人有时也会这么做，并且是完全出自好心，丝毫没有受私利驱使。在这一点上，我没有强词夺理，正相反，我承认这种做法不可取。不过，我要问，采取这种做法会给公众带来多大不幸？您会说，医学博士这个称号是没有什么了不起，但一旦授予某人，他就会有某种信誉、且以权威自居起来，他就会据此放开胆子挂牌行医、广收病人，因而祸及更多的人，他还有可能据此而更加好高骛远、导致更多的医疗事故。滥授学位，有时是会造成这种后果，即使未必严重，否认是荒谬的；但要说后果必然严重，我就不敢苟同了。医学博士有时与其他人一样，也办傻事，这在今天已不是只有学者才了解的几个深奥的秘密之一了。这个称号并不那么神圣，也很少会有人单凭另一人是医学博士就以自身健康相托。人家这样信赖，他总有一定的知识或专长，即使没有得到这一类的学位，人家也不会因此而另眼相待。况且，以啧有烦言的方法申请学位的人大多数是外科医生或药剂师，尽管照样劝行某种疗法和开药方，即像内科医生那样行医看病，但由于原本外科医生和药剂师，收费却没有内科医生高。他们想得到博士学位，主要目的在于增加诊费收入，增加就医人数倒在其次。这种人就算名不符实地授予学位了，对公众也不至于造成多大危害。圣安德鲁斯大学就曾很不严肃地把学位授予一个名叫格林的庸医，校方因此而贻人口实，但这又在哪一点上伤害了公众？格林还是格林，还是和得到学位前一样招摇撞骗，没有多坑害了人。我必须指出，这一类人没有怎么激起医界同行的愤怒，激怒他们的是其中有名声的一些人。前者小打小闹，算不得对手。他们只坑害穷人，他们得到后用手帕包了又包的铜钱，合格的内科医生是不屑一顾的。后者可是相反，他们有时要截走一部分原可以用于它处求医并真正治好病的钱。乡下老妇人都在那儿行医，不是也没有因此而怨声载道吗？即或有授以学位的某些医学博士与老妇人一样愚昧无知，这又有何妨？我深切地感到，无胡须的老妇人不收费、有胡须的人要报酬，这才是真正激怒了医学界同行的原因。

有学位授予权的大学确保凡授予了学位的人一定适于行医，这种大学以前从未有过，我敢说，以后也绝不会有。就是学位制度最严格的大学，授以学位的依据也就是一定修学年限。更何况它们规定这个年限的真正动机，也就是这样一来学生会交更多的钱，学校可以从中多得益。因此，学生修满了这个年限，学校规定的考试固然还得参加，拒授学位的事则罕见。我有一切理由相信，你们爱丁堡举行的考试和欧洲大陆其他任何大学一样严肃认真，或许比它们还要严肃认真。但是，某个学生已在校度过了几年，在所有师长面前都毕恭毕敬，听他们所授的课程也从不迟到早退或旷课，我想，他来参加考试时，对他和别人你们会一视同仁的。日前你们有几个毕业生向这里的医学院申请营业执照，校方要求他们再学习一段时间。根据以上所述理由，我以为学院拒发执照无从指摘，也就是说，符合作出这一决定所应遵循的原则，他们的实际专业知识水平就是还太低，还不具备获准营业的资格。

不要以为学位说明得了一切，它只能作毕业生学问的担保，而且就是这种担保也未可全信。至于毕业生遇事能否作出明智判断并相机处理，这些不是通过一次学位考试就能看出的素质，它根本就作不了担保。而不具备这些素质，则由于通常是学问愈大愈专横，这种人在开业行医时导致危险的可能性就会十倍于医学外行，医术不高明者遇事往往有某种程度的谨慎和胆怯心理。

总之，既然学位所证明的东西历来就有水分，不可轻信，在作出了所能作出的一切规定加以制约后也还会如此，那么，从有利于公众的角度出发,我们应该公开说明这一点。具体到大学,从有利于它们的角度出发,我们则应指出,它们在谋求入学学生时,不应求助于它们的特殊地位,而应求助于它们的长处即教学能力及其在教学上表现出来的一丝不苟的精神;它们还应力戒凭借权力采用种种骗术招揽学生,这些伎俩已经使得半数大学威信扫地、质量下降了。

说到只有学完一定年限的学生才能授以学位,这种学位制也就相当于一种学徒法,它可能有助于科学进步,就像其他学徒法已经促进制造技术进步一样。但是,由于有其他公司法起作用,那些学徒法是最终使少数自治城市垄断制造技术了。由于有一些具有相似倾向的规定起作用,这种学位制也最终使少数大学垄断了几乎所有的有用而严肃的教育。前一种垄断,结果历来是产品质次价高。后一种垄断,结果历来是社会上出现很多庸医,他们不仅行骗,而且收费很高。好在因为农村有加工业,这才部分地消除了自治城市的垄断给社会生活造成的诸多不便。同样,大而富有的大学想垄断,就势必给获得学位造成的诸多不便,也正因为有部分大学,它们位置不便于招生,学校财力不足,部分医学教授经济拮据因而致力于谋求私利,这才部分地消除了的。您知道,大而富有的大学是很少给校外人授以学位的,它们主要给本校学生授以学位,而且即使这部分人要得到学位也必须度过漫长乏味的一个学习年限,文科硕士学习五至七年,法学博士、医学博士和神学博士学习十一至十六年。资金短缺的那些大学呢,由于位置不利,招不到很多学生,无可奈何,只好用它们能够采取的唯一办法挣钱了。那就是出售学位,谁想买就卖给谁,并且通常不对在校居住、学习年限

作出任何规定，就连一次像样的考试也常常不要求参加。手续愈简便挣钱愈多。这种做法很不光彩，我当然无意于为它辩解。既然所有大学都是受教皇直接保护的教会机构，其中某所大学授以学位所赋予的特权在整个基督教区域同其他任何一所大学授以学位所赋予的特权是几乎一样的，它们怎么会不这样做呢？到了今天，就连信奉新教的国家也尊重外国所授学位，就是这个道理；诚然这必须看成是教皇制度的残余。从那些财力有限的大学很容易获得学位、尤其是医学学位，这有两个结果，两者都极有利于公众而极不利于其他大学的毕业生，他们获得学位是付出了很多时间、很多费用的。一是大大增加了博士人数，这无疑减少了他们的诊费收入，或至少妨碍了他们把这种收入提到相反情况下原可达到的很高的水平。要是牛津大学和剑桥大学始终握有特权，凡获准在英格兰开业行医的博士都得由它们授以学位才算数，看一次病的诊费就不会只是现在的二三畿尼，而肯定已是此数的二三倍了。然而英格兰的内科医生也已成了或将成为世界上最无知的庸医了。二是大大降低了博士的地位与尊严。但要是医生本人精明能干，同行再多，也不至于影响他作为精明能干的医生受到尊重和聘用。反之，博士学位无疑不会给他带来更多好处。接受学位已属非分，难道身价还得与名俱增吗？要是大而富有的大学的如意计划果真实现了，精明能干还有什么必要，获得了博士学位，地位、尊严和财产也就有了。在每种职业中，每个人的财产都应尽可能多地取决于他的业绩、尽可能少地取决于他的特权，这才于公众有利，而且对每种具体的职业也有利，因为以这种自由原则为根据确定人们应得的荣誉，能更有效地激励他们精益求精。

这些原则还十分有助于他们从国内各行各业中选择最适合于自己从事的职业。在英格兰，庸医多且忙，这完全是由于正规医生也照样行骗。在我们苏格兰，正规医生绝少这么干，庸医也就从未走运过。

我承认这种学位交易就学位卖主而论，毕竟是一种十分不光彩的交易。苏格兰很有名望的大学中居然也有做这种交易的，对此我确实极为遗憾。但由于它起着某种补救措施的作用，就是说，如果没有这种交易，一切重要专业和大学的那种具有排他性和故步自封性的垄断因素不久就会成为某种令人不能容忍的破坏性东西，我又不能认为这种交易就有害于公众。

目前苏格兰的医生感到有某种如鲠在喉的东西，这或许就是他们与其他地方的大多数医生相比公认优秀的真正原因。您说，苏格兰各大学的所有毕业生，前述皇家医学院本应根据他们的毕业证书不加考试就授以开业执照。真这么办的话，有时你们恐怕就得找很蹩脚的医生看病了。而那样一来，你们也就明白，你们的尊严绝不能依赖于你们的学位，这样你们与世界上你们最看不起的人就没有区别了，而只能依赖于你们的业绩。既然博士学位没有多大可指望的，你们或许会更加重视你们作为人、作为绅士和作为文人学士的品格了。你们的同行中有不值一提的人，这在某种程度上或许正是其余很多人能够出类拔萃的原因。你们抱怨有的学校滥授学位，这或许也就是你们的学校目前能够办得很好的真正原因。你们目前的情况是不错的，很好，在这种情况下，务必注意要再好一些就只有加倍努力。

我亲爱的博士，余言再叙。这么久没有给您写信，一写又是这

么一些话，我怕是真像我们常说的得引咎自责[⑦]了。不过我永远是最热爱您的

亚当·斯密

① 1774年公爵当选爱丁堡医学院名誉评议员时，曾提出议会讨论医学学位考试这个问题。医学院起草了一份建议书，强烈要求除名誉学位外，苏格兰各大学只有在申请学位者亲自参加考试并提交一份证明自己至少学过两年医学的证书后才能授予医学学位。建议书并提出，政府如果不能立即付诸行动，就应组织一个皇家调查委员会。这份建议书寄给了斯密，要他提出意见。

② 亚历山大·韦德伯恩。

③ 在伦敦逗留期间，斯密曾同吉本一起听过成靡·亨特博士（1718—1783年）的解剖学课；其弟约翰·亨特博士（1728—1793年），讲授外科学。格拉斯哥大学遗赠有威廉·亨特博士用过的标本和书籍，现存于亨特博物馆。

④ 威廉·休森（1739—1774年），外科医生和解剖学者，威廉·亨特博士的助手。

⑤ 威廉·福代斯爵士（1724—1792年），内科医生，1750年起一直在伦敦开业行医。

⑥ 见《国富论》I. x. c. 34和v. i. f.

⑦ 原文系get my lug in my lufe。其中，“lug”苏格兰语意为耳朵，“lufe”，意为手或手掌。这谚语的大意是虽“挨了耳光”犹自抚痛处。

## 144. 帕特里克·克拉森致斯密

收信人：伦敦斯特兰德大街书商卡德尔先生转交亚当·斯密先生

原稿存爱丁堡皇家学会；未发表。

日内瓦，1775年2月25日

先生：

自然史学家邦尼特先生托我办一件事，这件事没有您的帮助我是办不成的。他想把他的 Recherches 和 Palingencsie[①] 送给休谟先生，但又不知道怎样才能送给他。我要他给休谟先生去信并〔等〕[②] 他回信。

先生，我对您说起过的那件事，您还记得吗？这事我还要仔细想一想。我感到我有必要向您那位杰出的同胞写信，同他讨论他和我的相同的观点，阐明我自己的见解。我希望他能了解我写的东西，我应努力写好。最后，这是最糟糕的，我曾试图转变别人的观点，而对此我从来就没有爱好。我知道您是热心肠的人，是赞同我作出这种微弱的努力的，是赞同我采取这种探索问题的态度的。每每不幸的是，这种努力会引起作家们的恼怒。如果您认为我这些文稿能引起那位著名哲学家的兴趣，则无论他表现的兴趣有多大，都请把这些文稿送给他，使作者的努力和才智得到认可。当然还望一定告诉他，作者是世界上最不愿与当代最出色的“运动员”比高低的人。

请您记住，在贤哲 Glascow 看来，您所了解的我谈论的斯密先生的论点，将给我们永远带来快乐。

自我来到日内瓦，我就一直受到这位先生及其夫人的殷勤接待，我是作为您的熟人介绍给他们的。他出身于这里的名门望族之一，是很值得尊重的人。他的宗教思想也许不同于休谟先生——但这又有什么关系！卡德尔先生将免费寄到您处的那两本书连同一封信，请一并寄给休谟先生，但愿他欣然接受邦尼特先生的好意。您或休谟先生如能给他写写信就好了，他会不胜高兴的。

我要等拉姆利勋爵[③]到来后再离开这里。我还不知道我们未来的旅行准备去哪儿以及什么时候出发。

我希望出发前能再见到您〔　〕[④]特朗钦和 Le Sage 要我向您问好。先生，我是

您的最恭顺的仆人

帕特里克·克拉森

① 查尔斯·邦尼特(1720—1793 年)的上述著作是 Recherchess ur l'usage des feuilles dants les plantes(1754 年)和 Palinge′ne′sie philosophique(1769—1770 年)。邦尼特请求的结果，见斯密于 1775 年 5 月 9 日致休谟的信 146。

② 这里的字迹已褪色。

③ 克拉森的学生，尊敬的理查德·拉姆利(1757—1832 年)，第四代斯卡伯勒伯爵的次子；1784—1790 年间任林肯的下院议员，且是英国著名的赛马饲养场场主之一。

④ 此处字迹已褪色。

## 145. 埃德蒙·伯克致斯密

手稿 1955 年 2 月 8 日萨瑟比行拍卖；载科普兰：《伯克书信集》第 3 卷第 152—153 页。

威斯敏斯特，1775 年 5 月 1 日

亲爱的先生：

钱波恩先生[①]请求其陶瓷制品专利权继续有效一事，我深为关切，请予以重视。对此，韦奇伍德先生[②]是反对的，虽然他并没有自称有那样一种制品，因此，上述专利权即使继续有效，也不会对他有什么伤害，只不过他想生产那种产品赚大钱是行不通了。的确，就因为他很想生产这种公共货，受此驱使，他才起而反对（他就是这样告诉我的）。要求保护最低限度的正当自身利益的一项申述，出自商人之口，我承认对我产生的影响是会大得多的。今天，他去斯塔福德郡，煽动那里的陶工提出反对我们的诉状了。但他是现在、在下院闭会期间才这样做，而我们的诉状，从 2 月 2 日[③]以来，在下院一直没有受到反对。如果您能请巴克勒公爵留意这个事件的是非曲直，使下院通过我们的诉状，我真是感激不尽。这件事情的原委，以及这种陶瓷制品和陶工的优劣，所有这些情况公爵得心中有数。在这个问题上您要是能够发挥作用，这好意我将铭诸肺腑。亲爱的先生，我是忠实于您的恭顺的仆人

埃德蒙·伯克

① 理查德·钱波恩（1743—1791 年），布里斯托尔的窑业家、伯克的朋友。

② 乔赛亚·韦奇伍德（1730—1795 年），著名陶工，在英格兰米德兰陶业区创办了著名的陶瓷企业，研制有埃及大理石雕刻品、奶油色陶器和墨绿色陶器等器皿。

③ 伯克出示钱波恩的诉状的日期应该是 2 月 22 日（见《伯克书信集》，第 3 卷，第 138 页）。延长专利状的议案，5 月 1 日一读、5 日交付下院委员会、17 日二读。有关它的争论多数发生于委员会开会期间。伯克支持钱波恩的诉状、替他辩驳垄断罪的发言的原稿，现存于爱尔兰国家图书馆。

# 146. 致大卫·休谟

原稿存波兰克拉科夫恰尔托雷斯基赫博物馆；载 Tadeusz Kozanecki：'Dawida Humea' Nieznane Listy W zbiorach Muzeum Czartoryskich(polska)', *Archiwum Historii Filozofii I Mys'li Spolecznej*, *ix(1963)*，第 150 页。

伦敦，*Charing Cross*，萨福克街 24 号① 1775 年 5 月 9 日

我亲爱的朋友：

要不是我早已不谨小慎微，我是实在不好意思给您写信了。您和我一样腻味道歉，我是说无论表示道歉还是接受道歉，我们都讨厌。因此，我不准备为我久不给您去信表示任何歉意，我相信您是不会介意的。但愿不必说明我所以久不写信给您并不是起因于您没有对我表示衷心的热情问候。

邦尼特先生，即克拉森先生附信中提到的那位先生，② 是日内瓦乃至世界上最值得尊敬的、心地最善良的人之一，尽管他又是最虔诚的宗教信徒之一。这封信我拖着没有给您寄出，是因为我得有个机会把那几本书给您寄来，现在这几本书就请您的邻居罗斯先生③ 给带来了。

普里斯特利④ 对贝蒂的回答使您在这里的朋友都感到高兴。我们满以为贝蒂会当即答复，而且相信他都写好了答复的。想不到曼斯菲尔德勋爵以很高的评价推荐，因而，担任了主教的您的老

朋友赫德[5]，据我所知，给贝蒂写了信，要他拒绝回答，告诉他论述真理的不变性的这样一部杰出著作无需答辩。这样一来，我们就失去了一场无与伦比的精彩的论战。普里斯特利已经作好充分的准备，至少要通过二十个回合，把这场论战进行下去。我还是希望会有人去鼓动贝蒂再次拿起笔来。拙作[6]拟于本月末或下月初送交出版商。

爱丁堡有一个年轻人，休·达尔林普尔先生[7]，一开始因为他父亲的关系，我是讨厌透了的。但同他交谈之后，我发现他是我认识的最可爱的人之一。他家中除他父亲外还有很多人，他在这个家中一直是个不幸的人。但在我看来，他从各方面说都比家中其他人更有资格得到所有好人的保护。如果他像您那样倒下了，我一定认真地建议他到您那里寻求道义上的支持和正确的教诲。说来真惭愧，几个月前我就该把这一点告诉您了。我亲爱的朋友，我永远是

您的最忠实的

亚当·斯密

① 从信 147 信封看，斯密的地址为萨福克街 27 号。

② 见帕特里克·克拉森于 1775 年 2 月 25 日致斯密的信 144。

③ 戴维·罗斯(1727—1805 年)，1751 年任律师；1776 年任苏格兰最高民事法庭法官(安克维尔勋爵)。他住圣安德鲁广场 3 号，邻接西南角休谟的住宅。

④ 约瑟夫·普里斯特利，著有《评里德的质问，贝蒂的短论，和奥斯瓦尔德的求助于常识》(1774 年)。关于贝蒂，见亚当·弗格森于 1773 年 9 月 2 日致斯密的信 138。

⑤ 理查德·赫德(1720—1808 年)；1774 年任利奇菲尔德的主教；应对

攻击休谟的《宗教自然史》(1757 年)负责的“沃伯顿学派”成员之一。

⑥ 《国富论》,1776 年 3 月 9 日出版。

⑦ 无法鉴别。

## 147. 约翰·罗巴克[1]致斯密

收信人:亚当·斯密先生,伦敦,*Charing Cross*,萨福克街 27 号原稿存格拉斯哥大学图书馆,编号 1035/152;载斯科特:《亚当·斯密》第 268—269 页。

博纳斯,1775 年 11 月 1 日

亲爱的先生:

这么久没有给您写信,现在拿起笔来可真不好意思。但我知道,当我说如果我所写对您的确有用我就没有理由再拖着不写,这话您是会相信的。自我离开伦敦以来,我身体一直没有好过,心情也很沉闷,百无聊赖,不过倒也没有病到活动不了必须吃药的地步。我相信,忍受着一点节制一点,我能恢复健康,因此,不是绝对必要的事我也就不去操心了。

我一回到家就发现,米勒先生[2]比我预料的好管束。但是,在我不在期间我的事业遭受很大损失,[3]这的确不是由于我的儿子约翰缺少知识或是没有作出努力,他是尽力而为,干得很出色的;而是由于他没有足够的威信,这使他只得听从我受信托人的控制,我要是在的话,就不会让这种控制得逞。有时,米勒先生这个人让我觉得老实可信，从他的知识来说，无从指摘。但有时我又感到很难不对他有相反的看法。不管怎么说，我在日益独立起来。如果我坐到您的安乐椅上来谈这些看法，我会使您对这个话题感到不耐烦。

事务繁忙，再加上健康状况又不好，我只得待在金内尔。[4]结果，我只有通过报上的政论才能得到一点点兴趣，因此还写了那篇附文[5]。这附文我为什么不愿以私人信件形式早一点寄出，而是要在发表伯克先生致布里斯托尔的〔　〕先生[6]时寄出，这我就不说了。我已于上一邮班把它寄给一个朋友，要他送交某家报纸发表（我当然不写出报社的名字），但也许不见得能发表。

随信奉上具有某些波士顿政治家个性的劳里上尉给我的一封信。[7]尽管图像画得不好，但我还是觉得它们与原物无多大差别。

今天，我得到了国王的演讲稿，这使我好不高兴，因为我看出内阁现在在开创一种很好的精神。

日前我收到一册致 *T. R.*[8] 的书信集，从中看出您和 *W* 先生[9]一直都关注着我的事业。现在我在指导本[10]学习几门化学课程，希望有一天他一开始就能有效地继承起我的事业。

我曾希望在这个时候以前就在报上看到你的名字的。议会开会，这是出版您那样的著作[11]的合适时机。它也可以是影响很多人在这场美国问题争论中所持观点的一个很有利的时机。

罗巴克夫人要我向您转致诚挚的问候。亲爱的先生，我永远是您的亲爱的朋友和恭顺的仆人

约翰·罗巴克

〔　〕的信和〔　〕的计划将于〔　〕下一班邮车寄给 *TR*。[12]

① 约翰·罗巴克(1718—1794 年),发明家和设计师;在爱丁堡和莱顿攻读化学和医学(1742 年获医学博士学位);提出了熔炼稀有金属和生产硫酸的技术;1760 年建立了卡伦炼铁公司;伦敦和爱丁堡的皇家学会的会员;詹姆斯·瓦特的朋友和合作者。他于 1773 年破产,马修·博尔顿与瓦特合伙购买了他的股份。

② 帕特里克·米勒(1731—1815 年),爱丁堡的银行家和卡伦公司的股东;苏格兰银行的董事(1767 年起),接着是副总裁;后来作为设计者与蒸汽通航开发事业连在一起。

③ 在这个时期,罗巴克在林利思戈郡的博内尔的盐厂和煤矿损失惨重。后来,他在那里被他的债权人雇为经理。

④ 16—17 世纪博尔内西南的宅第;该公园是瓦特的压缩蒸汽机的实验场。

⑤ 无从查考。

⑥ 正文就是空缺的:是否是理查德·钱波恩——见伯克于 1775 年 5 月 1 日致斯密的信 145。

⑦ 沃尔特·*S.* 劳里的"1775 年 6 月 23 日在查尔斯顿的兵营"(格拉斯哥大学图书馆,编号 1035)。"波士顿的政治家"包括萨缪尔·亚当斯和乔西亚·昆西。

⑧ 无从查考。

⑨ 是否是亚历山大·韦德伯恩。

⑩ 罗巴克的另一个儿子。

⑪ 《国富论》。

⑫ 信末附言撕破了。

## 148. 致〔亨利·邓达斯〕①

原稿存苏格兰档案局,编号 *GD* 51/1/198/10/2;未发表。

〔伦敦〕,1775 年 12 月 13 日

我亲爱的勋爵:

昨天,我与副检察长[2]和安德鲁·斯图尔特就法夫郡的政界谈了很久。[3]我对他们一五一十地讲了我为我的表弟[4]想了些什么办法;他们也对我一五一十地讲了他们为各自的朋友想了些什么办法。我听说,副检察长首先向您推荐的人选是他的朋友约翰·哈克特爵士,假如他取拒绝的立场,才是斯图尔特先生的外甥亨德森先生。[5]如果约翰·哈克特爵士成为候选人,问题也就解决了。斯基恩上校不会反对他最亲近的亲戚和他最好的朋友的。如果约翰爵士取拒绝的态度,这里的人们认为他会这么做的,那么我有理由认为,曼斯菲尔德勋爵是不愿让斯科特将军留下的权力落入安德鲁·斯图尔特的外甥手中的。[6]如果我听到的消息没有错,我充分相信,斯基恩是很好的人选,他不亚于您能选择的任何一人。他是我所知道的儿子、兄弟和叔伯中最好的人之一。我还充分相信,他将是支持过他的人的同样忠诚的支持者。我已要他一到苏格兰就来拜访您和令弟。我拿脑袋担保,他不会利用您对他的信任做出不光彩的事来。我亲爱的勋爵,我永远是您的最忠实的

亚当·斯密

① 收信人据苏格兰档案局鉴别是亨利·邓达斯(1742—1811 年),律师和政治家;阿尼斯顿的老罗伯特·邓达斯的儿子,小罗伯特·邓达斯的异母兄弟,后两人都曾任苏格兰最高民事法庭庭长;1763 年任牧师;1766 年任苏格兰副检察长;1774—1802 年间任下院议员;1775 年被任命为苏格兰总检察长,使他控制了在他一年大部分时间牢牢掌握的苏格兰行政官员任命权。

他是波特的朋友和同事，曾在他的政府内担任高级职务，尤其是负责发动了反对革命的法国的战争。1802 年，他被封为梅尔维尔子爵；1804—1805 年间担任英国海军大臣之后，他于 1806 年被告发犯有受贿罪，被判犯玩忽职守罪，但 1807 年又被宣判无罪，重又跻身枢密院官员之列。

② （爱丁堡）默里菲尔德和（皮布尔斯）亨德兰的亚历山大・默里（1736—1795 年）；爱丁堡大学毕业；1758 年任牧师；1761—1775 年，任皮布尔斯代理名誉郡长；1765 年，任爱丁堡代理主教之一；1775—1783 年，按替亨利・邓达斯担任副检察长；1780—1783 年任皮布尔斯郡下院议员；1777 年任渔业和制造业专员；1783 年，被任命为法官（亨德兰勋爵），接着又成为司法专员；1786 年至死，税务法庭负责管件事务的雇员。他的有影响的亲戚包括特威代尔的马克斯家族和曼斯菲尔德勋爵；是亨利・邓达斯的忠实同事。鲍斯威尔因其“善言谈”而称羡他。

③ 现任下院议员、巴尔利米的约翰・斯科特上校，死于 1775 年。斯科特的孩子的监护人，亨利・邓达斯控制了令人垂涎的巴尔利米的权利。前一监护人詹姆斯・威姆斯把这权力给了詹姆斯・汤森德・奥斯瓦德。

④ 霍尔亚兹的罗伯特・斯基恩（1719—1787 年），1743 年进入军队；1763 年任副官长；1767—1780 年任苏格兰高地道路监察员；1772 年，上校；1777 年，陆军少将。1776 年，在第五代阿盖尔公爵约翰的支持下，他成为法夫郡的候选人，但把他的权力给了当选的詹姆斯・汤森德・奥斯瓦德。后者于 1779 年退职时，斯基恩重新成为下院议员，接着由于任职道路监察员于 1780 年 2 月离职。1780 年大选中他又复任下院议员。斯基恩支持诺恩政府，属于谢尔本的朋友之列，后来被认为是皮特的敌手。他是道路法案权威。

⑤ 福代尔的约翰・亨德森（1752—1817 年），1781 年接替其父成为第五代从男爵；受教育于圣安德鲁斯大学和牛津大学；1780—1807 年，相继担任法夫、迪萨特（*Dysart*）、锡福德和斯特林的下院议员。

⑥ 在上院，曼斯菲尔德曾攻击斯图尔特的道格拉斯案件证词为严重的伪证，斯图尔特则以令人啼笑皆非的《致曼斯菲尔德勋爵的信件》（1773 年）作了报复。

# 149. 大卫·休谟致斯密

收信人：亚当·斯密先生，伦敦，*Charing Cross*，"英国咖啡馆"
原稿存爱丁堡皇家学会；载格雷格：《大卫·休谟书信集》第2卷，第308页。

爱丁堡，1776年3月8日

亲爱的斯密：

我同您一样懒于写信，可是终因很想念您，还是拿起笔给您写信。

据大家说，您的书早就付印了，可迄今未见过广告，[①] 这是什么原因？如果您要到美国命运确定下来后再出版，等待的时间可就长了。

又听说您打算今年春天到我们这儿来住些日子，可听说归听说，不见人到来，这又是什么缘故？我家里为您腾出的房间一直空着，还是就来吧，我一直在家里等着。

我的健康状况不佳，过去和现在如此，今后也许还会这样。我有一天量了量体重，发现已减轻5呎*了。您如果还迟迟不来，您可能也就再也见不着我了。

巴克勒公爵告诉我，您对美国的事态十分关心。[②] 这个问题在我看来并不像一般所想的那样重要。我的看法要是不对，那就等见面或来信时再纠正。不过，在这一次的战争中，恐怕还是我国航

海业和商业比制造业损失惨重些。伦敦如能像我一样减轻体重，就好了。它也就是个庞大笨拙的人，生就一种邪恶的坏脾气。您的

大卫·休谟

① 《国富论》，1776 年 3 月 9 日出版；3 月 5—7 日的《伦敦新闻》登有广告。

* 1 呖等于 14 磅。——译者

② 也许是指斯密在《国富论》*IV. vii. c.* 和本书结语部分阐述的见解，正在对韦德伯恩和斯特拉恩等等有影响的朋友产生影响并已有了反应了。见斯密于 1776 年 6 月 3 日致斯特拉恩的信 158；韦德伯恩于 6 月 6 日致斯密的信 159 和斯特拉恩于 6 月 10 日致斯密的信 160；另见附录 *B*。

## 150. 大卫·休谟致斯密

收信人：亚当·斯密先生

原稿存爱丁堡皇家学会；载格雷格：《大卫·休谟书信集》第 2 卷第 311—312 页。

爱丁堡，1776 年 4 月 1 日

写得好！[①] 真出色！亲爱的斯密先生：您的著作真让我爱不释手，细读之后，我焦灼的心情一扫而光。这是一部您自己、您的朋友和公众都殷切期待的著作，它的出版是否顺利一直牵动着我的心，现在我可以放心了。虽然要读懂它非专心致志不可，而公众能做到

这一点的又不多，它开始能否吸引大批读者我还是心存疑虑[②]：但它有深刻的思想、完整的阐述和敏锐的见解，再加上有很多令人耳目一新的实例，它最终会引起公众注意的。您此前在伦敦暂住期间也许对本书作了不少修改。不过，其中有几条原理，您要是现在就在我家里，我还是要同您争论。我怎么也想不出农场的地租会是农产品价格的组成部分，我认为农产品价格完全由生产量和需求量决定。[③]我觉得法国国王不可能对铸币征收8%的铸币税。征税这么高，谁也不会把造币用金块送造币厂了。[④]造币用金块就会全部送往荷兰或英国，以不到2%的硬币铸造利率铸成硬币再送回国内。内克[⑤]就是在这种情况下说法国国王只征收2%铸币税的。这几个问题以及另外很多很多问题，我们只有通过交谈才能讨论清楚。这交谈，如果您不反对的话，我以为还是早一点为好。我希望早一点，是因为我的健康状况很糟，经不起慢慢来了。



我想您是了解吉本先生的。我非常喜欢他的著作，我曾冒昧地对他说过，如果我本人和他并不熟悉，我绝不会想到这部力作竟出自一个英国人的笔下。[⑥]苏格兰文学在我们手中衰微至此，想来令人痛惜。国民有这种看法，但愿他不见怪。

穆尔男爵[⑦]去世，您在这里的朋友们目前都在巨大的悲痛中。他的死对于我们的社会来说是无可弥补的损失。他是世界上我交往时间最长、最要好的朋友之一。

大约六个星期前我曾写信给您，[⑧]想来您是收到了。现在您一定是就要给回信了，您不再有什么紧迫的事脱不开手了。当然我们的友谊不取决于这些礼仪。

大卫·休谟

① 此处是希腊文,意即"写得好!"

② 《绅士杂志》只字不提《国富论》,1778 年的《年志》也只收了两页长的一篇书评,据认为还是伯克所写。

③ 在《国富论》*I. vi.* 第 8 页,斯密提出地租是大多数种类商品价格的第三个组成部分,但后来又指出,地租是以不同于工资和利润的形式构成商品的价格的(*I. xi. a.* 第 8 页)。休谟提出的批评成了后来李嘉图在这个问题上的见解的先兆:《政治经济学及赋税原理》,第 24 章。

④ 在《国富论》*IV. iV.* 第 20 页的"商业论"中,斯密引用 *Bazinghen* 的《*Traite'des monnoies*》(1764 年)所述权威资料,指出法国的造币费使未铸币的标准金块的价值增加 671 里夫 10 但尼尔与 720 里夫之差额或 48 里夫 19 索与 2 但尼尔之差额。由此可见,铸币税是略高于 7%(而不是休谟所称为 8%)。但休谟的批评还是对的,因为加尼尔在其《国富论》译本(*v.* 第 234 页)中指出,*Bazinghen* 提到的造币厂价格的有效期很短。造币厂造币用金块一缺,遂以高价相诱;而当《国富论》出版时,铸币税已是 3% 上下了。

⑤ 系指雅克·内克的《论商业和粮食的立法》(1775 年),斯密在《国富论》*v. iik.* 第 78 页等处引用了。见信 159 注⑤。

⑥ 《罗马帝国衰亡史》第 1 卷由斯特拉恩于 2 月 20 日出版。休谟于 3 月 18 日写信对吉本表示祝贺,说是"十年劳动的结晶"(《大卫·休谟书信集》第 2 卷第 309—311 页)。吉本的书销路比《国富沦》好(约翰·雷:《斯密传》第 286 页)。

⑦ 穆尔男爵由于胃痛风在 1776 年 3 月 25 日死于卡德威尔。

⑧ 1776 年 3 月 8 日的信 149。

## 151. 休·布莱尔[①]致斯密

原稿存苏格兰国家图书馆,编号 1005;载费伊:《亚当·斯密和他在苏格兰的日子》第 39—40 页(部分)。

爱丁堡〔1776 年〕4 月 3 日

我亲爱的先生：

值此大作出版之际，谨向您表示衷心祝贺。我是一读完就来信的。尽管几年前听您读后以及我获悉您在所论问题上已经花费了极大心血后，我对大作寄予的希望原就是很高了，然而一读完，我还得承认，大作之精辟超过了我的期望。论述这些问题的著作很多，但读了只有使人更加迷惑不解，我是连彻底弄懂的念头都给打消了。有了您的书，我这才茅塞顿开，疑团冰释。我的确认为这整整一代人都很感激您，但愿他们铭记您的恩惠就好。您戳穿商人用以混淆整个商业问题的一切诡辩术，对世界作出了重大贡献。大作应该成为万国商业法典，我也相信在某种程度上会具有这种性质。每读一章，我都深受启发，获益匪浅。我确信，自孟德斯鸠的《论法的精神》问世以来，欧洲还没有任何一部著作比得上大作在可能导致人类思想得以扩大和澄清上，起到了那么大的作用。

大作的结构好极了。前一章为后一章铺路，而您的理论体系也就自然确立。讨论这个问题，再没有比您采用的体裁更合适的了，它层次分明、不落俗套，论述全面而又无赘言，达到了内容和形式的统一。这种题材处理不好是枯燥无味的，但它始终把我吸引住了。我一口气读完了全书，而且还想在短期内再仔细地读一遍。

但也不是完美无疵。第二卷中间部分就有几页，亦即您开始说明我们目前应对美国采取的策略、包括给他们以代表权等等[②]那一部分内容，我以为还是略去的好，因为它太像是专为应付当前危局而写的东西。在以后的几版中，如果政府的策略业已落实，这几页自然必须删掉或加以改动。但在此前的这个期间内，一旦您的书被译成法文，它们还会原封不动地成为译本的内容（除非您写信阻止，而这您恐怕得考虑一下），并在欧洲照原文保持下去。由于您写了大学和教会两章，[3]您已经触怒了很难对付的一批敌手，他们将竭力谴责您。您关于大学的理论，具有真知灼见，向世界宣传是适宜的；没有这一章的话，我承认我会感到惋惜。但我不能完全同意您关于教会的学说。教会独立从来就不是受人欢迎的或可以接受的宗教制度。您谈到的那些小教派，由于多种原因，可能已经结成更大的教会团体，并已给社会造成很大危害了。我认为，您对长老制是过于赞赏的。它使教师与教徒的联系过于密切，并给您谈到的那种严格体系[4]以过多援助。这种制度从来就不赞成人类境况得到很大改善。

但我希望新版要作的最主要的改进，是您能采取某种方法，指出我们能从该书的哪些部分找到我们想得到的东西。您讨论了很多种类的问题。人们常得回头重看。各章的题目用字不多，概括不了读者想要查找的内容所在。增添一个索引（尽管确属必需）也不能完全满足需要。[5]我的意见是：在大作的开头或结尾，您得给我们一个概述全书内容的摘要，就像我们现在用于大学上课的那种课程提纲一样，以言简意赅的一个个命题表达出来，并在论证这些命题的各页上附上每个命题的参考资料。这样做的好处，不仅能使我们从书中找到我们想要查阅的任何一章一节，而且（这好处当然要大得多）还能提示整个理论体系的科学观点，有助于我们牢记您提出的各条原理，显示出它们之间相互联系、相互支持和首尾一贯的内涵，以及把读者读后形成的分散的看法集中起来，供您以后对这些原理进行实质性修改时参考。我不知道我是否把我的看法表达清楚了。但我相信，增加这样的一项内容对您的著作来说会是一个重要而富有实质性的改进。增加 10 或 15 页就足够了，它们将成为全书最有价值的一部分。请想一想。窃以为还是增添上好，大作会因此而光彩夺目、更加适用。

这真是一个丰收的季节。吉本已经写出一部一流的、构思巧妙的书。但不知怎么，他在书中攻击起宗教来了？[⑥]这部分内容不仅有碍于著作的销售，而且它本身就是反历史的，不得其所的。我衷心希望他继续努力下去，但务请告诉他今后还是尽早放弃那种立场为好。

您在这里的朋友都很好；只是（不管有多令人沮丧，我们还得说有例外！）可怜的 *D.* 休谟不能这么说。[⑦]他的健康状况很糟，而且每况愈下。我真担心——我真担心——我真不敢往前想。近年来，我们在这里的朋友中间有几位相继去世[⑧]已使我们遭到惨重损失，如果紧接着再发生意外，我们可就难以支持了。过去，我们常以为，我们中间是您的前景好，会有显要地位。但现在，我对此的看法不如那时乐观了。我不信他们就会让您在英格兰的某个重要机构任职。而如果他们真的如此，他们就是白痴，尽管在我们这里的某个机构任职您照样可以过得很舒服。[⑨]无论您在什么地方供职，都愿上帝保佑您！我听说您的朋友巴克勒公爵下星期上伦敦来。亲爱的先生，



我永远是忠实于您的

休·布莱尔

① 休·布莱尔（1718—1800 年），爱丁堡非国教派牧师温和派领袖，

(1758 年后)历任卡农加蒂教会、莱迪耶斯特教会和圣吉尔斯教会的教区牧以传师;教师和文学批评家著名;1762 年被委任为爱丁堡大学修辞学和文学钦定讲座教授;主要著作有为麦克弗森的《古代诗歌拾零》所作的序言(不署名)(1760 年),《欧希安诗评论》(1768 年),《修辞学及文学讲义》(1783 年)和《布道集》(1778—1801 年)。布莱尔是继斯密和罗伯特·沃森之后在爱丁堡大学讲授修辞学的。斯密曾把《部分修辞学讲义》给布莱尔看过,这部分或许是后来出版的《修辞学及文学讲义》的雏形。布莱尔从中吸取思想并利用在自己的讲义中了。据说他在《布道集》中也利用斯密的法学观点了,但斯密不抱怨,说:“就让他借用好了,我这里还多着呢”(约翰·雷:《斯密传》第 33 页)。

② 《国富论》*IV. vii. c.* 第 75—79 页。

③ 《国富论》*V. i. f.* 和 *g*。

④ 据斯密说,伦理学的“严格体系”得“普通人”喜欢,而“自由的”或“松散的”体系则得上流人喜欢。见《国富论》*V. i. g.* 第 10 页,另见第 34 和 37 页。

⑤ 1784 年《国富论》第三版增添了一个索引。见斯密于当年 11 月 18 日致托马斯·卡德尔的信 242。

⑥ 《罗马帝国衰亡史》第 15 和 16 章。

⑦ “1773 年春,”休谟写道:“我内脏开始感到不适,最初并无严重征兆,但后来我知道是成不治之症了”(《我的自传》,1776 年 4 月 18 日)。

⑧ 穆尔男爵和阿利穆尔勋爵。

⑨ 1778 年 1 月,斯密被委任为苏格兰海关专员。

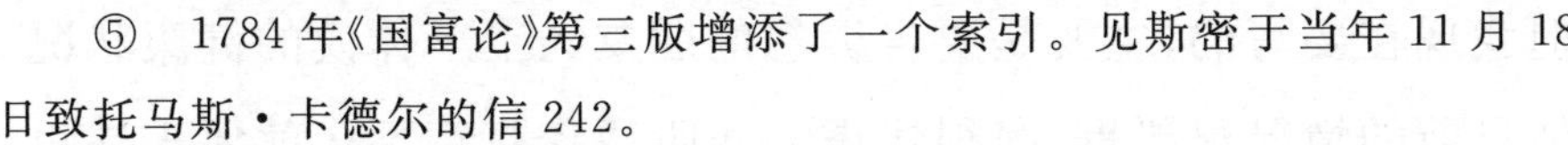

## 152. 约瑟夫·布莱克致斯密

收信人:亚当·斯密先生

原稿存爱丁堡皇家学会;未发表。

〔爱丁堡,1776 年 4 月〕[①]

亲爱的先生:

尽管我这是坐下来就另外一件事给您写信的,但我还是得说一说在听行家对大作发表看法时我经常感受到的那种高兴和满意的心情。我为您的著作的出版感到由衷的高兴。这样一来,您的前程不可限量,您的声誉和名望必然与年俱增,因为毫无疑问,单凭经验即可认为,您在大作很多部分提出的见解再过多少年也还会是新鲜的、发聋振聩的。无偏见的、眼光敏锐的人会立即表示称赞。当然,有的人,由于思想不那么敏感,而有的,虽不乏独到的见解,但却是被偏见或自私所歪曲了的,他们要理解和领略这样一部充满正直而不囿于成见的著作的精髓,那是非有一定时间不可的。但我现在要写的,主要是要告诉您的朋友大卫·休谟的健康状况。他目前的情况很严重,我很忧虑。我听说您打算不久就要来这里。如果可能的话,请尽快前来,有您陪伴,他会好受些。几年来,他的健康状况一直是一年不如一年,不过始终是小病,发展缓慢。但大约十二个月前开始,病情的发展加速了。[②]他身体的不适之一是始终有高烧的感觉,主要是在晚上,不过只是外源的,因为没有因为发烧而引起体内疼痛、精神不安或口渴。巴思温泉使他大受裨益,病情减轻多了,他现在还有不舒服的感觉。还有一种病在伤害他的身体,我担心难以根治。这就是腹泻再加上腹绞痛,我以为是内出血所引起的。他生来就常患腹泻,发作的时间相当定期,而且还有很长的痔疮出脓病史。不过,腹泻是越来越频繁了,现在每三四

天就有一次。一旦腹泻,他便大量出血。从血色以及从腹绞痛部位来看,这出血必定起因于肠的某些较高部位。每次腹泻、出血后,他的身体都大为减弱,看上去就像得过一场重病。不过次日就有几分康复了,而且心情和精神总的说来也很好,能进适量食物并津津有味地吃起来了。他说,他母亲的身体同他完全一样,她就死于这种病,这使他放弃了好转的一切念头。他目前的状况就是这样,您可以转告约翰·普林格尔爵士③,并请代我向他向好。我知道他们之间情意深厚,约翰爵士一定很想获悉他朋友的近况。他有什么话要说、有什么想法要暗示,我都乐于转告。

但对其他任何人就请不要深谈这件事。他不愿让人知道。就连对我说他的这种健康状况,他也是含糊其辞的。

匆匆写成,无暇誊清,请原谅。相信我,亲爱的先生,我永远是

最忠实于您和最热爱您的

约瑟夫·布莱克

① 此信必写于《国富论》到达苏格兰之后、休谟 4 月 21 日动身到英格兰去之前。

② 不能排除肠癌,但休谟也许就死于急性杆菌状痢疾之后的慢性溃疡性结肠炎(莫斯纳:《休谟传》第 596 页)。

③ 约翰·普林格尔爵士(1707—1782 年),内科医生,斯密和休谟的朋友;曾在莱登大学学习;1734—1744 年任爱丁堡大学气体力学和道德哲学联合教授;1744 年辞去教授职位,担任佛兰德英军总医生;1748 年定居伦敦;1774 年担任乔治三世贴身医生;1772 年当选皇家学会会长;改革军事医学和卫生,著有《关于军队中疾病的意见》(1752 年)。

## 153. 威廉·罗伯逊致斯密

原稿载多萝西娅·查恩伍德夫人:《手稿集》(伦敦,1930 年)第 121—122 页。

北默奇斯敦,1776 年 4 月 8 日

我亲爱的先生:

我懒于写信,我也知道您比谁都不想接到来信。但是,不等《研究》这部充满我已感受到的新思想新知识的著作读完一遍,我就要向您表示由衷的满意之情了,这种感情是一仔细考虑某位朋友作出巨大努力,写出了不同凡响、值得称道的书来时谁都会油然而生的。我知道您在这部著作上花费了多少时间、倾注了多少心血,我对它抱有极大的希望,但实际上它远远超过了我的期望。您给一个正规而历久不变的理论体系引进了政治学中一部分最复杂、最重要的内容,如果英国人有能力把他们的思想向前推进一步,突破由重商主义革命理论拥护者创立,而又得到洛克以及部分得宠的作者支持的那种狭隘而偏颇的理论结构,我想您的书将引起警察[①]和财政方面几个重要法规的根本改变。您在这里的朋友对大作的看法完全相同。不过,如果我们有机会见着您,我们也许还要大胆地和您讨论讨论您的理论体系的一些条文,有的还要和您争论争论,当然我们是本着虚心求教的精神的。但是,你的朋友们都能从您的劳动和发现中得到好处,不过谁也不会有我得到的

多。[②]您有很多关于殖民地的看法对我具有极重要的意义。我将常以您为师。但愿我关于限制殖民地贸易是荒谬的这种见解得到比我自己所能做到的好得多的证实。我的著作已经全部完成，至于同英国殖民地以及导致这些殖民地前途未定的原因有关的部分，我还在犹犹豫豫地写着。[③]

由于大作势必成为全欧的一部政治或商业法典，从事于这些领域工作的人和研究的人必定常常查阅，所以我希望本书再版时，您能增添一个详尽的索引[④]以及说明每一段讨论进展情况的书商称为**旁注**的一类东西。这将大大方便于翻阅或查找。既然大作已经脱稿，我希望能有机会在苏格兰见到您。我们这里的学术界已经遭到严重的摧残。休谟先生病情急转直下，我忧心如焚。天气变暖后他如果仍不见好转，我可真担心他的命运了。他要有个不幸，我们的损失真不堪设想。亲爱的先生，相信我永远是

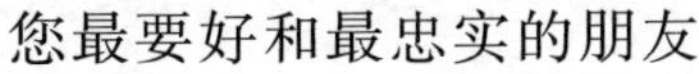

您最要好和最忠实的朋友

威廉·罗伯逊

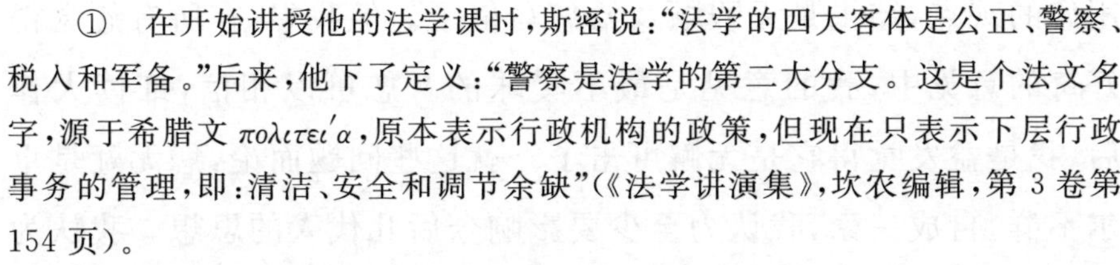

① 在开始讲授他的法学课时，斯密说："法学的四大客体是公正、警察、税入和军备。"后来，他下了定义："警察是法学的第二大分支。这是个法文名字，源于希腊文 πολιτει΄α，原本表示行政机构的政策，但现在只表示下层行政事务的管理，即：清洁、安全和调节余缺"（《法学讲演集》，坎农编辑，第 3 卷第 154 页）。

② 有证据表明罗伯逊早年曾利用过斯密的观点。曾于大约 1750—1751 年听过斯密讲授法学的克雷格福斯的约翰·卡兰德断言："罗伯逊博士从他们那儿借走过他的查理五世的历史第 1 卷，每个学生都可作证"。这里提到的，也就是《历史：论欧洲从罗马帝国瓦解到 16 世纪开始的社会进步》第 1 卷。据卡兰德的意见，斯密说过，罗伯逊"能够作出很好的概述，但要完成

计划，则还需努力”(原稿存爱丁堡大学图书馆，引自斯科特:《亚当·斯密》第55—56页)。

③ 在其《美国史》(1777年)前八册中，罗伯逊“论述了新大陆的发现和西班牙军队及其在那里的殖民地的进步”。最后两册讨论弗吉尼亚到1688年止和新英格兰到1652年止的历史。但在前言中允诺一旦“与英国的南北战争结束”，他再回过头来写英国的殖民地，但他后来没有这么做。

④ 见休·布莱尔于1776年4月3日致斯密的信151注⑤。

## 154. 亚当·弗格森致斯密

原稿载约翰·斯莫尔:《亚当·弗格森自传》第621页；又载约翰·雷，《斯密传》第138页(部分)。



爱丁堡，1776年4月18日

我亲爱的先生：

一段时间以来我一直忙于读您的著作，向我的学生介绍和引用您的观点，结果是无暇顾及给您写信了。但我想，在所有您觉得好奇的意见中，我的意见是最不暧昧的。您可以相信，细读大作后，我是益发觉得它是无懈可击了。就这些问题而论，您无疑是卓尔不群，自成一家，我认为至少要影响今后几代人的思想。我认为大作没有必要再作什么增补了，如果在以后几版中您想起要下这方面的功夫，那自然是后话。您不要指望会像小说那样畅销，不，就连一部纯历史书那样的销路都不会有。但是，只要有人想了解这些问题，您就完全可以让书商放心会有稳定而持久的销路的。①

确实，您激怒教会、大学和商人了，在这一点上我愿支持您反对他们。但您还触怒了国民军，对此我必须反对您。[②]就某些非常手段而论，没有哲学家的思想影响力，我国绅士和农民也不会漠视他们原可以利用的每一种手段。谁知道他们是否就要采用其中的压力。当然，除非不得已，他们绝不采用压力这一手段。您已收到布莱克来信，知道我们尊敬的朋友大卫·休谟的情况了。要说这种情况下还有什么是可庆幸的话，那就是他的心情是快活的，精神状态是轻松的。我相信他会遵照约翰·普林格尔爵士的嘱咐，至少做到活动活动，去试一试巴思温泉的疗效或爵士可能提出的其他可行办法的。[③]这一情况，我跟吉本先生讲的要详细些，如在伦敦碰到他，他会告诉您的。如碰不到，就请立即来这里。

我永远是您的

亚当·弗格森



① 休谟认为《国富论》需要“费很多脑筋才能读懂，不会像吉本先生的〔历史〕那样受欢迎”（《大卫·休谟书信集》，第2卷第314页）。对此，斯特拉恩表示同意说：“您就吉本先生和斯密博士的书所说的话完全正确。前者是更受欢迎的著作，但后者虽然不如前者销售得快，但其销路还是很好，超出我的预料，因为这是一部必须专心致志（现代读者具有这种素质的不多）才能读懂的著作”（1776年4月12日，《休谟手稿》，爱丁堡皇家学会）。《国富论》第一版六个月内就卖完。

② 一般说斯密是认为民防军比职业常备军差，训练很差的士兵满足不了现代战争的要求。但他以预言者的目光注视美国，也注意到久经战场锻炼的民防军也能与常备军匹敌：《国富论》*V. i. a.* 第23页和第27页。弗格森是主张发展苏格兰民防军的运动的领袖：《玛格丽特——称为佩格的英国人唯一修女——案件始末》（1761年）。1775年，他以观看过瑞士武装民防军向亚

历山大·卡莱尔表示自己的热情。

③ 就在这个4月,约翰·普林格尔爵士劝休谟到伦敦作一次医疗检查,然后再去试试巴思和巴克斯顿温泉疗效。4月21日,休谟离开爱丁堡,两天后在莫佩思遇到斯密和剧作家约翰·霍姆。斯密继续前往柯科迪去看望他病中的母亲,而其同伴随同休谟返回伦敦。

## 155. 亚当·弗格森致斯密

原稿存爱丁堡皇家学会学报;载约翰·斯莫尔:《亚当·弗格森自传》第623页(摘录)。

〔爱丁堡,1776年4月〕①

……我担心大卫是无望了。他兴致很高,精神也与平常一样好,但得承认我抱有的随着春季到来而好转的希望是很渺茫了……

① 无日期,但可能写于休谟于4月21日动身离爱丁堡赴伦敦以前。

## 156. 大卫·休谟致斯密

收信人:亚当·斯密先生　地址:柯科迪

原稿存爱丁堡皇家学会,第2卷第57页;载格雷格:《大卫·休谟书信集》第2卷第316—317页。

伦敦，1776 年 5 月 3 日

我亲爱的朋友：

随信寄上一封您想公开就可以公开的信。[①]但我认为您的顾虑是不必要的。[②]马利特不是也没有因为出版博林布罗克勋爵的遗作而遭到了什么非议吗？他后来还得到了世界上最谨慎的人，当今国王即原先的布特勋爵下达的公职委任状。他就始终认为自己神圣地履行亡友的遗嘱是有理的。诚然从表面上看，我也承认您的顾虑是合理的。但是，我还要坚持这样的意见，就是如果我死了，而您又决定永远不出版这些文稿，在这种情况下，您可以把它们封好放我哥哥家里，并附文说明您保留您认为什么时候合适就什么时候要求收回这些文稿的权利。如果还能再活上几年，我就自己来出。罗什福科的意见是对的：风能吹灭蜡烛，也能引起火灾。

听我说起有生之年，您也许感到惊奇；您是知道我的健康状况的，我和我在爱丁堡的朋友们对此本来也都有看法了。我虽然难以完全不负我们的朋友约翰[③]乐观的期望，来伦敦途中我觉得身体是好多了。但愿巴思温泉和随后的旅行能使我恢复健康。

从见到过的几位朋友处获悉，伦敦到处都能见到您的书，它受到普遍的欢迎。不过也有很多人认为对有些论点不能表示同意，这您一定不会没有料想到吧。我为我是其中的一员高兴，这些论点可以成为我们今后交谈的内容。

遵照医嘱，我准备于星期一动身前往巴思。约翰·普林格尔爵士说，我的病情他看不出有什么好忧虑的。如果您给我写信的话，喂喂，我是说如果您给我写信的话，就请附在您给斯特拉恩先生的信中，我会告诉他地址的。

离开爱丁堡，我将失去很多和您在一起的时间，这我很懊丧。今夏我们原可以一起愉快地度过很长一段时间。亲爱的斯密，我永远是您最真诚和最要好的

大卫·休谟

① 也是注明1776年5月3日写的信157。

② 后来的几封信表明斯密不愿负起出版《自然宗教对话录》一书的责任。

③ 剧作家约翰·霍姆。

## 157. 大卫·休谟致斯密

收信人：亚当·斯密先生

原稿存爱丁堡皇家学会，第2卷第58页，载格雷格：《大卫·休谟书信集》第2卷第317—318页。

伦敦，1776年5月3日

我亲爱的先生：

经过深思熟虑，我遗嘱中委托您处理我的全部文稿那一条[①]内请求您出版，而且是尽快出版我的《自然宗教对话录》一点，有鉴于该著作的性质以及出版对您的处境可能带来的影响，我现在感觉到那样写是不妥当的。谨借此机会稍稍改动一下那一个出于真心的请求：我主张，什么时候出版或者究竟出版与否，这都任您自

由决定。在我的文稿中，您可以注意到有一份对谁也无害的手稿，那就是《我的自传》，是我在离开爱丁堡前几天，当我和我所有的朋友一样认为我是生命垂危时写的。如果请您把这篇短文送给斯特拉恩先生和卡德尔先生以及我其他著作的版权所有人，等其中有哪一部著作再版时用它作为序言，想来您不会有什么反对意见吧。我亲爱的先生，我是您

最亲爱的朋友和仆人

大卫·休谟

① 该条原文如下："我把我的全部手稿无例外地都留给我的朋友，格拉斯哥大学前任道德哲学教授亚当·斯密博士，并请求他出版包括在这批遗稿中的我的《自然宗教对话录》。至于他感到不是在这五年内写的其他文稿，就请不要出版，而是在他有空时全部把它们销毁。我还要托付他全权处理除上述《对话录》以外我的全部文稿。我们之间是存在有亲密无间的友谊，我也完全信任他会忠实地履行我遗嘱中这一部分有关的责任，但是，作为他费心出力校订和出版这部著作的一点点报酬，我还是要遗赠给他 200 英镑，一出版即付。"(《遗嘱》，1776 年 1 月 4 日。)

## 158. 致〔威廉·斯特拉恩〕

原稿存加利福尼亚圣马力诺亨廷顿图书馆；未出版。

柯科迪，1776 年 6 月 3 日

亲爱的先生：

除了在我提到的附信[①]中已经对卡德尔先生说了的外，我没有什么要写信告诉您。谈及出版事宜，我把您和他看成同一个人。

从我国这个偏僻的边远小镇向您写信，我要说的，也就是有关我的所有问题中最糟的那个问题。而且就是那个问题，我也只能说，我身体很好，家母我也觉得保持着年逾八十的人所能指望的健康状况。

美国战事一开始情况糟透了。[②]但愿结局好一些(我说不上我料想如此)。当代的英国虽然培养了各行各业的杰出的专业人才、杰出的律师、杰出的钟表制造商等等，但看来并没有造就出杰出的政治家或将军。有信从您处来，聆听您就时局发表的宏论，不亦乐乎。[③]我亲爱的先生，我永远是

最忠实于您和最热爱您的

亚当·斯密



① 致卡德尔的附信无处查找，其内容也许包括要求寄一份书款账单和告诉《国富论》销售情况。见斯特拉恩于6月10日致斯密的信160。

② 1776年年初，豪将军被迫撤离波士顿退到新斯科舍的哈里法克斯。

③ 斯特拉恩的政见及其关于议会争论的报告备受赞扬。休谟1770年写道："没有再比您政治上的才智更让人高兴的了。我一直说您可以指导政治家，这没有丝毫恭维的意思"(《大卫·休谟书信集》第2卷第224页)。他原先由于与富兰克林的友谊，具有好意，支持美国殖民地居民，但于1774年成为下院议员后，终于越来越偏袒英国政府了，到1775年，他竟至于这样写信给休谟："我完全赞成对这些顽固的疯子采取高压方法。为什么我们不全力以赴阻止帝国遭到肢解呢？……不是我希望奴役殖民地居民……而是主张要使他们服从英国议会"(《议会史：1754—1790年的下院》*ii*. 第490—491页)。

## 159. 亚历山大·韦德伯恩致斯密

原稿存格拉斯哥大学图书馆,编号 1035/153;载斯科特:《亚当·斯密》第 269—271 页。

〔伦敦?〕,1776 年 6 月 6 日

我亲爱的斯密:

一个月前您对来自美国的不利报道所作的评论全被我们最近得到的好消息驳倒了。这些消息证明,我们的准备工作是做得及时的,我们的作战计划是明智的,政府各部门对这些计划的实施是积极而得力的。下一次从西边传来的消息,也许能重新证实您的评论,[①] 但这时是因为魁北克未被攻取、李将军又被俘吗?我们还会因为五艘美国装有大炮的快速帆船不能击败一艘老式二十响武装直升机而极高兴的。[②] 总之,无论从美国传来什么报道,我都既不会大失所望,也不会得意洋洋。我倒是坚信,尽管一开始我们一败涂地,就凭那支用之不当的政府军队也还是能够打败更不可靠、更难管理的民主叛乱力量。如果对人心涣散、愚蠢、猜忌和派系活动不作斗争,不加以反对,那么,我们的命运确实一定会是很不幸的。政治上的问题就写这么多。对此,在今年的这个时期我一直很厌恶谈论,这种厌恶的情绪现在尤其强烈。如果国会此时开会,那么除了我们的朋友赫伯特,[③] 我不知道还能跟谁说去。照您的看法对谁谈都未尝不可,而如果是这样,我是否就可以丝毫不考虑别人

的看法和处境,完全根据自己的理论体系去从事研究呢?我现在倾向于认为这是一个人所能遵循的最好路线,如果他采取什么行动是旨在表明给他指明方向的是理论体系,而不是异想天开的话。

您的几位法国朋友我见到了。其中,絮阿德[4]也是我相交很久的熟人,他是个通情达理的人,消息灵通,没有偏见。还有内克[5],他的谈吐表明他很富有,习惯于听人说话而又待人恳切。我没有把他看作是学识深湛的人,就连他最有机会了解的那些问题上也是如此。他似乎认为,写出一本有关价格的书是扩大一国经济的一个好办法,有大量硬币是财富的确凿证据,而如果制造商都相信外国人国家就穷。他不会成为改信您的理论体系的人,因为他有三四方面的内容是在说明他的全部论点中都要利用,用处太大,他是不愿抛弃的,而这些,您则不常用。对于他来说,谷物是 *La Matiere premiere*,而金钱是 *Le Tresor Publique*。由于巧妙地使用这些词语字面的和比喻的各种不同意义,他的每个论点都阐述得很出色。很遗憾,我没有遇见内克夫人,[6]不过韦德伯恩夫人[7]还是为她举办了宴会,结果是只有男人赴宴了。

我记得您曾对我提起过有两本书当对詹姆斯·厄斯金爵士[8]有参考价值。书名我忘了。如果您想得起来,那就请告诉我书名,我得在几个星期内找出有用的地方以满足他的好奇心,谢谢。

我读过大卫·休谟的一封让人很放心的信。我很高兴从别人那儿获悉,在相当长一段时间里他不大可能要委托您亦什么事[9]了。

亲爱的斯密,我永远是最忠诚予您的

亚历山大·韦德伯恩

① 见斯密于1776年6月3日致威廉·斯特拉恩的信158和韦德伯恩保存的手稿，"1778年2月斯密关于英国和美国争论的现状的思考"，揭示于附录*B*。另见《国富论》*V.i.a.*第27页。

② 3月6日，海军上将查尔斯·道格拉斯使军需品卸船上岸，5月6日，美国人奋起围攻。查尔斯·李将军直到1776年12月13日才被俘。

③ 亨利·赫伯特，见信70注①。韦德伯恩是极力主张与美国人调停的，并为此目的曾于1776年和1778年起草过提案。后来，他对诺思的战争行动不再着迷，还曾密谋反对他。

④ *J.-B.-A.*絮阿德(1733—1817年)，卡塞特文艺报两编辑之一，罗伯逊著《查尔斯五世传》的法文版译者。

⑤ 雅克·内克(1732—1804年)，财政家和政治家，路易十六时期的财政大臣(1776—1781年)，(1788—1789年)；一如他的《论商业和谷物的立法》(1775年)所示，是反对重农主义者，该著作反对杜尔哥关于谷物自由贸易的主张。斯密从这部著作中接受了法国人口的一个估计数，但据说对内克没有很高评价，称他为"平庸之辈"(约翰·雷:《斯密传》第206页)。见信150注⑤。

⑥ 博恩·苏珊娜·柯丘德(1739—1794年)；吉本曾"渴慕作她的恋人"，但当他父亲不同意他们的婚约时，又"作为孝子从命"了。作为内克夫人，她在巴黎举办了一家著名的沙龙，还写文学和道德方面的文章。她是斯塔夫尔人的母亲。



⑦ 贝蒂·安妮(1781年死)，约克郡莫利的约翰·道森的女儿和女继承人。

⑧ 詹姆斯·厄斯金爵士(1762—1837年)，韦德伯恩姐姐的儿子；1772—1777年就读于伊顿公学。其舅父监护他的教育，1782年当他还未达适龄年限时就为他在议会谋取了一个职位，并使他作了他的嗣子。见信163注⑤。

⑨ 斯密是休谟的遗稿保管人。

## 160. 威廉·斯特拉恩致斯密

收信人：亚当·斯密博士　地址：柯科迪

原稿存爱丁堡皇家学会，第8卷第48页（标有“抄本”字样）；载 *J. A.* 科克伦：《约翰逊博士的印刷商：威廉·斯持拉恩的生平》（伦敦，1964年）第138、202页（部分）。

伦敦，1776年6月10日

亲爱的先生：

来信收到。[①]专就大作出版事宜来信，您认为写给卡德尔先生或写给我都一样，确实如此。账单一定准时奉上，大作销售情况过几天由卡德尔先生来信详谈。

获悉您身体很好、令堂大人也如预期的那样健康，很高兴。请代向老人家请安并函告我夏末前后她能否同您一道来伦敦住些时候。

几天前，约翰·普林格尔爵士收到了休谟先生的一封来信，我今天收到一封。读毕，知道他第一次试行巴思温泉疗法后产生的种种好的征兆现在全都消失了，心情不由沉重起来，他旧病复发，剧烈如前，因此打算换个地方，想到巴克斯顿试试。在他去那儿的途中，我无时无刻不在盼望着他来伦敦。他是以满不在乎、听之任之的心情写及自己的病情的，但我对他的现状您想象不出有多忧虑。有些具体事项，[②]他告诉我了。万一他死去，他的著作该怎么办呢？这个问题他也作了交代，到时候遵嘱照办就是。您已知道一切，余话等见到您的时候再谈。至于别人，我以为现在还不必告知。

除了告诉您我们最尊敬的朋友的这一令人忧伤的消息外，我还要高兴地告诉您，根据最可靠的消息来源，卡尔顿将军[③]已经率领一千人从魁北克城突围。这是他5月9日前后得到我们的两位军人(我没有记住他们的名字)的援助后发动的,结果是人数三倍于他们的攻城兵望风披靡,丢下了成批的大炮辎重等等,就连餐桌上的饭菜也顾不上吃。将军派出了追击部队,进展情况不详。这个重要消息系一位叫汉密尔顿的舰长传出,我是今天早晨在海军部听休·帕利泽爵士④和斯蒂芬斯先生⑤亲口讲的。这无疑要见诸明天的《公报》,我今晚就写信给您,使您有可能比同事们早一天知道。由于伯戈因将军⑥很可能已经抵达那里,现在我们在该省集结的兵力是相当庞大的了。实际上,守住该省比什么都重要,因为如果失守,我们在美国进行的战争也就濒临绝境了。再说当时还有两百人在前往增援魁北克城守军的途中,他们在对手面前怎么显得那么怯懦,这原因实在让人费解。您可以从最近一期《公报》中注意到,我们的海军当时正在重创对手的舰队,至少有70%的舰船已经落入我们的手中。如果照这样继续下去,我们很快就会使他们疲于奔命,无心同我们古老的英国较量。而我国,我希望将继续证明是无敌于天下的。这绝不等于美国战事的狼狈的开始,我们的舰队在夏季的军事行动也不会无所作为,因为正如H.帕利泽爵士几天前所说,这些行动现在才刚刚开动机器。

····

无论什么时候,只要有了您从他处不大可能得到的有关战事的消息,只要能使您比经由一般传递手段快一些得到这些消息,我一定就给您写信。为使您的隐居生活尽可能满意,我愿尽微力。

最热爱和最忠实于您的谦卑的仆人

威廉·斯特拉恩

卡尔顿将军作为一个军人功勋卓著,我希望他将成为例外,说明对

当代人不能一概而论。

① 信158,1776年6月3日斯密致威廉·斯将拉恩。

② 关于《自然宗教对话录》,见信166,1776年8月22日斯密袭大卫·休谟,和信172,1776年9月5日斯密致斯特拉恩,以及信173,9月16日斯特拉恩致斯密。

③ 盖伊·卡尔顿(1724—1806年),第一代多尔切斯特男爵,军人和行政官员;1775—1777年任魁北克总督;1775年12月—1776年5月,击退美国人进攻,成功地保卫了魁北克省;1782—1783年任美国总司令。

④ 休·帕利泽爵士(1723—1796年),第一代从男爵;1735年进入英国皇家海军;1775年,海军少将;1775年,海军大臣;1787年,海军上将;1778年曾因违抗凯佩尔而被送交军事法庭,但宣告无罪;1782年,格林威治医院院长。

⑤ 菲利普·斯蒂芬斯爵士(1725—1809年),第一代从男爵;1763—1795年任英国海军大臣;1768—1806年间任(桑威奇)下院议员;1771年当选为英国皇家学会会员;1795年授以从男爵。

⑥ 约翰·伯戈因(1722—1792年),剧作家兼军人;1776年担任加拿大副司令;1777年任加拿大总司令,但10月在萨拉托加向美国人投降;1782年改任爱尔兰总司令;其剧作包括《女继承人》(1786年)等。

## 161. 致大卫·休谟

收信人:大卫·休谟先生

原稿存格拉斯哥大学图书馆,编号1035/132;载斯科特:《亚当·斯密》第271—272页。

柯科迪，1776 年 6 月 16 日

我亲爱的朋友：

听斯特拉恩先生来信说，巴思温泉对您没过多久就不像开始时那样适合了，我深感不安。您感到有一种疗法对您适合，就是旅行和换换空气。如果我是您，这整个晴朗的季节我都要始终坚持那一种疗法，而且周游英格兰，每到一地，逗留时间都不超过两三个晚上，这样度过夏季。如果 10 月前还不见彻底复元，再考虑离开寒冷的地方到温暖的地方，去罗马和那不勒斯王国游览游览具有悠久历史的古代和近代艺术遗迹。矿泉水无异于药房的药物，也是药，对人体有同样严重的副作用。它的机制是自然界引起的那种疾病除外再引起一种真病，虽然是一种暂时的病。这种新病如果对老病抗击不力，无助于根除它，就势必削弱体力，自然界还得再排除它。换换空气，适度地活动活动，则绝不会引起新病，只会减少任何一种可能就在体内潜伏着的缠绵疾病的有害作用，从而使身体在那一种病态的整个持续期内始终保持良好状况。它们并不削弱除病的自然力，而是增强除病的自然力。我想，对您说来，巴思温泉也许从来也不曾奏效过，您有一段时间持续见好，也许就在于您的旅行所产生的有利作用当您开始加以利用时尚未消失，您以前没有依靠它们，而是无视它们了。巴克斯顿温泉对您或许会有益一些吧？大凡认为最有希望奏效的处方人们总是首先采用的。如果不灵验，十次中有九次不见效，第二个处方就很可能一百次中竟有九十九次不见效。无论如何，巴克斯顿之行对您或许很有好处，至于温泉的作用我持保留意见。

非常感激您给我来信[①]和对我无限信赖。如果我不幸得比您

多活几年,那就相信我好了,您希望完整无损的一切,我都会采取一切可能的措施,防患于未然。我最亲爱的朋友,我永远是

最热爱和最忠实于您的

亚当·斯密

后天我去爱丁堡,几个星期后再回镇上来。因此,来信望烦书商约翰·鲍尔弗先生转交。

① 见信156和信157,均系1776年5月3日大卫·休谟致亚当·斯密的信,内含关于《自然宗教对话录》和《自传》的嘱咐。

## 162. 致〔威廉·斯特拉恩〕

原稿存耶鲁大学图书馆;未出版。

爱丁堡,1776年7月6日

亲爱的先生:

休谟先生上星期三到达这里,身体状况远没有我想象中的好。但精神矍铄,我想气色也比我在莫佩思见到他时正,只是体力恐怕减弱多了。因此,现在他是受不了我们这崎岖不平的道路上驿马车的颠簸的。他要我在他在英格兰期间给他写信时把信附在给您的信中,我照办了。但他还从未收到过我的信。① 您到底还是把那封信寄给他就好了,因为我想他会把我本没有的疏忽当成冷淡的。

阿诺德,即王子新来的那位副家庭教师,是谁?我记不得曾经

听说过他。在王室那个很重要的领域,是什么原因导致如此意外的一场变革的?[②] 布鲁斯勋爵辞职的原因我是知道的。[③]

卡德尔我已提款支付了,但尚未收到他的来信。我亲爱的先生我永远是

您的最忠实和最诚挚的

亚当·斯密

给我写信请烦书商约翰·鲍尔弗先生转交。坎贝尔的书[④] 富有哲理和学识,但尚待加工,我怕您不会有多大赚头。请代我向夫人、小姐和全家问候。

① 大概指 1776 年 6 月 16 日斯密致休谟的信 161。

② 霍尔德内斯伯爵,乔治三世孩子的保护人,和副家庭教师西里尔·杰克逊长期不和。后者被解雇,前者辞职。新来的副家庭教师是威廉·阿诺德牧师(1802 年死)。

③ 托马斯·布鲁斯·布鲁斯-布鲁德内尔(后来的布鲁德内尔-布鲁斯,1729—1814 年;1747 年,第二代布鲁斯男爵;1776 年 6 月 10 日加冕为艾尔斯伯里伯爵)和赫德主教于 1776 年 5 月 31 日作为对王室孩子负有教育责任的保护人亲吻国王的手。两天后,布鲁斯勋爵辞职:"今天我见了利奇菲尔德主教,他给我带来了一则令人伤感的消息;布鲁斯夫人有困难,她丈夫深为焦虑,特托他前来转告我,他没有心思作我孩子的保护人"(1776 年 6 月 2 日,乔治三世致诺斯:《乔治三世通信录》*iii*. 第 370 页)。布鲁斯由其弟蒙塔格公爵取代。见沃波尔:《通信录》*xxiv*. 第 217—218 页。

④ 乔治·坎贝尔的《修辞学哲学》,1776 年由斯特拉恩出版。

## 163. 致亚历山大·韦德伯恩

收信人:下院议员亚历山大·韦德伯恩先生　地址:伦敦,因菲尔

德，林肯斯

原稿存格拉斯哥大学图书馆，编号4131；未出版。

柯科迪，1776年8月14日

我亲爱的先生：

读坎宁安先生来信，惊悉由于尊夫人健康状况上的原因，您得在斯帕度过几个月。但愿需要仅仅是个借口，娱乐才是此行的真正目的。无论如何您是有了机会摆脱一下事务缠身的不安的心境，得到一定程度的娱乐和消遣。

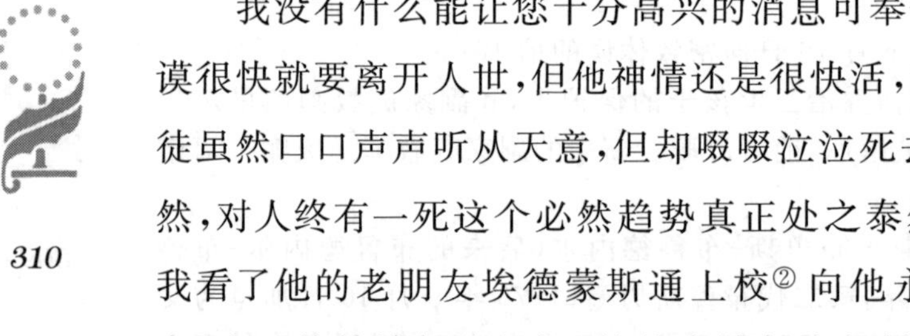

我没有什么能让您十分高兴的消息可奉告。可怜的大卫·休谟很快就要离开人世，但他神情还是很快活，富于幽默感。基督教徒虽然口口声声听从天意，但却啜啜泣泣死去，相比之下，他更坦然，对人终有一死这个必然趋势真正处之泰然。[1] 上星期四，他给我看了他的老朋友埃德蒙斯通上校[2] 向他永别的一封信。我断言，由于他精神仍然很好，他的病情仍有好转的希望。他回答说，“斯密，您的希望是会落空的。到现在已经持续了几年的一种习惯性的腹泻无论对于多大年龄的人都是一种危险的疾病。就我的年龄来说是一种致命的病。我自己感到，早晨起床时比晚上入睡时虚弱，晚上入睡时又比早晨起床时虚弱。因此，我恐怕再过几天就不行了。”我说，他可以聊以自慰的是，他是在使他的所有朋友诸事顺遂，尤其是他哥哥一家境况大有好转时离去的。他回答说，他们的境况好与他无关，接着讲了讲他们的情况。但是，他继续说，您刚才说的我同意。不久前当我读卢西恩[3] 的对话录——他代表其中的一个幽灵，在恳求稍稍推延一些时间，等他嫁出了幼女再上船；第二个幽灵在恳求等他盖好了已经动工建造的一所房子再上船；第三个幽灵在恳求等他为他的两三个小孩准备了衣食再上船——时，我开始考虑向冥府渡神提出什么理由以求短暂的推延了。现在，由于我曾打算要做的一切我都做了，我承认我暂时是想不出来说得过去的理由的。最后，我想到我可以说，仁慈的冥府渡神，我是一直致力于提高人们的认识的，再给点时间吧，我就能看到教堂关闭、牧师歇业了。但冥府渡神会回答说，你这个游手好闲的无赖啊，这些情况再过二百年都不会发生的，你以为我会让你活这么久的吗？立即上船！[④]既然我们的朋友是无法挽留了，但愿不幸中的大幸是他就得和正常人一样。我有几天不在爱丁堡，直到他又想起了我，我才回到他身边。他现在身体很虚弱，就连我陪着他也使他感到疲劳，而精神又很好，只要有人同他在一起，他总要说个不停。孤无他人时，他就专心校订自己的著作，也做点别的，借以自娱。

我已不大记得曾给詹姆斯·厄斯金爵士推荐过哪几本书了。*The*〔? *Coure*〕*des Etudes du duc de Parme* 也许是其中的一本。[⑤]另外的我想不起来。

麦克唐纳同您在一起吗？[⑥]我听说他的健康状况不好。如蒙告知，当不胜感激。休谟之后，几乎没有人比他更让我深切思念了。我亲爱的先生，我永远是

您的最忠实的

亚当·斯密

① 斯密曾在爱丁堡与休谟待在一起。

② 牛顿的詹姆斯·埃德蒙斯通；1739年入伍，升至陆军中校（1862年），1770年退役；休谟的老朋友，1746年的洛里昂远征中与他同行。这封信的部分内容是："我很激动，今天早晨就不来看您了。我想这对我们两人都好。您不能死，您将活在您的所有朋友的记忆中，您的著作将使您得到永生。我想绝不会有人不喜欢您或是恨您；如果有，他必定比野兽还不如，他就是一个最有见识、心地最善良和举止最和蔼可亲的人的敌人"（爱丁堡皇家学会 *v.* 7）。

③ 据莫尔莱说，卢西恩是休谟最喜爱的作者，是休谟的一种对话录的译者，1776年并有译本送给他（《大卫·休谟书信集》第2卷第157页注①）。

④ 休谟最后的日子，斯密在1776年11月9日致斯特拉恩的信178中作了详细说明，后为斯特拉恩所出版。但有一个明显的不同点，就是为了出版起见，斯密减少了宗教色彩，特别是略去了关于"啜啜泣泣的基督教徒"的话。

⑤ 见1776年6月6日亚历山大·韦德伯恩致斯密的信159。康迪拉克的 *Cours d'e'tude pour L'instruction du Prince de Parme* 列于斯密的1781年藏书目录中（*Mizuta* 14）。



⑥ 是否是阿奇博尔德·麦克唐纳（1747—1826年），年轻律师，1777年作为诺斯的支持者进入议会。

## 164.约瑟夫·布莱克致斯密

收信人：亚当·斯密先生　地址：柯科迪

原稿存爱丁堡皇家学会，第8卷第7页；未出版。

爱丁堡，1776年8月14日

亲爱的先生：

很高兴回答您关于休谟先生的询问，最近这三天，他一直很平静，很愉快。此前，他曾由于侄子[1]到来而大发脾气，住处人声嘈杂也使他疲惫。与此同时，他的病情也就有所恶化，并出现胃部胀满，感到隐隐作痛，不堪负担，并呕吐脏物的一种疾病。但现在这一切征兆都已消失，他很安逸。这将增强您的信心，我也和您一样不愿意看到他一病不起，但还是要您不要抱这种希望。谨向斯密夫人和道格拉斯小姐问安，并相信我

热爱您的

约瑟夫·布莱克

① 约瑟夫·霍姆(1752—1872 年)，大卫的哥哥约翰的长子。大卫·休谟在龙骑兵卫队第二团先后为他买了骑兵旗手(1770 年 12 月 14 日)和陆军中尉(1776 年 3 月 28 日)的官职。他 8 月 4 日来与他叔父一起住，8 月 13 日就离开了(《大卫·休谟书信集》第 2 卷第 330 页、第 332 页)。约瑟夫有"好逸恶劳"的名声(《大卫·休谟书信集》第 2 卷第 207 页)。

## 165. 大卫·休谟致斯密

收信人：亚当·斯密先生　地址：柯科迪

原稿存爱丁堡皇家学会，第 2 卷第 59 页；载《大卫·休谟书信集》第 2 卷第 334 页。

爱丁堡，1776 年 8 月 15 日

我亲爱的斯密：

我的《对话录》除要送给斯特拉恩先生的那本外，我又让人再

抄写了一本，由我侄子保存。[①] 如果您同意的话，也抄一本给您。您不必拘礼，实际是放一本在您手中，保存本书的可靠性就多了一分。我一动手修改(脱稿后这十五年来本书一直保持原状)，就感到本书原就是细心写成，恰到好处，现在看也没有什么不妥的地方。内容您一定想不起来了。假使我死后五年内还不见出版，本书版权就归您，您看如何？请立即回信。[②] 我的健康状况是不容我等上几个月才看到您的回信了。

您的亲爱的大卫・休谟

① 由于意识到斯密不想出版《自然宗教对话录》，休谟就想亲手出版该书，不过又觉得自己是病得太重了。因此，8 月 7 日，他在遗嘱中增写了一个附录，把《休谟手稿》留给斯特拉恩，要他在两年内出版《对话录》和两篇违禁论文："论自杀"和"论灵魂之不朽"。此外还增加一个附录，"我还规定，如果我死后两年半内我的《对话录》以及《自传》出版不了而不管是什么原因，版权就将归我侄子大卫所有。他负有遵照他叔父的临终嘱托出版这两本书的义务，肯定会受到世人的称许"(爱丁堡皇家学会 *ix*. 第 24 页)。

② 斯密于 8 月 22 日写了回信(信 166)。休谟的信由于是托人带去而不是邮寄，在途中耽搁了。



# 166. 致大卫・休谟

收信人：大卫・休谟先生　地址：爱丁堡，圣安德鲁斯广场
原稿存爱丁堡皇家学会，第 7 卷第 39 页；载约翰・雷：《斯密传》第 300—301 页。

柯科迪,1776 年 8 月 22 日

我最亲爱的朋友:

今天我才收到您本月 15 日的来信。您托人送来,而不是交由邮局寄来,原是要使我能省下一便士钱,但结果(如果您没有写错日期的话)信在送信人那里一放就是八天,我还以为很可能要永远放在他那儿了的。

我将非常乐于接受您赠送的一本对话录。万一此书得到出版前我就不幸死了,我手头的这一本一定设法托人精心保管,使它完好无损,就像我能活到一百岁而又亲自保管一样。至于万一您死后五年内此书始终没有出版,您就把版权交给我,这由您决定,您认为怎么合适就怎么办吧。不过我认为您不该对斯特拉恩说那样的话,就是,如果他在一定时期内不出版本书,他就会有某种损失,这对他是一种威胁。他拖延出版的可能性很小。而果真有什么事使他拖延了,您这么一说,他正好可以用作满意的托辞为自己那样做辩解。那样一来,我再遵嘱出版,人们就要说我是为了谋利,不是为了怀念友人,才出版一本就连同样考虑谋利的出版商都没有出版的书的。您可以从附信[①]中看出,斯特拉恩对这件事很热心,因此还望把信退还给我,而且是邮寄来,不是托人送来。

如果您同意,如果这一次的病的发展与我所希望的正好相反,您终于因病离开了我们,我就想在您写的自传[②]中添上几行,用我自己的名义讲讲您在病中的态度。我们最近的交谈,特别是与您想对冥府渡神提出理由、您最后想到的那个理由和冥府渡神对这个理由可能采取的蛮不讲理的回答有关的那部分内容,我想,写入您的履历,不至于令人不愉快。两年多来,由于病魔缠身,您的健康状况一天不如一天，然而，面对未来，或者说面对至少您认为您是死亡在即的那种未来，您的快活的性格至今不减当年。这种开阔的胸怀，实在没有几个人能够坚持得了几个小时，尽管他们身体很健康。

而且，如果您同意，我还想为您著作的新版的印刷品作校正，一定设法不折不扣地按照您最后的定稿出版。由于今年冬天我已在伦敦，我完成这项工作不会有太多困难。

我写这一切的前提，都是假定您的病的结局与我仍然希望的正好相反。您的精神还很好，身上还有旺盛的生命力，病情的发展也很缓慢。所以，我还是抱有好转的希望。就连稳健冷静的布莱克博士，从我上星期收到的他的来信[③]看，也抱有同样的希望。

您什么时候想见我我就什么时候来，我一直是这么对您讲的。想见我的时候一定告诉我，不必迟疑。请代问候尊兄、令妹、令侄[④]和其他所有朋友，拜托了。我最亲爱的朋友，



我永远是

您的最亲爱的

亚当·斯密

① 大概指斯特拉恩1776年6月10日致斯密的信160。

② 斯密选定复制他1776年11月9日致斯特拉恩的信178。

③ 布莱克1776年8月14日致斯密的信164。

④ 奈茵韦尔斯的约翰·霍姆（？1709—1785年）；凯瑟琳·霍姆（？1710—1790年）；和奈茵韦尔斯的霍姆之子，约瑟夫·休谟或小大卫·休谟（1757—1838年）（见《大卫·休谟书信集》第2卷第333—334页）。

# 167. 约瑟夫·布莱克致斯密

收信人:亚当·斯密先生　地址:柯科迪

原稿存爱丁堡皇家学会,第 8 卷第 8 页;未出版。

爱丁堡,1776 年 8 月 22 日

亲爱的先生:

最近我对休谟先生说了,我要随时给您写信,把他的健康状况告诉您,这样,他就不必写了。我寄出上一次信以来的这些日子,他身体状况很好,只是虚弱多了。他起床后,一天中就下楼一次,以读书自娱,[①]几乎不会客。他感到,连他最亲密的朋友同他交谈也往往使他疲劳。好在他也不需要我们常去安慰他,他并没有焦虑不安或是萎靡不振,读读有趣的书就过得很愉快了。他说他最近给您写过信[②]并等着回信。

亲爱的先生,我是

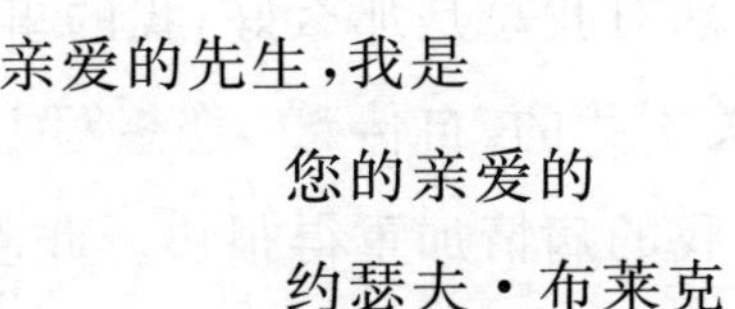

您的亲爱的

约瑟夫·布莱克

① 4 月英格兰之行中,休谟所读"主要是古典文学"(*Mossner*,第 594 页),而 8 月初则是读的卢西恩的《死者对话录》(见斯密 1776 年 8 月 14 日致亚历山大·韦德伯恩的信 163)。

② 休谟 1776 年 8 月 15 日致斯密的信 165。

# 168. 大卫·休谟致斯密

收信人：亚当·斯密先生　地址：柯科迪

原稿存爱丁堡皇家学会，第 2 卷第 60 页；载格雷格：《大卫·休谟书信集》第 2 卷第 335—336 页。

爱丁堡，1776 年 8 月 23 日

我最亲爱的朋友：

今天我起不了床，因此给您的这封信只有麻烦我的侄子代写。

我信赖别人，但更信赖斯特拉恩先生。然而我死后三年内万一因为什么变故这部手稿[①]未能出版，我就得把它的版权交给我的侄子戴维。至今我所能预见的唯一变故，也就是发生了危及斯特拉恩先生生命的事情。如若不然，我侄子就无权出版本书。请把这个意思转告斯特拉恩先生。

您对我总是那么好，我的事，即使是小事，您都挂在心上。不过，关于我的《自传》[②]，您想写上什么就写上什么吧，怎么都行。

我的病情加重得很快。昨晚又有些烧，这旷日持久的病我真想着就此完了算了，可想不到现在又基本上退烧了。就为了我让您过来，我于心不忍，一天里我也就能见您一小会儿。还不如让布莱克博士随时告诉您我还能支撑多久。[③]再见，我最亲爱的朋友

大卫·休谟

又及：给您的信想不到是让人送去的，我这真是失策。

① 《自然宗教对话录》,见信 167 注①。

② 1777 年,经斯密安排,与休谟的自传即《我的自传》一起,复制上了他于 1776 年 11 月 9 日致斯特拉恩的信 178。该信系摘抄信 166、168 和 169 而成。见信 163 注②。

③ 见约瑟夫·布莱克于 8 月 26 日致斯密的信 169 开头一句。

## 169. 约瑟夫·布莱克致斯密

收信人:亚当·斯密先生　地址:柯科迪

原稿存爱丁堡皇家学会,第 8 卷第 9 页;载威廉·斯迈利:《格雷戈里,凯姆斯,休谟,和斯密……的各具特色的生平》(爱丁堡,1800 年)第 172 页(部分);又载格雷格:《大卫·休谟书信集》第 2 卷第 449 页。

爱丁堡,1776 年 8 月 26 日,星期一

亲爱的先生:

昨天下午四点钟左右,休谟先生停止呼吸。星期四、五之间的晚上,他的死亡的将至已呈明显的预兆:浑身软弱无力,并不时呕吐。去世前最后几天中,他大部分时间处于这种状况,接着是实在无力支撑了,便再也没有起来过。直至最后,他始终神志清醒,没有表现出有难忍的痛楚之感。他从来没有哪怕是丝毫的焦躁情绪。而且每有必要与身边的人交谈时,他总是富有感情的。我认为写信叫您过来是不合适的;再说我已听说他已在星期四或星期三着人写信要您别来了。已经很虚弱时要说话,他会是很费力的。

他泰然自若地死去，这在我们是最大的宽慰了。

您的亲爱的

*J.* 布莱克

## 170. 斯密致奈茵韦尔斯的约翰·霍姆[1]

收信人：圣戴维兹，奈茵韦尔斯的约翰·霍姆先生　地址：爱丁堡

原稿存爱丁堡皇家学会，第8卷第38页；载约翰·雷：《斯密传》第302—303页。

达尔基斯府邸，1776年8月31日

亲爱的先生：



由于公爵[2]打算要在这里一直待到下星期四，所以，在您回奈茵韦尔斯以前我恐怕是没有机会见到您了。这样，我就趁写这信的机会向您、向其他所有有关的人表明我的态度：放弃那200英镑的遗赠。这笔遗赠，您根据令弟的遗嘱真诚认为理应属于我，我则认为无论如何我也不该接受。兹特此表明我永远放弃这笔遗赠的态度，并要在我的遗嘱的末尾以加注的形式明确写上这个态度，以免万一遗失无从查考。接到信后如能函告一下，我将十分高兴。您不必多虑，我这样做，无论对令弟还是对您都是真心诚意的。您的最亲爱的——

亚当·斯密

又及：这不等于说我因此而放弃另一项遗赠，即他的著作的赠本。

① 作为大卫的哥哥，约翰继承了贝里克郡，琼赛德，奈茵韦尔斯的家产。

② 巴克勒公爵。

## 171. 奈茵韦尔斯的约翰·霍姆致斯密

收信人：亚当·斯密先生　地址：达尔基斯府邸

原稿存爱丁堡皇家学会，第8卷第17页；载约翰·雷：《斯密传》第303页。

爱丁堡，1776年9月2日

亲爱的先生：

您星期六的来信已经收到。[1]我要恳切地告诉您，一经细读亡弟就其遗产继承人等问题留下的文字，我比上一次见到您时更加确信，亡弟后来在遗嘱上是增写了附录，但其中有关金钱一节却并没有改动，那笔遗赠他是无论如何也要给您的，他知道您豁达大度，故也执意要给您留下一点什么，即从他的现金中取出一小部分给您，以为回报，表明他对您的友谊，他可不曾想到您会拒绝。您对待这件事的动机和态度，我毫不怀疑，心悦诚服，但您放弃接受这笔遗赠的权利，我不能同意，至于按照您认为最合适的方式处置这笔钱，那完全是您自己的事。

《对话录》以及自传，都已抄好，明天即寄往斯特拉恩先生处，[2]并就便向他说明，您打算给遗嘱作些补充，使本就辉煌的人生更加淋漓尽致地表现出来。其中第一本的校订稿，您可以随时前来翻翻,满足闲时浏览的需要,领略他的行文特色,它或许还能使您得到对您有益的感受。给您的两个抄本就放在小妹处,需要时去取就是。他的著作③的新版的一本,您也定能收到,就是收不到,您对这一本和对另两本一样,都有得到的权利。您对亡弟情深意厚,不胜感谢。

您的

约翰·霍姆

① 8月31日信170。

② 斯特拉恩回信保证"不折不扣地"履行休谟的嘱托(科克伦:《约翰逊博士的印刷商》第167页),但其决心由于收到了斯密9月5日的信172而动摇了。

③ 《若干问题论丛》(1777年),休谟希望该书被看作是"他的哲学观点和原理的集大成",其中不包括《人性论》(广告绪言)。

## 172. 斯密致威廉·斯特拉恩

收信人:下院议员威廉·斯特拉恩先生　地址:伦敦,新街,鞋巷

原稿存纽约公共图书馆 *Miscell. MSS.*;载约·翰雷:《斯密传》第305—306页

(注意,爱丁堡皇家学会,第8卷第41页,有此信的一份未署名的底稿,不过没有最后一段。)

达尔基斯府邸,1776年9月5日

我亲爱的斯特拉恩：

根据我们最珍贵的朋友、已故休谟先生对遗嘱所增写的一项附录，[①]他的遗稿要由您来保管。无论从他的遗嘱还是他与我的交谈来看，我以为他打算出版的只有其中的两种，即自传和有关自然宗教的《对话录》。后者是一杰作，但我认为最好还是不出版，以手稿形式在少数几个人中传看传看就行了。读一下原文，您就能明白个中原因，因而我就无需在信上详述了。但他已另有安排。在他死后三年内万一这部著作未能出版，他就把它的版权交给他的侄子[②]。我对这一条表示了异议，认为是不必要的，不合适的；对此，他以下列措词给我回了信："我信赖别人，但更信赖斯特拉恩先生。然而我死后三年内万一因为什么变故这部手稿未能出版，我就得把它的版权交给我的侄子戴维。至今我所能预见的唯一变故，也就是发生了危及斯特拉恩先生生命的事情。如若不然，我侄子就无权出版本书。请把这个意思转告斯特拉恩先生。"这就是 8 月 23 日他给我的信中的一段话，[③]25 日下午四点钟，他就去世了。我曾劝他，这部著作是我认为什么时候合适什么时候出版呢还是根本就不出版，就完全由我来斟酌决定好了；他如执意要出，手稿我一定精心保管，我死了就完整无损地交还他的亲属。但只要我活着，它就不会问世。读完文稿后，您或许会认为，到底该出还是不出这个问题，是得找个深谋远虑的朋友商量商量。

我打算在他的自传中增加几行文字，如实地说说他在最后这次病中的态度。[④]但恕我直言，我不能同意把他的自传和对话录一起出版，由于多种原因，我决心不与对话录出版事宜发生任何联系。自传，我认为应该作为第一篇放在他原先一部著作的新版中，[⑤]他已对那部著作作了许多合适的修改，主要是就文字进行了润色。如果印行这一新版时我正好在伦敦，我就来校阅校样，确保它与他的最后定稿完全一致。他在世时我答应这样做了。

如果我母亲的健康状况允许我离开她一段时间，11 月初我就能在伦敦了。下星期一或星期二一回到法夫郡，我就去信请霍姆先生[⑥]为我预订旅馆。巴克勒公爵要到星期日离开这里。给我写信，请寄往法夫郡的柯科迪，晚秋我要在那里度过。我亲爱的斯特拉恩，我永远是

您的最忠实的

亚当·斯密

请即回信。

① 1776 年 8 月 7 日增补。

② 大卫·休谟(1757—1839 年)，奈茵韦尔斯的约翰·霍姆的次子；1779 年任律师；1786 年，任爱丁堡大学苏格兰法学教授；1822 年，任税务法庭法官；1832 年，其兄约瑟夫一死，继承奈茵韦尔斯家产。

③ 见信 168。

④ 见斯密 1776 年 11 月 9 日致斯特拉恩的信 178。

⑤ 指《论丛》1777 年版；《自传》首次刊印于 1777 年 1 月号《苏格兰杂志》。见 *W. B.* 托德的"休谟的《自传》的首次刊印"，载《图书馆》，第 5 辑，*vi*(1951 年)第 123—125 页。

⑥ 诗人约翰·霍姆。

## 173. 威廉·斯特拉恩致斯密

收信人：亚当·斯密先生　地址：北英，法夫郡，柯科迪

原稿存爱丁堡皇家学会，第 8 卷第 149 页；载《大卫·休谟致威廉·斯特拉恩的书信集》，*G.* 伯克贝克·希尔编（牛津，1888 年），第 349 页注②（部分）。

南安普敦，1776 年 9 月 16 日

亲爱的先生：

我在此地附近接到了您的来信，[①] 我去那儿是为了拜访一位朋友，并呼吸一点新鲜空气，放松一下。现在，已经来到南安普敦，拟小住几天就回伦敦，不过能否如期成行，还要看天气怎样。您的信，我是在接到我们已故挚友的哥哥的来信几天后收到的，我儿子[②] 来信说《休谟手稿》也已寄到，邮包等我回去后再打开。我现在所能告诉的，也就是未经朋友的同意，我绝不草率从事。我向来十分尊重他们的意见，尤其是您的意见。同样，《对话录》我也要自己先精读一遍，而后再就是否予以出版这个问题与人交换意见，这样我就可以立即看出我和他们有无一致看法以及一致到什么程度了。我承认我不想听说这部著作会那么招人反对，他在不久前给我的一封信中就说了其中并无比我已出版的著作更糟的地方云云。但无论如何是得与《自传》分开出版。《自传》我估计可在今冬出版，以后再把它作为序言，加在现在印行中的这版遗嘱上。我确信您对遗嘱所作的补充[③] 会是非常合适的，如已成，请即寄给我，我急欲一读。与那位伟大而善良的人有关的每一条轶闻趣事我都想了解并记住。您知道万一我出了什么事，他最终要把《对话录》交由他的侄子[④] 保管并出版，足见他是忧心忡忡，唯恐不出的。因此，如若认为让它问世并无不妥，我当履行他的嘱托。但这一点，

如前所述,我不会匆忙决定的。我一读完就从伦敦再给您去信。

但愿令堂大人身体健康,您如期来到伦敦而无后顾之忧。您知道,我曾对您说过,如果您能带她一道来这里度过晚年,我想你们两人都会很幸福的,不过年届高龄时要她作此远行,恐怕不易。请代我全家向令堂大人请安,几年前她在柯科迪的友好热情招待我们都记忆犹新。

草草写成,失礼了。您急盼回音,我也就赶紧从这个娱乐城给您写信,而要说的又没有多少。关于我们已故的最珍贵的朋友,我只想说,凡是认识他的人都认为他的死是一个无可弥补的损失,他们都有这种感受,尤其是他的至交。余言待叙。

亲爱的先生,请相信,我是

您的亲爱的和忠实的

威廉・斯特拉恩

① 9月5日的信172。

② 安德鲁・斯特拉恩(1750—1831年),他继承了这一家的印刷业,同他父亲一样,后来也成为英国下院议员。

③ 他自己写的《大卫・休谟先生的自传》连同斯特拉恩所作的序言和斯密1776年11月9日致斯特拉恩的信(信178),于1777年3月11日作为一部著作在伦敦出版,计有过3版。

④ 小大卫・休谟。

## 174. 托马斯・波纳尔[①]致斯密

波纳尔总督致法学博士、皇家学会会员亚当・斯密的一封信,内容

是批评他在《国民财富的性质和原因的研究》中提出的几个论点，1776年〔9月25日〕于伦敦[2]

〔根据大英博物馆所藏订正的该信的正文，示于附录A。〕

① 托马斯·波纳尔（1722—1805年），1743—1754年在英国商业部供职；1753年任纽约总督秘书长；1755年任新泽西副总督；1757—1759年任马萨诸塞湾总督；1760年任南卡罗莱纳总督（未到任）；出版过《殖民地的管理》（1764年）。1767—1780年担任下院议员期间，他鼓吹与美国妥协，反对政府的政策。他是一名著名的争论家，当他有一部著作以红墨水印行时，有一位同时代人认为"总督决意他至少要有一部书站在英国立场上"（《威廉·奥克兰勋爵通信录》1861年，伦敦，第2卷第237页）。见斯密1780年10月26日致安德烈亚斯·霍尔特的信208，内含斯密对他试图就波纳尔对《国富论》的批评作出回答一事所持的观点。

② 波纳尔清楚地认识到《国富论》中有对政治经济学有影响的"道德牛顿主义"。他不同意理论家斯密的一些观点。最有意思的批评涉及价格、贸易结构、进口限制和殖民地贸易上的垄断。

## 175. 致〔奈茵韦尔斯的约翰·霍姆〕

原稿存爱丁堡皇家学会，第8卷，第40页（第39页：底稿）；载约翰·雷：《斯密传》第304页。

柯科迪，1776年10月7日

亲爱的先生：

随信所附，是我打算对您永垂不朽[1]的弟弟留下的自传所作的补充。请过目后退还并告诉我您是否认为其中有些地方需作增、减。我认为按礼节应以信的形式把它寄给斯特拉恩先生，他是令弟委托管理遗稿的人。[②]如无异议，您一退还，我就给他寄去。

我已在我的遗嘱的末尾加写了一个注，表明我放弃令弟好意留给我的那200英镑遗赠。经过再三考虑，我完全相信从情理上说我是不应接受这项遗赠的。因此，虽说按照严格的法律它应属于我，我也不能据此就接受下来。您尽可以相信，我不是因为对令弟的亡灵少了最崇高的敬意才这样做。我是怀着最崇高敬意的，并引为荣幸。

亲爱的先生，您的真诚的和亲爱的

亚当·斯密

① 此用语，斯密后来用在了其师弗朗西斯·哈奇森的名字前，见斯密1787年11月16日致阿奇博尔德·戴维森博士的信274，其时斯密接受了格拉斯哥大学名誉校长职位。

② 见信173注③和斯密1776年11月9日致斯特拉恩的信178。

## 176. 奈茵韦尔斯的约翰·霍姆致斯密

原稿存爱丁堡皇家学会，第8卷第18页；未出版。

奈茵韦尔斯，1776年10月14日

亲爱的先生：

您本月7日来信[①]及所附您打算补充在亡弟、我们尊敬的朋友的自传上的文稿一并收到。您要添加的内容预先征求过他的意见，他也是同意了的，现在您又把它寄给了我，征求我的意见，真是太感谢了。我的意见无足轻重，但要是支吾其词，我就有负于您了。您就此事所作的全部安排，您提出的以信的形式将此稿寄给斯特拉恩先生的这一主张，我都欣然赞同。不过有一点还待提出来供您斟酌，那就是我认为这是对写得十分简洁的自传所作的补充，他也许不希望写得那么具体，特别是那次旅行，完全是个人的事情，没有什么重要意义，写了公众也不会感兴趣。但从另一方面来说，我考虑，无论作什么改动，那都非得全部重写不可，更加以有的情况我也一时说不清楚，因此我必须表示意见，不同意您处有虽有，我还是认为就照原件出版为好。不过，我想在第 2 页第 2 行还得添上几个字，以免词意含糊。而同页末行附近，据我所知，他说的是“如果我有敌人的话，我将像他们所希望的那样”[2]，而不是“像我的最凶恶的敌人〔　〕”，我认为这〔的确要〕好一些。当然，我如果所说有误，我负责订正。埃德蒙斯通上校是从利思戈寄出的信，[3]我读过，现在爱丁堡。

来此地后，我收到过斯特拉恩先生一封来信。[4]他告诉我，他的自传和《自然宗教对话录》业已收到。他说，他终于能不费事地出版这两部手稿了，这他是答应过的。他将先出其中的第一部，拟连同您寄给他的那份增补文稿一起放在现印行中的他的一部著作新版上。

我曾一接到您从达尔基斯府邸的来信就立即向那儿发出回信。如若收到了，您可以明白，在〔我〕看来，无论从法律上说还是按照礼尚往来的原则，那笔遗赠都应属于您。我再说一遍（万一那封回信您没有收到),现在也好,收到那封回信以后的任何时候也好,那项遗赠仍然是〔 〕的。

三周内我就要回爱丁堡去。接信后,您给我写信请直寄爱丁堡。在那里,切盼能随时见到您并不时往还;若然,则幸甚。

亲爱的先生

您的感恩戴德的和忠顺的仆人

约翰·霍姆

休谟 8 月 13 日的信⑤作为自传组成部分载入正文虽然不妥,但作为附文印上,借以强调我们的朋友〔具有的〕⑥〔勇气?〕和精神,我以为还是合适的。〔8 月 13 日信的抄文印入《大卫·休谟书信集》第 2 卷第 332 页。〕

① 信 175。

② 此话见于斯密 1776 年 11 月 9 日致斯特拉恩的信 178。

③ 詹姆斯·埃德蒙斯通上校于 1776 年 8 月 7 日向休谟写了"永别"信(爱丁堡皇家学会 *v*. 第 7 页)。斯密在信 179 中引用了此信。

④ 9 月 9 日的信,爱丁堡皇家学会 *viii*,第 43 页。

⑤ 大卫·休谟 1776 年 8 月 13 日致信其兄约翰:"布莱克博士直言告诉我,我不久就要死去,这于我绝非不愉快的消息"(《大卫·休谟书信集》第 2 卷第 332 页)。

⑥ 此处难以辨认。

## 177A. 致威廉·斯特拉恩

较早的原稿,第一段据 *G*. 伯克贝克·希尔编《大卫·休谟致威廉·斯特拉恩的书信集》(牛津,1888 年)第 354 页辨认。

〔1776 年 10 月〕

您把《对话录》安排在休谟先生著作新版后出版,这样很好。否则,它就会有碍于他那部著作新版的销售量,今后还会〔影响〕再一版的销售量也不是不可能。如果先出版《对话录》,我仍担心他们会喧闹,而且可能……

非常感激您欣然同意把附有我的增补短文的《自传》和《对话录》分开印刷。[①] 我甚至感到,这种安排不仅能使我得到安宁,对您也有利。《对话录》如果先出版,则喧闹之声暂时就会使他新版著作的销售量锐减,[②] 而一旦喧闹之声沉寂下来了,他那一部著作的再一版的销售有可能加快。

① 见斯特拉恩 1776 年 9 月 16 日致斯密的信 173。

② 《对话录》没有导致一片喧闹之声,但斯密 1776 年 11 月 9 日致斯特拉恩的信 178 则受到了猛烈的攻击。见斯密 1780 年 10 月 26 日致安德烈亚斯·霍尔特的信 208。



## 177*B*. 致〔威廉·斯特拉恩〕

原稿存爱丁堡皇家学会,第 8 卷第 42 页(未署名的原信底稿);载约翰·雷:《斯密传》第 306—307 页。

〔柯科迪,1776 年 10 月〕

亲爱的先生:

您上次来信[①]已经收到，当时我打算对我们亡友的自传所作的补充还未开始写。三周前已经写好，并已分寄其兄和布莱克博士各一份。寄给其兄的那份已写了意见寄回，[②]他的意见我都赞成，并准备采纳。布莱克博士在等诗人约翰·霍姆，每天都在盼他到爱丁堡；博士打算把他的意见连同我们所有共同朋友的意见一起寄给我。我的短文只有两页，到时候以信的形式寄给您，不过没有一句奉承或恭维话。我的仆人用不了一个上午就能抄好，抄毕给我后即寄出，头一班邮车您即可收到。

非常感激您欣然同意把附有我的增补短文的《自传》和《对话录》分开印刷。我甚至感到，这种安排不仅能使我得到安宁，对您也有利。《对话录》如果先出版，则喧闹之声就会使他新版著作的销售量锐减，而一旦喧闹之声沉寂下来了，他那一部著作的再一版的销售有可能加快。



圣诞节前我就不上您处了。因此，如能来信说说我们之间的情况，我最近出版的那本书[③]销了几册、还剩几册，以及什么时候能把结算余额给我。请向卡德尔先生转致最诚挚的问候，我早该给他写信，但您知道，我懒于写信，而且我以为给他写和给您写一样。回苏格兰以来，我一直极为懒散。部分出于恢复一下疲惫的身体的考虑，我准备在这里多待两个月。要是需要我就得到伦敦来，我随时可以立即出发。[④]

附信烦交霍姆先生[⑤]。是请他预订房间的。

① 斯特拉恩 1776 年 9 月 16 日致斯密的信 173。

② 见奈茵韦尔斯的约翰·霍姆 1776 年 10 月 14 日致斯密的信 176。

③ 《国富论》。

④ 斯密 1777 年 1 月去伦敦，一直住到同年 10 月。

⑤ 诗人。

## 178. 致威廉・斯特拉恩

"法学博士亚当・斯密致威廉・斯特拉恩先生的信"，① 见《大卫・休谟先生自己写的自传》(1777 年，伦敦)，第 37—62 页。

法夫郡，柯科迪，1776 年 11 月 9 日

亲爱的先生：

我是怀着亲切而又沉重的心情，坐下来给您写信的。我要告诉您我们已故好友休谟先生在他最后一次病中的情况。

虽然他自己认为他的病是致命的、治不好的，但还是听了朋友们的意见，决心作一次长途旅行，看看效果如何。出发前几天，他写了那份自传。自传，连同他的其他文稿，他委托您保管了。因此，我就从他旅行的目的地开始讲。

他 4 月底动身前往伦敦，在莫佩思遇到了约翰・霍姆先生和我。我们是从伦敦出发专程前来看望他，希望能在爱丁堡见到他的。霍姆先生随同他返回伦敦，在英格兰整个逗留期间一直陪着他，给了他无微不至的关心。我由于已经给家母去信，她一定盼望着我回苏格兰，便不得不继续前行。由于旅行和改变空气，他的病情似乎有所好转，到伦敦时，健康状况显然比离开爱丁堡时好多

了。此前他曾遵嘱去巴思饮用那里的矿泉水，疗效一时间似乎很好，连他自己也一改原有看法，开始觉得健康有望了。但没过多久，故态复萌，病情剧烈如前。从那时起，他放弃了一切康复的念头，但对病则泰然处之，心里非常高兴、旷达、若无其事。待到返回爱丁堡后，虽然自己感到身体虚弱多了，但快活的神情一如既往，还是继续专心校订著作以备新版，读有趣的书，同朋友们交谈，间或举办晚宴、打打他最爱好的桥牌。他心旷神怡，谈笑风生，以致病实在很重了，也还是有很多人想不到他会死去。"我要告诉您的朋友埃德蒙斯通上校，"一天，邓达斯博士对他说，"我离开您时，您身体好多了，而且还在很好地恢复中。""博士，"他说，"我相信您不会说谎的，您最好还是告诉他我是不久于人世了。如果我有敌人的话，我将像他们所希望的那样很快地死去，又像我最好的朋友所希望的那样安乐地死去。"埃德蒙斯通上校不久就来看望了他。道别后在归途中，他情不自禁地给他写了信，用美丽的法国诗句像对一个将死的人那样再次向他表示永别。这些诗句，是肖里厄修道院院长预感到自己将死时用以向他的朋友，法尔侯爵，表示依依惜别的心情的。休谟先生心胸开阔、意志坚定，这一点，他的最亲密的朋友都十分了解，他们也就不避讳像对待一个将死的人那样和他交谈、给他写信。而朋友们的这种纯真率直的态度，他也从来不以为是伤害了他，倒是觉得满意且不胜荣幸的。他在读刚刚收到的这封信时我恰好走进了他的房间，他当即把信递给了我。我告诉他，虽然我感到他的身体与以前相比是极度虚弱了，从很多方面看都有很坏的迹象，但心情还是很愉快，体内还有着旺盛的生命力，因此我对他还是抱有一线希望的。他回答说，"您的希望是会

落空的。到现在已经持续了几年的一种习惯性的腹泻无论对于多大年龄的人都是一种危险的疾病。就我的年龄来说是一种致命的病。我自己感到,早晨起床时比晚上入睡时虚弱,晚上入睡时又比早晨起床时虚弱。此外,我还感到体内某些重要部位也受感染了。因此,我不久必死无疑了。”“这个,”我说,“果不其然的话,您是有可以聊以自慰的,您是在使您的所有朋友诸事顺遂、尤其是令兄一家境况大有好转时离去的。”他说,他是感到心满意足了,因此几天前当他读卢西恩的《死者对话录》时,在可以向冥府渡神提出、要求不立即上船的诸理由中,他找不出一条是适用于他的。他没有房子未完工,他没有儿女需抚养,他没有他要进行报复的敌人。“我怎么想也想不出,”他说,“我能提出条什么理由求得冥府渡神宽限几天。具有重要意义而又是我曾打算做的我都做了。我从来也没有想过亲朋好友的境况不比现在好我就不离去。因此,我可以瞑目了。”接着,他就自己编造他以为可以向冥府渡神提出的几个诙谐的理由,并设想出符合冥府渡神性格的反驳这些理由的回答。“经过深入考虑后,”他说,“我想我可以对他说,仁慈的冥府渡神,我一直在校正拙著以备新版。再给一点点时间,我就可以看到公众怎样看待这些修改了。”但冥府渡神会回答说,“你看到了这些修改的结果后,你还会再作别的修改的。这种借口有的是,可敬的朋友,还是请上船吧?”但我还想坚持,“仁慈的冥府渡神,容我说完,我是致力于提高人们的认识的,如能让我多活几年,我就可以欣慰地看到现时某些流行的迷信思想的分崩离析了。”听到这里,冥府渡神可就大发脾气、声色俱厉了。“你这个游手好闲的无赖,那是再过几百年也不会发生的。你以为我会让你活那么长吗?立即上

船吧,你这懒惰的、游手好闲的无赖!"

面对死亡的迫近,休谟先生谈起病来,从不颓丧,但他向来不好在人前显耀自己的旷达。也就是谈话中自然触及时,他才随着说说这个话题,而且绝不赘言,适可而止。然而这个话题实际上是常常出现的,因为有朋友们相继前来探望他,他们自然要问向他的健康状况。我上面提到的那次交谈,也就是8月8日(星期四)进行的那次,是我同他的倒数第二次交谈。由于他现在身体已经很弱,最亲密的朋友和他在一起都使他感到疲劳了。然而他心情还是很快活,对朋友们又情意缠绵,只要有他们在一起,他总谈得很多、很激动。可这是病弱之躯难以支持的。所以,我答应了他的要求,离开爱丁堡一段时间,回到了柯科迪家母的住处,不过有一个条件,即他什么时候想见我就得什么时候写信叫我过去。此前我在爱丁堡部分就是为了陪伴他。保健医生布莱克博士当即答应,一遇必要,就给我来信,告诉我他的健康状况。

8月22日,博士给我写来了下列一信:

"我寄出上一次信以来的这些日子,他身体状况很好,只是虚弱多了。他起床后,一天中就下楼一次,以读书自娱,几乎不会客。他感到,连他最亲密的朋友同他交谈也往往使他疲劳。好在他也不需要我们常去安慰他,他并没有焦虑不安或是萎靡不振,读读有趣的书就过得很愉快了。"

次日,我收到了休谟先生自己的一封来信,下为其部分摘录。

"我最亲爱的朋友：

今天我起不了床，因此给您的这封信只有麻烦我的侄子代写了。……我的病情加重得很快。昨晚又有些烧，这旷日持久的病我真想着就此完了算了，可想不到现在又基本上退烧了。就为了我让您过来，我于心不忍，一天里我也就能见您一小会儿。还不如让布莱克博士随时告诉您我还能支持多久。再见，云云。"

爱丁堡，1776 年 8 月 23 日

三天后，我收到了布莱克博士的下列来信。

"亲爱的先生：

昨天下午四点钟左右，休谟先生停止呼吸。星期四、五之间的晚上，他的死亡的将至已呈现明显的预兆：浑身软弱无力，并不时呕吐。去世前最后几天中，他大部分时间处于这种状况，接着是实在无力支撑了，便再也没有起来过。直至最后，他始终神志清醒，没有表现出声难忍的痛楚之感。他从来没有哪怕是丝毫的焦躁情绪。而且每有必要与身边的人交谈时，他总是富有感情的。我认为写信叫您过来是不合适的；再说我已听说他已在星期四或星期三着人写信要您别来了。已经很虚弱时要说话，他会是很费力的。他泰然自若地死去，这在我们是最大的宽慰了。"

爱丁堡，1776 年 8 月 26 日，星期一

我们最杰出、永垂不朽的朋友就这样逝世了。对于他的哲学见解，人们无疑会各执一说，或赞同且予以证实，或相左而施加诋

毁，但对于他的品格和为人，则很难会有不同的意见。他的脾气，窃以为实际上比我所认识的任何一人也许都要和蔼可亲。俭朴固属必需，而在他也是一项美德，但即使身处于最不幸状态之下，他待人也从来都宽大为怀，慷慨大方。这种俭朴，其根底不是贪婪，而是不愿受制于人。他在性格上非常温和，同时，思想也很坚定，一旦下了决心，绝无动摇之时。他毕生幽默诙谐，而且文雅大方，朴实无华，这是他的好性格、好脾气的真实流露，至于恶意，则连一丁点迹象都没有，而这，常常是他人身上所以有那种叫做理智的讨厌的根源。他也挖苦人，但本意不是要伤害人，因此，就连遭他挖苦的对象非但感情没有受到伤害，且每每反倒感到高兴满意。他的好挖苦，使他的谈话更具有魅力，在这一点上，朋友们认为在他所有令人感到亲切的美好品质中也许没有一条比得上，他们就常常是他挖苦的对象。生性快乐而善交际者，往往是同时兼有另一面浮躁、浅尝辄止的品质的，但在他则不然，他是专心致志、学而不倦、勤于思考、在每一方面都力求全面能力的人。总而言之，我始终认为，他无论生前死后，都是接近于具有人类脆弱的性格或许容许一个贤明之士达到的那样一种理想的。

亲爱的先生，我永远是

您的最亲爱的

亚当·斯密



① 这就是斯密向休谟的哥哥以及向亲密的朋友表示过可以公开的信，见信 175 和信 177A，B。

## 179. 致威廉·斯特拉恩

载约翰·雷:《斯密传》第 308 页。

柯科迪,1776 年 11 月 13 日

亲爱的先生:

随信所附,就是我准备在我们最珍贵的亡友留下的自传上添加的短文。[①]

拙著初版稿费 300 英镑如数收到,但由于此前已从卡德尔先生处得到了很多本赠送用书,我不确切知道扣除那部分书款后其中有多少属于我。因此,他再寄来账单,那就好极了。我将专此向他写信。

至于再版,[②]我现在认为可以改作八开的四卷本出版。印刷费用由您支付,而利润对分,不知意下如何,盼函示。

家母要我向尊夫人和小姐[③]代为问好,她很感谢您和她们对她的关心。

亲爱的先生,我永远是

您的最亲爱的

亚当·斯密

圣诞节休假结束前我一定抵达伦敦。我不必提前赶来吧。我已给霍姆先生去信,请他预定圣诞节后的旅馆。

① 显然指斯密 1776 年 11 月 9 日致斯特拉恩的信 178。

② 《国富论》第2版，两卷本，1778年初出版；见斯特拉恩1776年11月26日致斯密的信180。

③ 玛格丽特·佩内洛普·斯特拉恩（1751年生），1779年6月10日嫁给斯波蒂斯伍德的约翰·斯波蒂斯伍德。常自称佩吉。

## 180. 威廉·斯特拉恩致斯密

收信人：亚当·斯密先生　地址：北英，法夫郡，柯科迪

原稿存爱丁堡皇家学会，第8卷第50页；载约翰·雷：《斯密传》第309—310页。

伦敦，1776年11月26日

亲爱的先生：

13日来信收到了。信中所附您为休谟先生的自传写下的补充文字我很喜欢。[①] 但由于两者合在一起也还是很短，篇幅太小，不好成书，所以我打算考虑一些很有见解的朋友的意见，收几封他就政治问题给我的来信进去。您认为这事怎么样？在征求您的意见并获悉您表示同意之前，我绝不会这样做，[②] 而且也绝不会出版您认为能给他带来荣誉的信件以外的其他任何信件。吉本先生认为，我给他看过的那几封信能给他带来荣誉。如果您认为这种作法未尝不可，回伦敦时把您自己珍藏的信以及从约翰·霍姆先生、罗伯逊博士等等您和他的共同朋友那里找到的他们珍藏的信一起带来，可以收入出版的信件就多得多了。如果您根本就不同意这个计划，那就请对谁也不谈这件事，到此为止，因为没有您的同意，

他的信，片言只语我也不会发表的。不过，我还是要请您尽快告诉我您的意见，并尽管确切讲明您打算哪一天到伦敦，因为我必须重复一遍，只有得到您的同意，我才能定下来怎么办。

您建议大作再版改用八开四卷本出，印刷费用由我们支付，利润对分，[③]这个建议很好，很合我和卡德尔先生的意。信中所附是初版赠送用书账单。

我妻和女儿向您的慈母请安。祝愿她在您的侍奉下，身体健康，安度晚年。亲爱的先生，我永远是

忠实而热爱您的

恭顺的仆人

威廉·斯特拉恩

① 见信 178、179。

② 见斯密 1776 年 12 月 2 日致特拉恩的信 181。可想而知，斯密是反对出版私人信件的。

③ 指《国富论》第 2 版。见信 179 注②。



## 181. 致威廉·斯特拉恩

载《大卫·休谟致威廉·斯特拉恩的书信集》，G. 伯克贝克·希尔编（牛津，1888 年），第 351—352 页；又载约翰·雷：《斯密传》第 310 页。

柯科迪，1776 年 12 月 2 日

亲爱的先生：

每当我不得不表明违反朋友本意的看法时，我总是偈促不安。[①]休谟先生写的很多信都会给他带来莫大荣誉，您要出版的也就是这样的信，这我明白。但此时首先应该予以考虑的，是死者的意愿。休谟先生在世时一再告诫，他的文稿除《对话录》和自传外都要烧毁。这一告诫都已写入他的遗嘱正文。我知道，他从来都反感有人有出版他的书信的这个意图。他曾同他的一个亲戚有过长期而频繁的书信往来，那亲戚几年前死了。该绅士健康一开始走下坡路，他就急着要回他写的信，唯恐绅士的后嗣有出版那些信的想法。信就这样要回了，而且一到手就给烧了。再者，休谟先生的书信结集出版后，如果公众争相购买，您要出版的那本一定会是这样的，当代的柯尔[②]们就会立即前往曾经得到过休谟先生片纸只字的那些人家里翻箱倒柜。许多不宜公开出来的信函就会出版，从而大大伤害那些希望他身后留芳的人们的感情。斯威夫特的著作被弄得价值降低，主要原因就在于后来他的书信被不加区别地出版了。[③]可以肯定，休谟先生的书信您一出版而不论作过怎样严格的选择，紧接着就会有不加区别的版本出现。因此，我很不愿意看到由您来开始出版他的书信。他的自传是不足以构成一本书，但作为一本小册子出版是不成问题的。我至迟 1 月 10 日到达伦敦。我在爱丁堡还有点事，圣诞节前后得有那么几天花在这上面，否则新年就能与您在一起了。要给您说的还有很多很多，可邮车就要开出了。等下一班邮车我再给卡德尔先生写信。

亲爱的先生

我永远是最热爱您的

亚当·斯密

① 这是对信 180 的回信。

② 埃德蒙·柯尔(1675—1747 年),斯威夫特和波普的同代人,其名字为无耻书商的绰号。他专事出版诗集、放荡的自传(据阿巴思诺特的“新的死神之一”)和色情小册子。

③ 柯尔于 1741 年擅自出版了《二十四年间迪安·斯威夫特的书信集》,斯威夫特的正式出版商福克纳同年又出版《1714 至 1738 年 *D. S. P. D. F.* 斯威夫特博士往来书信集》。斯密在《有关修辞学和纯文学的演讲集》中对沙夫茨伯里的书信提出批评,认为写得“不像斯威夫特和波普的书信那样有生气”(12 月 15 日,星期三)。

## 182. 致波纳尔总督

载《绅士杂志》第 65 期(1795 年)第 635 页;又载约翰·雷:《斯密传》第 319 页。

伦敦,萨福克大街,1777 年 1 月 19 日

先生:

在离开爱丁堡前一天,我十分荣幸地收到了您的来信。[①]虽然上星期天就到这里了,但由于途中患了感冒,这期间我几乎一直也未出过门。否则,写信前就当直接来府上拜访并当面感谢您那样真诚待我了。我向您保证,您信中涉及我的部分,没有一个字我希望您收回。您以私人信件形式告知我您的看法就给我面子了,现在您以公开信形式发表您的意见,这更是给我带来了莫大的荣誉。

我希望过几天能荣幸地见到您,并讨论我们在看法上的相同点和不同点。我来是打算作一个公平的争论者和您讨论,这一点我不知道您怎么看。不过,我敢向您保证,我不是性情暴躁的人。顺致最崇高的敬意。

亚当·斯密

① 波纳尔1776年9月25日致斯密的信174。见附录A;另见信208,内含斯密后来就他试图回答波纳尔对《国富论》的批评所持的看法。

## 183. 亚当·弗格森致斯密

收信人:霍姆先生转亚当·斯密先生　地址:伦敦,萨福克大街

原稿存格拉斯哥大学图书馆,编号1035/154;载斯科特:《亚当·斯密》第273页。

爱丁堡,1777年4月12日

我亲爱的斯密:

收到查默斯先生①来信后,知道您再次卷入了我的不愉快的事。②后来又收到了您给我的来信③以及附在信中的斯坦厄普勋爵致您的一封信。这一次,由于我的常年顾问戴维森博士不在身边,我真是不知道如何是好。经过深思熟虑,我自己以及我在这里的朋友都认为,当务之急是得发表斯坦厄普伯爵1774年4月6日于巴黎给我的那封信的原件。但是,人们因此也可能怀疑我手头这一封信，尤其是我手抄后于1月份寄给切斯特菲尔德伯爵的那一封信并非原本原样。如果原件遗失，人们还会由怀疑而确信我是根本无法予以直按驳斥了。由此看来，这封信我还不该公之于世，以防不测。如果切斯特菲尔德勋爵在我的信证明就是原件的情况下，还决意满足将导致斯坦厄普勋爵被免职的那个条件，那么只要他准许，我马上就上伦敦拜访勋爵谈原信问题。与此同时，我寄出这一封信以及经过公证人和爱丁堡市长核查证明的斯坦厄普勋爵寄给我的另外两封信，信就作一个邮包直寄查默斯先生处，由他转寄给您以供使用。您信中所附斯坦厄普勋爵寄给您的这封信就寄还给您，而他要的，就寄上我手抄的一封，实在对不起，要原件真有困难。我亲爱的斯密

我永远是您最亲爱和最恭顺的仆人

亚当·弗格森

① 乔治·查默斯(1742—1825年)，古物收藏者；受教育于阿伯丁和爱丁堡；1763年移住美国，成为巴尔的摩的一个出色的律师；1775年定居伦教；1777—1782年写作有关美国殖民地的小册子；1786年就任商业部职员。他写了迪福(1786年)、约翰·戴维斯爵士(1786年)、汤姆·佩因(1793年)和几个苏格兰人的传记，其中包括托马斯·拉迪曼(1794年)的传记。最后这一部著作包括有18世纪前半叶有关苏格兰的很多资料。其最主要的著作据说是《喀里多尼亚；北英……记事》(1807—1824年)。

② 涉及弗格森陪同切斯特菲尔德伯爵在1773—1775年所作大陆旅行上的财务安排以及就在这个时候他辞去爱丁堡大学道德哲学教授职位的问题。

③ 找不到。斯密曾在1765年在日内瓦遇到斯坦厄普，随后并向他推荐弗格森作切斯特菲尔德的私人教师。

## 184. 致威廉·斯特拉恩

收信人：下院议员威廉·斯特拉恩先生　地址：伦敦，新街，鞋巷
原稿存利物浦中心图书馆；未出版。

柯科迪，1777 年 10 月 27 日

亲爱的先生：

这里的海关专员之一孟席斯先生[①]一死，我就成了该海关一个职位的候选人。我给您写这封信，是希望您在力所能及的范围内从财政部得到最准确的消息，使我能知道我的这件事到底能否成功，或者究竟有无可能。您知道，我对我的前景的看法往往不太乐观。至于目前这个职位，成与不成、可能与否，我现在也不像往常那样非前者不可，听其自然就是了。

一个星期前的这一天寄出的，是有劳安德鲁先生在拙作上作出的一个很重要的删略。[②]作此删略后，拙作新版与原版正文中有一部分之间一处很重要的明显矛盾的表述即可消除了。这一点，我是直到一个朋友向我指出后才注意到的。他如果已经收到我的说明并像往常那样细心地删去那不必要部分，那就太好了。至少作此删略所应给予的报酬自当由我支付。夫人和小姐以及家中其他各位面前请代为致意。也请向卡德尔先生夫妇问候。请相信我永远是忠实于您的

亚当·斯密

① 阿奇博尔德·孟席斯(1777 年死),1770 年被委任为苏格兰海关五位专员之一。按照官方文件,“专员负责管理和征收大不列颠叫做苏格兰的那个地区应上缴国王陛下的关税和给国王的特别津贴及其他税款,还有输出、人大不列颠叫做苏格兰的那个地区的所有盐和岩盐的货物税”。

② 安德鲁·斯特拉恩;“删略”涉及《国富论》第 2 版(1778 年)中的一些变动——见斯密 1780 年 10 月 26 致安德烈亚斯·霍尔特的信 208。

## 185. 亚历山大·韦德伯恩致斯密

原稿存格拉斯哥大学图书馆,编号 1035/155;载斯科特:《亚当·斯密》第 274—275 页。

伦敦,1777 年 10 月 30 日



我亲爱的斯密:

我早就打算给您写信,您的来信[①]途中没有什么耽搁,可这期间内尔索普先生[②]的消息一点也得不到。您在信中写下的推荐人的那些话和您对这位拦路强盗表示的感谢,现在看来都没有必要,我感到您是多虑了。我也不信,您手下人,[③]又有勇气又富于热情,他打枪还能打不准。而他果真打了枪的话,您和这位拦路强盗都得受伤,可我更担心的是您的危险。我认为我不妨直言相告,您那样热情推荐的那两位先生谁也不可能接替孟席斯先生。要是在接到巴克勒公爵夫人短笺之前就知道您对他们抱有的好感那就好了。可这短笺我是一接到即送诺思勋爵,[④]现在并已确知它完全生效了。我常听说夫人干预必坏事。这位公爵夫人虽然用意无疑很好,谁知偏偏与您的推荐意见相左。现在您是无缘高兴地获悉其中的精明能干者和那位很有趣的人有谁终于成为海关专员,这两位先生中的一位想要得到一种很好的工作,也不可能如愿以偿了。

如果您不立即来伦敦,如果内尔索普先生还能泰然自若几个月,对公爵夫人插手其事。我将和您一样,不会有一点儿姑息的。

豪[5]两个月前寄出的一个邮包终于收到了。人们好像有什么事,显得很高兴。由于回城才几个小时,我不清楚到底发生了什么事。

我的斯密博士,我永远是

您的最真诚的

亚历山大·韦德伯恩

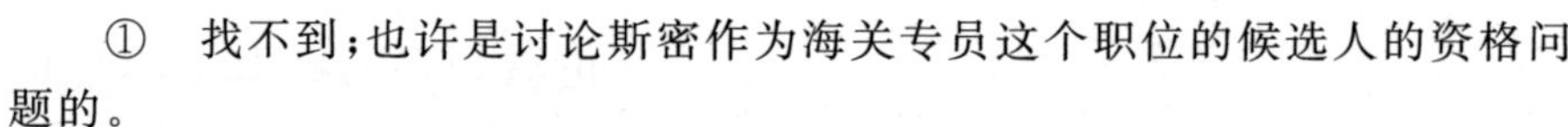

① 找不到;也许是讨论斯密作为海关专员这个职位的候选人的资格问题的。



② 威廉·内尔索普,1774 年被委任为海关专员。

③ 可能是指罗伯特·里德,原是斯密的仆人,1784 年以前辞职,曾于 1785 年 9 月 11 日从新不伦瑞克给他来信;见信 246。

④ 弗雷德里克·诺思勋爵(1732—1792 年),下院议员;1767—1782 年任英国财政大臣;1770—1782 年任第一财政大臣,就这样,在美国独立战争危机期间担任了首相。1790 年他接替他的父亲担任第二代吉尔福德伯爵。

⑤ 不是海军元帅理查德·豪勋爵,就是陆军上将威廉·豪爵士,他们是兄弟,同在美国统率海军和陆军。

## 186. 格雷·库珀爵士[1]致斯密

原稿存格拉斯哥大学图书馆,编号 1035/156;载斯科特:《亚当·

斯密》第 275 页。

〔威斯敏斯特，〕议会大街，1777 年 11 月 7 日

亲爱的先生：

我恳切地告诉您，接到您的来信我不胜荣幸。信是上星期由我们的朋友副检察长先生[②]转交，承蒙他的好意，他同时还给我看了您就同一问题写给他的一封信。这两封信有些蹊跷，里面您的情感与我长期以来读您的信时习惯于接受的那种殷切的期待很不相同，其微妙，使我读罢有如堕五里雾中的感受。前此，您曾为您的朋友的儿子谋求格伦维尔港务局收税官员的职位。我清楚记得，您推荐他，用语之热情、细腻和亲切，跃然纸上。我想得起来，我当即满意地答复说，促其成功，这是我权力范围内的事。这一次，您为另一个人谋求爱丁堡海关的职位。此时，亲切和急迫的用语不见了，我见到的只有冷淡、漠然和成与不成两可。但说也凑巧，这个人，您推荐他，着墨不多，而且好像也没有对他作很高评价，可他无需您的或别的什么大人物的推荐。他有优点，这诺思勋爵和各界人士都一清二楚。因此（唉！真使我大惑不解！），如果我没有完全弄错的话，他很快就要被委任为苏格兰海关专员了。亲爱的先生，

我是敬仰您的忠实的和恭顺的仆人

格雷・库珀

① 格雷・库珀爵士（1726—1801 年），出色的律师和下院议员（1765—1784 年；1786—1790 年）；1765—1782 年任财政部秘书长；1783 年任财政部

大臣;因其精通财务而闻名。在财政部,他负责税收问题,不过,担任联合秘书长(1770—1782年)的约翰·鲁滨逊认为他处理事务的方法“草率”(《议会史,1754—1790年的下院》*ii*.第251页)。他在政治上与亨利·邓达斯和亚历山大·韦德伯恩结盟。

② 亚历山大·韦德伯恩。

# 187.爱德华·吉本致斯密

原稿存宾夕法尼亚,伯利恒,利哈伊大学,霍尼曼学院图书馆;载《英国研究评论》,*N. S. x*(1950年)第401—402页;又载《吉本书信集》,*J. E.* 诺顿编(1956年),第2卷第166页(部分)。

奥尔马克斯〔伦敦,俱乐部〕,1777年11月26日

亲爱的先生:

在这座大城市,人们每天都在交头接耳传播着各种各样的奇闻逸事。今天,我就听到了一则令人难以置信的传闻,说是苏格兰海关的专员一职现已委派一位哲学家担任。这位哲学家,为了自己的声誉,也为了人类的利益,曾经出版过一部论述贸易和税收这些重大问题的最深刻、最系统的专著,使世人明白了这些问题。这样的论著在任何年代、任何国家都还没有先例。但当我又听说这位哲学家不是别人,正是我的私人朋友时,我顿然确信无疑,这正是我所最衷心想望的结果。

我是在巴黎度过了很愉快的一个夏季后本月初回到英格兰的,在那里我常听到人们提起尊姓大名,还见到了您的几位朋友,尤其是丹维尔公爵夫人和巴夫勒伯爵夫人。要问我在那里是否始终安然无恙，我得说，发作过一阵很严重的痛风，不过现在已经好了，又可以出入比起巴黎来喧闹有余而舒适不足的伦敦社交界了。如果在那新的高位上由于事务缠身，我们无法再在每个冬、夏定期地互相往来了，从我这方面考虑，我恐怕免不了要抱怨您的荣升的。如果您不日就去爱丁堡，务请代我向罗伯逊博士致意。我希望在一两封信内就能使他满意地获悉，由于我的粗心，出版物上同时出现差错这个奇怪的问题已经解决。在惠斯克游玩的博克拉克[①]要我带上一笔，让您放心，凡是您欣然同意要做或是您认为对您有利的事，他都抱有浓厚的兴趣。顺致崇高的敬意

亲爱的先生，我是最忠实于您的

*E.* 吉本

① 托珀姆·博克拉克(1739—1780年)，和吉本-斯密一起，都是约翰逊博士俱乐部的会员。他有3万册藏书，其中尤以英国文学和历史著作为多，游记和科学书籍也不少。

## 188. 致〔威廉·斯特拉恩〕

原稿存伦敦大学戈德史密斯图书馆；载约翰·雷：《斯密传》第321—322页。

爱丁堡，1777年12月20日

亲爱的先生：

幸得日前您就我被委任为苏格兰海关专员一事写来的贺信，[①]非常感激。信中，您还告诉我那天您同格雷·库珀爵士共进晚餐，谈兴很浓，两位都称赞了我。伦敦另外几位友人的同样的贺信我也收到了。但是，就已经作出这项任命而发的官方消息，我和这里的海关当局迄今都还未收到。也许是由于手续费的问题，委任状还没有填写吧。如果是这样的话，那就请向我提取我估计160英镑左右这样一笔金额，或者就请即回信，赶上下一班的回邮，告诉我所需金额，我再把钱汇到伦敦您处。无论是什么原因造成延误，都请设法了解一下并尽快告诉我，这样我至少还能最后争取一下。请代我向您的全家问好，并相信我

永远是最忠实于您的

亚当·斯密



拙作新版[②]情况您和卡德尔先生都还没有和我谈起。出版了吗？畅销还是滞销？开始卖了？几个朋友我曾托卡德尔先生各寄一本。如果其中没有包括约翰·亨特[③]，烦请也寄一本。账单就请卡德尔寄给我，我来付钱。我本该给他写信，但这只会给他添麻烦。您如果为我代付，则烦开立期限为五天的汇票。圣诞节我回柯科迪。

① 找不到。

② 《国富论》第2版，1778年年初出版。新版有很多小变动，包括理论上的一些修正，以及文体加工、增加实况材料准确性和补充资料。

③ 著名的外科医生和解剖学者，其文集为伦敦医学院所收藏。

# 189. 乔治・霍恩[①]致斯密

〔乔治・霍恩牧师〕,《一位被称为基督教徒的人就大卫・休谟先生的生平、去世和哲学致他的朋友法学博士亚当・斯密的信》(1777年,牛津)。

〔该信是攻击斯密对休谟的称赞的,这种语调和性质只要引用第一页几句话就足以看出:"近来,你一直忙于使一位哲学家——我认为我必须说是他的**身体**——不朽的事情上,因为他的另一面,是长眠下去还是苏醒过来,这在你和他似乎都漠不关心。然而这另一面,你的确也得有所注意和关心,人们倒是认为,相信灵魂是存在的并且不朽,这对于《道德情操论》即或无益,也不至于有害的。可惜两位先生都洁身自好而已。"这一类的东西,就是斯密在1780年10月26日致安德烈亚斯・霍尔特的信208中抱怨的"讲坏话"。〕

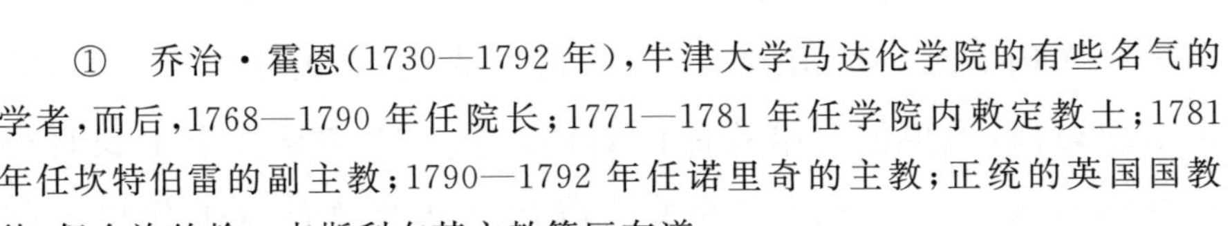

① 乔治・霍恩(1730—1792年),牛津大学马达伦学院的有些名气的学者,而后,1768—1790年任院长;1771—1781年任学院内敕定教士;1781年任坎特伯雷的副主教;1790—1792年任诺里奇的主教;正统的英国国教徒,但允许约翰・韦斯利在其主教管区布道。

## 190. 致威廉·斯特拉恩

原稿存伊利诺斯大学图书馆；载约翰·雷：《斯密传》第322—323页。

柯科迪，1778年1月14日

亲爱的先生：

要不是这里的海关的律师查特里斯先生告诉我，手续费不是在伦敦、而是在爱丁堡交付，我在收到您的来信和信中所附斯波蒂斯伍德先生[①]短笺的第二天就给您寄去密封的支票了。谢德拉克·莫伊斯先生是收税官和伦敦财政部官员在这里的代理人。我已开立120英镑的支票，用以支付：第一，您为我预付的垫款；第二，爱丁堡与伦敦之间的汇水；和最后，卡德尔先生寄出我托他赠送朋友的拙作新版[②]书后我得还他的书款。在原定的几本外，我还想再请他准备两本烫金精装本，一本赠送诺思勋爵，另一本赠送格雷·库珀爵士。格雷爵士的信[③]已经收到，新的任命一下来，我再给他写信，免得他要给我回两封信。我觉得在这件事上我真得好好感谢他。至于您对我的关心以及您在我这件事上作出的努力，我就不说什么感恩戴德的话了。请代我向斯波蒂斯伍德先生问好。这件事一办妥我就给他去信。给他送点礼物送点钱合适吗？我非常感激他，愿以我能做到的任何一种方式表达这种谢意。

即使我担任了新职，我也不想改动扉页上的署名。

请代我向夫人和小姐问好。也请向休谟一家④和亨特一家问好。画家⑤近况如何？祝他成功。我亲爱的先生，我永远是

您的最忠诚和最亲爱的

亚当·斯密

① 约翰·斯波蒂斯伍德，斯特拉恩的外甥。信与注均未找到。

② 《国富论》第2版，1778年。

③ 1777年11月7日的信186。

④ 是否是诗人约翰·霍姆夫妇。

⑤ 是否是阿伦·拉姆齐(1713—1784年)，1756年前后定居英格兰，后于1767年成为乔治三世的肖像画家。



## 191. 致约翰·斯波蒂斯伍德

收信人：斯波蒂斯伍德先生

原稿存纽约皮尔庞特·摩根图书馆；载斯科特：《亚当·斯密》第275—276页。

柯科迪，1778年1月21日

亲爱的先生：

您自愿为我的事在财政部费心代办手续，真不知道怎样向您表示谢意才好。一个有声誉的人，当他承接他人托办的事、代行签字盖章时，常想他在用钱上不能吝惜。这或许在于顾全受托人的信用，而并不一定为了顾全委托者的信用。您提出手续费90或

100 英镑即够,可别人都说得付 150 或 160 英镑。我不想在这个金额上与财政部经办人员争论,就请按别人通常支付的价码,答应从优支付这笔费用吧。谢谢您的好意,亲爱的先生

您的感恩戴德的和恭顺的仆人

亚当・斯密

## 192. 致〔安德鲁・〕斯特拉恩[①]

原稿存伊利诺斯大学图书馆;载约翰・雷:《斯密传》第 323—324 页。



爱丁堡,1778 年 2 月 5 日

亲爱的斯特拉恩:

我及时收到委任状,您在各方面对我的关怀使我感激不已;但最使我无任感荷的是您豁达地宽恕斯基恩将军[②]坏脾气的爆发,他虽出于好意,却向您毫无理由地大声叫嚷。就我自己来说,我不常发脾气,当我偶尔按捺不住时(那种情况极少),我很快会平静下来恢复正常。我听别人说,寄到爱丁堡的委任状从来没有这样快的;许多委任状在公报上公布后还要拖延三星期或一个月。这次特殊迅速发送,自然是您出于友谊加紧办理之故,也得力于斯波蒂斯伍德先生的大力帮助;请代我向他致最大的敬意。

您在计算我们的账目中稍有出入:您在我的账户上只收入 150 镑而没有记上 170 镑;我寄上的汇票第一笔 120 镑第二笔 50

镑。[③]应给卡德尔的费用尚未支付。[④]一等到我获知他已把书送出，或者在送出前他把书的账单寄来，我将把钱寄给他。永远是您

最忠实的

亚当·斯密

① 此信可能寄给安德鲁·威廉·斯特拉恩的儿子；因为即使是这位心不在焉的斯密先生也不会在同一天写上同一话题的二封信给威廉·斯特拉恩(见1778年2月5日致威廉·斯特拉恩第193号信)。

② 罗伯特·斯基恩是斯密的表兄弟；他在有关委任状这件事情上干了些什么无从查明，因而斯密所说的"发脾气"指的是什么也无法知道。

③ 此信背面有计算数字，它告诉我们委任状的费用合计147镑18先令。可能斯密寄出二张汇票(120镑和50镑)支付这笔费用；见1778年1月21日致约翰·斯波蒂斯伍德第191号信。

④ 指印刷《国富论》第2版的费用；见1777年10月27日致威廉·斯特拉恩第184号信。

## 193. 致威廉·斯特拉恩

收信人：威廉·斯特拉恩先生，国会议员，伦敦，新街，鞋巷

原稿存伦敦大学戈德史密斯图书馆；载斯科特：《亚当·斯密》第276页。

爱丁堡，1778年2月5日

亲爱的先生：

我于本月2日星期一收到委任状，距公报刊载我的名字后4

天;我确知这种委任状在公报发表后很少在4个星期之内寄到爱丁堡的。对于您使我早日得到它而做的友好努力我不知如何表示感激才是,因为在这个时刻它的来到对我有巨大影响。[①]我怕我没有能力报答您的好意,只能向您保证把您的好意永远记在心里。亲爱的先生,永远是您

最感激和最顺从卑贱的仆人

亚当·斯密

① 可能斯密因捐款给因美国战争受困难折磨的朋友,使他经济拮据。

## 194. 德·拉·罗什富科公爵[①]致斯密

载杜格尔德·斯图尔特编:《斯密作品集》第5卷第467—468页;又载约翰·雷:《斯密传》第339—340页。

巴黎,1778年3月3日

先生,认识您很幸运,向您致候,这是理所当然的。我和母亲[②],值此《罗什富科格言》[③]新版问世之际,谨奉上样书一册。我明白我们之间没有成见,即使您在《道德情操论》中谈到过这种成见,也不妨碍我们送您这部著作。我差一点不想再译下去了,但是,当我刚结束第一部分时,我看到了布拉韦修道院长翻译出版的译本,[④]我不得不舍弃通过我的语言来译您的最好著作之一的愉快。

看来应该为我的先祖[⑤]辩解。可能这不是什么难事，首先是原谅他，还要说的是，他见过的那些在宫廷、在内战中的人物，这两种场合中的人物确实比别处坏；然后，通过作者的行为，证实那些在他作品中确实非常普遍的原则。他将部分原则当作全部；因为他眼下经常见到的人都是由自尊心激励的，他将这种自尊心作为全体人类的总动力。此外，尽管他的作品在某些方面还有可推敲之处，然而，即使在内容上，甚至在形式上，也还是值得重视的。

请允许我向您请求，我们能否很快有您的知己朋友休谟先生的全集？我们深为未得到此书而惋惜。

先生，请接受我的尊敬和爱慕，我以作为您谦恭和听命于您的奴仆深感荣幸。

德·拉·罗什富科公爵

① 路易-亚历山大，德·拉·罗什富科公爵（1743—1792 年），积极从事文化事业，后来是激进政治活动家。他参加法国大革命，在 1792 年 9 月屠杀中被杀。见 1779 年 8 月 6 日从拉·罗什富科发出的信（第 199 封）；以及 1785 年 11 月 1 日发出的给拉·罗什富科的信（第 248 封信）。

② 即昂维尔公爵夫人。

③ 出版于 1778 年，巴黎。

④ 出版于 1774 年。

⑤ 弗朗索瓦第六，德·拉·罗什富科公爵（1613—1680 年），《格言》作者。

## 195. 致凯默斯勋爵

收信人：尊敬的凯默斯勋爵

原稿存苏格兰档案馆;载约翰·雷:《斯密传》第 341 页。

爱丁堡,1778 年 11 月 16 日

亲爱的勋爵:

承您好意通知我,您打算在您的新近出版的书[①]中反对我的理论,甚为感激。您信中的措词不仅友好而且恳切之至,如果我对您新书的出版有一点点反对的意思,那就显得性情乖戾和脾气极坏了。我发觉自己和高明的评判人与多年的好朋友持不同见解的确感到难过,[②]但是这种分歧是难以避免的。[③]我一直想登门晋谒,但前四五天感冒没有痊愈,使我不便在晚间外出。请代向德拉蒙德太太[④]问候。请相信我是您

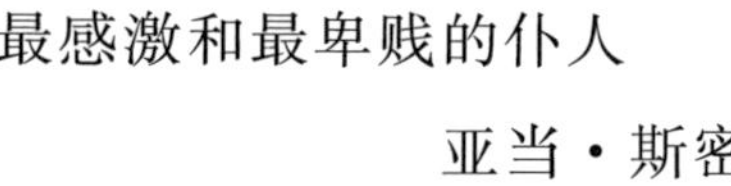

最感激和最卑贱的仆人

亚当·斯密



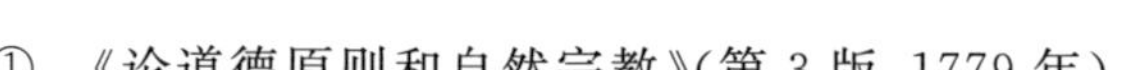

① 《论道德原则和自然宗教》(第 3 版,1779 年)。

② 凯默斯曾倡议斯密在爱丁堡大学讲授修辞学和法理学(1748—1751 年)。

③ 凯默斯反对斯密关于同情的道德理论有三点理由:1. 将本身放在受难者地位导致自我满足和怜悯心的减少;2. 具有最活泼想象的那些人不是最有道德的人;3. 有助于我们自己行动的道德情操不是同情所能解释的。

④ 阿加莎是詹姆斯·德拉蒙德的女儿;1741 年与凯默斯(亨利·霍姆)结婚;1766 年意外地成了布莱尔·德拉蒙德的女继承人,并接受霍姆·德拉蒙德的名字;1795 年去世。

# 196. 致乌尔布斯特的约翰·辛克莱[①]

原稿存乌尔布斯特的瑟索子爵处；载《辛克莱通信集》(1831 年)第 1 卷第 388 页；又载约翰·雷：《斯密传》第 343—344 页；又载罗莎琳德·米奇森：《搞农业的约翰先生》(伦敦，1962 年)誊写本第 5 页对面(部分)。

爱丁堡，1778 年 11 月 24 日

斯密先生向乌尔布斯特的辛克莱先生致最尊敬的问候。

关于财政的研究论文[②]预计约翰·戴维森先生要使用 4 个月，当他用毕此书时，斯密先生当乐于提供给辛克莱先生；但是鉴于距离遥远他对于运送的安全有点担心；作者在写作时依靠的是私下的研究，也得力于他目前工作的性质；因而，他不很愿意让它传出爱丁堡以外。此书[③]不是正式出版的，但是此书印数比委员会需要的(此书专为它的需要而编辑)稍为多印几册。[④]

不久前卸任的财政主计长蒂尔戈先生垂爱给我一册。我听说在大不列颠一共只有三册：一册属于一位高贵的勋爵，他告诉我他是走后门得到的，[⑤]一册在国务大臣办公室。第三册属于一个默默无闻的人。这二册我不知道是怎样得到的，但怀疑通过同样的办法。如果我这一本书发生不测，损失是无法弥补的。如果辛克莱先生来爱丁堡，我将非常高兴不但将此书献阅，而且可以看我所有的关于这个主题的别的资料，有的是印刷品，有的是手稿。最尊

敬的先生

您最顺从卑贱的仆人

亚当·斯密

① 乌尔布斯特和瑟索堡的约翰·辛克莱(1754—1835年),农学家、政治家和经济地理学者;受教育于爱丁堡、格拉斯哥、牛津三大学;1783年英格兰法院律师;1780—1811年为国会议员;1786年为男爵,1793—1798年、1806—1814年为农业委员会主席;1811年起一直任苏格兰税收官;1810年曾为枢密院顾问官。最著名著作《苏按兰统计数字(1790—1797年)》是第一部完整的一个教区一个教区分列的全面资料。

② *J.L.*莫罗·博蒙(1715—1785年)的《关于欧洲税收制度论文集》(巴黎,1768—1769年)。在斯密的《国富论》注释(第5卷第2章第4节)中提到:"此书受宫廷之命编辑,供数年前负责研究改革法国财政正确方法的一个委员会之用。这本四开本的书有三卷叙述法国的税制;所论具有权威性。其他欧洲各国税制的叙述是根据驻各国朝廷的法国公使能够获得的情报编纂的。对别国的税制叙述简短得多,恐怕也没有论述法国税制那样精确。"斯密实际上从后几卷引述得更多,见《国富论》第5卷第2章中叙述汉堡、荷兰、瑞士、普鲁士和威尼斯的欧洲税制(詹姆斯·博纳:《亚当·斯密图书目录》第18—21页)。

③ 摹写本的文字到此为止,此信的其余部分从约翰·雷:《斯密传》中迻录。

④ 约翰·雷说,《研究论文》于1768年共印100册,他认为"从斯密所说要得到一册极端困难这点上看,可以合理推想,他是在1774年蒂尔戈开始当政时才得到的,如果推想正确,《国富论》论税制的许多章一定是那时以后在伦敦写成的"(第343—344页)。

⑤ "也许指的是罗斯林勋爵,因为边沁写信给谢尔本勋爵劝他设法弄一本此书时,提到他知道罗斯林勋爵有一本,此书是国会议员安斯特鲁瑟送给他的,在此书印刷时,他刚巧在巴黎,就在那里不知怎么设法弄到一本"(约翰·雷:《斯密传》第344页)。

# 197.〔约翰·麦克弗森〕[①]致斯密

原稿存格拉斯哥大学图书馆，编号 1035/157，结尾处遗失；载斯科特：《亚当·斯密》第 276—278 页。

肯辛顿戈尔，1778 年 11 月 28 日

亲爱的先生：

我很久就想写信给您，想告诉您一些政府新闻，这些新闻至少会使您听了高兴，犹如听做广告人的吹嘘一般。但是，虽然我有许多第一手情报，虽然我知道几乎全部能够探听得到的事情，然而我只能告诉您极小的一部分。您也许还记得在我离开爱丁堡那天早上二点钟在您的餐桌上对首相[②]的滔滔不绝的谈话。这席话寓意如此深刻，以致您可以从这席话中发现后来在下院发言的特色。在时间和观点上真是有幸的巧合。

我自苏格兰回来时与诺思勋爵在丛林公园有过一次最充分的讨论。我希望他做一些对纳博布[③]极为重要的事情。我们谈到印度、美国、苏格兰和英格兰的事情。我向他保证您在进口加尔各答死财富[④]问题上有权威见解。他对您的权威见解颇为尊重，但对采取如此新奇的措施犹豫不决。他认为孟加拉的财政部是一种银行。他发觉有必要继续掌权，于是变得更加果断，他在国会开会第一天的致辞的语调也比往常更加坚决。他多次询问您的公爵和律师的情形。[⑤]使我吃惊的是，他对爱丁堡的历史所知极少，而且知

道的都不正确。看来您唤醒了他关于改进国库收入的一些新思想。因为他说，阻止美洲走私贸易的荒谬可以从阻止忠实的苏格兰王国走私贸易的困难中看出来，犹如新近情况所表现的那样。

关于您写给检察总长[⑥]的信，他对我说，他认为信的内容很好；我希望这件事对您我都有好处。自那次谈话后我两次与他一起进餐。他即将来肯辛顿戈尔品尝我家的佳酿。在26日会上最显特色的发言者和官员中，他的风头最见效果也最佳。在他演讲时我坐在安德鲁·斯图尔特和鲁滨逊[⑦]近旁，我们都感到他令人信服的优越。伯克的冗长演辞中的虚饰的推理和五光十色的数字以及福克斯高谈阔论中比较坚决的热烈劲头，全被他推翻，就像您用手一拂，把一只玻璃杯打破在地一般。他请求人们揭露他的行为以安抚大臣，他把国会拉到最初的意向，使他们最坚决地相信他的主张。诺思勋爵似乎有泰勒蒙的盾牌和利刃，一方面保护他自己，另一方面又羞辱对手。一点也不夸张，我相信诺思第一次感到原来只对他尊重的人们现在对他表示关切。我甚至利用一次偶然事件来促成这种印象。〔　〕[⑧]

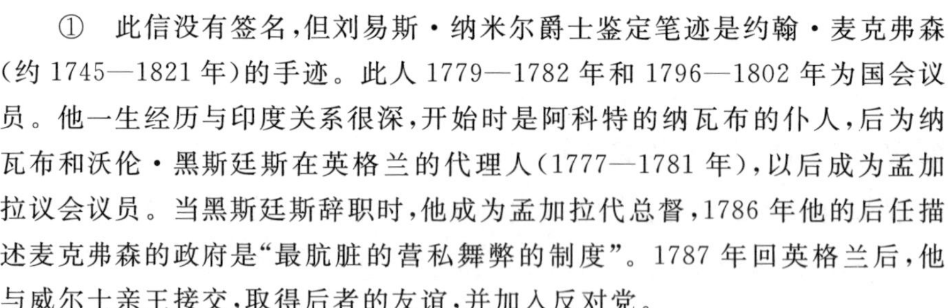

① 此信没有签名，但刘易斯·纳米尔爵士鉴定笔迹是约翰·麦克弗森（约1745—1821年）的手迹。此人1779—1782年和1796—1802年为国会议员。他一生经历与印度关系很深，开始时是阿科特的纳瓦布的仆人，后为纳瓦布和沃伦·黑斯廷斯在英格兰的代理人（1777—1781年），以后成为孟加拉议会议员。当黑斯廷斯辞职时，他成为孟加拉代总督，1786年他的后任描述麦克弗森的政府是“最肮脏的营私舞弊的制度”。1787年回英格兰后，他与威尔士亲王接交，取得后者的友谊，并加入反对党。

② 指诺思勋爵。

③ 指沃伦·黑斯廷斯。

④ 在《国富论》第1卷第11章中，斯密指出，每年运往印度的大量白银降低这种金属对黄金的比价，并举出加尔各答银子贬值的例子。他也许曾向麦克弗森提出，在美国战争的贫困时期，加尔各答库藏中的这些白银可以运入不列颠，不会使孟加拉的财政优势受到损害。斯密对东印度公司的责难和提列加尔各答库藏，见《国富论》第1卷第8章第26页和第4卷第7章第101—108页以及第5卷第1章第26页。

⑤ 指布克勒公爵和亨利·邓达斯。

⑥ 指亚历山大·韦德伯恩。

⑦ 约翰·鲁滨逊(1727—1802年)，1764—1802年国会议员；1770—1782年担任财政大臣；1786年直到去世担任森林督察长。他在财政工作中的成就使他负责东印度公司事务的政治管理。在诺思内阁中他是政府发言人和与王室的联络人。在谢尔本和皮特政府中他也设谋献策，因为他认为他首先应对国王和国王选择的政府效忠(见路易斯·纳米尔编《国会史：下院1754年—1790年》)。

⑧ 信的结尾部分遗失。

## 198. 致〔佚名贵族〕

载查恩伍德夫人：《手稿汇编》第120页。

爱丁堡，卡农盖特，1779年1月

我的勋爵：

非常抱歉，我原来保存的所有拙作很早已告罄，两种版本[①]只各留下一本，这二本书我必须保留，为今后可能有需要时作改进或增补之用，否则我当然非常愿意赠送阁下一册。致最大敬意

您最顺从最谦卑的仆人

亚当·斯密

① 指《国富论》第1版(1776年)和第2版(1778年)。

## 199. 德·拉·罗什富科公爵致斯密

原稿存格拉斯哥大学图书馆,编号1035/158;载斯科特:《亚当·斯密》第278—279页。

韦尔特厄[①],1779年8月6日

先生,在这个拥有我们土地的省份,且靠近我的驻防地,这使我能够和母亲度过一段时刻,在这里,我接到了您5月15日[②]发出的信和您荣幸送给我的您可敬的朋友的遗著[③]。他的思想既高尚又深刻,他的著名思想方法,只要一看标题就能推测出来,我满怀喜悦阅读此书;人们为怀疑论辩解,那是最好不过了;但是,正像他本人所说的那样,如果有怀疑论的话,那也是极少数,这种学说只适用于少数人;我向您承认,我并不赞成上帝存在论。我相信,使人人相信这种说法,当然是有好处的,它没有带来什么危险,而且,几乎在全世界各国迷信又添枝加叶地宣传这种说法;但是,我不愿意人们看待他们的存在似乎与人世间所发生的事极少联系。但是,我发现,虽然觉察迟缓,我正思考一个力所不能及的题目,这个题目应该是属于《道德情操论》作者讨论的题目。

我非常高兴地接到您的这部优秀作品出新版的通知[④];如果

这本书出版，我冒昧地请求您给我一本；如果书本中有改动，我也希望有新的法文版本，如果布拉韦院长不翻译，我可能斗胆重新开始我的工作[⑤]，但是，我应该得到您的允诺和准许，并在新版面世前，得到您看这译本的保证。

我现在住在我的先祖——《格言》作者长期居住的地方，我要以先祖的名义感谢您对他的正确评价，他应享有正确的评价：他的思想声誉已恢复，他的胆识声誉曾不公正地受到攻击，因为他是正派人，他相信他实践的道德。他像很多作者那样行事，他大力推广真正原则的结论；而狄德罗[⑥]有一天曾对我谈到他的书，要避免有时遭到指责的办法，那就应该将书定名为《宫廷使用的道德思考》。

在我收到您的书的同时，也收到另一本休谟先生的著作，这是我在梅斯认识了多年的休谟的一个侄儿送给我的，当时他是军人。[⑦]我愿意表示感谢，但是我忘了他的地址；如果您能写信告诉我，或者通过什么方式寄给他一封信，我将十分感谢。



我母亲嘱我向您问候。先生，请接受我的尊敬和爱慕，我以作为您的谦恭和听命于您的奴仆深感荣幸。

德·拉·罗什富科公爵

① 靠近昂古莱姆，这座15世纪的城堡是《格言》作者的主要庄园。

② 无从查考。

③ 大卫·休谟：《自然宗教对话录》(1779年)。

④ 《道德情操论》第5版出版于1781年。

⑤ 见罗什富科1778年3月3日发出的第194封信。

⑥ 德尼·狄德罗(1713—1784年)：《百科全书》的主要编辑，以《哲学思想录》著名于世。

⑦　约瑟夫·休谟曾于1775年—1776年在梅斯(见格雷格《大卫·休谟书信集》第2表第296页)。

## 200.亨利·邓达斯致斯密

原稿在奥克兰勋爵威廉·伊登的书信文件集中(寄给斯密的是信的抄件);载《英格兰历史评论》第1卷(1886年)第308—311页;又载约翰·雷:《斯密传》第352—353页。

梅尔维尔,1779年10月30日

亲爱的先生:

昨夜收到附下的伊登[①]先生来信。他提出的询问回答起来需要很大篇幅,不是一封信能够答复得了的。[②]但是在思考这个问题前我想知道您对它的看法。[③]在我自己方面,我承认使许多人大大吃惊的事情我认为没有什么可以大惊小怪的。我十分怀疑爱尔兰的自由贸易真的如此可怕。不列颠和爱尔兰对世界的工业品贸易都很可观,倘若在不列颠的南部或北部有二三个地方的贸易垄断地位因此受到损害,那种损害将是缓慢地逐步出现的,对于国家总的贸易规模及政策,其损害程度可以说微不足道。唯一要防止的事情是爱尔兰人因为不需纳税加上劳动力便宜,他们可以以低于我们的价格在外国市场上出售商品。但是一个聪明的政治家能够以恰当地征收各国原料和商品税收的办法加以调整。我相信,如果办得到的话,建立关税同盟是最好的办法,如果办不到,必须设法使爱尔兰议会恰当分配面包和鱼的份额，这样方能使两国立法机关协同一致地行动。总之，我长期以来这么想：压制爱尔兰实际上就是削弱我国海陆军力量的极其重要部分。确实，近两年来我在下院常常为这样的情景感到震惊，即每逢亲爱尔兰者提出任何可能对它有点好处的动议，甚至只是帮助它最好地利用其土地和气候的有利条件，我就会听到众口纷纭地驳斥说，这样的姑息会伤害英格兰或苏格兰的某一个城市。这种推理不再具有任何说服力。但是我突然发现我本来想询问您的意见，现在我却把我的想法告诉了您。就此搁笔。

您忠实的

亨利·邓达斯

① 威廉·伊登(1744—1814 年)，1774—1793 年国会议员；1776—1782 年任商务大臣；1778—1779 年为对美媾和专员；1788—1789 年任爱尔兰副大臣；1806—1807 年任商会主席；1789 年受封奥克兰男爵。伊登与法国谈判签订伊登条约，条约条文以斯密在《国富论》第 4 版第 3 卷第 12 章提出的论点为根据，即法国能提供比美洲殖民地更好的市场。正如斯密预料，该条约的主要受益者为英国工业和法国葡萄种植园。

② 10 月 12 日爱尔兰议会一致通过爱尔兰实行自由贸易。伊登就此问题请教邓达斯的意见。

③ 见 11 月 1 日致邓达斯第 201 号信。同一天国会公布对爱尔兰问题的彬彬有礼但含义模糊的国王咨文。

## 201. 致〔亨利·邓达斯〕

原稿存苏格兰档案馆；又存不列颠博物馆(誊抄件，摘录)；载约翰·雷:《斯密传》第353—355页。

爱丁堡,1779年11月1日

亲爱的勋爵:

我发觉阁下对给予爱尔兰自由贸易①将产生影响的意见与鄙见完全一致,深感欣慰。

即使容许爱尔兰实行自由贸易,我不相信,在今后一个世纪中,大不列颠的制造业将受爱尔兰制造业的竞争而遭受很大挫折。爱尔兰既少技术又缺原材料可以使她与英格兰相颉颃;虽然这二者可以及时获得,但要完全得到充分的数量,几乎需要一个世纪的工作,爱尔兰无煤又无木材。无煤是大自然对她的吝啬;尽管她的土地与气候完全适合种植树木,但要培植到与英格兰同等程度需要一个多世纪。我还完全与阁下持一致意见,即把帝国如此巨大美好地区的工业置于死地,为的是保护苏格兰或英格兰某几个城市的垄断地位,是既不公正又不妥当的。爱尔兰的普遍富裕和进步在恰当的安排下肯定会为政府提供更多的财源,要比从少数几个商业或工业城市获得的多得多。

在爱尔兰议会通过他们提出的议案之前,他们对自由贸易的理解如何,难以肯定。

也许他们认为自由贸易仅仅是他们有权力把他们的产品出口到他们能够找到最好市场的外国,再没有比这个要求更公正、更合理的了,任何行动再没有比对他们的现有工业施加不利影响的限制更不公正、更不合理的事。以最重的罚金禁止他们向任何国家输出玻璃。他们的羊毛只能向大不列颠出口。他们的羊毛织品只能从他们国家的某些港口输往大不列颠的某些港口。

也许他们将要求有权力从他们认为价格最便宜的任何国家进口他们需要的货物，除他们自己议会规定的关税与限制外，不缴纳其他赋税，不受其他限制。这个自由虽然在我看来完全合理，但对我们某些垄断有少许影响。玻璃、蛇麻子、外国糖和几种东印度的货物，他们在目前只能从大不列颠进口。

也许他们将要求与我们在美洲与非洲的种植园进行自由贸易，取消当今国王第18号敕令施加的限制，或者至少取消那些限制中的某些方面；如禁止向那里输出他们自己生产的羊毛和棉花织物、玻璃、帽子、蛇麻子、火药等。[②] 选个自由虽然对我们某些垄断有影响，但是我深信，对大不列颠不会有损害。当然，从爱尔兰输往那些种植园的任何商品应该缴纳与从英格兰输出同类商品缴纳（根据当今国王第18号敕令规定的）同等税金。

也许他们将要求与大不列颠进行自由贸易，他们的工业品与农产品输入这个国家时征收与我们自己产品同等的税金。在我看来，没有任何东西比这种相互的自由贸易对双方更为有利，它有助于冲破那种荒谬的垄断，我们错误地设立对我们自己不利的垄断，只对我们几乎全部的各种制造商阶级有利。

不论爱尔兰的要求是什么，在目前我们所处形势下，我认为我们决计不能不给予同意。不论他们的要求是什么，我们的制造商，除了事先向其很好解释的一些处于领导地位的重要人士外，也许将反对它。但那些人可以加以说服，根据我的经验，这样做所费无几，也不会有很大的困难。我甚至能够指出我认为适合于做说服工作，并能取得成功的几个人。关于这点待我见到您时再说；在我能够离开这个城市时，我首先就要造访您和您谈这一点。

承伊登先生关怀深以为荣。我请求您为我向他致最恭敬的问候。亲爱的勋爵，请相信我是您

最忠实的

亚当·斯密

① 见 1779 年 10 月 30 日邓达斯第 200 号来信，和 11 月 8 日致卡莱尔勋爵第 202 号信；又见《国富论》第 1 卷第 11 章及第 5 卷第 3 章。

② 乔治三世第 18 号敕令（1778 年）。

## 202. 致〔卡莱尔勋爵〕[①]



原稿存哈佛大学克雷斯图书馆；载约翰·雷：《斯密传》第 350—352 页。

爱丁堡，1779 年 11 月 8 日

我的勋爵：

几天前，由我的朋友弗格森[②]转来一信，阁下在信中提到，如果给予爱尔兰如今竭力坚持要求的自由贸易，将产生何种后果，垂询我的意见。[③]阁下对我的关注使我深感幸运，但对此我不打算多说，我想尽力如实地解释这个问题，做到尽可能的清楚。

在我们看到爱尔兰人提出的议案中列举的概要之前，不可能明确地知道他们提出自由贸易的含义。

有可能他们提出自由贸易的意思仅仅是他们有自由出口所有货物（不管是自己生产的还是从国外进口的）往不列颠及其殖民地以外的所有国家，这些货物只交纳他们自己议会征收的税金，只受自己议会规定的限制。在目前，他们不能把自己制造的玻璃输往不论哪个国家。生丝（一种外国商品）也受同样的限制。他们的羊毛只能向大不列颠出口。羊毛织物只能从爱尔兰的某些港口输往大不列颠的某些港口。制定所有这些不公正和压迫性的限制仅仅是为了我们自己制造商十分微薄的利益。怀着高灵敏度妒忌心的那些大人先生们对此大为惊恐，唯恐爱尔兰人在国外市场有能力与他们抢生意，实际上爱尔兰人从来不能满足其本身市场对玻璃和羊毛织物的需求。

爱尔兰人提出自由贸易的含义可能还要求有自由从不论什么地方购买最便宜的他们需要的所有货物。在目前，他们购买的玻璃、外国种植园的食糖（除西班牙和葡萄牙食糖外）和某几种东印度货物只能从大不列颠进口。虽然，取消对爱尔兰的这些限制和性质相同的其他限制，肯定对大不列颠的利益不会有多大损害。爱尔兰人的要求也许就是这个最公正和合理的出口与进口自由；在我看来，坚持这种限制，只是一种满足于无礼行为的行动，而不是增进我们商人或制造商的实实在在的利益。



但是爱尔兰人除此之外也许还要求与大不列颠居民一样，享受向不列颠在非洲和美洲殖民地出口与进口的同等自由。由于在建立或保卫那些殖民地中爱尔兰没有什么贡献，提出这个要求的理由没有上边二项要求那么充分。但是，因为我绝不相信垄断我们的种植园贸易真正对大不列颠有好处，所以我也不相信允许爱尔兰分享这种垄断，或者把这种垄断扩充到所有不列颠诸岛，有什么真正的害处。

在上述之外，爱尔兰可能要求有把他们的农产品和工业品输入大不列颠的自由；应缴纳的税金与不列颠同类农产品或工业品所缴纳的税金相同。虽然这个要求在所有要求中最没有道理，但也应予同意，我不相信这个要求会损害不列颠的利益。却相反，爱尔兰商品在不列颠市场的竞争，可能有助于部分地冲破垄断，那种垄断是我们最荒谬地以不利于我们自己为代价而给予大部分制造商的。无论如何，要在很久以后这种竞争才会达到十分激烈的程度。就眼前爱尔兰的状况而言，要几个世纪以后他们大部分制造品才有力量与英格兰工业品相竞争。爱尔兰没有多少煤，洛赫·内伊的煤产量对这个国家的大部分地区没有什么影响；爱尔兰的木材不多，煤与木材是大工业发展必不可少的资源。爱尔兰缺乏秩序、警察和正规的司法机构来保护与抑制下层无知的人民，这三个条件对工业的进步比煤与木材加在一起还要重要，只要爱尔兰继续分裂为二个彼此敌视的两个民族（压迫者与被压迫者，新教徒与罗马天主教徒），它必然继续缺乏这些条件。④

如果爱尔兰的工业，在自由与良好政府的影响下，达到与英格兰并驾齐驱，那就更好，不但对整个不列颠帝国更好，而且对英格兰这个特殊地区也更好。正如兰开夏的财富与工业对约克郡的财富与工业不起阻碍作用而起推动作用一般，爱尔兰的财富与工业不会阻碍英格兰财富与工业的发展，而会推动它们的进步。

我十分愉快地发现，在国家困难情况中，像阁下这样地位显赫、心胸崇高的人对政府不感到失望；反而愿意积极参加政府。阁下可算是恢复国会活力与决心的支柱，由于活力与决心恢复的后果必然带来国会权威的上升，我想这就是阁下真诚的希望。

最感激和最顺从的仆人

亚当·斯密

① 弗雷德里克·霍华德，卡莱尔伯爵五世（1748—1825 年），政治家、戏剧家和诗人；1779 年任商会主席，1780—1782 年任爱尔兰总督；1778—1779 年与伊登及约翰斯通一起为美国和解委员会委员。

② 亚当·弗格森曾任美国和解委员会秘书。

③ 见 10 月 30 日邓达斯第 200 号来信和 11 月 1 日致邓达斯第 201 号信。

④ 见《国富论》第 5 卷第 3 章中斯密关于与大不列颠联合对爱尔兰的好处，和从建立在宗教与政治偏见上的最丑恶的“压迫性的贵族政体”下拯救爱尔兰“各阶层人民”的论点。

## 203. 致〔威廉·伊登〕

原稿存洛杉矶林肯储蓄与贷款社；未发表。

爱丁堡，1780 年 1 月 3 日

亲爱的先生：

听说您成功地写信给卡莱尔勋爵，我感到十分欣慰。[①] 我承认，我对小册子的成功一点也不担心，它不责备任何政党和个人，它描写的国事状况没有普遍相信的那么危急。我希望，国民能有比我想象的更好的心情和更好的精神。除了您提到的几版外，您的信甚至在这里的偏僻地方也要出一版。[②]您在信中特地提到我，不知怎么感激您才好。

在我看来，除您已经说的话之外，没有很多可以增添的。创立新税或增加旧税的困难，我理解；这就是我们烦恼的主要原因。除严格注意我们的经济状况外，我发觉有三种十分明显的方法可以增加国家收入，又不增加人民新的负担。[③]

第一件是取消全部出口补助金。苏格兰和英格兰这种支出合起来每年约为30万镑；单就谷物补助金而言，这笔补助在某些年份相当于其他补助金的总和。今年它也许将达到相当巨大的数额，当我们不能获得足够税款进行一场防卫战争时，如果我们拒绝由增加税款来支持商业中的一些没有能力和衰落的部门，我们的商人们没有抱怨的理由。

第二件是取消全部对进口的禁令，不管是绝对的还是临时的，代之以适度和合理的税收。禁止除了保护垄断外达不到什么目的。禁止就没有了税收收入，有的只是破坏禁令的罚金和违禁进口商品的没收。它不但不能鼓励相反会阻止它原来打算推进的那些工业部门的改良和扩充。荷兰的腌鲱鱼由于对船只和货物的没收而不能进口。但是荷兰腌鲱鱼大大优于不列颠腌鲱鱼，您很难想象它们中间的区别。一桶不列颠腌鲱鱼的价格大约一个畿尼，我推想荷兰腌鲱鱼的价格相差无几。如果我们不禁止进口，每桶荷兰腌鲱鱼征税半畿尼。在这种情况下，荷兰腌鲱鱼在大不列颠要卖33或34先令，这样一来，价格将完全决定它们只能进入有钱人的餐桌。不列颠的鲱鱼腌制商将立刻努力追逐这个高价格，他们将在制作中更加考究、更加清洁，以提高他们货品的质量，使之与荷兰货相媲美，这种模仿也许将在五六年内使产品有一定程度的提高，而照目前情形，要有相等程度的提高，我深感失望地预测，需要50或60年时间。我们的渔业到那时可以在外国市场上与荷兰人角逐，而在目前，我们的渔业在国外市场上是无法与他们竞争的，到那时腌鱼业不但会有很大的改进，而且将大大扩展。禁令阻止不了被禁商品的进口。这些商品到处以公平的贸易方式出售，买它们的人一点也不知道他们在买被禁商品。在我就任海关税务司一周后，④在审视被禁商品单时（这种单子挂在每一个海关署内，很值得您注意），再仔细检查我自己的服装，令我极为惊奇的是，我穿的袜子、打的领带、外衣上的一对褶边以及插在口袋中的手帕几乎全是不准在大不列颠穿戴或使用的。我真想作出一个榜样把它们全部烧毁。我不想劝您检查您和伊登夫人的衣服或家中的家具，免得您陷入同样的窘境。禁令的唯一后果是阻碍进口带来的国库收入。各种高税率征收的货物进口税，使那些商品不可能公平交易，它与绝对禁止同样不利于国库收入，同样有利于走私盛行。取消全部禁令和取消一直很少好好缴纳的过分高的税率将产生何种效果还很难说。我估计它将产生的收入数额比取消出口补助金更大，只要能经常保持一种合理的收税标准，取代过分高的税率和禁止进口的措施。

第三件是取消羊毛出口禁令，代之以征收相当高的关税。目前的羊毛价格比爱德华三世时期还低；因为目前它只限于大不列颠市场内销售，不可能进入世界市场。羊毛价格低会使这种商品的质量降低，这样一来就会损害羊毛纺织工业。反过来使羊毛价格提高会使它质量提高，对毛织业大有好处。此外，由于这个禁令，显然牺牲饲羊者的利益而使制造商获益，实际上是为了这一部分人的利益向另一部分人征税。在很久以前，向羊毛出口征收的税金曾是海关最重要的一笔收入。

我衷心祝贺您对爱尔兰有意想不到的善良的同情我祈祷上帝施予当政者有足够的智慧与坚定，不要使人民在他们有理由期望的任何事情上失望。给他们比您愿给的更多的东西，但千万别作出一点点暗示说您想少给他们一点什么。请代我向所有朋友问好，亲爱的先生，请相信我是

完全属于您的

亚当·斯密

① 指《致卡莱尔伯爵的4封信》(伦敦，1779年)，书中伊登为政府的对美政策辩护。

② 1779年至少有伊登的《书信》的兰个伦敦版出现。但未发现有苏格兰版。

③ 表示在此信中关于补助金和禁令的主要见解，斯密增补在《国富论》第三版(1784年)中论限制对法国贸易的荒谬、鲱鱼捕捞补助金和谷物补助金这一章节里。见1782年12月7日致卡德尔第222号信的注解；也见《国富论》第四版第5章第1节第29—31页。

④ 斯密于1778年1月就任苏格兰海关税务司。

## 204. 致亨利·麦肯齐[①]

收信人：麦肯齐先生

原稿存哥伦比亚大学图书馆；未发表。

爱丁堡，1780 年 5 月 23 日星期二

亲爱的先生：

我十分专注地把《镜报》的二份草稿阅读两遍。[②] 在我看来第一份内容好得多。它的反对意见写得太谦虚，没有给我它有充分理由的印象。但它在引人入胜上至少比第二份强十倍；第二篇似乎太多老生常谈，虽然说的与《镜报》有关，但从头至尾不直接适用，而在言词中，那篇草稿显得恭维话太多并缺乏热情。在另一方面，这两篇评议写得都公正而且正确。在二份底稿页边上我冒昧地注上一些意见。这些意见采用与否都没有很大影响。亲爱的先生，我永远是您

最忠实的

亚当·斯密

① 亨利·麦肯齐（1745—1831 年）小说家和散文家；苏格兰检察官；1779—1780 年编辑《镜报》，1785—1787 年编辑《漫步者》。

② 可能指麦肯齐交给斯密的他作为《镜报》编辑的告别回顾文章的草稿（刊在 1780 年 5 月 27 日星期六第 110 号上），草稿中这位编者对该刊一小部分撰稿人的意图和成绩进行评述。

## 205. 致约翰·戴维森

收信人：戴维森先生　地址：希尔堡

原稿存爱丁堡大学图书馆；未发表。

爱丁堡海关署,1780 年 7 月 5 日

亲爱的先生:

兹寄上布克勒公爵的支付证书,如果在付款上不很方便的话,请将原件退回。[1]亲爱的先生,我永远是

您最忠实的

亚当·斯密

① 可能指公爵付给斯密的年金。

## 206. 致〔托马斯·卡德尔〕



原稿存耶鲁大学图书馆,未发表。

爱丁堡,卡农盖特,〔1780 年〕[1] 10 月 25 日

亲爱的先生:

请求您收到此信后立即将我《国富论》第二版寄三本给丹麦总领事彼得·安高先生[2]为感;并请在书的扉页上写上由作者赠送字样。一本赠给安高先生;另一本赠给霍尔特先生[3];第三本赠给德雷比先生[4]。德雷比先生最近将我的书翻译为丹麦文。[5]这三本书务必装帧美观。我担心我可能不但是您印刷的第二版的最好买主,而且也是唯一的买主。无论如何,请让我知道此版的销路如何。

早在 1767 年,大约在三月的某个时候,也就是在我离开伦敦几天前,我向您购买一本安德森的《贸易史》。[6]刚巧您店中没有此

书，但您为我在您邻近的书店里购得此书。新近我在此书中发现有缺页（这是约翰·鲍尔弗在前些日子写信告诉您的）。如果您能为我弥补这个缺憾，我将无限感激。亲爱的先生，我永远是您

最忠诚和最爱您的

亚当·斯密

① 信末所注年份“1760”是错的，这封信显然与1780年10月26日写给霍尔特和安高的第208号与第209号信属于同一时间。

② 卡斯滕·安高和彼得·安高（1744—1832年）是挪威木材商人的儿子。他们于1760年游历不列颠，1762年到格拉斯哥，那时与亚当·斯密相遇。1764年他们与斯密又在图卢兹会面，此时斯密正在写《国富论》。

③ 安德烈亚斯·霍尔特（1729—1784年），安高兄弟的家庭教师，当时是丹麦的文官，挪威经济和贸易部秘书处的处长，最后成为国会议员。

④ 弗朗茨·德雷比（1740—1814年），挪威商人亚梅斯·科莱特儿子的家庭教师。1773—1776年与学生一同访问英格兰；当他继霍尔特之后任挪威经济和贸易部秘书处处长对把《国富论》翻译为丹麦文。也许安高兄弟和霍尔特怂恿他从事此书翻译。

⑤ 《亚当·斯密博士写的国民财富的性质与起源》（哥本哈根，1779—1780年）。此书第2卷增加波纳尔总督1776年的信。

⑥ 见1767年3月25日给卡德尔的第102号信。

## 207. 致〔威廉·斯特拉恩〕

原稿存波士顿公共图书馆弗吉尼亚和理查德·埃里克手稿收藏室，载约翰·雷：《斯密传》第357—358页。

爱丁堡,卡农盖特,1780 年 10 月 26 日

亲爱的先生:

除了要请求您的帮助或者要增添您的麻烦,我从不写信给您,我想这是命中注定的。这封信和其余的信一样也脱不出这个规律。我订了一部瓦特的抄写机。[①]机器的价格 6 畿尼,包装箱 5 先令;如果他能寄给我一令抄写纸以及全部别的墨水样品等(这些东西通常随同机器出售)我将十分高兴。这笔钱付给书商伍德马森先生,他印刷的信件随函附上,并附上见票即付的 8 畿尼汇票一张。在支付所有费用后应该还有一点剩余。在克雷文街上有一个裁缝,是詹姆斯·麦克弗森的熟人,我欠他几个先令,我相信在 10 先令以内,最多肯定不会超过 20 先令,请把我的欠款偿清。他是一个很诚实的君子,在应得之外不会多要。我在离开伦敦前曾多次请他结账,但是他总是拖下来。

我几乎忘记我是《国富论》的作者;不久前,我收到在丹麦的一个朋友的信,告诉我它已由一位德雷比先生翻译成丹麦文,他是那个王国新建立的贸易和经济委员会的秘书。[②]信是那个委员会的一个顾问霍尔特先生写来的,他为德雷比先生询问我,希望知道我在此书第二版中有什么变动。对这个问题最简单的办法是寄给他们第二版的书。因此,与此信同时寄出给卡德尔先生一信,要求他寄三本精美装帧并烫金的第二版《国富论》给丹麦总领事安高先生,他是我的老朋友;一本给他本人,另外二本由他转交霍尔特先生与德雷比先生。在我们最后结算时,我将把这三本书作为我购买的。我疑心我现在几乎是我自己书的唯一主顾。无论如何,请您把这方面的情形见告。

许久疏于写信给您，千万请您原谅，在结束此信时我向您保证，尽管我懒于握笔，对您和您的全家我怀有最高的尊敬。我是您

最忠实和永远热爱您的

亚当·斯密

① 詹姆斯·瓦特(1736—1819年)一项引人注意的发明，1780年2月14日获专利。抄写机使用一种专门制造的墨水压印在一张潮湿的纸上，印出完全一样的字迹。斯密从1757年起就认识瓦特，当时后者担任格拉斯哥大学数学仪器制造人。就是在该校的工场里，瓦特修理纽科门蒸汽机(1764年)，导致在这个工艺技术领域里他自己的发明。

② 见1780年10月25日致卡德尔的第206号信；又见1780年10月26日致霍尔特的第208号信和致安高的第209号信。

## 208. 致〔安德烈亚斯·霍尔特，丹麦贸易和经济委员会委员〕

原稿存格拉斯哥大学图书馆，编号1035/133(誊写件，无签名)；载斯科特：《亚当·斯密》第281—284页。

(爱丁堡，1780年10月26日)

亲爱的先生：

许久未复您十分恳切的来信至为惭颜。[①] 可是我每周要去海关署工作4天，在这4天中不可能坐下来认真做任何别的事情；在其余3天中，老是受我的办公室中特殊事务的打扰，有时还有我自

己的私事以及社会共同的事务得做。

听到德雷比先生把我的书翻成丹麦文，它给我最大的快乐和极大的荣誉。[②]请求您为我向他致最真诚的感谢和最尊敬的问候。我不能得到读他翻译本的快活使我难过，因为我不幸不懂丹麦文字。

我在两年多前出版了《国富论》的第二版，在新版中虽然没有资料方面的变更，我作了大量的更正，但是所有的更正丝毫不影响总的原则或整个理论体系。在与此信寄发同时，我有一信给卡德尔先生，请他将此书第二版寄两本给您的朋友与学生安高先生。我冒昧地请他在最近的方便时候，把它们转给您。我希望请您收下其中一本，把另一本以我的名义转交给德雷比先生。

虽然第二版在第一版基础上有很多纠正，我不敢自以为它完全没有错误。我本人已发现几处不精确的地方。最重大的错误在第 2 卷第 482 页，该处我说到“例如在英格兰，当时除土地税外，每一种其他税收大约是每镑征收 4 先令，通行的做法是对机关薪金每年超过 100 镑的每镑征税 5 先令，法官的薪金和一些不受人羡慕者的薪金除外。”[③]实际上对此类薪金的征税并非每镑 5 先令，而是每镑 5—6 便士，而法官的薪金并无免征的规定。唯一能免税的薪金是王室小房（如国王弟妹）的年金和海陆军军官的饷银。这一严重错误就我所知是全书中最大的错误，出于过分相信记忆之故，但它丝毫不影响以它作为根据的推理与结论。



我认为对批判者作任何直接回答并不适当。我自以为在第二版中我避免了波纳尔总督的所有反对意见。[④]但是，我发现他一点也不满意，任何作者在他的书出版后多不愿改变他的观点，我对他的不满并不怎么惊奇。

一本有关国防问题小册子的匿名作者，在文章中反对我的理论，有人告诉我，他就是名叫道格拉斯的那位绅士。当他写他的书时，他没有读完我的书。他凭想象认为，因为我主张民兵无论如何不如严格管理和良好训练的常备军，我必定完全不赞成民兵。就这个主题而言，他和我刚巧明显地持同一见解。如果别人告诉我他的名字没有错的话，这位绅士是一位有才能的人，也是我的一位熟人，因而他对我的攻击，使我有点惊奇，他攻击所用的方式，更使我觉得奇怪。⑤

一位十分勤劳、用功、诚实的名叫安德森的人，出版一本关于改进财政状况的四开本的厚厚的书；在书中他用很长的一章反驳我反对谷物出口津贴的立场。⑥在我著作第一版第2卷第101页上，说过这样一句话，即事物的本质赋予谷物真正的价值，它是任何人为的制度改变不了的。这句话自然说得太绝对，我在一心奋笔疾书时没有察觉。我理应这样说才对，即事物的本质赋予谷物真正的价值，它不是仅凭人改变其货币价格所能改变得了的。这一点应加以纠正，这也是我真正的意思。安德森先生利用我匆促中所说的一句不全面的话，就洋洋自得地指出：在我书中的另外几处地方，我曾提到只要降低制成品的价格，就等于提高初级产品的价格，因而也提高谷物的价格。在第二版中我纠正了这句未加仔细考虑的话，这样，我认为已经抽掉安德森先生全部对我反驳的立脚点。⑦

报纸上刊登的对我讽刺的无数短文，你不值得花时间予以注意。但是，总的来说，攻击我的文章比我预料的还要少些；因而在

这方面我认为比我在别方面遭遇的要幸运得多。我的一篇十分无害的悼念我的朋友休谟去世的文章[8]却为我带来比对大不列颠整个贸易制度的猛烈攻击多10倍的辱骂。关于我的书就谈这一些。

您寄下的关于您在冰岛旅行[9]以及自从上次在法国见到您后[10]您所经历的不同环境的记述，我看了十分高兴；在来信末尾告诉我，您在哥本哈根取得令人满意的光辉成就，更使我欣慰。来信提到你们政府中的革命，我一直相信它是以十分谨慎与温和的方式进行的，它对保持你们国家的安全是绝对必要的。[11]听到您对年轻王子的称赞，知道他接受了正确方式的教育我极感愉快。由于我有幸见到您，我自己的生活也充实得多。[12]在我回到不列颠后，我归隐苏格兰我出生的小镇里，在那里我一直在十分清静和几乎完全隐居的环境中生活6年。在这段时间里，我用以自娱的主要是写我的关于国家财富的探究，同时研究植物学(在这方面没有取得很多进步)和别的几种科学(对那些，我以前未曾加以注意)。1773年春天，有人建议我第二次出国，我的许多朋友认为对我有利。[13]为了讨论这个建议，我不得不前往伦敦，在那里布克勒公爵好意劝我接受。此后十年间伦敦成为我主要住地，在那里我完成并出版我的书。以后我回到我在柯科迪的旧居，埋首写另一本关于模仿艺术的书[14]。以后承布克勒公爵的好意，我得以就任现在的职务；这个职务虽然要我大部分时间上班，但工作轻松职位光荣，对我的生活方式大有好处。我在接受任命时，我提出放弃我所享受的年金，这份年金是在我陪布克勒公爵出国前，由于担任他的私人教师得到的，在他成年后公爵又把年金期延长，对此我就承受下来。但是后来公爵阁下叫他的账房先生向我传话说，虽然我考

虑到应该怎样做才适合自己的荣誉，但我没有考虑到应该怎样做才适合他的荣誉；他绝不愿为了减轻年金的负担，受人怀疑他曾为朋友谋取职位。因而我目前的处境富裕，达到我希望的程度。感到唯一不足的地方是，我担任的职务必然要时时打断我文学方面的研究。我计划写的几本著作可能进展得十分缓慢，如果不担任这个职务就会快得多。希望您万事如意，谨致最高的敬意。

最爱您的

谦卑的仆人

① 来信不明。

② 见第206号信注⑤。

③ 《国富论》第2卷结论部分。

④ 见1776年9月15日波纳尔第174号来信和1777年1月19日斯密第182号复信。

⑤ 小册子标题为“爱丁堡的一位绅士致布克勒公爵阁下论国防问题的信，并对斯密博士题为《国民财富的性质与原因的研究》一书中论国防一章说几句话”（伦敦，1778年）。在序言末尾有“*M. T.*”两个大写字母；见《国富论》第1卷。

⑥ 指詹姆斯·安德森：《论激励国家办工业精神的办法》（伦敦，1777年），见《国富论》第4卷和第5卷。

⑦ 见《国富论》第2版第4卷。

⑧ 见致威廉·斯特拉恩1776年11月9日第178号信。

⑨ 霍尔特在那里做陆上旅行。

⑩ 他们于1764年在图卢兹见面。

⑪ 1772年的政变导致王后卡罗琳的被逐；她的情人德国医生施特林泽被处决（他从1768年起控制国王克里斯蒂安七世，后担任首相）和丹麦领导地位的恢复。

⑫ 此段以下可以说是斯密在1766—1780年时期简短的自传。关于斯

密如何成为海关税务司的叙述可以与他1777年12月到1778年2月的书信比较起来阅读。

⑬ 作为汉密尔顿公爵旅行中的私人教师。

⑭ 斯密哲学主题论文，全称“在称为模仿艺术中出现的模仿的性质”。

## 209. 致〔丹麦驻大不列颠总领事彼得·安高〕

原稿存格拉斯哥大学图书馆，编号1035/133（誊写件，无签名）；载斯科特：《亚当·斯密》第280—281页。

〔爱丁堡，1780年10月26日〕

亲爱的先生：

知道并没有被您或被您高尚的朋友霍尔特先生完全忘怀，使我非常高兴。我稽延许久没有复您十分恳切的来信，[①]只是因为被公务所纠缠之外又被一些个人私事所困扰，实深歉仄。在未给您作复之前，我先给霍尔特先生写回信，[②]这封信写得冗长，占了我极多的闲暇时间。最后我冒昧地把给他的复信附在这封回信里边，我乞求您将该信转交给他。

我同样冒昧地要求卡德尔先生将三本我著作的第二版转递给您；其中一本请您惠予哂纳，聊作多年友谊的纪念；其余二本交给霍尔特先生，一本作为我与他友谊的纪念，另一本赠给友好地把此书译成贵国文字的德雷比先生。

您告诉我北欧诸国的武装中立不表示对大不列颠的敌视，使我甚为欣慰。[3]但是，由于我对贵国政府的高度尊敬，我必须承认，我对你们这种态度担心的多，所抱的希望甚少。但是我们各自国家彼此的关系不管发生什么变动，我深信我们的私人友谊不会变化。致最高的敬意，亲爱的先生，

最敬爱您的

谦卑的仆人

再者，我没有把握我给霍尔特先生信上的丹麦地址是否足够清楚。请您在加封后查看一下，如不够明确请予补正。

此系 1780 年 10 月 26 日[4]致霍尔特先生与安高先生的誊写信。

① 此信查不到；可能就是告诉德雷比翻译《国富论》几封信中的一封；见 1780 年 10 月 25 日致卡德尔的第 206 号信。

② 指 1780 年 10 月 26 日的第 208 号信。

③ 1780 年 7 月 9 日，丹麦与俄国签订条约，宣称在不列颠海军实行对中立国船只搜查，以防止武器和供应品输入法国和前美洲殖民地的行动中实施“武装中立”。这个条约后来又有瑞典、普鲁士加入，但证明没有什么价值。可是其原则在 1797 年丹麦、挪威和瑞典签订的另一个条约中加以重申，这就导致 1801 年的哥本哈根战争。

④ 日期是后来加上去的。

## 210. 布克勒公爵致斯密

收信人：爱丁堡海关署，亚当·斯密先生

原稿存格拉斯哥大学图书馆，编号 1035/159；未发表。

巴斯,1780 年 11 月 26 日

亲爱的先生:

我现在在距巴斯不足二站远的地方,希望沃特斯能使我的胃强健起来,虽然我的胃病已经比离开苏格兰时好得多。那位律师[①]将向您解释关于你们理事会里空出来的位置准备怎么办,他还将告诉您,内尔索普[②]有调动的机会,至于怎么调动我就不知道了。我想加拉[③]可能就任较好的、更适合他能力的职务。我说的“较好”,并不意味比您建议的有更大的荣誉或更好的待遇。伦教目前十分沉闷和平静,如果反对党能够团结一致,您可以预期在圣诞节后将出现剧烈的风暴,从目前看来,我相信他们办不到。我全家均好。

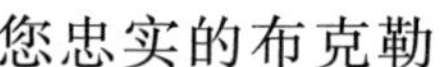
您忠实的布克勒



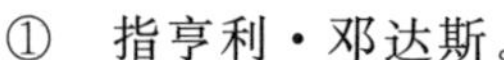
① 指亨利·邓达斯。

② 威廉·内尔索普,在此之前的海关税务司之一,但在 1780 年 12 月 9 日理事会文件中没有他的名字,很可能那时他已调出。

③ 此人查不到。

## 211. 塞缪尔·查特斯致斯密

原稿存格拉斯哥大学图书馆,编号 1035/160;未发表。

加尔各答,1780 年 11 月 30 日

〔此信来自塞缪尔·查特斯,发信地加尔各答,信中他向斯密

申诉他在东印度公司服务中受到的漠视和伤害。无疑他希望斯密在亚历山大·韦德伯恩面前为他说情。〕

## 212. 致托马斯·卡德尔

载1887年4月30日《纽约晚邮报》;又载约翰·雷:《斯密传》第361页。

〔爱丁堡,1780年〕

亲爱的先生:

克里顿的罗斯夫人[①]目前住在韦尔贝克街,她是我特别知己的朋友和我的近亲,目前在东印度公司服务的帕特里克·罗斯中校的妻子。当她离开此间时,她似乎暗示她希望从我这里得到一本我最近出版的书。因之,我可否请您把我的两本书,即《道德情操论》和《国富论》,各寄一本给她,请装潢得美观一点并加以烫金,两本俱记在我的账上,在扉页上请写上"作者赠"字样。请为我向卡德尔太太、斯特拉恩先生及其家属及其他朋友问好。相信我,永远属于您的

亚当·斯密

① 罗斯夫人(卒于1803年)是斯密表弟帕特里克·罗斯的妻子。

# 213. 邦贝尔侯爵[①]致斯密

收信人:亚当·斯密先生　地址:爱丁堡附近的柯科迪
原稿存格拉斯哥大学图书馆,编号 1035/161;未发表。

〔巴黎〕铁罐街,1781 年 6 月 18 日

亲爱的朋友:

很久没有得到您的消息。自从吉本先生来此以后,也已 4 年了。报上也很少有您的消息。因为您的作品也不是每年都出版。我也从来没有见过。恩维尔公爵夫人的女儿,夏博公爵夫人今天怂恿我抨击您的《对话录》。这位夫人像这里所有的夫人一样在学英语,她能交谈和阅读。如果您来这里会了解情况的。她问您,您是否真的出版了您的作品全集。我不很清楚这是怎么回事。我是从您的《道德情操论》、《国富论》认识您的。这就足够说明要给您写信以求究竟的原因。过去,我决心抓住机会,以便在您的记忆里唤起对我的回忆或得到您的消息,这些都并不困难。[②]

我请求您告诉我一些详情。

我的一位住在海牙的朋友写了一些玄学作品,在作品中,他确定道德观念的存在,这种观念极像您书中的同情[③]。如果您对此感到奇怪,我会把我手中的一册样书寄给您。

吉本先生最近的两本书是否成功?[④]我见到有些人担心这两本书不如前本书那样下功夫,在谈及宗教时,过于缺少热忱,而过

多地谈论风流韵事或妇女操持的事务，这是偏离历史的重心的。特别是像他那种有既美好又深沉、而且又如此丰富的历史的国家。

再见，亲爱的朋友，请辨认真诚敬爱您的人伸出的手。

您不觉得，在像现在这样的战争中[⑤]，我们已向文明迈进了一步，我们可以自由通信，更进一步，大家可以相互往来。这里有很多英国人，他们愿什么时候来都可以。

① 马克·玛丽·邦贝尔（1774—1821年）；外交官，流亡者，与保王党一起战斗，在波旁王朝复辟后，接受命令并成为亚眠主教。

② 斯密整理《国富论》抄本第三版时给邦贝尔和拉·罗什富科家族的信，见1784年11月16日发出的给卡德尔的第241号信。

③ 无从查考。

④ 第2、3卷在1781年5月1日出版。对于宗教进行攻击的章节包括在第1卷中第15章和第16章。自1782年3月至1784年6月，吉本开始第4册的工作。

⑤ 战争于1778年在英法两国之间爆发，西班牙与之结盟。

## 214. 致爵姆斯·亨特·布莱尔[①]

收信人：爱丁堡乔治街詹姆斯·亨特·布莱尔先生

原稿存苏格兰档案室布莱尔夸汉文件库；未发表。

爱丁堡海关署，1781年10月29日

亲爱的先生：

非常抱歉我今天实在无法叨陪末席。因为我昨天一整天胃部

疼痛，而且又加上今天腰际酸痛。我以为庆贺选举成功的宴会对这些病痛无补。[②]我最真诚地祝贺您。亲爱的先生

您最忠实的

亚当·斯密

① 詹姆斯·亨特·布莱尔(1741—1787年)，威格敦人；银行家威廉·福布斯爵士的合伙人；1781—1784年为爱丁堡国会议员；1784—1786年任爱丁堡市长；以深入熟悉苏格兰的工商业著称。

② 布莱尔在写此信之日当选议员。

## 215. 亨利·麦肯齐致斯密



收信人：伦敦查灵格罗斯，萨福克街27号，亚当·斯密先生

原稿存格拉斯哥大学图书馆，编号1035/162；载斯科特：《亚当·斯密》第284—285页。

爱丁堡，1782年6月7日

亲爱的先生：

所附之信[①]是向您道歉的信，并解释我写信再次麻烦您的原因。显得反复无常的是，碰巧我这封信的目的又与上封信相同。这第二次麻烦您我实在无法避免，否则我就要得罪一个人[②]，此人的天赋以及他内心的热忱和善意是我尊重的，而他正处于一种激怒的心态中，我怕他容易生气。

他把《伦纳梅德》留在我这里两天时间；我尽两天中所有的闲

暇全用在仔细阅读这个剧本，只能做到足以判断它在我感觉中总的印象，但完全没有达到形成对它的批评意见。当他为他的悲剧再次前来时，我对作者提出此剧主要情节的评语，其中有些情节我想是有缺陷的；另一方面，我对某几段我认为写得好的地方加以称赞，并且又说，大体上如果此剧现在就搬上舞台，它所迸发的自由精神会吸引观众，而剧中有些激昂的演说，严格地说，我感到不足的是，它像我曾在一家英格兰剧场里看到博得巨大喝彩声的枯燥独白。这些就是我的评语。洛根先生听了后给我来了一封信，我冒昧把信寄给您，免得我为作漫长转述感到为难，而且还可能使您难以理解。我对该剧本的意见（这是洛根先生迫使我提出的，它可能受到您的某些影响）大致就是上边所说的，考虑到在对一个作家谈论他的著作时，“最坚强的伦理学家”[3]也必须使用谨慎和微妙来调和他的真理。

我希望您原来常犯的小毛病早已根绝，并希望您没有传染上已在伦敦流行、现在已开始在这里传播的流行性感冒。大约有240名南部国防军士兵因流行性感冒躺倒。[4]但是，这里的气候现在转暖，我希望能减弱它对我们的侵袭力。致最高的敬意。

您最驯顺的仆人

亨利·麦肯齐

① 此信查不到。

② 约翰·洛根（1748—1788年），诗人、小册子作者和历史作家。在大学时代有一个青年诗人朋友，名叫迈克尔·布鲁斯（1746—1767年）。1770年洛根编辑和出版布鲁斯的诗集，11年后出版他自己的诗集，但是布鲁斯的亲属指责他把布鲁斯的诗当作自己作品。指责主要指一首颂歌《杜鹃颂》，此

事引起当时人们的注意。1779—1781 年洛根在爱丁堡大学讲历史,出版他的《历史哲学要素》(1783 年);1783 年在爱丁堡出版悲剧《伦纳梅德》,剧中包含进步的政治观点。他的圣经句章诗译在苏格兰很受欢迎,但是因为他在出版投机事业上的丑闻,被人从利斯赶走,此后他去往伦敦。见 1787 年 8 月 20 日他写给斯密的第 273 号信。

③ 对苏格兰人接受詹姆斯·麦克弗森捏造的欧希安神话,有人模仿约翰逊的嘲笑诗:"苏格兰人一定是非常坚强的伦理学家,他爱苏格兰但更爱真理。"(见《西部岛屿旅行》1775 年)。

④ 5 月 29 日在伦敦,吉本描写"当前的流行性感冒"犹如"瘟疫";6 月 2 日的《绅士杂志》刊登感冒在海军军站水兵中流行的情况。

## 216. 致埃德蒙·伯克

收信人:财政部主计长办公室尊敬的埃德蒙·伯克先生[①]

原稿存设菲尔德市图书馆;载托马斯·W. 科普兰等编《埃德蒙·伯克通信集》第 3 卷。



伦敦,1782 年 7 月 1 日星期一

亲爱的朋友:

我禁不住要写数行短简告诉您我对您的哀伤有多么深的同情。[②]我希望且相信,您将发挥您一向具有的坚毅精神,您的朋友们和您将立即相互保证永久不变的信任,并以一致同意选出一位领袖,他的德行可以取得你们全体的拥戴,其程度与你们给予上帝从你们那里召唤去的那位高尚人物一样。[③]我们一听到不幸的消息,便想立刻跑到您家;但是我抑制自己,唯恐打扰您的哀思。永

远是您的

亚当·斯密

① 作为财政部主计长，伯克在白厅有一套办公室，在他离职后，于7月17日从那里搬出（伯克通信集第18—19、21号）。

② 首相罗金厄姆侯爵二世于7月1日中午逝世。他于1782年3月继诺思为政府首脑，主张与美国人订立和约。

③ 斯密显然希望伯克集合罗金厄姆的追随者查尔斯·詹姆斯·福克斯和约翰·卡文迪什支持当时内政大臣谢尔本。谢尔本后来当了首相，但是伯克认为这是“非常令人痛苦的事情”（伯克通信集第20号）。由于对谢尔本严重不信任，伯克、福克斯和卡文迪什全都辞职。

## 217. 致埃德蒙·伯克

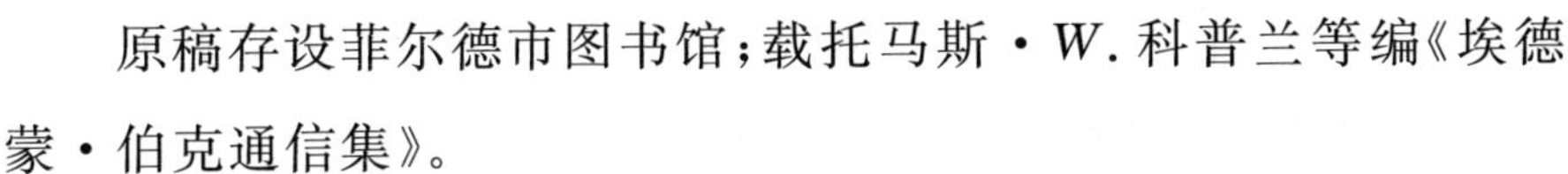

原稿存设菲尔德市图书馆；载托马斯·*W.*科普兰等编《埃德蒙·伯克通信集》。

伦敦，1782年7月6日

亲爱的先生：

在写这封短简告诉您我的心情之前我不能进入波斯特蔡斯。[1]我是多么赞成和钦佩您的每一个行动，虽然我对它的后果也许比您更觉得难过。[2]“留下来的只有荣誉与生命”是弗朗西斯一世在帕维亚战役后所说的话，[3]当荣誉不但完整而彻底地受挽救而且得到保全和光大时，所有其他损失就不足挂齿了。

请为我向伯克夫人和您的兄弟[④]问候致意。我还请求您为我问候约翰·卡文迪什勋爵[⑤]和弗雷德里克·蒙塔古先生[⑥]。我昨天登门造访勋爵为他对我的好意与关注表示最忠诚的感谢。出现使这些正直、谨慎和谦虚的人认定在这种时候有必要从为国家服务的职位上退下来的环境，使每一个善良的公民难过。再会，我亲爱的朋友，希望我们很快在更欢乐、更繁荣的时候在这个世界上再见。

永远是您最忠实的

亚当·斯密

① 回到苏格兰。

② 见斯密7月1日第216号信。

③ 在帕维亚战役后(1525年)，弗朗西斯一世据说写信给他的母亲说"除了荣誉与生命外，什么都没留下。"

④ 理查德·伯克(1733—1794年)，商人。

⑤ 约翰·卡文迪什勋爵(1732—1796年)，德文希尔公爵的叔父；约克的国会议员；在罗金厄姆组阁时曾任财政大臣。

⑥ 弗雷德里克·蒙塔古(1733—1800年)，海厄姆费勒斯国会议员；1782年7月辞去席位担任财政委员会委员；他反对谢尔本内阁。

## 218. 致布拉韦神父

爱丁堡，1782年7月23日

先生，我的可尊敬的朋友拉姆斯登[①]荣幸地交给我您的信件和您翻译的我作品[②]的出色译本。信件和译本都是我最近居留在伦敦时给我的，由于我当时忙于杂事，无暇对这种厚意以及您给我的荣幸表示感谢。我喜爱这个译本，您为我出了大力，这是人们对作者所能尽的最大的力，使我的作品为一个我认为最会品味和最有判断力的民族所认识。我对您的我第一部作品译本很满意。我可以告诉您，并非出于恭维，每当我看到这本书（因为我离伦敦时间不久，还没有时间读完此书），我觉得译本在各方面完全可以媲美。

在离开伦敦后几天，我收到一位在波尔多的绅士的信件，他名叫诺尔伯爵[③]，法国步兵上校。他告诉我，已将我的书译成法文，并打算到苏格兰将译本交我审核以便出版。我将通过下次信差告诉他，我对您的译本很满意，以致我已亲自向您承担义务，因此我不能鼓励另外的译本，也不能给予支持。

① 安德鲁·拉姆斯登（1720—1801年），1745年是查尔斯·爱德华王子的私人秘书；流亡于法国和罗马，直至1773年；1778年被赦免。

② 布拉韦的《国富论》译本首先在《农业、商业、工艺、财政日报》上每周分期发表（1779年1月至1780年12月），于1781年印成书，同时在伊夫尔顿和巴黎出版。莫雷莱修道院长有一本未出版的译本在手，说："〔布拉韦〕对可怜的斯密的诽谤更甚于他所译的书。"见戴维斯·默里《国富论的法文译本》（格拉斯哥，1905年）第4—5页。

③ 无从查考。

## 219. 致麦金农的查尔斯·麦金农[①]

收信人：斯凯岛基尔莫里的麦金农的查尔斯·麦金农先生

原稿存不列颠博物馆；载约翰·雷：《斯密传》第 380—381 页。

爱丁堡海关署，1782 年 8 月 21 日

亲爱的先生：

接获本月 13 日来信，我不得不告诉您，我不但不在出版界工作，而且我从未从事出版事业；我愿诚恳地指出，不管这次我们是否要与出版界打交道，这一点务必请您考虑。我只有在这几天里有机会见到麦肯齐先生[②]，他正忙着资金事务。我发觉他以前曾见到您的论文，他同我的意见相同，以这几篇论文的目前水平而言，它们不会给您带来我们希望您能从出版的著作中得到的荣誉。我们以极大的细心和注意力一起读完您的作品，我们两人还保持原来的意见。我希望得到您的原谅，如果我冒昧地告诉您，我无法从您作品中发现您似乎认为它们具有的那些独创思想。我不能肯定我是否理解您上封信中所含糊地暗示的意思；但是在我看来您似乎有点害怕，有人会抢先把它们作为他们自己的作品出版，从而剽窃您发明的功绩。从曾见到您的作品的那几位绅士的品质来看，我理应相信不存在这种危险。为防止出现这种事情的可能性，您的论文现在躺在我加上锁的写字台里，上面写明给我遗嘱执行人[③]的指示，把它们不启封地归还给您或成为它们合理所有人的您的继承人。万一我去世，麦肯齐也亡故，在我加封和亲笔写上指示的您的大作的所有权足以驳倒这种剽窃行为。如果我们活着，我们的证明将保障您获得文章中包含的任何发明的名誉。我把 5 镑钞票还给您，希望您至少在一段时间内不再坚持出版这些论文；无论如何，如果能够把一笔更大的金额记在您的户头上，我将十分

高兴，虽然我承认，我希望这笔钱是为了其他用途。我没有将大作给斯迈利④看。如果您告诉我或者别人告诉我，您原谅我向您提供不愉快忠告时使用的放肆态度，将使我十分快乐。我能向您保证，只有我尊敬的、有价值的、审慎和高尚的人才能得到我的忠告。永远属于您的

最忠诚的

亚当·斯密

如果您不愿将您的论文放在这里由我保管，我将把它们寄给您，或送交您指定的人。

① 麦金农的查尔斯·麦金农是宗族首领，他写了一篇论筑城学的论文，希望出版。为此目的他寄5英镑给斯密作为费用，但斯密要他放弃出版的念头。

② 亨利·麦肯齐，小说家。

③ 约翰·布莱克夫人和詹姆斯·赫顿。

④ 威廉·斯迈利(1740—1795年)，画家、博物学家，文物工作者，1771年《不列颠百科全书》第一版编辑和撰稿人；写过一本斯密的简短传记。

## 220. 致〔不知名的通信人〕

卡克斯顿条目目录：简要摘录；载斯科特：《亚当·斯密》第103页。

〔有人向亚当·斯密(当时的海关税务司)推荐一个人充当船夫，他回信说他拒绝支持他，因为〕他是个近视的没有出过海的

人。[①]

① 申请当船夫者是约翰·格雷格;纽堡的测潮员报告他不适合担任这一个工作。

## 221.致乌尔布斯特的约翰·辛克莱

载《辛克莱通信集》第389—390页;又载约翰·雷:《斯密传》第382—383页。

爱丁堡海关署,1782年10月14日

亲爱的先生:

我怀着极大的兴趣把您写的小册子从头至尾拜读了好几遍。我极为赞赏文章[①]的结构和写作风格。如果把它译成他们的文字,对于武装中立的大国[②],究竟能产生多大影响,我表示怀疑。很明显,您对英格兰过分偏袒了,提出应该雇用武装中立国的军队替英格兰收复它已丧失的诸岛;然后英格兰应把这些岛屿作为它们出兵的补偿,因为它们的确可以在英格兰支持下,从法国和西班牙手中夺取这些岛屿据为己有。我感觉您的论点似乎不能自圆其说。如果说使美洲大陆摆脱欧洲列强统治的行为是正义的,那么,使这些岛屿蒙受这种统治怎么也是正义的呢?如果说垄断美洲大陆贸易违背人类的权利,那么垄断这些岛屿的贸易怎么就符合人类的权利呢?我以为,远距离统治是真正徒劳无益的,它的防御支出必然极为昂贵，它对于帝国整体防御不论在财政收入上还是在军事力量上都毫无帮助，甚至对被统治地区的防御也很小作用，这些就是欧洲公众偏见[③]中亟待纠正的主题。为了守卫直布罗陀荒芜的石山（为了占领这个地方，我们促使法国和西班牙这两个自然利益相反和长久积怨的国家结成同盟，使西班牙对我极度敌视，只得到毫无意义而代价高昂的葡萄牙友谊），我们连自己的海岸线都顾不上设防，却向外派遣庞大的舰队。这支舰队为达到目的，必定要与占优势的舰队交战，[④]如果它一旦遭受重创，将给国内安全造成灾难。我近来由于双眼疼痛，耽搁了这么久才给您写信。亲爱的先生，我永远是您最忠诚、最热爱、最恭顺的仆人。

亚当·斯密

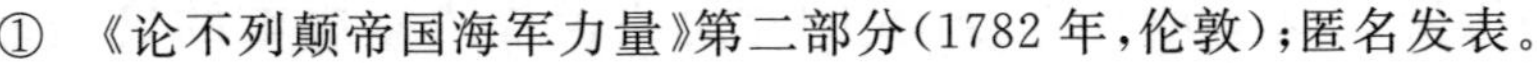

① 《论不列颠帝国海军力量》第二部分（1782 年，伦敦）；匿名发表。

② 丹麦、俄国、瑞典和普鲁士；见 1780 年 10 月 26 日致彼得·安高第 209 号信。

③ 参见《国富论》第 4 卷。辛克莱伤心地向斯密诉说美国战争的不幸："如我们照此下去，不列颠民族将毁灭"，斯密回答说："请放心，年轻人，一个民族有大量的祸因"（《辛克莱通信集》第 1 卷第 390—391 页）。

④ 直布罗陀包围战从 1780 年持续至 1782 年，严重损害了在美国战争期间的不列颠海军力量。

## 222. 致托马斯·卡德尔

收信人：托马斯·卡德尔，伦敦凯瑟琳大街对面的斯特兰德街原稿存海德收藏馆唐纳德·F.海德夫人，新泽西，萨默维利，四棵橡树农庄；载约翰·雷:《斯密传》第362页。

爱丁堡，1782年12月7日

亲爱的先生：

自从来到苏格兰我整天无所事事，对此深表歉意。实际情况是这样，我在伦敦买了一大批书，有新书、新版旧书，还有一些在我看来是新版的书；读书和专心贯注在这些书本上给我的乐趣，竟荒废我的正经事——为新版《国富论》做准备。然而，现在我又全心全意投入正常工作，可望在两、三个月后将修改多处和有三四处重要增补的《国富论》第二版寄给您。修改和增补主要在第二卷中，其余各卷中是一部简要的但我自以为是全面的不列颠全部贸易公司的历史。这些增补部分，我的意思不但插入新版本的恰当地方，而且还打算把它们单独付印，以一先令或半克朗的价格出售给已买了旧版本[①]的人。确切售价须待完稿后按实际页数而定。如果下班回程邮差带来您的信中说，我的耽搁未给您造成不便，那将是对我莫大的欣慰。代我问候斯特拉恩，他一定会原谅我没有信给他，因为我除了已对您说过的话外没有话对他说；而且斯特拉恩深知我讨厌写信。

您最忠诚的

亚当·斯密

① 《国富论》第2版(1778年)与第3版(1784年)之间区别很大，第3版的宣传广告中曾提到“退税和补助金这两章中均补充了新内容；‘重商主义

制度的结论'是此版新加一章的题目,此外作者在'论消费'一章中增添一篇新的文字。所有以上增补中提到的事物的目前状态是指 1783 年和 1784 年初这一时期内事物所处的状态。"增补内容:

"重商主义制度的结论"

"公共工程……的结论"

"法国限制贸易的荒谬"

论各种不同的退税

捕捞鲱鱼补助金

上节的附录

谷物补助金效果的部分讨论

这些文字和其他文字于 1784 年 11 月 20 日出版,书题为"亚当·斯密博士《国民财富的性质和原因的研究》第 1 版和第 2 版的增补和订正"。

## 223. 托马斯·卡德尔致斯密

原稿存格拉斯哥大学图书馆,编号 1035/164;载斯科特:《亚当·斯密》第 286 页。

伦敦,1782 年 12 月 12 日

亲爱的先生:

您 7 日来函[①]敬悉。我已将其内容向我们的好友斯特拉恩转达,他向您致意。得知您在为新版《国富论》做准备工作,我很高兴。由于您的耽搁,今冬出书恐不可能。但是一旦收到稿子,我们便立即着手工作。如果我们没能及时把它在全城空闲无事之际出版的话,我们将推迟到来年冬天国会开会时出版。我完全赞成将新增部分单独出售的想法，但由于单行本价值很大，如有可能，我们必须做到只向旧版购买者出售，不能随便谁就卖给。余不多说，就此搁笔。亲爱的先生，永远对您深怀崇敬的

忠诚谦卑的仆人

托马斯·卡德尔

请您费神将附信派仆人送交斯特德曼博士[②]。

① 见 1782 年 12 月 7 日斯密致卡德尔第 222 号信。

② 可能指约翰·斯特德曼博士，医生和翻译家；著有《生理学论文集》(1769 年)等书。

## 224. 致约翰·戴维森

收信人：约翰·戴维森先生　地址：城堡山

原稿存哥伦比亚大学图书馆；载斯科特：《亚当·斯密》第 288 页。

爱丁堡，1783 年 2 月 25 日星期二

亲爱的先生：

在格里诺克值勤但在格拉斯哥港海关工作的威廉·唐纳德·兰德韦特[①]死了。加布里埃尔·米勒准备乘夜间邮车来此；除非对他有较关心的支持，我们的到场不起什么作用。永远属于您的

亚当·斯密

① 海关官员，负责指挥卸货及货物检查。

## 225. 致弗朗西丝·斯科特夫人

原稿存苏格兰档案馆，总检索号 1/479/14；未发表。

爱丁堡，1783 年 3 月 17 日

亚当·斯密向弗朗西丝·斯科特夫人致以崇高的敬意。承蒙夫人的关照，亲自把斯密的那篇论意大利和英格兰诗的文章[①]寄来。斯密绝不会忘记对夫人的承诺：一旦计划实现，立即将他的比较完整的抄本奉上。但是还需过一段时间他方能着手干这件事，因为眼下他正忙于另一桩事情[②]，此事他不敢拖延。

① 论某些英格兰和意大利诗的近似；原稿存格拉斯哥图书馆，编号 1035/226；死后发表在《哲学主题论文集》中（1795 年）。

② 斯密正忙于《国富论》第 3 版增补工作；见 1783 年 5 月 22 日致威廉·斯特拉恩第 227 号信。

## 226. 致埃德蒙·伯克

原稿存设菲尔德市图书馆；载《伯克通信集》第 86—87 页。

〔爱丁堡〕海关署，1783 年 4 月 15 日

亲爱的朋友：

任何使我愉快的事情都莫过于在上期公报[①]上看到您的名字。关于您去年夏天的正当行为，[②]无论它的结果如何，我绝不会改变我的见解。而且我敢说，您更不会改变您的主意。无论如何，我非常满意地看到，与荣誉的最高原则相符合的事情，可能在最后证明与利益相一致。请向尊夫人和令兄转达我对他们最崇高、最深切的情谊。请相信我永远是最尊敬您的

亚当·斯密

① 4月5—8日伦敦公报上公布埃德蒙·伯克为财政部主计长。

② 见1782年7月1日致伯克的第216号信。

## 227. 致威廉·斯特拉恩

原稿存宾夕法尼亚历史学会；载斯科特：《亚当·斯密》第286—287页。

爱丁堡海关署，1783年5月22日

亲爱的斯特拉恩先生：

几个月来除了我的职业必然要频繁地打断我的工作外，我一直竭尽全力努力干活，[①]我现在正等待我的朋友格雷·库珀爵士答应从财政部给我搞来的一些数字资料[②]，以便完成我计划中第三版的增补部分。这一版很可能在我生前出书，因此我应尽量留

给后人一部完美的著作。我主要在第二卷中增加了篇幅。要增加反对谷物补助金和鲱鱼捕捞船补助金的新论点，新增的关于重商主义制度结论一章，和我认为是全面揭露几乎所有特许贸易公司的荒谬和有害的一部简史。在收到财政部正在准备的数字材料之后，再有大约一个月时间预计便可告成。我必须亲自改校样，而您务必做到样张随打随寄给我。我甚至宁愿不亲自校对，而要在今年一初冬到伦敦亲自照看印刷此书。代我问候卡德尔、罗斯和格里菲思③。我多么渴望再到帕克霍斯进餐，如果您有任何文学界的亲闻，我很想听听，同样我也想听听您们关于目前我们的国家大事的议论。我亲爱的朋友

最热爱您的

亚当·斯密



① 为《国富论》第3版增补，见1782年11月7日致卡德尔的第222号信。

② 格雷·库珀作为财政部秘书，能得到补助金数字。

③ 威廉·罗斯和拉尔夫·格里菲思合伙出版《每月评论》。

## 228. 致〔格雷·库珀爵士〕

原稿存苏格兰国立图书馆；载 *C. R.* 费伊：《亚当·斯密和当时的苏格兰》第38页。

爱丁堡海关署，1783年6月2日

亲爱的先生：

新税案通过，[①]我由衷地祝贺您。它各方面都制订得像我曾经见到的任何税制一般恰当。我承认，关于印花税能提供如约翰·卡文迪什勋爵所说的那样的财源，我对此没有很明确的想法。关于这个预算的这部分将产生什么后果，我感到极度不安；虽然我绞尽脑汁地思考我们国家的财源问题，我必须承认，的确想不出什么办法使人民的负担与以前加在他们身上的一样轻。

我冒昧地向您索要数字资料[②]，在我上封冗长枯燥的信中[③]竟忘记向您表达我是多么感激您。我是

您最忠诚最亲密和谦卑的仆人

亚当·斯密

十分感激您给予我的朋友里德先生[④]的关照。



① 约翰·卡文迪什勋爵，财政大臣，库珀在财政部的上司，他在1782—1783年度预算中提出征收证明不受欢迎的印花税。

② 此信查不到。

③ 有关补助金的数字；见1783年5月22日致斯特拉恩的第227号信。

④ 斯密的仆人罗伯特·里德；见1785年9月11日里德致斯密的第246号信。

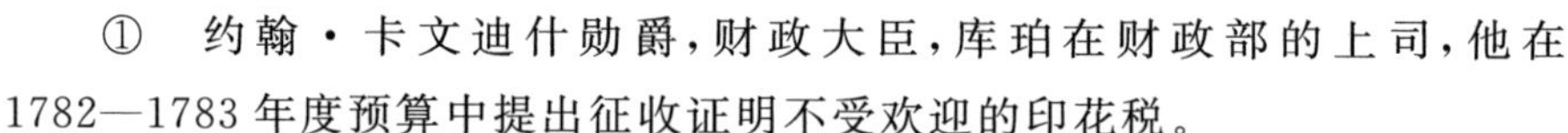

## 229. 致〔爱德华·吉本〕

原稿存不列颠博物馆；未发表。

爱丁堡海关署，1783 年 6 月 19 日

亲爱的先生：

这封信的目的主要是向您介绍我的一位朋友，爱丁堡大学希腊语教授达尔齐尔先生[1]，也许罗伯逊先生已经将这位先生的详细情况向您做过介绍。但是他还是执意让我给您写信，我就答应了他，但是由于懒散或者由于健忘，一直拖到今日。您会发现，我的这位朋友不仅是位精确敏锐的语法学家，而且在其他方面也是位谨慎明辨的人，和可与您所相识的任何人相比拟的灵敏明智的学者。

我期望今年冬天能在伦敦见到您。代我向乔舒亚爵士[2]问候。致以诚挚的敬意

您最忠实的

亚当·斯密

① 安德鲁·达尔齐尔(1742—1806 年)，古典学者，斯密的挚友，爱丁堡大学希腊语教授，精通希腊语语法和希腊作家，为此受到斯密的赞誉。

② 乔舒亚·雷诺兹爵士(1723—1792 年)，画家；文学俱乐部创办人(1764 年)；皇家艺术学会主席(1768 年)。

## 230. 埃德蒙·伯克致斯密

原稿存哈佛大学霍顿图书馆；载《伯克通信集》第 98—99 页。

〔伦敦〕，霍斯盖兹，1783 年 6 月 20 日

亲爱的先生：

我刚复职[①]就收到了您那热情洋溢的贺信。记得当我去职的时候[②]也收到过您的慰问信。我不知道，我怎么会得到您这么多的同情。这样的一位朋友，像您这样的人竟对我的命运如此关心，这使我感到莫大安慰。请您相信，我的确需要某种安慰——不是对于像我这种微不足道的小事，对这些小事我希望我没有把它们看得很严重，而是因为发现多年来我孜孜不倦的努力对研究对象似乎产生极小或根本没有产生什么成果（为了它我乐于也应该忘记自己）这些才是您最关心的，也是我关心的。一二天前发生的一场宫廷地震[③]使我们为之震惊。虽然一切又重新恢复平静，恢复旧基础之上的一派表面安宁。我们现在是在那不勒斯大街上散步。[④]您的那位坦率健谈的同伴米勒先生[⑤]，会把这一切讲给您听。伯克太太及全家非常感激您，请相信您会像以往那样对我们偏爱。在此谨向您表示由衷的问候和敬意。亲爱的先生，

您最忠实亲密和卑谦的仆人

埃德蒙·伯克

① 见 1783 年 4 月 15 日致伯克的第 226 号信。

② 见 1782 年 7 月 6 日致伯克的第 217 号信。

③ 国王与财政大臣波特兰公爵，在寻求使威尔士亲王摆脱财政困境的最佳方法上发生争吵，7 月 25 日双方达成妥协。（见 *T. C.* 汉萨德编《国会史》，伦敦，1814 年，第 3 卷第 1031—1041 页）。

④ 维苏威火山的最近一次喷发，引起人们的广泛关注（《1780 年年鉴》，1782 年 1 月出版，第 72—96 页）。

⑤ 未查明身份。

# 231. 致〔威廉·斯特拉恩〕

摘要藏于古德斯皮德(波士顿,比肯大街 18 号),载《目录》第 526 号,第 315 条;1963 年 10 月 22 日信件出售;载帕克—伯尼特美术馆:《当前美国图书价格》(1964 年)第 870 页。

爱丁堡海关署,1783 年 10 月 6 日

我提出在新版《国富论》中的订正和增补,有的已全部完成,有的行将完成……我还在等待我们的好友格雷·库珀爵士在最近政治风暴过去之后[①]不久就答应为我提供的数字资料[②]……可能还要给誊写数字资料的职员一点费用……

我打算请四个月的假……以便亲自照料我那本书的再版,但是,我的那个在威尔士的侄子对我说,除非我先给他 200 镑,不然他一定得卖掉他在军队中的军衔。这下可好,我原打算用这笔钱出远门,现在被抢走了[③]……

我写信给卡德尔先生……向他推荐(我从未假充内行向别人推荐过什么)一部音乐的理论和历史,作者是达尔梅尼的一位牧师罗伯逊先生[④]。我读了理论部分(历史部分未读)发觉受益匪浅。〔斯密还推荐出版牧师萨缪尔·查特里斯先生的布道集子[⑤]〕……

相信现政府基础十分牢固给我极大快慰。[⑥]它荟萃了全国的精华,——两个大贵族集团的首脑;而他们的分裂曾严重削弱政府的力量,甚至最终会发生帝国的解体。他们的联合不但不会受到

反对，而且是大家热切期待的……我确信，冬季反对党的一般性愚蠢和傲慢，将更有效地促使国王与他新大臣的和解……其效果比他们以往能做的演讲还大……

① 指1783年2月谢尔本的垮台。

② 见第227号信注②；另见第222、223、228和232号信。

③ 这位侄子无从查考，但这件事的细节与人们知道的斯密的仁慈行动相吻合。

④ 托马斯·罗伯逊（1799年卒），达尔梅尼地区牧师；曾发表《音乐史》（1784年）和《苏格兰玛丽女王史》（1793年）；见1784年6月10日致威廉·斯特拉恩的第237号信。

⑤ 未详。

⑥ 福克斯—诺斯联合政府于1783年4月执政，同年12月垮台，当时在国王支持下皮特接任财政大臣。

## 232. 致〔威廉·斯特拉恩〕

原稿存哈佛大学克雷斯图书馆；未发表。

爱丁堡，卡农盖特，1783年11月20日

亲爱的先生：

每一个邮班日我都等待我们的朋友格雷·库珀爵士应允我的数字资料的来到；① 几星期前我收到他的一封信，信中说他将把这个资料送交给您。为此我想劳您驾，希望您再次登门向他索取。本日邮班我已亲自给库珀先生寄去一信。

千万感谢您待我的好意，如有必要我当然接受，但我自己的资金在1月6日以前即可支取，足以满足我的需要，我计划在那天开始上路。如果我有困难，我一定向您求助。我能最真诚地向您保证，世界上没有另一个人，我愿从他那里接收这种恩惠。然而，我对所有预料中的事情都有极大反感。

如果我的故交霍姆先生[②]愿意接待我，不管他现在住在哪里我将十分乐意搬到他那里去住。如果实在不方便，我将请您或霍姆先生帮忙，在萨福尔大街为我找个二楼住所，每周房租不超过两畿尼。请务必替我向霍姆全家致以最崇敬、最亲切的问候。亲爱的先生，请接受我的衷心敬意。

您最感激和

最敬爱您的谦卑的仆人

亚当·斯密



请向卡德尔先生表示问候，某天他从罗斯先生[③]那里一定听到了什么，为此十分焦急，我们得立即着手新版《国富论》的工作。我的确不明白延迟六星期能有什么严重后果。如果您的想法相反，务必告诉我，我一定尽力接受。我想给您或给他写信都是一样的。我这次伦敦之行该是最后一次了。

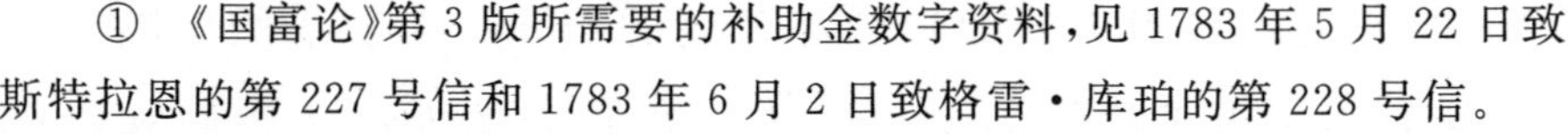

① 《国富论》第3版所需要的补助金数字资料，见1783年5月22日致斯特拉恩的第227号信和1783年6月2日致格雷·库珀的第228号信。

② 约翰·霍姆，剧作家。

③ 威廉·罗斯。

# 233. 致威廉·伊登[①]

载《奥克兰勋爵威廉报刊文字和通信集》(1861年,伦敦)第64—66页;又载约翰·雷:《斯密传》第385—386页。

亲爱的先生:

如果美国人打定主意对所有不同国家的货物收取同等的关税,并一律给予特惠待遇,那么他们就树立了好的榜样,其他国家都应向他们仿效,无论如何我们应该对美国货物(例如他们的海上补给品)收取我们对待俄国、瑞典、丹麦和其他国家货物的同样关税,我们应该以他们对待我们的态度对待他们,这一点肯定是公正的。

我们应该允许美国与其他殖民地(不论在北美洲或西印度群岛)之间保持何种程度的商业联系,这点在某些人看来可能是更加困难的问题。依我看,应该允许和以前一样进行贸易,从这种放任做法中产生的不论哪种麻烦,可以在它们出现时加以改进。

我们的西印度群岛对于美国出产的木材和食物的需要大于美国对西印度群岛出产的朗姆酒和蔗糖的需要。对贸易的中断或限制,其危害对忠于我们的人民大于背叛我们的人民。我们既然已把商业自由给予美国,就不能拒绝加拿大和新斯科舍要求同等的自由。

我怀疑美国人说的不会当真执行。我看过南卡罗来纳州的一项税法，根据该法，从不列颠农场输入的红糖每英担征税两先令，从其他国家殖民地输入的同样单位的红糖只征税 18 便士；从不列颠进口的每磅精制糖征税 1 便士，而从后者进口只征半便士；法国酒每加仑征税 2 便士，西班牙酒 3 便士，葡萄牙酒 4 便士。

美国商业会变得怎样，我真有些担心。遵循对任何国家平等待遇的原则，我们与欧洲邻国商业往来的局面可能不久就会打开，它比与美国那样遥远的国家通商有利得多。[②] 这是一个重要的论题，我在前一封给您的信[③] 中本打算用许多页信纸把它讲透，但是由于我期望在几星期后见到您，因此就不想以长篇大论来打扰您了。这里我只想强调一点，即在贸易上给予某国比给另一个国家不寻常鼓励或阻挠，我认为，在任何情况下这只能表明是一个完全的骗局，使用这种欺骗手段使国家和民族利益为某个特殊商人阶级的利益而蒙受牺牲，我衷心祝贺您成功地使东印度法案在下院获得通过。[④] 我丝毫不怀疑，它还将以同样的方式获得上院的通过，福克斯先生用以提出并且支持此法案的决定性的判断和决心，使他赢得了崇高的荣誉。亲爱的先生，

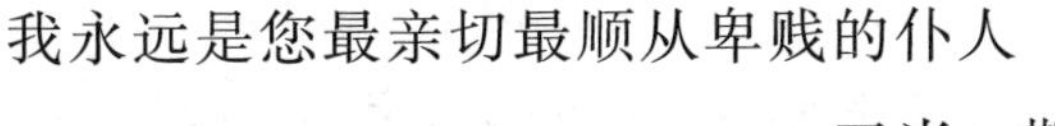

我永远是您最亲切最顺从卑贱的仆人

亚当·斯密

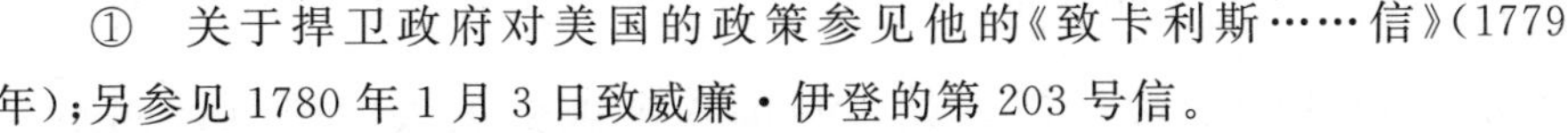

① 关于捍卫政府对美国的政策参见他的《致卡利斯……信》(1779 年)；另参见 1780 年 1 月 3 日致威廉·伊登的第 203 号信。

② 谢尔本及其他人有组织大西洋贸易共同体的想法，作为解决美国殖民地丧失以后带来的经济问题的办法。

③ 此信无法查到。

④ 福克斯的印度法案是伯克起草的，于 1783 年 11 月在下院获得通

过。它主张由英国致府控制东印度公司，但是任命的专员是一些以伦敦为基地的官吏。后经国王出面干预，法案终于被上院挫败。此后福克斯倒向反对党，由皮特任首相。

## 234. 乔治·登普斯特[①]致斯密

原稿存哥拉斯哥大学图书馆，编号 1035/165；载斯科特:《亚当·斯密》第 287—288 页。

伦敦　1783 年 12 月 18 日

亲爱的先生：

原谅我以所附的信麻烦您，望多多包涵。[②]此信是感激心情的倾泻，写信人是一位善良的人又是一位有功的军官。

我敢肯定，您已得知有关最近成立了一个反走私委员会的事情。[③]我已答应委员会的主席伊登先生，由我给您透露点委员会的意图，就是它希望假日过后请您到伦敦出席会议。近来一连发生好几起新奇的事情，这些事情反映人们对政府当然包括对所属委员会的怀疑，怀疑它们是否还能存在到假期的开始。[④]就目前我的判断而言，有很大可能您在苏格兰对委员会的期待正像在伦敦的委员会对您的期待一样。如果目前要解散委员会的猜测证明是毫无根据的话，那么委员会会万分感激您提出的阻止走私活动最有效手段的思想。我们从各方面情报获悉，走私活动之猖獗足以令人吃惊，它威胁着要毁灭财政收入正当的商人和人民的健康和道德观念。

致最诚挚的敬意

亲爱的先生

您最顺从和最卑谦的仆人

乔治·登普斯特

① 乔治·登普斯特(1732—1818年),1761—1770年国会议员;1769年、1772—1773年为东印度公司董事;苏格兰渔业改进者和苏格兰选举权改革的支持者。

② 未详。

③ 1783年12月至1784年3月"打击走私及其他破坏财政收入活动委员会"召开会议。会议报告中似乎未提到斯密的贡献。关于斯密反走私的观点参见《国富论》第2卷,又见第235号信和附录 *D* 第11号。

④ 指对福克斯印度法案的争论和诺斯—福克斯政府的垮台;1784年举行了大选。

## 235. 致〔威廉·伊登〕[①]

原稿存格拉斯哥大学图书馆,编号1035/134;载斯科特:《亚当·斯密》第288—290页。

〔爱丁堡,1783年〕

亲爱的先生:

让您等了两个星期,可是您要的货物税的数字我至今尚未收到。我不能再拖了,我终于坐下来答复您恳切的来信,我现在对这个问题一点也不知道,一等到我获得资料,会让您分享。[②]

根据乔治三世第一次议定书第1章第8节之规定,应付给先王在苏格兰生活时的全部税款保留给当今国王;每年从财政收入中拨给他80万镑以上。

根据安妮女王第10次议定书第26章第108节之规定,当时苏格兰全部应付的关税和货物税应用于维持苏格兰最高民事法庭、裁判法庭和税务法庭的开支。

这些条款中第一条所产生的后果,不但王室土地的地租和在苏格兰筹集的采邑灾祸救济金而且所有名类繁多的罚金,以及依法占有的东西如新颁布的津贴和世袭与临时的税收,外加几项其他名目的收入这一切全成了国王私人产业的一部分;只要国王欢喜便可以任何方式处理,因而可用于年金和赏施。

这些条款第二条的后果与第一条相关,如果那些私人基金以赐给下属的年金与赏施用掉,根本不够维持三个法庭,那么,那些法庭的法官就要认为安妮女王第10次议定书中规定支付给苏格兰的其他项目的关税和货物税应该弥补上述的不足。

有人肯定地对我讲,先王死时苏格兰平民年金名单上的年金数字不会大大超过每年4000镑。可是现在这一数字将达到每年18000镑。如果我不知道年金单每季度上报财政部,我就会附上一份名单。

去年苏格兰行政机构各项开支情况如下:

| | | | |
|---|---|---|---|
| 1782年迈克尔节结账日 | 英镑15550 | 1 | |
| 1782年圣诞节结账日 | 16798 | 12 | 1 |

| | | | |
|---|---|---|---|
| 1783 年圣母节结账日…… | 16615 | 15 | $5\frac{1}{2}$ |
| 1783 年仲夏节结账日…… | 17915 | 2 | $1\frac{1}{2}$ |
| | 66879： | 10： | 8 |

凡被认为是国王私人财产的基金，无论是哪一笔，用于年金支付后尚有剩余都用于三法庭开支和苏格兰行政机关的其他必要支出。如果那些基金不敷这些支出，不足之数求助于根据安妮女王第 10 议定书上述条款规定的辅助基金。辅助基金的剩余部分根据关税和货物税委员会的命令汇给英格兰各该项岁入的总收款人。

信中所附的说明足以向您解释清楚，我们关税委员会管理下的可以使用于年金的这些基金的性质和申请年金的方式。在下一两次邮班里，我可能再寄给您一份由货物税部门管理的同类的说明。

① 此信可能是写给财政部里的什么人，可能是威廉·伊登。见 1783 年 12 月 18 日乔治·登普斯特致斯密的第 234 号信。

② 一份藏于格拉斯哥大学图书馆班纳曼收藏室的手稿，可能就是这里所说的资料，内容有："酿酒小作坊走私逃税使北不列颠税收损失计算"。当时估计有 1000 家小作坊，使货物税损失 18 万 2 千镑。

## 236. 致约翰·戴维森

原稿存爱丁堡大学图书馆（现已遗失）；载约翰·雷：《斯密传》第

392 页。

〔1784 年〕5 月 7 日，星期五

斯通菲尔德勋爵[①]是 A. 斯图亚特爱慕的和忠实的老朋友，有关拉纳克郡的文件当会安全地交到他的手里。斯通菲尔德勋爵现在已充分相信你我看法一致的那个问题[②]是适当的，即关于这件事谈得越少越好。除了在他的最亲密朋友中间外，绝对不要提起。

亚当·斯密

① 斯通菲尔德的约翰·坎贝尔(1801 年卒)，律师；曾任高等法院法官和首席法官，1792 年辞职。

② 1784 年大选时，斯图亚特因与汉密尔顿公爵发生分歧，退出竞选。在退出前一天，他把与公爵之间有关此事的全部书信寄给约翰·戴维森，让他的爱丁堡朋友们仔细阅读："有这么一位朋友，就是亚当·斯密，我要让他知道全部事情的真相"。



## 237. 致〔威廉·斯特拉恩〕

原稿存宾夕法尼亚历史学会；载斯科特：《亚当·斯密》第 290 页。

爱丁堡海关署，1784 年 6 月 10 日

亲爱的先生：

现将清样[①]寄还请查收。除标点外无需再作大的改正，标点要改正的也不多。我收到了驿车送来的稿纸，同时又将带给达尔

梅尼的罗伯逊[2]的包裹送交给他。收到稿纸和来信十分高兴,更感谢您把稿纸用费用较低的驿车而不是用昂贵的邮车送来。但是,我喜欢您把手稿清样部分交邮车寄来,因为它传递较快,如果得到免费邮寄要增添您很多麻烦,我情愿负担邮资。收到稿纸后,我本应立即回信告诉您,但是当时我刚刚料理我那可怜的老母丧事回来,心绪不宁。[3]像她那样活到九十岁去世无疑最符合自然界的规律,因而是预料之中且早有准备的事情。尽管如此,我还是要对您说我曾对别人说过的话:最终离我而去的人,她是多么地爱我,无论过去还是将来,无人能同她相比;我又是多么地爱她、尊敬她,超过对其他任何人的爱和尊敬,甚至到此刻我仍然感觉受到沉重的打击。尽管心境不佳,听说您近来身体欠安,精神不佳,[4]使我极为关切,但愿良好的天气能使您心身恢复像往常那样充满活力。在这个世界上,我的老朋友越来越少,我还看不出有什么新朋友可能代替他们的位置。请您在方便的时候尽快给我回信,我焦急地等待着。请代我问候斯波蒂斯伍德夫妇[5]和其他朋友们。亲爱的朋友,请您相信,我是您

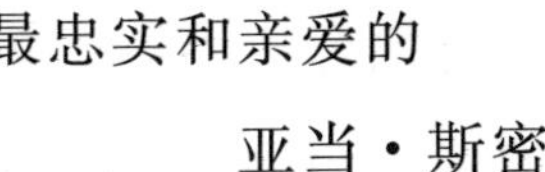

最忠实和亲爱的

亚当·斯密

① 《国富论》第 3 版;见 1782 年 12 月 7 日致卡德尔的第 222 号信,1783 年 5 月 22 日、11 月 20 日致斯特拉恩的第 227、232 号信,也见 1782 年 12 月 12 日卡德尔致斯密的第 223 号信。

② 见第 231 号信注④。

③ 斯密母亲玛格丽特·道格拉斯死于 1784 年 5 月 23 日。

④ 斯特拉恩先生未参加 1784 年大选,死于 1785 年 7 月 9 日。

⑤ 约翰·斯波蒂斯伍德和他的妻子佩吉,后者是威廉·斯特拉恩的女儿。

## 238.致马克斯韦尔·加思肖尔博士[①]

收信人:加思肖尔博士

原稿存哈佛大学克雷斯图书馆;载霍默·范德布鲁:《亚当·斯密与〈国富论〉》(1936 年,波士顿)第 6 页。

〔爱丁堡〕1784 年 6 月 18 日

亲爱的博士:

有人劝我们的朋友彼得·梅因[②]去谋求担任国王工程监工的职位,他告诉我这个职位是因托马斯·泰尔斯先生去世空出来的,此人原是细木工,昨天晚上死去。你我都知道梅因是一位真正的技工。如果他能担任这个职务,我一点也不怀疑他比不列颠任何细木工更加合适。本想多写一点,但我感觉很不舒服,就此搁笔。亲爱的博士,我永远是您的

最忠实的

亚当·斯密

① 马克斯韦尔·加思肖尔(1732—1812 年),医生;爱丁堡大学医学博士(1764 年);著有产科学著作。

② 此人无从查考。

# 239. 致〔托马斯·卡德尔〕

原稿存纽约公共图书馆伯格收藏室；未发表。

爱丁堡海关署，1784 年 6 月 19 日

亲爱的先生：

我及时收到您极为恳切的来信，和使我非常满意的我的那本书的新版本，对此我非常感激您。[①]

我了解到，阿贝·莫尔莱已将我的书译成了法文，并以八开本分 4 卷或 6 卷，在荷兰出版，附有大量注释。[②] 如您能替我搞一册来，在您方便的最近时候寄给我，则万分感谢。



作为皇家学会的成员，我有权获得每年的学报。对于这一权利我一直没有很好地利用。我是 1767 年成为皇家学会会员的。现在我手中已有 1766 年的学报，那还是在我当选后不久莫顿博士寄来的；但我还想索取 1767 年、1768 年的学报即第 57、58 两卷。第 59、60、61、62 和 63 卷以及第 64 卷的第一部分我都有，但希望得到第 64 卷第二部分及以后所有的其他各卷。请求您尽力帮我补齐，如果为时已晚，无法满足我的要求，我是否可以烦您代劳出钱购买[③]。当您告诉我书价时，我将在当班回程邮车给您汇去书款。

我上次在伦敦时曾到您的书店买过一本马蒂编的切斯特菲尔德的杂文集。其中的第三卷缺了最后一页，即第 401 页。当然这

原本是影响不大的缺陷，但是那页内容是法文伏尔泰的一封信的结尾，其对页即是它的英文译文。尽管如此，如能劳您为我补上这一缺页，那就非常感谢您了。

您看，帮助一个讨厌的人多么危险，他就常常向您提出要求。因此，我劝告您，今后要小心。我看这个忠告至少值得他加在您身上的部分麻烦。

听斯特拉恩说他的身体和精神都不如从前，使我十分不安。请代我向他致最亲切的问候，也向罗斯和格里菲斯④问好。亲爱的先生，

您最忠实和热爱您的

亚当·斯密

① 无从查考，可能是指《国富论》第3版；见第237号信注①。

② 莫尔莱确实翻译了《国富论》，但并未出版（《回忆录》，1823年版第243页）。

③ 信中附有一个可能是卡德尔手笔的便条，大意是斯密有权索取1780、1781、1782和1783年皇家学会的学报。但丧失得到其他各卷的权利，因为会员每四年只可索取一回。在爱丁堡大学新学院所藏的斯密书籍中，有自第56期到76期的各卷学报，年份为1766—1786年。

④ 威廉·罗斯和拉尔夫·格里菲斯。

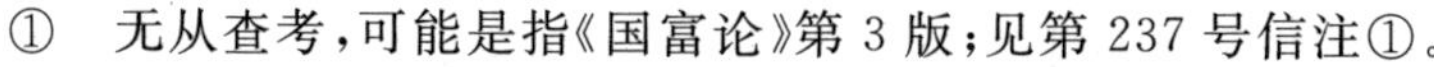

## 240. 致〔托马斯·卡德尔〕

原稿存伊利诺斯大学图书馆；载斯科特：《亚当·斯密》第291页。

爱丁堡海关署，1784 年 8 月 10 日

亲爱的先生：

我需要的哲学学报除了第 70、71 卷和第 72 卷上部外，均在上星期收到。第 72 卷的下部和第 73 卷的上、下部也已收到。[①] 真对不起，给您添了许多麻烦；所缺部分，我预计在学会开会时也会寄给我。

我写信给斯特拉恩先生，请他在书出版前[②] 以我的名义把书作为礼品送给路易莎·麦克唐纳夫人[③]、斯坦厄普勋爵[④]、马洪勋爵[⑤]、拉夫巴勒勋爵[⑥] 和谢菲尔德勋爵[⑦]，再送一本给格雷·库珀爵士。送给路易莎夫人的那本定要装订精美，封面烫金，其余用硬皮装帧；此外请寄给我六册硬皮本分赠给这里的朋友，请您赶紧交首班开往利斯的船寄来。

寄下的切斯特菲尔德杂文集中的缺页已收到。[⑧] 但您只字未提我急于要见到的阿贝·莫尔莱的法文译本。我手里另有一册法文译本，译者是阿贝·布拉韦[⑨]。请代我问候大家，亲爱的先生，请相信我是您

最忠实的

亚当·斯密

① 见 1784 年 6 月 19 日致卡德尔的第 239 号信。

② 《国富论》第 3 版于 1784 年 11 月 20 日出版。

③ 高尔伯爵二世格兰维尔的女儿，1777 年与马代尔堡的阿奇博尔德·麦克唐纳爵士结婚。

④ 斯坦厄普伯爵二世菲利普。

⑤ 查尔斯·斯坦厄普（1753—1816 年），1786 年前称马洪子爵，1786

年袭其父成为斯坦厄普伯爵三世。他以主张激进政治和从事科学发明而著称。斯密 1765 年 10 月—12 月在日内瓦时与他和其父相识。

⑥ 亚历山大·韦德伯恩,1780 年受封拉夫巴勒男爵。

⑦ 约翰·贝克·霍尔罗德(1735—1821 年),吉本的“密友”和遗嘱执行人,拥有约克郡、苏格兰和爱尔兰的房地产,下院议员,曾热心于经营农业、贸易和金融业。1780 年成为谢菲尔德男爵;1816 年成为谢菲尔德伯爵。

⑧ 见第 239 号信。

⑨ 1781 年出版;见第 218 号信注②,又见詹姆斯·博纳:《亚当·斯密图书目录》第 174 页。

## 241. 致〔托马斯·卡德尔〕

原稿存哈佛大学克雷斯图书馆;载斯科特:《亚当·斯密》第 292 页。



爱丁堡海关署,1784 年 11 月 16 日

亲爱的先生:

几个星期以来我一直在翘首盼望,自从上次给您写信[①]每逢邮车到来都希望得到您的复信。我曾求您给几位先生寄书,我收到了他们的感谢信,因此我知道您已经把我拜托的事办妥了。在前封信中委托您以作者名义给一些人寄书外,这次我必须烦您加上 4 本:一本寄给谢尔本勋爵,三本寄给邦贝尔侯爵,在这三本中,一本给侯爵本人,一本给罗什富科公爵,另一本给罗什富科公爵的妹妹、丹维尔公爵夫人的女儿沙博公爵夫人[②],谢尔本勋爵一定会将三本书交给邦贝尔侯爵,侯爵收到书后也一定会把其中两册再

交给巴黎的罗什富科公爵和沙博公爵夫人。请代我向斯特拉恩致以最尊敬和亲切的问候。亲爱的先生,请相信我永远是您的

亚当·斯密

① 见1784年8月10日致卡德尔的第240号信。

② 见1781年6月18日邦贝尔侯爵致斯密的第213号信,信中询问斯密书的出版情况。

## 242. 致〔托马斯·卡德尔〕

原稿存牛津大学图书馆;载《经济杂志》第8期(1898年),第403页。



爱丁堡海关署,1784年11月18日

亲爱的先生:

刚刚收到您的来函,万分感谢您为我补足我缺少的几卷哲学学报。[1]但是您还是没有告诉我有关阿贝·莫尔莱翻译我的书的事,我非常想亲眼看到他的法文译本。[2]实在对不起,屡次麻烦您,不过请求您尽一切努力替我弄一本来,送的、买的均可。据我所知,阿贝本人目前或不久前就在伦敦,与谢尔本勋爵在一起。[3]

昨天,斯波蒂斯伍德先生送来斯特拉恩托他转交的一个小包裹,里面有我的书的部分索引。包裹外面附了一张便条,问我是否希望把索引印成四开本,连同其他增补内容一并寄给此书一二版

的购买者。我怕这样做为时已晚，因为索引中的数码必须更改，才能使它们与前两版书对得起来，否则就与前两版的页码在许多地方不一致。因此，还是取消这一想法为好。然而，无论是您还是斯特拉恩认为妥当的不论什么事情我都将同意。

亲爱的先生，最热爱您的

亚当·斯密

① 卡德尔的信查找不到，有关斯密索取学报之事请参见第 239 号信。

② 见第 239 号信注②。

③ 莫尔莱于 1784 年 10 月在伦敦与谢尔本在一起。1783 年谢尔本政府垮台后，他们又重新恢复了在斯帕的合伙关系。

## 243. 致詹姆斯·门蒂思博士[①]

收信人：詹姆斯·门蒂斯博士，格兰瑟姆附近的巴罗比

原稿存格拉斯哥大学图书馆；编号 1464/1；载斯科特：《亚当·斯密》第 292—293 页。

爱丁堡海关署，1785 年 2 月 22 日

亲爱的詹姆斯：

我及时收到了您那热情友好的来信，我几乎不假思索地首先向您推荐爱丁堡大学。就我所知，爱丁堡大学目前与我所知道的其他大学相比，教授的质量更好；今后在师资方面可能比现在还要强。[②]此外，我本人也在此居住，很可能终生定居在这里。因此，我

自以为在使您更舒适地留在这里和使您的儿子受更好教育方面可能有点用处。我完全赞成您自己到他受教育的地方照料您的儿子③，作为他的管理人和指导人，我认为这样做是做父亲的最神圣和最重要的职责。但是我完全不赞成您辞去工作的打算。苏格兰可能如您现在所想的不适合成为您和您家庭居住的地方；我们至少试着住上一年两载；然后再做决断是否彻底放弃现在的住所和周围的一切，这样肯定更加谨慎。迄今，您一直在如此虔诚而严格地履行着您的教师职责，您现在完全有资格起码要求三四个冬天的假期，以便用来照料您儿子的教育，我这样提醒您，其实与我个人的利益和本意背道而驰，纯粹是出于良心罢了。除了一两位多年亲戚④以外，在这个世界上，您算得上是我最老的朋友。想到我将有机会同您在一起，在您的陪伴下度过余生，我满意之情难以言表。我最亲爱的朋友，我永远是您

最亲密和最忠实的卑贱仆人

亚当·斯密

① 斯密牛津时代的朋友，林肯郡巴罗比教区长。

② 亚当·弗格森于1785年放弃伦理学教授的职务，由杜格尔德·斯图尔特接任。爱丁堡大学其他著名的学者有：校长威廉·罗伯逊、约瑟夫·布莱克（化学）、威廉·卡伦（物理）、约翰·鲁宾逊（自然哲学）、约翰·布鲁斯（逻辑）以及*A. F.*泰特勒（世界历史）。

③ 查尔斯·格兰维尔·斯图尔特·门蒂思；1838年成为男爵。

④ 罗伯特·斯基恩将军、罗伯特·道格拉斯上校、珍妮特·道格拉斯小姐（斯密的管家），和帕特里克·罗斯上校夫妇。见1788年9月16日斯密致詹姆斯·门蒂思的第281号信，信中简述了道格拉斯小姐最近的病情。

## 244. 致〔托马斯·卡德尔〕[①]

原稿存约翰·米尔德梅·怀特夫人，由她的受托管人梅斯·巴林兄弟公司转伦敦；载《重要的亲笔信》，克里斯蒂的拍卖目录，1975年4月2日，伦敦，第167号(节选)。

爱丁堡海关署，1785年4月21日

亲爱的先生：

您3月25日的来信读后使我非常愉快，您完全可以想象，我为此多么感激您。我很高兴听到新版书受人们欢迎，关于出版条件，我们之间不会有什么分歧。如果《道德情操论》有出新版的需要，我打算在不是很主要处作些改动，我会把改修稿寄给您，希望尽早答复。

我听到的关于阿贝·莫尔莱翻译我的书的消息原来是误传。

我要的哲学学报现全部齐全，此事多亏了您不辞辛苦，对此我深表感谢。亲爱的先生，我永远是您

最亲爱的卑贱仆人

亚当·斯密

① 此信估计是写给托马斯·卡德尔的(斯密的伦敦出版商)；参见上文1784年6月19日第239号信，其中提到莫尔莱翻译了《国富论》和斯密要求得到皇家学会的学报。信中提到的版本是1786年出版的《国富论》第4版和1790年问世的《道德情操论》第6版。

## 245. 波切斯特勋爵亨利·赫伯特致斯密

原稿存格拉斯哥大学图书馆，编号 1035/166；载斯科特：《亚当·斯密》第 293—294 页。

海克利尔，1785 年 8 月 24 日

亲爱的斯密：

一位身穿黑色服装的矮小的人突然出现在您的面前，提交给您一封信并希望认识您，至少您会吃惊吧。我必须通知您，在收到您附来之信[①]时，我正写了一封信给温切斯特教长奥格尔博士[②]，把他介绍给您。他是一位值得尊敬的人，是生得比一般教士都矮小的高级教士；他是热烈的共和主义者，所以永远是教长升不到主教的职位；他是个对所干的每件事都十分热情，随时准备为他的带有强烈共和派色彩的原则牺牲自己的利益。你若能在方便条件下接待他，我将不胜感激。他是海军将军查洛纳·奥格尔[③]的弟弟，妻子是已故温切斯特主教的女儿。依靠丈人的庇荫，他在教会里占有优越地位，如果不是他不会奉承的性格，早就飞黄腾达了。对于有关人民自由的任何事业，他总是表现他的热情。但愿您一直健康幸福，不要把您研究的成果留给自己欣赏。波切斯特夫人让我代她问候您，她和我都希望您能下决心走出门，到这里和我们一起度一个假期。因为我以为您上班的时间已经够多了，年内该有数月的闲暇。老天的安排很奇特，某人一年到头与他根本不感兴

趣的人生活在一起,而他最崇敬的人却偏偏一年也见不上一面。请代我向您全家人致以亲切的问候,别忘记问候我的好朋友道格拉斯小姐。

亲爱的斯密,您永远是我
最崇敬最忠实最亲密的朋友
波切斯特

① 无从查考。

② 牛顿·奥格尔(1726 年生),与温切斯特主教约翰·托马斯博士的女儿苏姗娜结婚,1769 年成为温切斯特教长,但从未获得主教职位。

③ 查洛纳·奥格尔(约 1681—1750 年),海军将军,1697 年加入海军;1742 年攻击迦太基战役中与弗农在一起,后接替了后者的指挥职务。他与他弟弟之间 45 年不和,波切斯特对他们的关系可能不了解。

## 246. 罗伯特·里德[①]致斯密

收信人:亚当·斯密先生

原稿存格拉斯哥大学图书馆,编号 1035/167;未发表。

米拉米希,1785 年 9 月 11 日

我尊敬地请您允许我写信告诉您我目前的处境并叙述去年冬季我在外旅行的情况。先生知道吧,我现在在一条叫做米拉米希的风景优美可以通航的河畔定居下来。此河在新不伦瑞克省诺森伯兰县,该省总督卡尔顿欣然任命我为验尸官。我得到了一块几

百英亩的地产，可是土壤条件不尽理想。我砍伐的每一棵树其用途有二：首先作为烧柴，其次平整了土地。稍加耕耘就可生产质量尚可的谷物、马铃薯、卷心菜等等。树林中各种野生动物极多，特别是当地工人称之为驼鹿的动物，它像小公牛那么大，其肉味美，也和小公牛差不多。槭树在春天渗出大量树汁，依我看这种树汁可以提炼食糖，可能比从西印度群岛进口的糖质量更好，而且还有益健康。这里还有几种草药，尤其是一种叫做少女发的草可代替茶叶，味道颇佳。河里有各种鱼，鲑鱼数量尤多。因此，我现在既是农夫又是渔夫，只要肯出气力，我的生活就能过得舒服。我们的伙伴们有两艘船，其中一艘装载我们生产的鱼货去外国市场，回来时带回适合本地市场需要的英国商品。简言之，目前我有成为我称为富翁的可能性。

开头说过，我要把去年冬季的旅行见闻给您说说。我的一个伙伴和我去了魁北克，在那里我们买了一艘双桅帆船，可是在那里滞留的时间太长，不能在冰冻之前赶回这里。因此我们只得驶进沙勒尔湾一个叫做帕博的地方，船就被冻住在那里。我历尽艰辛跋涉 500 英里，穿过美洲原始森林，以便赶到哈利法克斯办理几件必要的业务。

随即，我又于 12 月中旬出发上路，穿过荒无人迹、遍地积雪的旷野。幸好，我脚下穿着一双良好的雪鞋，这种鞋是绝妙的发明，在冬季它可帮了人们的大忙，没有它任何户外的事也做不成。我还没走出多少英里，便被三个土人抓住，我很快看出其中一个是首领，他看见我穿着蓝色的制服，立即称呼我兄弟。我兴致勃勃地和他们聊起天来。当我准备继续上路时，他们提议带我到只有几里格路远的他们住的棚屋去，我们走了一程直至夜幕降临，这时他们提出要在就地宿营。您想象一下，躺在凄凉的野树林里睡觉，周围尽是土人，在这样的隆冬严寒天气，还在下着鹅毛大雪，我当时想的是什么！但是，我别无其他选择。我的同伴手拿斧子开始干活，他们砍倒几棵树用作柴禾，用粗树枝搭起棚屋；又将细小的树枝铺垫成床。生火有两个目的：其一，防野兽袭击，使它们不敢接近火堆；其二，不时把脚伸向火堆，以防脚被冻坏，冻坏脚在寒冷气候下是经常发生的事。我们就躺下了，我的伙伴饮了一二杯我带的朗姆酒之后，不久便鼾声大作起来。我感到唯一不方便处就是得不时地起来抖掉毯子上的积雪，大雪不停地下了一整夜。早晨来临，我又请我的朋友们喝了一杯然后又上路了。酒的作用对我的兄弟有这么伟大，以致他提出，只要一瓶酒，我们到他的棚屋时我就可以和他的妻子同睡。他们把我介绍给其他土人，我称为头领兄弟，那个女人的外貌不足以促使我脱手我的朗姆酒，或者接受这样一位同睡者。我与他们一起生活了几天，使我有机会观察他们的生活方式。但是要详细和正确地描述他们的棚屋，家什用具和他们的生活风俗与方式，那绝非一封信所能容纳。自那以后，我又同其他一些土人乘着桦树皮制作的独木舟航行了数百英里河道。如果找到适当机会，我一定送一只这样的小舟回国，当作礼品送给达尔基斯勋爵。②

在哈利法克斯我登门拜访了查尔斯·道格拉斯爵士③，爵士和夫人对我的盛情款待使我深为感激，我将永远记在心中。夫人对黑狐皮极为欣赏，我希望很快能从我的土人朋友那里搞到它送给夫人。和查尔斯爵士吃早饭时，我才听他说起我尊敬的斯密夫人已经不在人世了。当我听到不幸消息时，我心情的难过无法用语言表述。您失去了一位品德如此高尚，受人无比爱戴的母亲，请允许我向您表达我的同情。请代我转达对道格拉斯小姐的真诚的问候。写如此长信冒昧地打扰您，特别是当我想到话题的大部分都是些无足轻重的小事，不知怎样对您表示歉意才好。我原先已对这个噩耗有所担心，您不给我复信就证实了我的怀疑。——住在伦敦弓巷的威廉·安南德先生④一直与我通信，他会把所有写给我的信转来。尊敬的先生，

最感激的和最顺从卑贱的仆人

罗伯特·里德

① 斯密过去的仆人。

② 布克勒公爵的继承人。

③ 查尔斯·道格拉斯(1789 年卒)，海军少将，1782 年多米尼加战役时任舰队指挥；1783—1786 年为哈利法克斯兵站的总司令；斯密的远亲。

④ 此人无从查考。



## 247. 致安德鲁·斯特拉恩

收信人：安德鲁·斯特拉恩先生，伦敦，新街，鞋巷

原稿存哈佛大学克雷斯图书馆；载约翰·雷：《斯密传》第 396—397 页。

爱丁堡；1785 年 9 月 29 日

亲爱的先生：

洛根先生是一位有非同寻常的学识趣味与创造性的牧师。他不会轻易地向这个地方的清教徒精神屈服，就辞去职务准备定居于伦敦。他也许将在那里从事可以称为文化人的职业。[①]他已经发表若干首诗歌，有几篇极为优秀，也许您也知道。他还发表过一部悲剧，[②]我不能说它有一丁点令我喜爱的地方。他的另一部剧本尚未发表，它是以某个法国话剧为基础，确切地说几乎是从它翻译过来的，这个剧本好得多；然而就我所见，他的最佳之作要算他的关于世界历史的那些讲演稿[③]了。若干年前，这里的人们都拜读过，尽管它们得到一些最公正评论家的认可和称赞，它们还是被某个盛行一时的敌对文学流派所贬低，因为他曾不谨慎地冒犯这个流派的某些领导人。请允许我真诚地把洛根先生推荐给您以取得您的支持和保护。如果他能被评论报刊录用，他一定是一个出色的评论各种流派书籍、历史书和道德与抽象哲学书籍的好手。

亲爱的先生，我永远是您

最忠实最亲密的

亚当·斯密

① 见 1782 年 6 月 7 日亨利·麦肯齐致斯密的第 215 号信。

② 现存有一封洛根致麦肯齐的信，谈到了斯密对这个悲剧《伦纳梅德》(*Runnamede*)的另外一种意见：虽然斯密认为从诗篇方面来说它是不错的，他似乎怀疑它是否适合在英格兰舞台上演出(见斯科特：《亚当·斯密》第 285—286 页)。

③ 《历史哲学的要素》(1781 年)一书以 1779—1781 年他在爱丁堡大学授课内容的为基础。

# 248. 致罗什富科公爵

载《经济杂志》第6期(1896年)第165—166页;又载*I. C.*伦德堡:《图高的不知名的译者:沉思与亚当·斯密》(海牙,1964年)第44—45页。

爱丁堡,1785年11月1日

亲爱的公爵:

我当然乐于将一向做事后悔的图高先生给我的任何信件寄给阁下一阅;用这种手段取得作为他的通信者之一的光荣。① 虽然我有幸与他相识,甚至得到他的友谊与尊敬,但我自以为从未有过与他通信的光荣。承蒙他给我寄来一册《口头诉讼程序》,此书使作者获得莫大的声望;假如这个程序被不折不扣地加以贯彻,那么对图高先生的国家会有好处。可是那个礼物(我把它视为自己十分崇拜的人送给我的纪念品收藏)他寄来时并无任何信件。

我预料各地商会和这个国家各处建立的制造业出现的不良后果阁下似乎已预见到了。② 在喧闹的反对声常常威胁政府,派系常常压迫政府的国家里,商业法规通常是由那些热衷于搞欺骗和向人民横征暴敛的那些人所口授的。

公爵阁下,我没有忘记向您的承诺,在《道德情操论》出版时奉献给阁下,我希望此事在冬末前可以实行。③ 此外,我还计划写两部篇幅巨大的著作;一本为各种学科的历史如哲学史、诗歌史和雄辩史等；另一本为法律和政治历史的理论。④有关以上两书的材料已有大量积累，两书的某些部分已整理出头绪。但是尽管我努力与老年的懒散作斗争，它还是很快逼近我，因而我是否能够完成其中一本，绝对没有把握。

请代我向德安维尔公爵夫人和沙博公爵夫人致以最崇高的问候，公爵阁下，请接受我的衷心祝愿。

您最感激最顺从和最忠实卑贱的仆人

亚当·斯密

① 关于询问图高与斯密通信的信现已遗失；至于其他共同关心的问题，参见 1778 年 3 月 3 日和 1779 年 8 月 6 日罗什富科致斯密的第 194 号和 199 号信。

② 格拉斯哥商会第一次会议于 1783 年 1 月 1 日召开。会议主要讨论提高出售商品的标准，敦促政府减轻税收，以互惠为基础降低关税，取缔非法贸易及走私活动。伦敦的商人与布里斯托尔和利物浦的商会之间展开通信联系。1785 年 3 月 14 日在伦敦决定成立“大不列颠制造商总会”。1786 年 2 月成立“爱丁堡市商业和制造业联合会”。可以断定，根据斯密的观点，各地的商会都反对与爱尔兰的自由贸易，但是它们更倾向于支持目的在于开展对法国贸易的 1786 年伊登条约(汉密尔顿，第 272—278 页)。

③ 斯密晚年，夜以继日地修订《道德情操论》；见 1785 年 4 月 21 日、1788 年 3 月 15 日以及 1789 年 3 月 31 日斯密致卡德尔的第 244、276 和 287 号信。修订和补充第 6 版到 1790 年 5 月方告完事；见 1790 年 5 月 16 和 25 日致卡德尔第 294 和 295 号信。

④ 关于斯密已经计划着手的二本大篇幅作品见《哲学命题论文集》、《法理学演讲集》(洛锡安版和坎南版)和《修辞学和纯文学演讲集》。斯密的遗嘱执行人约瑟夫·布莱克和詹姆斯·赫登为《哲学命题论文集》出了选集(1795 年)。

# 249. 致乔治·查默斯[①]

收信人:乔治·查默斯先生,伦敦伯克利广场 31 号
原稿存苏格兰国立图书馆,680 号;载斯科特:《亚当·斯密》第 294—295 页。

爱丁堡海关署,1785 年 11 月 10 日

先生:

收到您 11 月 3 日写给我的那封文雅而恳切的来信,我感到十分荣幸。在完成您所估计的如此有价值和舒适的工作中,我将乐于给您提供各方面的资料。您要的那两项数字是官方的数字,它根据年度命令每年送交国库。这种做法与这个委员会的做法相反,这个委员会没有财政大臣的特别命令或准许就将此类性质的数字传送给任何私人。

罗斯先生[②]的档案材料或者送给我(如果他愿意的话)或者送交委员会的其他成员,不管材料如何细小,会让您见到,其他我们能够得到的资料也会毫不耽搁地送交给您。

苏格兰各港口不列颠船只进出总吨数并没有包括海岸贸易。从 1779 年起的海岸贸易数字容易得到,但从 1759 年起的数字就很难得到了。

在我的所有相识中,唯有已故的韦伯斯特先生[③]最精通政治算术[④];他曾对 1755 年苏格兰的人口做过统计,得出的数字似乎

非常精确。他收集苏格兰各个教区的出生、死亡和嫁娶等各类名册。在许多教区，他得到精确计算的人数，在另一些教区，他还得到称为可考查者的名单，所谓可考查者就是适合于在苏格兰教会会议上受教义问答考查的人。七至八岁的儿童被认为是可考查的人。在有几个教区里，他甚至有全体居民经过确定的年龄。对于那些他仅仅掌握出生死亡和嫁娶名单的教区，韦伯斯特先生的做法是根据条件相似其人口经过准确计算的教区的这些名单推算出那里的人口数字。这些统计数字整整写满了一个大对开本。大约十年前，我曾有好几个月使用这些数字。根据这些资料计算出苏格兰的人口略为超出 125 万人。据我准确的回忆，在韦伯斯特先生逝世前几个月，他告诉我，他把苏格兰人口数字估计得太低了；依据更可靠的资料，他相信人口达到 150 万。然而，我得承认，对于这一口头提到的数字是否精确不能完全相信。如果他身后留下了有关这个主题的文章，或者我能亲自读到时或者听到别人明确的叙述时，我一定立即通知您。您一定了解，我对政治算术信心不大，这件事实也不能改变我对它的看法。⑤

您对我的书给予如此高的评价，我实在受宠若惊。世人所有给予我的称赞，唯有您的称赞我最为珍重。请接受我对您最崇高的敬意，您的

最忠实和卑贱的仆人

亚当·斯密



① 参见第 183 号信注①。这封 1784 年 11 月 3 日的信已遗失。它可能包括查默斯对其多次再版的《不列颠比较国力估计》中一些问题的查询。

② 乔治·罗斯(1744—1818年),政府职员和档案管理员,税收委员会秘书(1777—1782年);财政部秘书(1782—1801年);国会秘书(1788—1818年)。

③ 亚历山大·韦伯斯特博士(1707—1784年),爱丁堡牢狱教会牧师;苏格兰教会中保守派的领袖;著有《1755年苏格兰人口统计》一书;他写《统计》一书的目的在于抚恤已故牧师的子女及遗孀。

④ 政治算术指一个国家在人口、贸易、收入、支出等方面的统计。据牛津英语词典注释,威廉·佩蒂爵士的《政治算术随笔:关于伦敦城的发展》一书的标题第一次使用这个词汇。

⑤ 斯密在《国富论》第4卷第6章30节"谷物贸易的离题话"中表示同样的保留意见:"我对政治算术信心不足。"霍姆论文《人口稠密的古代国家》也持同样怀疑态度。然而,对于韦伯斯特所修正的数字,斯密曾重新考虑先前所抱的意见;见第252号信最后一段。



## 250.致乔治·查默斯

原稿存苏格兰国立图书馆;载斯科特:《亚当·斯密》第296页。

〔爱丁堡〕,1785年12月3日星期五

斯密先生向查默斯先生致最大的敬意。斯密寄给阁下的吨位数字是按照您的要求校正过的。阁下要求的其他数字尽一切可能在下星期一,最迟下星期二寄出。[①]

① 参见1785年11月10日致乔治·查默斯的第249号信。

## 251. 致〔乔治·查默斯〕

原稿存哈佛大学克雷斯图书馆;载约翰·雷:《斯密传》第400页。

爱丁堡海关署,1785年12月22日

先生:

我一直记着答复您本月8日的信,我担心,您会认为我把此事忘在脑后或不予理会。我收到您的信后,原想邮寄一份数字资料给您;但是发生了我想不到的困难,您还要再等几天才能收到。与此同时我将寄给您一份材料,这是韦伯斯特先生的助手从他的著作中摘录下来的。此人对韦伯斯特先生写作帮助很大,此后他又对该书做过几处更正。[①]

作为海关的专员,我寄信都在海关署付款,我的收信人收到信时不必花费。否则,我本来会冒昧地(如您所指示)将给您的资料附在罗斯先生[②]的信封里。如果请罗斯先生转交,也许会使他喜出望外,因为从资料中将知道苏格兰海关征收的税收至少比7或8年前增大4倍。在过去4、5年间税收增加迅速;本年的收入至少超过创纪录的去年收入的一倍半。我自以为收入很可能还要增加。要说明这种增加的原因需要长篇论述,很难在这封信里说清。

普赖斯的推测一定会受到人们的忽视,这是这种推测的必然结果。我一直认为他是一个好闹宗派的公民,一个表面上的哲学家,完全不是能干的计算者。[③]谨致最大敬意

您最忠实卑贱的仆人

亚当·斯密

在您的书中对我所作的任何评语(您认为恰当的话)我当然视作是给我的最大光荣。

① 参见1785年11月10日和12月3日致查默斯的第249和250号信,又见1786年1月3日的第252号信。

② 指乔治·罗斯。

③ 理查德·普赖斯博士(1723—1791年),非国教牧师和道德、政治、经济著作的作者;美国和法国革命的支持者。斯密藏书中有他的下列著作:《评道德的重大问题》(1758年);《国债》(第2版,1772年);《公民自由》(第6版,1776年);《继承税》(第4版,1783年)和《美国革命》(第2版,1785年)。

## 252. 致〔乔治·查默斯〕

原稿存爱丁堡大学图书馆;载约翰·雷:《斯密传》第400—401页。

爱丁堡,1786年1月3日

先生:

您需要的苏格兰进出口货数量的记录,由今日邮班寄给罗斯先生。[1]

自从我上次给您信后,我已与亨利·蒙克利夫[2]谈过话,他是继韦伯斯特博士担任牧师遗孀抚养基金的收集人;我也与他的书记谈过话,他也是韦伯斯特博士的书记,对博士编写我上次信中告诉您的那本书帮助很大。他们二人都认为,博士去世几个月前我与他的一次谈话,必定起到短暂和突然提醒的效果,而不会有引起他严肃或审慎的考虑或调查的效果。确实在欢乐的餐桌旁和在快活和欢笑中,这位值得尊敬的博士,除了具有许多有用和待人亲切的品德外,还是研究人口问题的爱好者和推动者。他们告诉我,在1779年,博士的书记为应诺思勋爵之需,完成博士的一本书,在该书末尾博士附加了如下含义的注释:虽然在1755与1779年间在贸易和制造业发达的城镇和村庄里,人口数字有相当大的增加,但在山地和岛屿上,人口就稀疏得多,甚至在南部地区,由于农场的规模扩大,人口也不稠密;因此,他认为在这两个时期里人口总数可能相差不大。这些人相信,这是韦伯斯特对这个问题所作的最后经过深思熟虑的判断。他所作注释中提到的名单是他称为有资格充当审查者的名单,都是比他大七八岁的人,他认为这些人适合公开审查有关宗教和道德方面的主题。我们这个地方的大多数牧师都保存着这种审查人名单。



我敢说,诺思勋爵乐于提供此书让您使用。十分奇怪的是,虽然我向您提到的那次谈话有点动摇我对这件事的信心,但是我目前还是愿意没有多大根据地作这样的假定。[3]致最高的敬意

您最顺从的最卑贱的仆人

亚当·斯密

① 见1785年11月10日、12月3日和12月22日致查默斯的信第249、250和251号。

② 亨利·蒙克利夫先生(1750—1827年),1775年起担任爱丁堡圣卡

思伯特教堂牧师；1785 年担任苏格兰教会大会主席。

③ 见信第 249 号。

# 253. 致乌尔布斯特的约翰·辛克莱

原稿存乌尔布斯特的瑟索子爵处；载米奇森：《务农的约翰先生》（伦敦，1962 年）第 36 页注②。

1786 年 1 月 30 日

〔此信现下落不明，但据米奇森说，内容是“批评辛克莱的第一本严肃的书：《英帝国国家岁入史》（1784 年）”。此信的一部分可能就是信 299 的文字。〕

# 254. 致弗雷泽·泰特勒[1]

收信人：弗雷泽·泰特勒先生，乔治广场

原稿存国立苏格兰图书馆；载《爱丁堡皇家学会学报》第 8 期（1818 年）第 538 页。

〔爱丁堡，〕1786 年 2 月 4 日

亲爱的先生：

我以极愉快的心情拜读了您的论文[2]。大作达到我们要求的

简洁、优美和完全表达清楚，为我们学会学报增色极大。但是我的几个好挑剔的朋友认为，那些边境贸易站样品中出现的玻璃化程度十分严重，不可能是您假设的那种偶尔着火的后果，只能是在墙垣建造好后受到堆积在它上边的越来越重木料的压力才会产生这种现象。这个问题我完全外行。我这个盲目相信这种不完全玻璃化更像是事故的后果而不像是知识贫乏的后果的人，已经被您说服了。我所指的朋友是布莱克博士和赫登博士[3]，他们对大作的其他每一方面，都与我一般给予极高的评价。您最好和他们磋商一下，或者他们前来把道理向您讲清楚；即使您不去他们也不来，我认为，他们和您都不会因此感到不愉快。致最崇高的敬意。

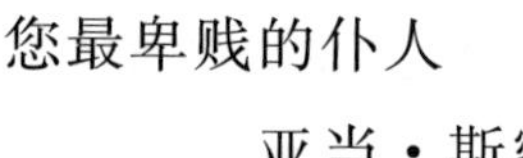

您最卑贱的仆人

亚当·斯密

① 亚历山大·弗雷泽·泰特勒（1747—1813年），律师和历史学家；1780年任爱丁堡大学世界史教授；1802年任苏格兰最高民事法庭法官，受封伍德豪斯利勋爵；代表著作有《论翻译的原理》（1791年）。

② 1789年在爱丁堡皇家学会宣读；载《学报》第8期（1818年）第537页。斯密是爱丁堡皇家学会文学部主席之一。1788年时泰特勒为爱丁堡皇家学会秘书之一，见约翰·雷：《斯密传》第377页。

③ 约瑟夫·布莱克博士和詹姆斯·赫登是斯密的共同受托人。后者（1726—1797年）乃地质学家，他的《地球的理论》（1795年）创立地质均变说和地壳形成的近代学说。

## 255. 布克勒·夏普致斯密

原稿存格拉斯哥大学图书馆，编号1035/168号；未发表。

1786年2月5日

〔夏普在伦敦安德鲁·斯特拉恩手下当印刷工干得很不好，他希望斯密为他安排回苏格兰，回来后他可以当一个抄写员。见信256。〕

## 256. 致安德鲁·斯特拉恩

原稿存伊利诺斯大学图书馆；载斯科特：《亚当·斯密》第296页。

爱丁堡，1786年2月13日

亲爱的先生：

我不得不请求您的鼎力设法以您最好的方式雇用夏普[①]三四个星期，直到我们有时间从长计议。我知道他的拼法时常出错，只此一端就难以当个合格的排字工人。由于他在写给我的信中流露出严重的情绪低落，我已去信鼓励他。但是我已注意到他的这个缺点（您能从信中所附的信件上看出，我请您将附信一读）。同时，您若能把他推荐到货栈主那里当个职员，给他一份您认为他合格的工作，我将不胜感荷。

我请求您在印刷我的新版书[②]时使用您那里最好的排字工人。同时我不得不请求您在该书付印前先寄给我一本完整的样书，使我能够对它加以修改和更正。您尽可相信，我不会把样书留在这里的时间超过一周。我同样想知道何时能收到稿费；我希望达成这笔交易，免得卡德尔先生又要发一次疟疾，并提出恐怕没有

前一次那样容易接受的要求。亲爱的先生,我永远是您

最忠实的

亚当·斯密

① 见2月5日布克勒·夏普来信第255号。

② 指1786年11月6日出版的《国富论》第4版;作者对第3版的正文作了(或允许)少数细微的变动。别地方的变动似乎是排字工人看错或者纠正以前错误之故。

## 257. 致〔托马斯·卡德尔〕

载索思比的《目录》第478(1959年10月27日);摘要。



1786年3月14日

……我极望知道《道德情操论》的社会需求现在处于何种程度。28年的版权如今即将期满,但是我希望能够替您弄到至少再有14年的版权……①

① 根据1709年版权法:在一本书出版时规定有14年的独占权利,14年后,如作者仍旧活着,能有另外14年版权。因为威廉·斯特拉恩的许多投资在书籍的版权上,所以他支持1774年的永久版权运动,但上院否决了这个议案。约翰逊和休谟都反对终生版权(见科克伦:《斯特拉恩传》,伦敦,1964年,第132—135页)。斯密反对阻碍竞争的垄断,但他赞成给予新机器发明者和新书的作者以短期性的垄断。见《法学演讲集》(洛锡安版第2卷第31—33页)。

# 258. 致〔乌尔布斯特的约翰·辛克莱先生〕

原稿存莫斯科国家历史博物馆；载斯科特：《亚当·斯密》第297页。

爱丁堡，1786年4月11日

亲爱的先生：

我冒昧地在几星期前写给您一封长信[①]，并高兴地得知此信已达左右，并知您从内心深处已原谅我对您的轻率冒昧的行为。

在那封信中我说，关于您对食糖问题的见解我没有什么话要说，但是经过进一步的考虑推敲，我怀疑在粗糖价格上，您说的有误。我从未买过这种糖作日常食用，因此对其价格没有亲身的经验。我想，我记得曾对您说过，在上次战争时，我曾付14或15便士去买现在售价8或9便士的同样的糖，我希望您对于粗糖的价格作进一步的调查。它肯定不可能低到1便士1磅。当我在格拉斯哥时，进口一大桶重112磅的粗糖售价30到36先令，照这个价格计算，每磅的售价不会低于4或5便士。有人告诉我，目前一磅的价格为6便士。我日常使用的糖是家庭主妇叫作早餐糖的那一种，这种糖要卖我上面提到的8便士或9便士一磅。[②]

衷心祝贺您最近得到爵位；[③]希望我能活着看到您得到更高的荣誉。亲爱的先生，我永远是您的

最忠诚和最敬慕您的

亚当·斯密

① 即1786年1月30日的第253号信。

② 据沃尔特·斯科特说,斯密过分喜爱块糖。见斯科特的《评约翰·霍姆的著作》(1824年),载《季度评论》第36期(1827年)第200页。

③ 1786年2月14日辛克莱荣获男爵爵位。

## 259. 致阿贝·莫雷莱

收信人:阿贝·莫雷莱先生,巴黎

原稿存伊利诺斯大学图书馆;载斯科特:《亚当·斯密》第298—299页。



爱丁堡,1786年5月1日

亲爱的先生:

经过这么长久我们之间通信的中断,如果我没有从我们最可敬的朋友兰斯多恩侯爵[①]那里得知您依旧怀有好意地记得我,我就会害怕再使您想到我这个老朋友。由于您还记得我,使我现在敢于冒昧地介绍您认识我的杰出朋友、爱丁堡大学逻辑学教授约翰·布鲁斯先生[②]。他在旅途中陪伴邓达斯先生,一位极为谦逊和举止得体的年轻绅士,专心于他的学问研究和他的其他责任;他是我们苏格兰牧师的儿子。请允许我推荐他们两位前来,望在他们逗留巴黎期间(时间长短由他们决定)敬祈不吝赐教并请大力庇护。

大约20年前我有幸经常在协会[③]中见到您，请允许我为您的协会因哲人陨落而遭受的巨大损失向您表示慰问，他们是为协会添光增彩的人物，这许多人中有爱尔维修、杜阁、埃斯皮纳斯小姐、阿朗贝尔先生、狄德罗先生等。过去二三年我没有听到奥尔巴克男爵的消息。恳请代向他转达我最爱慕和尊敬的怀念之情，我永远不会忘记我居住巴黎时[④]他对我的好意和照顾。致最高的敬意，

您最感激和最顺从的仆人

亚当·斯密

① 谢尔本伯爵二世于1784年12月6日晋为兰斯多恩侯爵。

② 约翰·布鲁斯(1744—1826年)，1774—1786年为爱丁堡大学逻辑学教授；辞职担任罗伯特·桑德斯·邓达斯(1771—1851年)的旅行教师；罗伯特后来为梅尔维尔子爵二世，他是亨利·邓达斯的儿子。

③ 指"哲学家和沙龙女士协会"，斯密于1764—1766年访问巴黎时认识协会里的一些人。

④ 奥尔巴克肯定曾多次邀请斯密在他家就餐，介绍他会见巴黎的主要知识界人士。

## 260. 查尔斯·道格拉斯致斯密

原稿存格拉斯哥大学图书馆，编号1035/169号；未发表。

戈斯波特，1786年5月2日

〔此信是斯密的远亲写来的，谈论他姐妹的法律上的难题，并提到他的一个儿子进入朴次茅斯皇家海军学院的计划。〕

## 261. 致托马斯·卡德尔

收信人：卡德尔先生

原稿存皮尔庞特摩根图书馆，纽约；载斯科特：《亚当·斯密》第299页。

爱丁堡，1786年5月7日

亲爱的先生：

此信将由我极亲密和杰出的朋友约翰·布鲁斯先生送上。他写了一本伦理学著作[①]，在伦理学上虽然他和我稍稍有不同见解，如同大卫·休谟和我过去那样；我希望此书能为他带来巨大荣誉。这本书中的形而上学减少到任何这类主题著作可能做到的程度。在我看来，它的缺点在于形而上学的成分太少了，但是我认为是缺点，在公众眼中非常可能是可取之处。此书写得极好；整篇文笔简明达意清楚，在恰当的地方语言热情，成为全书的主题。我最诚挚地向您推荐此书。亲爱的先生，我永远是

最忠诚的

亚当·斯密

① 即《自然哲学原理基础上的伦理学》（伦敦，1786年）。

## 262. 致约翰·布鲁斯

收信人:约翰·布鲁斯先生,巴黎

原稿存汉密尔顿布鲁斯学会;载斯科特:《亚当·斯密》第299—300页。

爱丁堡,1786年10月3日

我亲爱的约翰:

首先要为长久没有给您信请您原谅,直到今天才寄给您我答应您的给迈纳教授[①]的信。我极端地厌恶写祝贺和礼节上的信,这是我迟迟未复的主要原因。请您为我向您的学生[②]致充满深情的问候。我亲爱的约翰,相信我对您最诚挚的爱和关心。

最忠诚的

亚当·斯密

① *J.W.* 迈纳(1723—1789年)或克里斯托夫·迈纳斯(1747—1810年)。前者为通晓数种语言的语言学家;后者为格丁根大学教授和哲学和宗教史的多产作家。

② 指罗伯特·桑德斯·邓达斯;见1786年5月1日致阿贝·莫雷莱的第259号信注②。

## 263. 埃德蒙·伯克致斯密

原稿存耶鲁大学图书馆;载 *T. W.* 科普兰编《埃德蒙·伯克书信集》第 296—298 页。

贝肯斯菲尔德,1786 年 12 月 7 日

亲爱的朋友:

在整个去年冬天,我自以为可以愉快地在伦敦见到您;虽然我不能期望在我必须从事的令人厌倦的工作中能得到与您朝夕相处的许多快乐。我绝对相信,我在如此重要和如此清楚的案件中,大体上得到您的赞许;但您根本没有想到,我缺乏耐心和良好的性情,很难使我体面地完成在各方面都极其困难的条件下开始的、在受到如此好争令人烦恼以及强有力的反对下进行的任务。本开庭期将最终解决这场官司[①]。嗣后我手中没有约定事务,我可以从事需要我去做的别的事情,并以我认为适当或根据我的健康情况与精力所允许的程度尽力去做。但是我认为我应该告诫在远方评论我的任何朋友来看看我的起诉书,把它作为唯一可靠的根据,不要去注意报纸上关于我的谈话。我相信,我常常被故意地误解;但几乎常常由于完全不了解在有关事情中谈话者的意图而引起的误解。

去年冬天,康沃利斯勋爵[②]被授予绝对无限的权力去印度就职。我有理由相信,为了对这些权力提供法律根据,将作出与这些

权力相称的改变(我不知是否要进行改革)。他以充满那种——一个非常热情的朝臣、不认任何朋友等等——精神出国。您了解上述情况后,我相信您不会责备我毫无理由的胆怯,因为我畏惧有可能在这些改变中选择适当的对象,而我的任何朋友似乎不可能像我希望那样得到他的欢心。我一点也不认识康沃利斯勋爵,而罗斯先生我只在您家碰到过他。[3]您知道我对认识多年而人格高尚的朋友威廉·伯克[4]的关心,您对他也同我一样关心。虽然我不必说他过去做了什么值得称赞的事情和他的优点何在,但是可以肯定的是,在他留下不多的有生之年,要在流放中努力以可尊敬的态度(他不会以另一种态度做任何事情)去干一些琐碎小事,一定感到痛苦难言。[5]他得到的不多,他活着的时间也不长了。他没有仇敌,但有一些人,因为我的行为,对他极为仇视。就他本身来说,他从不树敌,只交朋友;文官界和军界人士常常告诉我,他是出国去印度的人员中最可爱的人。在我当权的时候,我让他担任副军需官的职务。曾经作过几次尝试把他调回来,迄今都未成功;在这件事情上,他的老朋友约翰斯通总督[6]以及邓达斯先生的帮助是伯克先生深表感谢的。

亲爱的朋友,我能不能乞求您的恩惠,请您本人写一封信给罗斯上校;[7]如果您能取得其他朋友的帮助将更为感谢,恳请他们的友谊和对伯克先生的庇护。此事务请不要等闲视之,而要以您寻常的好脾气尽力帮助,我请求把您能取得的请托信件(至少您自己的信件)以最快的速度,能够在下一班船期寄出。希望从您那里得到仁慈的帮助,对此我无须作任何解释。我和我的妻子和儿子向您致最亲切的问候,

您最忠实和最卑贱的仆人

埃德蒙·伯克

我并不希望您特别照顾伯克先生，只希望您作一般的（如果您愿做）和有力的推荐。你不必提到任何对他不利的企图；这点也为您自己，提到这些企图会有害处。

① 开庭结果沃伦·黑斯廷斯受到下院向最高法院的控告，但此案直到1795年4月方始结束。

② 查尔斯·康沃利斯（1738—1805年），康沃利斯伯爵二世，后为侯爵一世。他受权在一定情况下可以不经议会同意行事；在任上他合并印度的总司令部与总督府。

③ 亚历山大·罗斯上校（1742—1827年）是康沃利斯的秘书。温德姆在他的《日记》中（*H.* 巴林夫人编，伦敦，1866年）记载他和伯克在亚当·斯密的爱丁堡家中遇到罗斯（1785年9月13日）。



④ 威廉·伯克（1729—1798年），1782—1793年任印度军队副军需官。埃德蒙承认他是他的堂兄弟。

⑤ 康沃利斯紧紧掌握印度事务，不允许威廉·伯克从军队的饷银中谋利。

⑥ 乔治·约翰斯通（1730—1787年），一般称他为“约翰斯通总督”，因为他从1763年到1767年担任西佛罗里达总督。他在东印度公司服务年代长久，并有惊涛骇浪的经历。

⑦ 斯密答应来信要求（见第264号信）写给亚历山大·罗斯上校请托信，日期为1786年12月13日。

## 264. 致亚历山大·罗斯中校

原稿存哈佛大学怀德纳图书馆珍品贮藏室；载斯科特：《亚当·斯

密》第 300—301 页。

爱丁堡，1786 年 12 月 13 日

亲爱的先生：

当我有幸在您即将离开苏格兰之际拜访您的时候，我曾告诉您，在印度只有唯一的一个人我敢于向您推荐和请求您特别支持与保护，那就是在马德拉斯军队中担任主任工程师的与您同姓的罗斯中校。[①]现在出现非常特殊的情况，使我不得不放弃这个决定。我的值得尊敬的老朋友威廉·伯克先生在他的堂兄埃德蒙当总军需官时被任命为印度皇家军队的副总军需官。他迄今仍在那个职位上。我最热切地介绍他不仅要引起您的注意和善意，而且要得到您的友谊。我确信他是值得做您朋友的。您从来没有认识过一个比他更心地诚实的人，善于交际、心情乐观、十足的好脾气，而且胸怀坦率和豁达；很自然是每个需要朋友的人的朋友。他是能力不寻常的实干家，由于他是在皮戈特勋爵[②]的第一份通告到达英格兰后立即去印度的，到此时他肯定已经得到那个国家事务的大量知识与经验。我想象，您将发现很少有人比他更有能力提出正确的情报和良好的意见。[③]

我不必告诉您您也知道，在这个国家的您所有朋友多么痛惜和怀念您的离去。只有获得珍贵的名誉与光荣才能补偿您放弃的舒适环境和赔偿您隔绝这个国家里所享受的全部爱和友谊。财富和高位是最微不足道的补偿。可是我知道，只有您对您的朋友康沃利斯勋爵的深厚感情才能够把您与我们分隔，我完全坚信，您已为您失去的一切获得了唯一充分的补偿。我有幸在布里斯托尔伯

爵[4]家两次见到康沃利斯勋爵。也许他记不起我。如果他还记得我，我请求您为我向他致最尊敬的问候。亲爱的先生，我有幸是您

最深情和最忠实最卑贱的仆人

亚当·斯密

① 指帕特里克·罗斯，斯密的表兄弟。

② 乔治·皮戈特爵士（1719—1777年），马德拉斯两任总督（1755—1763年和1775—1777年）；1764年为男爵；他停止二个马德拉斯议会的议员的资格，因而自己被撤职入狱；死在狱中。

③ 见12月7日埃德蒙·伯克来信第263号。

④ 布里斯托尔伯爵四世弗雷德里克·奥古斯塔斯·哈维（1730—1803年），1779年继其兄奥古斯塔斯·约翰为伯爵四世，1768—1803年任德里主教；曾在意大利和达尔马提亚研究火山现象；提倡国会改革。

## 265. 埃德蒙·伯克致斯密

原稿存宾夕法尼亚历史学会；载《埃德蒙·伯克书信集》第5卷第301—302页。

贝肯斯菲尔德，1786年12月20日

最亲爱的朋友：

来信收到，附下之信一并收到，非常感谢。我已将此信寄给罗斯中校。[1]威廉·伯克已得到您提到的二位绅士特别是约翰·麦克弗森[2]的有礼貌的待遇。我毫不怀疑，您的信将起巨大作用，能

继续获得他们的友谊，并可能使这种友谊发挥进一步的作用。我希望您在给约翰·麦克弗森爵士的信中，告诉他威廉·伯克对他的仁慈好意非常感激(他的确如此)，您还可以提到有关阿奇博尔德·坎贝尔爵士[③]对威廉帮助等同样性质的事情；事实上他记住往日的友谊热情地接待威廉，并且对他表示十分关心；虽然(可能由于没有机会)威廉没有向他表示他的感恩戴德之情，像他已对约翰·麦克弗森表示的那样。非常感谢您，这里所有人对您表达良好祝愿。请向道格拉斯夫人转致我和我儿子最大的敬意。

您最忠实和顺从卑贱的仆人

埃德蒙·伯克

我将此信寄往伦敦，这样能使您早几个钟点收到。我的理查德[④]在苏格兰时对于您的好心照顾一直怀着最感激的心情，他要我告诉您这件事。

① 见12月13日致亚历山大·罗斯中校的第264号信。斯密先将此信寄给伯克，但附寄的信无法查明。

② 见第197号信注①。

③ 阿奇博尔德·坎贝尔爵士(1739—1791年)，曾在美洲和印度工作；1786—1789年任马德拉斯总督。

④ 理查德·伯克(1758—1794年)，埃德蒙的儿子，1785年访问苏格兰；埃德蒙在他夭折后非常悲痛。

## 266. 致〔约翰·道格拉斯主教〕[①]

原稿存不列颠博物馆，纽约公共图书馆有抄本；载约翰·雷:《斯密传》第403页。

爱丁堡，1787年3月6日

亲爱的先生：

此信请法夫郡维卡斯农庄罗伯特・比特森先生[②]带上，他是我的非常值得尊敬的朋友和这里十多年在一起的邻居。新近他出版了一本称为政治索引的极有用处的书，出版后很畅销，现在想增加一些内容重新出版。他非常希望在有关增入部分听听您高明的意见，当然此书其他方面也望得到您的指教。我确实不是奉承您，在这个题材上没有一个人像您这样适合给他提意见的。因此，我冒昧地请您允许我介绍他和您相识，并最诚恳地请求您给予他最好的指教和支持。您将发觉，他是个好脾气、有学问、性情温良、有礼貌的伙伴。

当我听到您曾在不久前经过这个城市，既不来看我，也不让我知道您就在我们咫尺之间，我感到烦恼和愠怒。但是，我的怒恼虽然不小，现在已大大消退，如果您答应今后改进，我可以原谅过去的事情。

今年我正在更年期，我的健康情况比平常差得多。但是现在一天天好起来；我开始自以为如有优秀的领航员我将能够经受住人生这个危险的岬角；从此以后，我希望在今后有生之年能在平静顺利的水域航行。

我亲爱的先生，我是您

最忠实和深爱您的

亚当・斯密

① 约翰·道格拉斯(1721—1807年),1787—1791年为卡莱尔主教;1788年为温莎教长;1791—1807年为索尔兹伯里主教;曾编纂克拉朗登的《日记与书信》(1763年)和库克船长的《航海日记》(第二次航行,1777年)。

② 罗伯特·比特森(1742—1818年)军事工程师,曾在法国和西印度群岛服务;编写《不列颠和爱尔兰史的政治索引,或从最早时期到目前当权的贵族和平民的完整记录》(伦敦,1786年),此书奉献给亚当·斯密。

# 267. 亨利·邓达斯致斯密

原稿存格拉斯哥大学图书馆,编号1035/170;载斯科特:《亚当·斯密》第302页。

印度董事会〔伦敦〕①,1787年3月21日

亲爱的斯密:

今天上午收到来信。罗斯肯定受到伤害,但是阿奇博尔德·坎贝尔爵士将为他主持公道。② 我本来会坚持反对董事法庭(*Court of Directors*)的决定,但是我不信他们会做出这种坏脾气的事情,竟至于把他开除,因而我再进一步保护他可能会毁了他。

我高兴地知道您有休假。皮特先生③、格林维尔先生④和您卑贱的仆人一致同意,您到这里来度假是最好不过的了。⑤ 这里气候良好,我在温布尔登的别墅是最舒适最有益健康的地方。您将有一间舒适的卧室,由于公事空闲,我们每天晚上能和您讨论您所有的作品。格林维尔先生是个不寻常的聪明人,他同意这个邀请。

您最忠实的

亨利·邓达斯

① 邓达斯除了实际上是苏格兰部长外，此时有对印度事务的完全指挥权。

② 斯密无疑希望通过邓达斯说服任马德拉斯总督的坎贝尔为帕特里克·罗斯晋升军阶。最后，罗斯以将军军阶退休。

③ 威廉·皮特(1759—1806年)，1782—1783年任财政大臣；在紧张国会改革时期，开始时主张改革，后转为保守。

④ 威廉·温德姆·格林维尔(1759—1834年)，1783年任枢密大臣；1789年1月至6月任下院议长；1789—1791年任内政大臣；1791—1801年任外交大臣；1806—1807年任财政大臣；1785年起在皮特提掖下为政府中第二号人物。

⑤ 1787年3月斯密去伦敦作最后一次旅游，在伦敦住到8月份。在税收问题上皮特曾和他磋商。在他访问期间住在邓达斯家中。有一次他进屋，阿丁顿、格林维尔、威尔伯福斯和皮特都站起身来，一直到斯密就座，皮特说，他们都是他的学生(斯科特:《亚当·斯密》第302页)。



## 268. 杰里米·边沁[①]致斯密

载《为高利贷辩护》第1版(1787年和1790年)第8号信“致斯密博士论艺术计划”。

克里乔夫，白俄罗斯，1787年3月

〔第8号信印在附录C中，原文是第2版(1790年)的内容，即印在沃纳·斯塔克编的《边沁经济著作》(伦敦，1952年)第167—187页中的那一篇。〕

① 杰里米·边沁(1748—1832 年),哲学家和法学家;研究范围广泛,他的《道德与立法原理入门》(1789 年),导致司法行政的根本改变。当他访问在俄国的弟弟时,写了《为高利贷辩护》,鼓吹社会接受贷款的高利率并认为高利贷者基本上是有用的阶层。

## 269. 致约瑟夫·布莱克

原稿存爱丁堡大学图书馆,布莱克手稿第 3 卷;载斯科特:《亚当·斯密》第 301 页。

伦敦,1787 年 5 月 9 日



亲爱的博士:

此信请德巴尔男爵[①]带上,他是一位声名卓著、知识渊博的法国绅士。也是一位伟大的旅行家,他到过的地方是我以前遇到的所有别的旅行家不知道的;那就是从基昂到阿斯特拉坎和卡桑的俄罗斯帝国的南部边疆。我恳求您为他介绍赫登和每一个别的您认为他会欢喜的人。他是罗什富科公爵介绍给我认识的,我在法国时,我欠公爵极大的情。亲爱的博士,我永远是您

最忠实的

亚当·斯密

① 亚历山大·巴尔塔扎·弗朗索瓦·保罗·德巴尔(约 1750—1825 年),《大不列颠和爱尔兰概况》的作者。

# 270. 致亚历山大·罗斯中校

收信人:罗斯中校,加尔各答

原稿存纽约公共图书馆伯格收藏室;未发表。

伦敦,1787年6月13日

亲爱的先生:

当您即将去印度前几天我在爱丁堡见到您时,我告诉您,我要麻烦您向您推荐唯一的一个人,就是我的老朋友和近亲,在马德拉斯军队里的罗斯中校。[①] 后来出现威廉·伯克的特殊情况使我不得不打乱我的决定;现在拉夫巴勒勋爵的嘱咐(您完全知道我对他的感激之情)又使我有必要第二次违背我的决定,要向您介绍他的一个朋友,一位绅士,虽然我不认识他,我本人对他的成功极感兴趣。递上此信的这位绅士罗伊兹先生是哈利法克斯最受尊敬家庭的儿子。[②] 他的哥哥与一位美丽贤淑的女士结婚,她是我在世上一个最长久、最敬重的朋友柯科迪的罗伯特·怀特先生的女儿,怀特去世已一年有余,这是他的家庭与朋友难以言表的损失。为了拉夫巴勒勋爵和这位绅士本人(我听说他有极可爱的性格)和为了他的全家,请允许我以最渴望和热挚的态度把他介绍给您,希望得到您最好的忠告、帮助和保护。

这里只得到荷兰方面糟糕的混乱和骚动的消息,关于那里的事务,我希望我们放聪明别去染指。[③] 现政府[④] 看来根基巩固,做

到这个国家里任何政府可能达到的程度。没有公开的或一般的不满意见,在上下两院均占多数。我亲爱的先生,永远是您

最忠诚和亲爱的

亚当·斯密

① 见前边1786年12月13日致亚历山大·罗斯中校的第264号信以及1786年12月7日和20日伯克致斯密的第263号和第265号信。

② 该信信封上的一个注表示该信于1788年2月由罗伊兹送到,他曾乘兰杰号船去印度旅行;复信(此信现查不到)由威廉·皮特于1788年11月寄到不列颠。罗伊兹与他的亲属罗伯特·怀特的身份未查清。

③ 1787年法国支持在荷兰的共和分子,而不列颠使节正组织团体保护施塔特霍尔德的宪法规定的权利。普鲁士新登位国王弗雷德里克·威廉二世娶施塔特霍尔德的妹妹为妻,他动员他在莱茵兰的军队。有了普鲁士军合作的保证,皮特警告法国必须放弃控制荷兰的企图,否则以兵戎相见。普鲁士军入侵荷兰,共和分子逃跑,施塔特霍尔德胜利回到海牙。1788年4月荷兰与普鲁士和不列颠结成正式防御同盟。

④ 指皮特政府。

## 271. 约翰·格迪斯主教[1]致斯密

收信人:亚当·斯密先生,海关专员

原稿存爱丁堡大学图书馆;未发表。

爱丁堡布莱克弗里埃温德,1787年7月8日

亲爱的先生:

我即将于明天动身去北方，希望在我回来前，您从英格兰回来时带来多年的身体健康；我将此信交布赖森先生[②]带上，他新近成为我特别好的朋友，因为如果我不看错的话，他具有相当多的优点，我认为他具有不寻常的才能，令人惋惜的是他的才能竟不能用在值得称赞的事业上，虽然他诚心地想这么做。

他在编写不列颠和爱尔兰贵族等级的资料；如果您认为他的作品有价值，他愿送上论不列颠宪法的导言性的论述请您读一读，就我的判断而言，此文写得不错。

他已获得几位名人的名字作为他作品的赞助人，但是由于明显的理由，他转别希望得到您的赞助，如果您认为可以给予他和我此种恩惠，我甚至希望，您在与他谈话后，您便可答应他的要求，并向可能对他大有帮助的其他人推荐。他在困难条件下艰辛工作；但是我认为，他有志向并有毅力去克服这些困难条件。

您将看出我以此事麻烦您的动机，我相信是有充分理由的。

亲爱的先生，感激您的顺从卑贱的仆人

约翰·格迪斯〔签名〕

① 约翰·格迪斯(1735—1799 年)，罗马天主教主教；1779—1797 年以摩洛哥主教衔担任荷兰副主教；著有《苏格兰王后圣玛格丽特传》和一篇反对决斗的论著。

② 托马斯·布赖森著有《纹章学概述，关于骑士制度和封建制度的一般经济状况，附录关于在不列颠宪法中有记载的勋章等级》。

# 272. 致亨利·邓达斯

原稿存国立苏格兰图书馆;载斯科特:《亚当·斯密》第 303 页。

白金汉街,约克大楼,〔伦敦〕第 12 号

1787 年 7 月 18 日星期三

亲爱的先生:

当我冒昧地推荐我的朋友和近亲、步兵 58 团中尉罗伯特·道格拉斯先生[①]请求您的庇护时,承您告诉我,叫我写一封信给您,把他的情况告诉您。听了您的话后,我现在冒昧打扰您。

他是斯特拉森德里亚的罗伯特·道格拉斯上校的儿子,是我在这个世界上最老的朋友和最近的亲戚。他有二个哥哥,一个是皇家禁卫军的道格拉斯中校,一个是工程兵团的约翰·罗伯特·道格拉斯,都是有功绩的军官。他的弟弟查尔斯·道格拉斯在罗伯特加入直布罗陀麦克劳兹勋爵团后几年也在这个团取得军官资格。但是麦克劳兹团是个新建的团,查尔斯首先被委任为中尉,他很快得到一个机会在这个团里买到一个连长的职位。他的薪饷在和平时期只能领支半薪,但不久他又得到一个机会与一个希望退休的军官交换,从而可以领全薪,现在他是驻直布罗陀的上尉;他的哥哥和资格比他老的军官和我认为有巨大功绩的罗伯特至今还是中尉。两兄弟在直布罗陀整个被围时期都在军中服务,并同时参加罗斯将军[②]指挥下的突围。在长期围困时期,罗伯特的一些

朋友有几次机会为他买进一个连长职位，他们安排得体，完全可以抓住这些机会；但是他告诉他们（我认为十分正确），他不能离开正在交战中的他的团。因而，他的服务不但不能提供选择机会，反而阻止他的选择机会。对于他作为一个军官和一位绅士的品性，我有把握地请您向他的服务单位的同事和上司了解，特别是向乔治·奥古斯塔斯·埃利奥特[③]、博伊德将军[④]和罗斯将军了解。

我相信，我告诉您，阿代尔[⑤]的一个位置——切尔西医院——属于军需官赠予权利之内；另一个位置属于陆军大臣赠予权范围。切尔西医院是二个位置中较好的一个；这二个位置对所有人说是最好的，但对我们朋友约翰[⑥]来说也不是过分的好。对这二个位置的给予，我知道有时国王也要干预。请相信我对您好意所怀的最大感激，亲爱的先生

您最感激和最忠实最卑贱的仆人

亚当·斯密



① 罗伯特·道格拉斯（1760—1796 年）在圣·文森特战斗中受伤死去。他的弟弟戴维·道格拉斯为赖斯顿勋爵（1769—1819 年）成为斯密的继承人。

② 1781 年 11 月 27 日，查尔斯·罗斯少将（1729—1797 年）率领约 2,000人的军队，从直布罗陀要塞突围，成功地消灭西班牙先进的炮兵连。

③ 乔治·奥古斯塔斯·埃利奥特将军（1717—1790 年），1779—1783 年保卫直布罗陀，抵御达松和西班牙人的进攻；1787 年受封为直布罗陀的希思菲尔德男爵。

④ 中将罗伯特·博伊德爵士（1710—1794 年），在直布罗陀受围时为副司令；1793 年晋升将军。

⑤ 罗伯特·阿代尔（约 1711—1790 年），乔治三世的医士；1783 年任

陆军军医;切尔西皇家陆军医院医师。

⑥ 指约翰·亨特;1790 年任军医。

## 273. 约翰·洛根致斯密

原稿存格拉斯哥大学图书馆,编号 1035/171;载斯科特:《亚当·斯密》第 304—305 页。

伦敦,1787 年 8 月 20 日

亲爱的先生:

我快乐地从麦肯齐先生[①]那里听到,您已健康地在爱丁堡下船。我有一个老朋友拉瑟福德博士,他是一个非国教牧师并是阿克斯布里奇一个中等学校的校长;他正以征求赞助方式出版他的《古代史梗概》。他是一个性情温和友好的人,不久前碰到令人发笑的事情。在他开始教书未久,他被叫去看他的一个正在发烧的学生;这个孩子死在他的怀抱里,同时那个孩子的父亲为了 1,500 镑的金额被逮捕,如果拉瑟福德博士不为他担保,他就要坐牢,现在博士必须偿付全部款项。这种事情也许是一种伦敦骗局,但为此使拉瑟福德十分烦恼。与此事无关,这本书不但是本好书,而且是研究这门学科的极佳著作。[②]因此,我能否希望您做他的赞助人?该书准备出八开本三卷,但是我只要求您赞助他的第一卷。倘若您能够引起布克勒家族的兴趣,使他们参与此事,我将感到这是您莫大恩惠,他们的名字对这位中学校长有很大的帮助。

普鲁士国王和我们的朝廷看来决定支持奥林奇公爵，同时我倒并不担心发生战争。[③]约克公爵[④]目前正打算离开此地，他极受人民爱戴。在我们想到他必须与之斗争的王室竞争者的声誉时，人们拥戴他就不会令人惊异了。

乔治·戈登公爵[⑤]已回到伦敦，极不正常的是他竟成为犹太教徒。他住在泰勒的家里，星期六到犹太会堂去，只吃犹太教徒所宰杀的牲口的肉。人们说他要与一个富有的犹太女人谈恋爱，但是我怀疑他的更深的图谋，他意欲当弥赛亚，但这件事从来没有人成功过。当他施行割礼时，发出可怕的令人难受的大声呻吟。

今天我将去乡间，准备在那里逗留二周，因此匆匆搁笔。相信我永远是

您忠诚卑贱的仆人

J.洛根



① 指亨利·麦肯齐，小说家。

② 据罗伯特·钱伯斯说，《古代史梗概》由洛根写成，虽然出版用拉瑟福德的名字（见《苏格兰名人词典》第3卷第492页）。此书于1788年和1791年出第1、2两卷，1809年出第3卷。同样的信件也写给他人，以博得对拉瑟福德的同情并赢得支持。如亚历山大·卡莱尔也收到同样的信（斯科特：《亚当·斯密》第304页）。

③ 见第270号信注③。

④ 弗雷德里克·奥古斯塔斯（1763—1827年），乔治三世的次子，1784年封为约克公爵。他长期在军队中服役，1793—1795年佛兰德战争中得到一般性的成功，使他在儿歌《光荣的老约克公爵》中流传后世。1798年任总司令官，1809年因情妇玛丽·安妮·克拉克夫人的腐败行为而被罢免。1811年他重任总司令。除坎布里奇公爵外，乔治三世的所有儿子都过着不

正规的生活。

⑤ 乔治·戈登公爵(1751—1793年),戈登公爵三世的第三子,1780年反天主教暴动的中心人物,在那场暴动中死伤458人。1788年改信犹太教后,戈登即被逮捕入狱,罪名是侮辱法国王后,5年后死于牢中。

## 274. 致阿奇博尔德·戴维森博士[①]

收信人:尊敬的阿奇博尔德·戴维森博士,格拉斯哥大学校长

原稿存格拉斯哥大学档案室"校长来信等1726—1787年";载约翰·雷:《斯密传》第411—412页。

爱丁堡,1787年11月16日

尊敬和亲爱的先生:

刚才接到您15日来信。我以感激和愉快的心情接受格拉斯哥大学给我的巨大荣誉,选我为下年这个著名学府的校长。没有任何显赫的职位能给我更大的满足。任何人欠一个社会团体的情没有比我欠格拉斯哥大学的情更大的了。它教育了我,它送我去牛津,等到我一回到苏格兰,它选我为它的自己成员之一;以后推荐我到另一个职位上,在那里我绝不会忘记哈奇森博士的能力与美德给我优越的学习榜样。[②]在我作为这个团体成员的13年时间,我认为是我最有好处因而也是最快乐和最荣耀的时期;现在,在离开23年后,我的老朋友和保护人仍如此感人地记着我,给我难以向您表达的衷心欢悦。

我盼望能收到我的同事们的命令,确定在他们方便的时候允

许我到职就任的时间。米勒先生③提到在圣诞节。在那时候我们通常按习惯有五六天的假期。我是个遵守时间的到会者,因而我自己想可以在任何时间花一个星期办理此事。等待您决定的任何时间对我没有什么不方便之处。④请您向同事们代为致最恭敬和最亲切的问候。尊敬和亲爱的先生,我是您和他们

最感激最顺从和最卑贱的仆人

亚当·斯密

① 阿奇博尔德·戴维森(1803年卒),1785年以后一直为格拉斯哥大学校长。

② 斯密称赞他过去的教师弗朗西斯·哈奇森(1694—1746年),他是继沙夫茨伯里之后哲学道德观念学派的主要创始人。斯密对哈奇森理论的论述见《道德情操论》第7卷第3章。

③ 约翰·米勒,罗马法教授。

④ 斯密继埃德蒙·伯克之后任校长二年(1787—1789年)。他没有发表就职演说。



## 275.致约瑟夫·班克斯爵士①

收信人:约瑟夫·班克斯爵士

原稿存伊利诺斯大学图书馆;载约翰·雷:《斯密传》第413页;又载费伊:《亚当·斯密的生活》(1960年)。

爱丁堡,178〔7〕年12月18日

先生：

当我上次在伦敦时您对待我的殷勤和关切，鼓励我放肆地使用恐怕我没有权利使用的自由，向您介绍一位非常卓越的年轻绅士，他十分热望能认识您。送上这封信的莱斯利先生②，我认识他已有多年。他对数学有特殊的爱好。二年多以前，他担任我的近亲一位年轻绅士高等数学的教导，结果完成得十分完美，使我和那位青年深感满意。对于这件事我对他感激万分。他希望到伦敦追求数学上的深造，很想在数学的专科院校找到一份工作。除了他的数学知识外，我确信，他是一个很过得去的植物学家和化学家。如果他值得您的支持和同情的话，您的帮助将对他极为重要。根据上边所说情况，请允许我以最迫切和诚恳的态度，介绍他前来，希望得到您的保护。

您最感激和最顺从卑贱的仆人



亚当·斯密

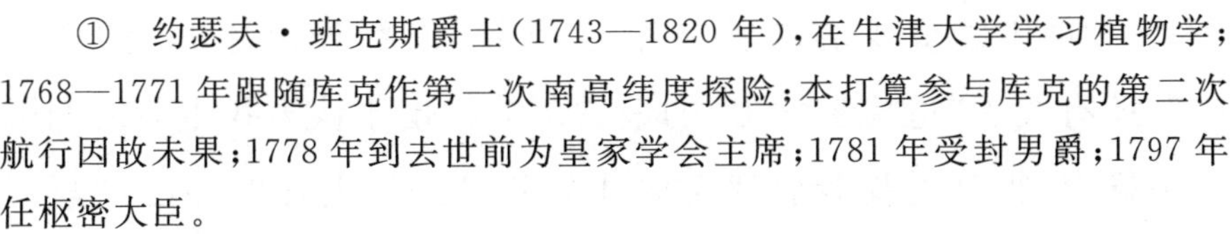
① 约瑟夫·班克斯爵士(1743—1820年)，在牛津大学学习植物学；1768—1771年跟随库克作第一次南高纬度探险；本打算参与库克的第二次航行因故未果；1778年到去世前为皇家学会主席；1781年受封男爵；1797年任枢密大臣。

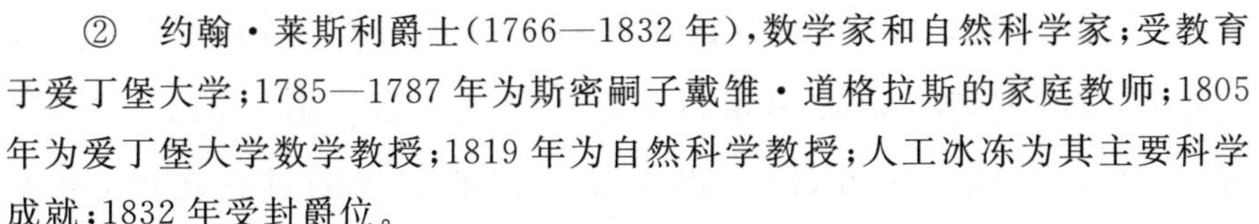
② 约翰·莱斯利爵士(1766—1832年)，数学家和自然科学家；受教育于爱丁堡大学；1785—1787年为斯密嗣子戴维·道格拉斯的家庭教师；1805年为爱丁堡大学数学教授；1819年为自然科学教授；人工冰冻为其主要科学成就；1832年受封爵位。

## 276. 致托马斯·卡德尔

原稿存格拉斯哥大学图书馆,编号 1035/1780;载《经济杂志》第 33 期(1923 年)第 427—428 页;又载斯科特:《亚当·斯密》第 374—376 页(复制版)。

爱丁堡,1788 年 3 月 15 日

亲爱的先生:

久未致候,一定使您感到奇怪。我身体不好和去海关办公,以致自我回到苏格兰后没有很多闲暇;虽然我在环境允许条件下尽力专心研究,但是用功的程度既不深入又不稳定,因而我的进步不很大。现在我告别同事们 4 个月,目前正紧张地专心用功。我工作的主题是《道德情操论》,该书的每一部分我正在做添加和改正。[①] 主要和最重要的增补在第三部分,该部分论述的是"责任心",还有关于"道德哲学史"的最后部分。由于认为我生命的期限极不稳定,很难说我能活到完成几种我已经计划好的和已经写了一部分的其他著作,[②] 我想,我能够做到的最理想事情是使那些我已经出版的那些书籍能以最好、最完整的状态留诸后世。我是个迟钝、非常迟钝的作者,每一篇作品在我能勉强满意它之前,至少要写上六七遍。我想,虽然我的订正工作已上轨道,但是我能把它寄给您,至少要到六月份。我已经告诉过您,不需重复,我的意思是把我全部增补部分作为送给您的礼物。因此我必须请您原谅,在那个时间以前不会出版那本书的新版。

我亟盼知道，我其他的书销路如何。

关于哲学学报之事常常给您增添麻烦，非常惭愧。1787 年的第二部现在应该寄给我；1788 年第一部，如已经出版，若您能设法把它们一起寄给我，将不胜感荷。

请代我向斯特拉恩致最亲切的问候。亲爱的先生，我是您

最亲切的

亚当·斯密

① 《道德情操论》第 6 版；1789 年 12 月将增补部分寄给出版商，此书分装二卷，在斯密生前 1790 年 7 月 17 日问世。

② 见 1785 年 11 月 1 日致罗什富科公爵第 248 号信。

## 277. 皮埃尔-萨穆埃尔·杜邦·德纳穆尔[①]致斯密

原稿系抄件，载杜邦的《致诺曼底商会信》；又载詹姆斯·博纳的《亚当·斯密图书馆目录》第 62—63 页。

巴黎，1788 年 6 月 19 日

先生：

我荣幸地送您一本我刚出版的关于我们两国商业契约的作品。[②]

请接受这本书,作为对您卓越著作的奉献,您的著作丰富了当今世界。

您会觉得,从哲学方面来说,这个题目展开的不够;很多事实也并没有指出,在有些章节,我避免正面顶撞读者的偏见。在展开以后要论述的更为可取的观点前,在开始时我是赞同读者的意图和观点的。

先生,我甚至在想说服那些被激怒的直至狂热的人们之前说服那些人,他们自信进行值得赞扬的活动,并将两个国家拖入战祸,将两国拖入有关禁令的锁链中。

在我们国家,我应该与舆论一律作斗争,每种公众舆论都应同等对待,尤其是在当前,在政府决定反对这种舆论时更应该这样做。当站在某一方面必要性不迫切时,人们就可以攻击每种具有真理高度的错误。

我希望您原谅我作品中的缺点,有些缺点是我并没有认识到的,其中有一些是我已意识到的。

做得好比讲得好更为重要。如果跟着政府学舌,人们会向商人、制作商、那帮董事们宣布,给工厂特殊鼓励和输出它的作品是无用的和危险的,人们不仅不会读、也不会听这种作品,但是人们可能会诽谤良好原则,以致会使政府本身远离这些原则,会将愚昧和它有害的效果延长 10 年。以强烈的光线直刺眼睛,将使眼睛变瞎。

我知道我们的后代将会得到启示。我希望它对选一代人有用处。这一代人还处于童年。应该给予他们与虚弱体质相称的食品。

过去，当我作为个人，那时我是大胆的；将来，我离开政府中的那一小部分人时，我将重新变得大胆。普通的公民可以说他所感到高兴的话，而谁都可以想象，君王或国家的意见是根据条条本本作出决定的。但是，如果政府本身好像仅仅听从新的哲学原则，偏见会煽动人们，禁止政府获得任何成功。

我所看到的卓越的杜尔哥先生所遇到的东西，那是一种不幸，而我是与他一起分担这种不幸，取消徭役，组织省议会，部分地实现这些计划，时间需要 10 年。而且还要冒发生动荡的代价，我们的王国正受到它的折磨。[③]

然而，不要相信这些动荡会像它所表现出来的那样有害。这些动荡习惯于考虑人类的利益和权利；它会使正在统治的国家和受统治的国家趋于成熟。

我们快步地走向一个好的结构，[④]然后，它甚至将改善您的祖国的结构。不久以后，好的原则将集中在美利坚合众国，法国，英国，以后将推广到其他国家。



你们已经加速了这个有用的革命，法国的经济学家并没有损害这个革命，先生，他们非常尊敬您，敬请接受他们的敬意。

先生，我怀着敬意，希望荣幸地成为谦卑和听命于您的奴仆。

杜邦

① 皮埃尔-萨穆埃尔·杜邦·德纳穆尔（1739—1817 年），慈善家，经济学家，国民议会议员，亚里士多德作品译者。他以他的思考在《经济学家》上发表题为《国家财富》（1763 年）的文章。他还在他出版的报纸《农业日报》（1765—1766 年），《公民纪事》上经常撰文宣扬魁奈体系，他也在《重农主义》杂志（1768 年）发表魁奈作品并附分析文章。他的论文《论新科学的进步和

起源》(1767 年)和《政治经济学的推理表》(1775 年)是经济学的重要贡献。他是杜尔哥的朋友和心腹,在 1774—1776 年间在杜尔哥领导下为法国政府服务;后来写《杜阁回忆录》(1782 年),以后扩增至杜阁全集(1801—1811 年),他作为实践政治家参加法国大革命的最早实践活动,但是他的观点与雅各宾派不一致,在印行地下出版物后被捕入狱,只是由于罗伯斯庇尔的垮台得以在这个时期幸存。他于 1799 年侨居美国,一年以后,在杰斐逊的要求下,制订国民教育计划。此时,他的儿子埃勒泰尔·伊雷内在特拉华办了一个火药厂,就这样建立家庭化学工业。1802 年,他(父亲)回到法国,参加购买路易斯安那州的谈判,1814 年,他积极参与使拿破仑政权倒台的活动,一年以后回到美国,并死于美国。

② 诺曼底商会函中,就关于与英国缔结的商业条约(1778 年,鲁昂)公布了备忘录:该条约谈判结果导致在 1786 年签订艾登条约。它包含了杜邦的俏语,商业如同乞丐:当政府像耶稣那样大叫:"去掉绳索,让他走开"时,耶稣已复活。

③ 杜阁试图取消徭役和建立县和省代表制,最高一级是自治省,在卡洛纳任部长时(1783—1787 年)重新恢复。



④ 卡洛纳为推行改革,召集了显贵会议,1787 年 2 月,他在会议里遇见杜邦,并用他作为他两个秘书之一。这时,由于卡洛纳的倒台,开始发生贵族叛乱,1787 年 7 月 26 日,巴黎议会要求召开全国三级会议。1788 年 5 月,情况已达到巴黎议会要求列出王朝基本法的单子以警告若干镇压措施。僧侣会议在 6 月召开,并处于不断上升的财政危机,他们和省议会联合起来,号召召集三级会议。致府赞成开会,并将召开会议日期定在 1789 年 5 月 1 日。显然,享有特权的显贵和僧侣希望保持对第三等级的经常否决权。杜邦作为纳穆尔契约地的第三等级的议员被派往三级会议,他同时赞成建立两个议会并停止否决权。后来,他两次主持国民议会,并经常作为秘书为之服务。

## 278. 致阿奇博尔德·戴维森

收信人:尊敬的阿奇博尔德·戴维森博士,格拉斯哥大学校长原稿存牛津大学巴利奥尔学院;未发表。

爱丁堡,1788 年 7 月 16 日

亲爱的先生:

自从我收到大札,我再次拜访蒙克利夫男爵、戈登男爵和高等法院官吏洛赫[①]。延迟的原因是怀疑法院对老租约满期前 4 年就续订展期新约,要到老租约期满时新租约再生效的这种做法,过去有没有批准的先例。如果新租约要从同意之日开始,这样老租约还有 4 年有效期就得放弃,这点看来是肯定的。我敢说,虽然另一种方式当然更好,学校将满足于后一个方式,如果没有更好办法的话。明天我将在税收法院会晤洛赫先生,到那时他或者给我看法院的宣告(如已拟就),或者告诉我将作何种决定。明天我会再写信给您,今天我见到他时,他没有查阅资料以确定我们这件事情上有无先例。所有人看来都很友好。洛赫先生为了非常友好的理由希望在星期五开庭期的第一天就讨论此事。请向全体同事问候。我对克洛先生[②]深表难过;虽然他死时已享有天年,我敢说,他对他所享受的人生欢乐可以完全满足。亲爱的先生,我永远是您的

最忠实和最卑贱的仆人

亚当·斯密

① 苏格兰税务法院的官员;见第 286 号信。

② 詹姆斯·克洛(1787 年卒),继斯密之后为格拉斯哥大学逻辑学教授。

## 279. 乔治·坎宁安致斯密

原稿存利兹大学布拉泽顿图书馆；未发表。

格里诺克，1788 年 8 月 19 日

〔格里诺克海关副征税官乔治·坎宁安要求斯密恩准他的申请，当格拉斯哥和格里诺克分作两个独立单位时，任命他为征税官或审计官。此信附来致海军司库亨利·邓达斯的陈情书。斯密将此书于 1788 年 9 月 1 日转致；见第 280 号信。〕

## 280. 致亨利·邓达斯

收信人：亨利·邓达斯，迪内罗·洛奇，由克利夫转交
原稿存利兹大学布拉泽顿图书馆；未发表。

爱丁堡海关署，1788 年 9 月 1 日

亲爱的先生：

我不得不以此种申请书来麻烦您，使我感到极大不安。但是对所附之信[1]，我完全知道其中每一点都是真实的，它使我甚为感动，以致无法避免将它转致给您。我真心请求对我的轻率加以原谅，希望您相信我是您

最感激和最顺从的仆人

亚当·斯密

① 乔治·坎宁安的陈情书;见 8 月 19 日他的第 279 号来信。

## 281. 致詹姆斯·门蒂思

收信人:尊敬的克洛斯本的詹姆斯·门蒂思博士,克洛斯本堡,邓弗里斯郡

原稿存格拉斯哥大学图书馆,编号 1464/2;载斯科特:《亚当·斯密》第 306 页。

爱丁堡,1788 年 9 月 16 日

亲爱的詹姆斯:

接来信得悉贵体健康并有望于 10 月底或 11 月初能在此地见到您,欣喜万分。米勒在 11 月初以前很少来格拉斯哥;但是他能在他乡间住所接待您和令郎,[①] 与在他城里的住所同样方便;[②] 您和他可以谈谈他的农场问题。

可怜的道格拉斯小姐[③] 已有一段时间不能起床。知道自己没有康复的希望,她保持寻常的精神和高兴的神情,以及和以前同样的细致和清楚,指挥她知道自己几天内就要永别的这个家庭的事务;虽然她的朋友们感到忧伤,看来她以满足和满意的心情迎接死亡,感到她的一生过得幸福,感到她承受的命运是令人愉快的,对

于她预期的很快就要来到的变化,没有丝毫的恐惧和忧虑。

我们非常感激您馈赠的野味;但请嗣后不要再送。在这个家庭里没有人能吃野味,而我们目前又不招待客人。大约在9月的第一个周末,道格拉斯小姐告诉我:倘若您有一天或二天没有收到您的朋友门蒂思的野味,我相信他或者身体不适,或者不在乡间。他们明天可到。

请代我向女士们和年轻人致意。我亲爱的詹姆斯

永远是您的

亚当·斯密

① 见1785年2月22日致门蒂思的第243号信。

② 约翰·米勒教授的乡间住所在布兰太尔,叫米尔休夫。在格拉斯哥,他住大学的住所。

③ 珍妮特·道格拉斯,斯密的表姐和管家。



## 282. 致〔威廉·罗伯逊〕

原稿存纽约公共图书馆杂集类;载斯科特:《亚当·斯密》第305页。

爱丁堡,1788年10月11日

尊敬和亲爱的先生:

此信要介绍和推荐下列三位西班牙绅士,希望能得到您的照顾。

弗朗西斯·哈维尔·泰里上校

约翰·安德鲁·特米斯·普拉多博士

弗朗西斯·科东先生

他们俱是文学之士，现正为接受教益与提高学问而旅行。特米斯博士是巴亚多利德大学校长。他们全能说流利法语。上校甚至开始学习英语。他们郁是饱学之士，谈吐将使您感到愉快。我想象您是我们中间最好的现代语言学家，[①]因此，我就冒昧地交给您这件麻烦事；我希望，您对此会给予原谅。尊敬和亲爱的先生，我永远是您

最忠实和最敬爱您的

亚当·斯密

① 可能罗伯逊进行的研究是为他的《查理五世史》(1769 年)和《美洲史》(1777 年)找原始的欧洲资料，这与研究西班牙文献有关，同时他的牧师和爱丁堡文学界一员的身份，使斯密认为应当写信给他。

## 283. 致爱德华·吉本

收信人：爱德华·吉本先生，洛桑

原稿存不列颠博物馆补遗 34,886；载吉本：《杂文集》(1814 年)第 429 页(日期有误)；又载约翰·雷：《斯密传》第 414 页(部分，日期有误)。

爱丁堡，1788年12月10日

亲爱的朋友：

此信将由圣安德鲁斯大学历史教授休·克莱格霍恩先生[①]带上。他是我特殊和密切的朋友，又是我一个近亲的丈夫。[②]他陪伴霍姆伯爵[③]旅行，伯爵是我的朋友戴维家族的主要人物。我有充分理由相信，他是具有亲切与和蔼态度的年轻人。我能请您准许我最真挚地介绍他们师生二位得到您最好的指点和保护吗？

承蒙赠我大作《历史》[④]的最后3卷，我得到这件最宝贵的礼物后长久没有致谢，真是万分抱歉。我发觉与我认识或和我通信的所有有欣赏力和学问的人，普遍同意您书中的论点，大作把您推上欧洲当今整个文坛的顶峰，它给我的欢悦是难以向您表达的。我亲爱的朋友，永远是您最亲切的

亚当·斯密



① 休·克莱格霍恩（？1751—1836年），1773—1793年任圣安德鲁斯大学历史教授。在他担任教授的后来几年，受雇于英国政府做秘密工作。他设法与瑞士团的出资人和上校德默龙伯爵交上朋友，该团是荷兰驻锡兰军队的主力。在亨利·邓达斯的支持下，休与伯爵于1795年同去锡兰旅行，使该团转向为英国服务，这样为锡兰并入不列颠帝国打下基础。1798—1800年克莱格霍恩任锡兰殖民大臣，后与锡兰总督诺思勋爵不合而辞职。回国后与沃尔特·斯科特相交甚好，斯科特在最后的日记上，说他见识颇广谈吐合宜。见威廉·尼尔牧师编《克莱格霍恩文集》（伦敦，1927年）。

② 1774年克莱格霍恩与法夫郡肯巴克的雷切尔·麦克吉尔结婚。

③ 亚历山大·霍姆伯爵十世（1769—1841年），由于他是邓格拉斯支系的继任人，因而是全体霍姆家族的"首领"。

④ 指《衰微与败落》第4、5、6卷，1788年5月8日出版。在最后一卷

(第61章注⑫)吉本称赞苏格兰学派的历史思想家说:"在欧洲社会进步这个有趣的主题上,一道强烈的哲学之光从苏格兰射进我们的时代;为了我个人,也为了公众的关心,我要再提休谟、罗伯逊和亚当·斯密的名字"。

## 284. 致詹姆斯·门蒂思

收信人:尊敬的詹姆斯·门蒂思博士,克洛斯本堡,邓弗里斯郡

原稿存格拉斯哥大学图书馆,编号1464/3;载斯科特:《亚当·斯密》第306—307页。

爱丁堡,卡农盖特,1789年2月2日

亲爱的詹姆斯:

我一接到您的来信,就立刻叫人去请安吉尔先生①,关于他准备到格拉斯哥的时间当时他不能给我一个明确而满意的回答,以致我无法通知您。上星期我再次叫人请他来,那天早上他与我一起进早餐,当时他向我保证将在下月月中到格拉斯哥。他说,到那时他愿意负起教导您儿子的责任,并在5月初您儿子离开格拉斯哥时,一同到您乡下住所来,陪伴他几个星期。我确信您接受这个建议是适当的。他对我们朋友查尔斯的脾气和性情非常欢喜。

承您问起宾厄姆家的情况,②十分感激;他们生活得很满意也很舒适。我接到这位年轻夫人一封有礼貌和充满感情的信。但我至今尚未回复。她还年轻而我不知道她是否满责任年龄。倘若查尔斯先生,更主要的是倘若道格拉斯夫人知道我与她通信,还是不

同意他们的行为，那就使我完全没有能力帮她一点点忙了。我希望当我为她做一些有效工作的时候，他们二人一直待在这里。

俱乐部[③]里所有人都想念您，如果您愿意和我住在一起，戴维[④]的床可供您睡觉。请代我向门蒂思太太和门蒂思小姐问候。最亲爱的詹姆斯，请相信我是您的

最忠实的

亚当·斯密

① 准备教导在格拉斯哥大学念书的詹姆斯的儿子查尔斯·门蒂思的是擅长语言修辞的语言教师。

② 参照 1789 年 2 月 20 日 *L. M.* 宾厄姆夫人第 285 号来信的注释。

③ 可能指扑克俱乐部。

④ 戴维·道格拉斯。

## 285. *L. M.* 宾厄姆夫人致斯密

收信人：亚当·斯密先生，爱丁堡，卡农盖特

原稿存格拉斯哥大学图书馆，编号 1035/172；未发表（参考斯科特：《亚当·斯密》第 307 页注①）。

戈斯波特，1789 年 2 月 20 日

〔*L. M.* 宾厄姆太太用法文写信给斯密，请求他促进她与她爸爸的和解，她于 1788 年 11 月 10 日与理查德·宾厄姆结婚后与她爸爸海军将军查尔斯·道格拉斯爵士失和。在为她的行为辩护

中，她提到当查尔斯爵士不在家时，她与道格拉斯夫人住在一起的痛苦生活。〕

## 286. 致〔亨利·邓达斯〕

原稿存格拉斯哥大学图书馆，编号1506；载《经济史评论》第3期(1931年)；又载斯科特：《亚当·斯密》第377—378页。

爱丁堡海关署，1789年3月25日

亲爱的先生：

我自以为，这次不需告诉您最近快乐的幸事（我承认我这个忧郁而不祥的心灵是没有想到的）给您在这里的朋友们、我敢说给这个国家所有的真正朋友们多么大的高兴。您的年轻朋友行为中的坚定、得体和谨慎，就我所能记及而言，必然使他得到这个王国里每一个聪明和有头脑的人的极高评价。①

使我大为关心的是，我有责任提醒您在这个当口注意会给您带来麻烦的任何事情。但是苏格兰的二位男爵②在格拉斯哥大学关于大主教职位赠款③展期的申请上向财政大臣提呈他们同意的非常有利的报告，我的同事们此外还十分关心对于他们已故朋友和工作助手欧文博士④遗孀的年金问题。我的董事会的同事同等关心同样性质的事情，即已故理查德·加德纳⑤的女儿在她爸爸去世前就希望得到年金，现在她当然比以往更加需要它。这些是我希望麻烦您支持的仅有两件事，您会说，没有别的事吧。

霍姆伯爵非常感激您为他所写的信,此信我在收到时立即转给他。我有充分理由期望,更好的知识(只有良好的知识)能给予这个年轻绅士许多好处。谨致最高敬意。我永远是您

最感激的和最深爱您的卑贱仆人

亚当・斯密

① 1788年11月,乔治三世得了被认为是神经错乱的严重疾病,接着产生摄政危机,皮特(即信中所说邓达斯的"年轻朋友")希望国王会康复,主张限制威尔斯亲王的权力,而福克斯支持亲王有完全王权。结果国王病愈,于1789年2月重掌朝政,他感谢他的大臣们对他的忠诚,其中以皮特为首。

② 税收法院法官,见第278号信。

③ 1697年或1698年,国王威廉三世批准出租格拉斯哥大主教职位的租约,将租金作为礼物赠予格拉斯哥大学每年300镑,这个租约由以后的君主展期约125年。



④ 威廉・欧文(1787年卒),从1765年起在格拉斯哥大学讲授医学,从1769年起讲授化学;约瑟夫・布莱克的几项实验是与他合作进行的。1825年学校给他的遗孀年金50镑。

⑤ 此人行迹不详。

## 287. 致托马斯・卡德尔先生

收信人:托马斯・卡德尔先生,书商,伦敦,斯特兰德街

原稿存伊利诺斯大学图书馆;载斯科特:《亚当・斯密》第309页。

爱丁堡海关署,1789年3月31日

亲爱的先生：

自从我上次给您写信后，我一直起劲工作为计划好的《道德情操论》[①]的新版作准备。辛劳甚至损害我的健康，在这几天里我不得不回到海关署照常上班(这里的同事们原谅我经常不来)，可以说到这里来主要是为了放松精神紧张，因为这里事务十分轻松。除了我跟您说过的增补和改进以外，我在紧接第五部分之后插入全新的第六部分，内容是实际的道德体系，标题为《美德的性质》。此书现包含7部分，将分为相当大的两卷。但是经过加工以后，我怕在能把全部手稿整理就绪可以寄给您之前已是仲夏时候了。我如此延误，深表惭愧；但对这个主题我已有所发挥和丰富。我自以为，您从增补上得到的利益足以抵偿您因延期所受的损失。希望能尽快得到您的回音。请代向斯特拉恩致意。相信我

永远是您的

亚当·斯密

① 见1788年3月15日致卡德尔第276号信。

## 288. 詹姆斯·门蒂思博士致斯密

收信人：亚当·斯密先生，海关署专员，爱丁堡

原稿存格拉斯哥大学图书馆，编号1035/173；载斯科特：《亚当·斯密》第308页。

克洛斯本堡,1789 年 4 月 20 日

亲爱的亚当:

从您心灵的敏感判断,您将容易地想到您 15 日来信给我的巨大恩惠引起我的高兴;完全依靠米勒教授的批准,同样依靠好心的戴维才使安吉尔先生给我儿子这样大的帮助,[①] 今日我已写信给厄斯金先生[②],希望他寄给您 43 畿尼,此款我请求您以我的名义付给安吉尔先生,同时向他为我致最大的感谢,并告诉他,我收到他的信,本该亲自作答,但不知其地址。安吉尔先生的教导费为 50 畿尼,由于我已经付给他 10 畿尼作为这次 12 个月照料我儿子的费用,我猜想,他可能以为 40 畿尼是全部酬金,但是如果您发觉他期望为他近来所做的事得到 50 畿尼,我请求您给他 50 畿尼,另外 3 畿尼是他在格拉斯哥时他的费用。

您说过的您对于金钱方面的态度对我同样适用;我们二人现在的收入比前一时期多得多。可是我摸不准我们中哪一个比我们在那个时候更快乐。所罗门说过,“他增加了知识也增加了烦恼”,这话可能有道理;但是我对它不无怀疑,在我想来在这件事情上应该说,“他增加了财产也增加了麻烦”;这点我每天都有体会。

我还没有决定去格拉斯哥看我的儿子,但是,如果我去了,我一定在回来时经过爱丁堡以取得见到您的快乐。代我向您的星期日晚餐会[③]的朋友致意。亲爱的亚当,相信我永远是您的

最感激和最亲密的

詹姆斯・斯图尔特・门蒂思

① 斯密 3 月 15 日给门蒂思的信查找不到,但第 284 号信谈到此事,日

期是1789年2月2日。“好心的戴维”指戴维·道格拉斯，他是斯密的外甥，此时是格拉斯哥大学的学生。

② 此人不知何人，可能是门蒂思在爱丁堡的办事人员。

③ 斯密在潘默尔住所的星期日晚餐会是爱丁堡知识界的一个组织。

## 289. 致詹姆斯·门蒂思

收信人：詹姆斯·斯图尔特·门蒂思博士，克洛斯本堡，邓弗里斯郡

原稿存格拉斯哥大学图书馆，编号1464/4；载斯科特：《亚当·斯密》第309页。

亲爱的詹姆斯：

戴维于本月2日星期六回来。我问他的第一个问题就是关于您儿子[①]的情况。他说，您的儿子在安吉尔的教导下有惊人的进步；但是安吉尔离开他后，他（戴维）想他退步了一点。他说，您的儿子异常勤奋，因为他们寝室相连，他每天听到您的儿子大声练习安吉尔教的功课，有时甚至清晨5点钟就开始温习。我对他这样用功深感不安，我一见到安吉尔，就为此抱怨他。他说这种习惯可能还没有完全养成；但每当他与门蒂思先生在一起时，他感到不取报酬也愿意指点他。今晨我收到附来的他的信证实了这一点。安吉尔对43畿尼完全满意。我取出钱还不到半分钟，詹姆斯·邓达斯[②]就把钱付了。永远是您的

亚当·斯密

① 见1788年9月16日和1789年2月2日致门蒂思的第281和284号信。

② 此人未查明。

## 290. 致威廉·福布斯爵士[①]

收信人:威廉·福布斯男爵

原稿存苏格兰公共图书馆;未发表。

〔爱丁堡,〕〔1789年9月〕18日,星期五

亲爱的先生:

我未能如约赴今天晚餐奉陪阁下和查默斯先生[②]深感不安。我胃部剧痛和不适使我不能离家外出赴宴。我如果知道查默斯先生住处,非常乐于前去拜访。或者,如果他能惠予莅临寒舍不胜荣幸。我一般下午在家,今明两天和星期日上午到下午二时在家。

永远是您的

亚当·斯密

① 威廉·福布斯爵士(1739—1806年),爱丁堡的银行家和作家;1783年领导起草破产法;皮特在财政事务上常与他商议;著有《一个银行家庭回忆录》(1803年)和《贝蒂传》(1806年)。

② 可能指乔治·查默斯。

## 291. 致戴维·道格拉斯

原稿存伊利诺斯大学图书馆；载斯科特：《亚当·斯密》第310页。

爱丁堡，1790年1月21日

最亲爱的戴维：

长久没有给您写信，深感抱歉。我知道，您不会把我不写信给您看作对您不关心或不思念，而知道我的手发生越来越利害的颤抖，使我越来越不便写字。您考试[①]的日期可能就在五月里的某一天；我知道，有人提议通过一个议会新法案，把税务法庭的会期从6月12日改到5月12日或别的日子。我相信，您尽可放心，没有人将占您的先着。

汉密尔顿先生[②]的病使我极为不安。他的死（但愿不会）将是对格拉斯哥大学无可弥补的损失。

我在达尔基斯见到赫伯特先生[③]；但我只见到他一次。承他好意在爱丁堡时来探望我，但是我的运气不好刚巧外出，未能晤面。请您将附在此信中的信转递给他；信中邀请他来爱丁堡与我们共度夏天的一段时间。只要在我们的客厅里放一张床，我们很容易安顿他。

我极愿知道您的希腊文学得怎样。我猜想到这个时候您把奥德赛已经读得很多了。罗斯太太和罗斯小姐[④]身体健康如常。还有您的上校兄弟[⑤]在去伦敦途中路过这里，现在还逗留着，他的身体也很好。请代我向米勒先生和太太、詹姆斯先生和米勒先生家的其他人问候。

您最亲爱的

亚当·斯密

① 指律师资格考试。

② 威廉·汉密尔顿,1781 年开始在格拉斯哥大学任解剖学教授。1790 年去世,时年 32 岁。

③ 可能指亨利·赫伯特的长子。

④ 也许指帕特里克·罗斯上校的妻子和女儿。

⑤ 指威廉·安·道格拉斯上校(1753—1803 年)。

## 292. 致罗伯特·卡伦

收信人:罗伯特·卡伦先生,律师,阿盖尔广场

原稿存格拉斯哥大学图书馆,编号 1503;未发表。

爱丁堡海关署,1790 年 2 月 9 日

亲爱的罗伯特:

明天我没有办法参加我已故亲爱朋友的葬礼①,使我感到最大的不安。我的胃病造成我体力大减,我简直不能有一点疲倦,甚至从我家走到海关署都吃不消。我无法告诉您我对您和您家其余人我的哀悼之情。我早就想拜望您,又恐为您增添麻烦。永远是您最亲爱的

亚当·斯密

① 威廉·卡伦博士死于1790年2月5日。

## 293. 布克勒公爵致斯密

收信人:亚当·斯密先生

原稿存格拉斯哥大学图书馆,编号1035/174;载斯科特:《亚当·斯密》第311号。

格罗夫诺广场,〔伦敦〕,1790年2月24日

亲爱的先生:

我竭力抓住第一个机会与邓达斯先生说起卡伦博士的女儿①。附上之信将使您愉快,我肯定大家也会满意。部长们在批准年金上很少得到信任,但是在这件事情上值得称赞。我希望现今的好天气将恢复您正常的体力,我希望您能去达尔基斯在那里住一段时间,我相信乡间空气和轻微的锻炼将对您有好处。我无须告诉您,关于您的一切我多么关心,如果我对您的健康与幸福漠不关心的话(我确实很关心)我就是忘恩负义的了。我们长期来友谊深挚,自从我们第一次认识起,这种友谊从没中断过一时半刻。我希望很快收到您的回信。

您忠实的

布克勒

① 威廉·卡伦博士;见第292号信注①。

## 294. 致〔托马斯·卡德尔〕[①]

原稿存纽约公共图书馆蒙塔古收藏室;未发表。

爱丁堡,1790年5月16日

亲爱的先生:

二天前收到附下克拉彭的库珀[②]先生的信,这位先生我尚无缘认识。我冒昧地希望他将提到的手稿加封后寄给您,请您使用安全而方便的方法把它们转给我。望您原谅我冒昧的决定。我非常盼望您寄递这份手稿同时一并将《哲学学报》的最近一卷一起寄来。以前我也常常为此事劳您费神。

我极想听到我的新版本销路如何。[③]请您将实况见告,我已几乎对毁誉漠不关心,因而您告诉我的情况不会对我有什么刺激。代我向斯特拉恩致最亲切的问候,相信我是您

最忠实的

亚当·斯密

① 最后一段暗示卡德尔是此信的收信人。

② 此人情况不明。

③ 很可能指《道德情操论》第6版;见致卡德尔的1788年3月15日第276号信和1789年3月31日第287号信。

# 295. 致托马斯·卡德尔

收信人：托马斯·卡德尔先生，书商，伦敦斯特兰德街[①]

原稿存哈佛大学克雷斯图书馆；载《哈佛商业学院校友会公报》(1937 年 11 月份)第 18 页。

爱丁堡，1790 年 5 月 25 日

亲爱的先生：

刚才收到您非常恳切的信，请您相信，我读了感到十分满意。

拙著 12 本[②]及时收到，衷心感谢。在附下的通知中，装订者告诉我，其中有一本不完整，缺少几页。我请求您在寄往苏格兰的第一个邮袋中把缺页寄下。

眼下我期望能马上上路去伦敦。可是我身体复元的进度太慢，而且常常被剧烈的复发所中断，以致我能上路的可能性一天比一天更小。[③]永远是您最亲密的

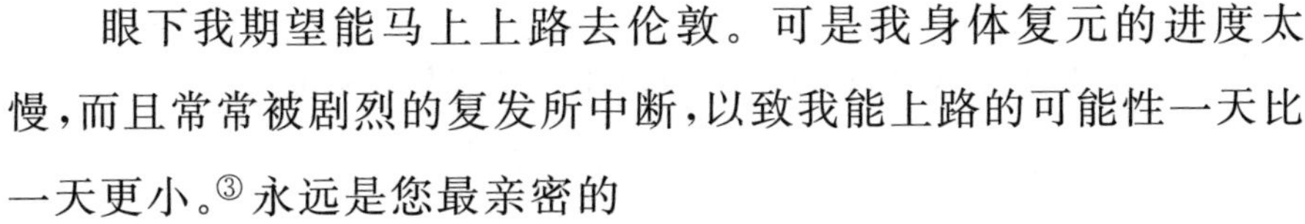

亚当·斯密

① 在信封的地址和收信人姓名后边，有看来是卡德尔手迹的一行字“少付了”。可能是指邮费，因为信封上盖了“邮资付讫”的戳记。

② 指《道德情操论》第 6 版。

③ 斯密一直没有恢复到可以到伦敦旅行的程度。就大家所知，这封信是他 7 月 17 日去世前的最后一封信。

## 296. 杰里米·边沁致斯密

原稿存伦敦，大学学院图书馆，边沁手稿集，第 169 号，第 173—175 页；载《为高利贷辩护》第 2 版（1790 年），序言。

〔1790 年〕

〔当《为高利贷辩护》要出第 2 版时，边沁以《致斯密博士的信》的形式写成序言。此信收录在附录 C 里。见 1787 年 3 月边沁来信。〕

## 297. 致威廉·约翰斯通

收信人：爱丁堡卡斯尔希尔，律师威廉·约翰斯通先生
原稿存纽约皮尔庞特·摩根图书馆；未发表。

格拉斯哥，〔1752—1763 年 3 月/4 月〕① 星期一

亲爱的约翰斯通：

得知您有可能很快就要来此，使我极为高兴。您来得越快越好，住得越久越好。但是，这个星期是圣餐周，因此我在那段时间里几乎一直要做礼拜仪式，作为您的好友，我劝您最好不要在这个时间来。到下星期的今天动身，当您到达时我们的圣餐周刚刚结

束，那时您将发现忧郁的一周业已过去，一切都呈现欣喜与愉快。我希望您至少和我一起过两个星期。永远是您的

亚当·斯密

我希望不需要告诉您，您也会径直到我家来的。[②]

① 此信没有日期，但信中提到“圣餐周”和“礼拜”，告诉我们这封信是斯密在格拉斯哥大学教书的时候写的，当时要求他在复活节履行宗教仪式。

② 据信斯密在1752—1757年住在“神学院后屋”，以后1757—1764年有时住在那里，有时住在教授宿舍（斯科特：《亚当·斯密》第420—421页）。

## 298. 致约翰·布鲁斯

收信人：彼得罗的布鲁斯教授先生

原稿存苏格兰档案馆汉密尔顿·布鲁斯收藏室104/71；未发表。

〔爱丁堡〕，〔1780年〕[①]9月7日星期四

亲爱的先生：

眼前我有许多私事急需料理，明天上午大部分时间和随后的两天休会天我一点没有空闲。因而可否请您同意，将我们原定会议延期到下星期，那时我随时可以遵从您的安排。永远是您的

亚当·斯密

① 此信未注明年份，但可能是1780年，因为(*a*)根据日历凡9月7日是星期四的只有1780年和1786年；(*b*)1786年不可能，因为那年绝大部分时

间布鲁斯不在爱丁堡,他作为私人旅行教师前往巴黎(见 1786 年 5 月 1 日致莫雷莱神父第 259 号信)。信中还提到“休会天”,使我想到此信写在 1778 年斯密担任海关税务司以后。

# 299. 致乌尔布斯特的约翰·辛克莱爵士

载约翰·辛克莱:《约翰·辛克莱爵士生平》(1837 年)第 39 页;又载约翰·雷:《斯密传》第 344—345 页。

〔无日期〕[①]

我憎恶影响穷人必要费用的税收。这会促使他们根据不同环境,或者压迫直接受他们支配的人,或者以极大兴趣接受富人给予的报酬,即他们雇主给予的优厚的劳动工资。在穷人的奢侈品上征税,如向他们消费的啤酒和其他含酒精饮料征税,只要税率温和不会引人们去走私,我是赞成的,并把它看作最好的限制浪费的税法。

关于法律对亚麻布生产或捕鱼的鼓励,我认为是愚蠢的和会产生不好后果的。谨致最诚挚的问候,最敬爱您的

亚当·斯密

① 可能此信是 1786 年 1 月 30 日斯密致辛克莱书信的一部分。约翰·辛克莱在他父亲的传记中说,原信是“六张对开纸的手书”;约翰·雷也说过,只有结尾部分保存下来。

## 300. 大卫·休谟致斯密

原稿存爱丁堡皇家学会；载格雷格:《大卫·休谟书信集》第338页。

爱丁堡，〔无年份〕6月3日星期三

休谟先生因见不着斯密先生甚感不快，他提醒斯密先生不要忘记明天与他一起吃饭的约定。如果斯密先生乐意与〔威廉·缪尔〕男爵共度一个晚上，他也在那里与A.斯图尔特先生和休谟先生在一起。

## 301. 詹姆斯·赫顿致斯密

收信人：柯科迪，亚当·斯密先生
原稿存爱丁堡皇家学会，编号1035/151；未发表。

爱丁堡，11月〔无日期〕①

〔……〕根据这个纲要，如果您能设想出任何主张，请写信给我，让我们知道您现在过得怎样——您计划在哪里过冬？——如果在敌人的国家里，这几乎已是您建造并筑好您的窠的时候；如果您有智慧足以从谷物生长的状况判断一年里的季节，您将想到收获已将完毕——我对您说了这么一大通空话，只想告诉您11月业已开始，在新年以前没有什么霜冻的危险；因此如果您有什么事情要做，您就依照您自己想法慢慢做吧；如果没有什么事情要做，您就睡觉和坠入梦境吧，让我知道我应在什么时候再叫醒您。您的詹姆斯·赫顿

① 此信是在爱丁堡付邮的，因为邮戳上的主教像说明是该城寄出的邮件。邮戳上还看得出“*No*”表明11月的字样。考虑到斯密在柯科迪的时间，此信很可能是1767—1772年和1777年写的。

## 302.〔查尔斯·汤申〕致斯密



原稿存苏格兰档案馆布克勒收藏室，编号224/471/1；载斯科特：《亚当·斯密在唐宁街，1766—1767年》，刊于《经济史评论》第6期(1935—1936年)第85—88页；又载*C.R.*费伊：《斯密和他那个时候的苏格兰》第115—116页(摘要)。

〔1766年10月底/12月底〕[①]

亲爱的先生：

我有幸接到您10月27日的信，它是您待我好意的新证明，也是您勤勉和饱学的又一实例。我们的研究陷入日益增加的困难与微妙，看来需要把我们已经达到的成果全部重新检查，把它纳入统一的规范。[②]我的意思就在这封信中把它整理出一个头绪；在把我

的思想分作几个条头(这个主题自然分成这么几个条头)统统倾吐之后,我将冒昧提出请您考虑另外的几件事情。

首先,我想我们同意这样的一种想法,即偿债基金包含与其他剩余分开的“三种基金”的剩余部分[3],因为现在其他剩余并入偿债基金剩余,所以在现在一般说法中二者已没有区别。您同意我所选择的时期,[4]您采用减去利息的偿债基金逐年增长的数字,并以此为唯一根据。[5]

其次,在每一个实例中出现我们之间合计数字的差异,这完全因为您使用较小的数字,只有两个实例除外,一个是在扣除数字中出错,另一个是一时疏忽,在誊抄 1739 年偿债基金结余时抄上一个错误的数字。虽然我还不能解释在比较 1729 年与 1738 年数字时表面上不一致的原因,但是我希望能够调和这几个数字,并望您对此加以考虑。

谈到佩勒姆先生 1749 年提出的降低利息的节约效果,由于它在 1758 年实施,我研究了他建议时提到的计算方法。[6]这种计算方法可以在那年的《绅士杂志》上看到,虽然我对它不怀有什么疑问,但我很想知道它后来是否完全见效。[7]

您说在 1717 年三种基金以 239211∶11∶2½ 比率并入偿债基金之前三种基金的供应很有成效,这当然是对的,而我是被费恩先生的错误引出我的错误。[8]

您的表格说明了我的观点,那就是偿债基金的增加完全来自利息的减少,而不是来自各部门的改进,这点在表格上表示得既清楚又决断。

您所说从 1717 年到 1763 年偿债基金的效果,我相信是正确的,它的含义不言自明。[9]

在这些初步材料之外,我们只要清楚地知道目前偿债基金的状况,它的成果和它的抵押以及未付的无准备债务的现状。

我们的基本材料将收集完毕,也许多伊利先生[10]能够轻易地从布拉德肖先生[11]那里得到最新的资料。那些资料不是机密,甚至不是政府的密件。

现在我将着手仔细地考虑我们现在的形势,然后我将自然地转而依照您的提议对偿债基金的几次应用提出意见,并加上一些我所想到的松弛而零乱的见解。

您完全知道我们的体制有多么容易变化,如偿债基金忽上忽下的波动。每年年度支出的不稳定,因此您最好考虑出对这些数字的一个恰当的估计数,当然不是肯定的而只是假设的,作为我们计算和议论的根据。



去年我们的支出是

| | |
|---|---|
| 陆军军费 | 1509313:14:0 |
| 海军军费 | 1443568:11:9 |
| 杂项开支 | 295353:0:0[12] |
| 合　　计 | 3,248,235:5:9 |

现在可以将以上数字假定为已确定的和平时期的国内开支,这些数字一旦国外有事很容易增加,而国内政府的更迭不大可能减少。

就我们的岁入而言,偿债基金可以公正地定为:

1,800,000 镑

| | |
|---|---|
| 土地税为 4 先令[13] 连同每年啤酒税,净收入为: | 2,500,000 镑 |
| | 4,300,000 镑 |
| 合　　　　计 | 4,300,000 : 0 : 0 |

从这个数字减去上述开支

| | |
|---|---|
| | 3,248,235 : 5 : 9 |
| 剩余数为 | 1,051,764 : 14 : 3[12] |

但是这笔 1,051,864[14] 镑的盈余必须减去从偿债基金中取出以支付筹集基金的应付利息 140,000 镑以及去年银行对这笔基金的 100,000 镑借款的利息 30,000 镑。[15]

因此,如果把偿债基金的净盈余计算为 1,800,000 镑,在减去上述利息之后,应该是

1051,864 : 6 : 3
170,000 : 0 : 0
881,764 : 6 : 3[16]

已公布和未备基金的债务一般公平的计算为 7,000,000 镑。这些债务一旦清偿,必须在短时期内或者付款或者付 4% 的利息。如果将这些债务依照战争结束时的债务同样处理,[17] 要偿债基金支付 4% 的利息,那么在 881,764 : 6 : 3[18] 这个数字还得减去 280,000镑,使最后的偿债基金的净盈余只有 601,764 镑。[18] 这笔钱加上另外一些零星利息收入,在 10 年之内付不清 7,000,000 镑的债务。

这样,根据计算来看,即使最严格地使用偿付现有抵押借款后剩下来的偿债基金净盈余,10 年之内也不能使我们看到有支付我们长期债务 130,000,000 镑的资金。[19] 在这个时期内,股本在这种情况下也许一直还是同现在一样不景气,因而没有什么办法归还

一点资本债。由于同样原因私人利息将保持现在这样高水平，因为当私人能够买政府债券每94镑可得3镑利息的时候，谁肯将他的钱购买低于4%利息的私人债券呢？[20]

由于这种拖延计划的明显的不合适、压制性和危险，必然会引起具有热情和主动精神的人考虑各种方法，以加快和鼓励这个计划的进行。

在所有提出的以偿债基金每年拨付款项的办法中，我对它们有如下意见。首先，在大约10年期届满前，偿债基金没有盈余可供随意拨付这种用途；其次，必须每年拨付的款项的期限与条件将根据这笔钱生出的利息决定，因此目前看来对这样的计划不利；最后，人们一直怀疑，市场会不会一次就拿走一大笔年金。

另外有些人提出，可以授权财政部在他们认为确当的时候买进这种债务的一部分。公正地估价这个建议，我并不反对它，因为出售是自愿的，对于出售人来说，他卖给政府或者别的私人对他毫无不同，但是应该反对的是政府有购买和影响在私人手里股本的权利。基金的价格要看人民对政府与和平的信心；政府在它欢喜的时候可以使用种种办法使和平的持久性看来如它所希望那样不肯定；它利用每一次临时变动，可以降低基金的价格，如果它同时有购买权的话，合法的证券交易（从这个词的某一种意义上说）可以说是由国会立法形成的，在这种交易中，政府实际上将是犹太人，部长将是经纪人，而老百姓将成为受愚弄者。我希望克制与指导能排除这种印象和防止这种指责，但是我担心办不到。



那么还有什么办法呢？我们将在各种办法前迟疑不决，成为优柔寡断和犹豫稽延的牺牲者吗？不！我要指出另一个计划：我的计划是简单的办法，就是改善收入的各部门，增加偿债基金，和在和平时期拨付经常和今后的盈余。我要改善的收入部门就是您的海关，以较好的办法禁止非法贸易，改进您对肥皂和茶叶的货物税的章程；减轻对咖啡的税率，对酒税要有高有低。我提出的增加偿债基金的办法是开征新税，如新近对法国麻纱白葛布征收的税、仆役税，以及其他鼓励劳动和商业的良善的章程。我还想到在森林中建立种植园和在荒地上定居垦屯，这种做法将增加人口和农产品，必然会增加国内消费，而消费的增加是可靠收入的真正来源。此外我还将在这些之外提出真正的美洲收入。[21]

我计算这些项目合起来约有 400,000 镑净增加的收入，这个数字加上目前盈余 600,000 镑，合计有每年增加 1,000,000 镑拨款总数。这笔数字本身，加上它已接近长期债务的数字，其影响将立刻提高股本、刺激流通、恢复信誉，从而使局势可以允许试着降低利息，办法是以较低的利率让人们认购同样的债券，或者以较低利息给予年金，或者直接借钱。

这就是我的计划；请予考虑，并对我的建议书（因为我不能称它为信）毫无保留地和毫不留情地提出批评。

现在我还有一个问题要麻烦您，这就是 *J.* 伯纳德爵士的主张。[22]他 1746 年提出的方案是在大衰退的时候写成的，而他 1737 年的建议，如您所说，是议论当时的利率和证券价格的。根据当时他写作时的环境，他提出的方法是正确的。

我又想起一件一直萦廻在脑海里的事情，那就是年金的期限、持续期和满期的结构问题。这个问题有实质性的意义应予仔细审查；我本人解决不了。

我将草拟一份我想整顿的部门的情况报告，其中将提出一些农产品和生产量的估算数字，并把这些数字告诉您。

这封信就写到这里为止。希望很快接到您的来信。当我下次进城时（定在本月月底），我们一定得比较一下我们的最后判断。

再会！您对我的帮助和耐心，我万分感激。

① 这封信或“建议书”在布克勒收藏室的查尔斯·汤申的论文中发现，信是汤申的手迹，其中有些数字是亚当·斯密的手迹。从这个事实和信中文句的语气看，此信是写给斯密的。但信中提到1766年10月27日斯密写出的信查索不到。

② 汤申正在写《偿债基金史》。未完成的手稿也保存在布克勒收藏室。原稿计划的条目上写有：“汤申先生的基金史和斯密先生的许多计算数字和其他文字以及有关的其他文字。这部历史文字很长，由我与我的弟弟分别誊抄。我希望能把它们归并在一起。注：斯密先生的文字已经取出。”（见斯科特：《斯密在唐宁街》第80页）。



③ 1717年7月17日国王批准国会的立法，一般年度基金、总基金和南海基金的盈余均付给偿债基金，以支付1716年12月25日以前发生的国债的本金和利息，其支付方式由国会以后立法规定，不得作为其他用途（见*P. G. M.*迪克森：《英格兰金融革命：国债发展研究1688—1756年》第86页，伦敦，1967年）。

④ 指1688—1697年、1697—1714年、1715—1721年、1722—1729年、1730—1738年（未完成），参照《国富论》第5卷第3章第41—43页上斯密对国债累积的相应计算。

⑤ 在《国富论》第5卷第3章第27页中，斯密提到，第一步诱导国债债权人接受5%的利息，这样可以节省大部分债务的资金1%，节省一般基金、总基金和南海基金支付大部分年金的1/6。节省的数字使这些基金支付年金后有盈余，到1717年打下偿债基金的基础。到1727年大部分国债的利息减为4%；1753年为3.5%；1757年为3%；累次降低利率进一步加强偿债基金。

⑥　1749 年 11 月 16 日，亨利·佩勒姆(约 1695—1754 年)，财政大臣，他概要地提出减少国债的建议，把 4% 利息的国债降低为 3.5%；为期 7 年；然后进一步降为 3%(见《绅士杂志》1749 年 11 月 1 日)。

⑦　到 1757 年圣诞节，88% 的利息 4% 的国债降低为 3.5%，7 年后又降为 3%。结果偿债费用开始时减少约 12%，1757 年起减少接近 25%，虽然此时的战时借款几乎抵消了降低的费用(迪克森，239 页)。

⑧　亨利·费恩(1703—1777 年)，国会议员；1742—1757 年任财政部秘书长；1756—1764 年任枢密院秘书长。他曾接受沃波尔和他叔父约翰·斯克罗普的财政业务训练(《国会史》第 2 篇第 413 页)。

⑨　"表格"和"偿债基金的效果"大约与斯密的其他文字一起取走；见注②。

⑩　克里斯托弗·多伊利(约 1717—1795 年)，1761—1762 年陆军部秘书长；1763 年 1 月至 1772 年 1 月任该部副大臣；1774—1784 年为国会议员；为汤申的挚友。

⑪　托马斯·布拉德肖(1733—1774 年)，1761 年 12 月到 1763 年 2 月任财政部秘书长；1763 年 2 月到 1767 年 8 月任税务督察；1767—1774 年任国会议员。



⑫　这些数字是斯密手写的改正数字。

⑬　1767 年 2 月 27 日，政府建议土地税应保持每镑为 4 先令，但反对党反对，改为 3 先令(《国会史》第 1 编，第 527 页)。

⑭　相差 100 镑，在前边计算时已经更正，后边的数字未更正。

⑮　18 世纪预算编制的基础是保证关税和货物税的主要岁入项目能支付借款的利息，并指定从生产增加中或利息减少中得到的盈余，通过偿债基金支付债务，如斯密在《国富论》第 5 卷第 3 章第 43—46 页所描述的。

⑯　斯密改正这个数字，恢复使用从偿债基金和每年啤酒税收入总数中减去支出后所剩余的数字。

⑰　在 1748 年奥地利王位战争结束时和 1763 年七年战争结束时，均曾作出努力以减少国债。详情见《英国国会文献》第 33 编(1857—1858 年)，《英国政府收入与支出账，1688 年及以后几年》(1890—1891 年)等。

⑱　此句两处数字经斯密亲手纠正。

⑲　这个估计数过低。

⑳　如果投资人购买 94 元 3% 利率的公债，他实际所得利息接近每 100 镑为 3 镑 4 先令。

㉑　汤申早在 1753 年在国会时就对美洲殖民地的收入感兴趣，几次支持改组殖民地政府的计划。1767 年汤申鼓吹由下院通过决议，停止纽约议会的立法职能；在殖民地设立海关税务司监督贸易法律的实施；并建议征收特别税。在特别税中有著名的征收茶税，它与其他刺激行动一起很快激起殖民地的反对。没有发现任何证据说明斯密提出或赞成汤申主张的对殖民地的征税。（《国会史》第 2 期第 661 页；第 3 期，第 535、540、542、543、547 页）。

㉒　约翰·伯纳德爵士（约 1685—1764 年）曾为酒商和保险商；1728—1758 年任伦敦高级市政官；1737—1738 年任伦敦市长；1722—1761 年为伦敦市的国会议员。在下院和在他的著作中，一贯主张政府债券的利息决定市场的利率，因而降低有准备债券的利息是使经济中资本降价的必要条件。1737 年他提议在利率降低到 3% 后税收应同比例减轻，但未被国会接受。1746 年为了应付由雅各布党人起事引起的市场萧条，他建议举办有奖债券 300 万镑。其目的在于把债券直接卖给公众，消灭中间人的利润。1747—1748 年举办他提出的计划。（见伯纳德：《更快地减少国债和取消最沉重的税》1737 年；以及迪克森，第 213—214、224—225、478 页）。

## 303. 致托马斯·沃顿①

收信人：劳里斯顿税务督察沃顿先生

原文刊登在《国富论》第 3 版第 1 卷中，夸里奇目录册 937（1974 年），第 74 页；日本东京，日本大学经济学图书馆系；未发表。

〔爱丁堡〕，1788 年 2 月 8 日

亲爱的先生：

虽然没有任何事情比遵从您的指点，于明天与您一起进膳更使我高兴；可是我糟糕的健康情况，天气的寒冷. 我担心到这样远处去吃饭会使我的旧病复发，因而不得不乞求您的原谅。我对此极为遗憾，但不可能的事情不能强求。请为我向索菲娅夫人致最崇高的敬意。请相信永远是

最敬爱您的

亚当・斯密

① 托马斯・沃顿，1771—1809年为苏格兰税务督察。

## 304.〔威廉・卡伦〕[①]致斯密

原稿存格拉斯哥大学图书馆卡伦2255/11；未发表草稿。

〔格拉斯哥？1751年1月下半月到4月〕[②]

亲爱的先生：

我发觉我们间的意见不一致竟给您许多麻烦，深表歉意，但是我希望当您来此与我们一起生活时，这种分歧将会消失，因为双方目前也许都竭力利用您身在远处的机会，得到能支配您的影响。至于您信中所写的关于此间传说您曾向伦敦寄去二信一节，我第一次从您昨天的信中注意到这样的报道。[③]对这件事我曾向校长[④]毫不在乎地提出质问，但是他以最自信的态度向我保证，他从未说过这番话。我也曾向林赛博士[⑤]以同样方式询问过，他也给

我同样回答，于是我倾向于相信他们说的都是真话；由于只有他们二人使我怀疑可能传出这种话，因此我相信您得到的消息完全是虚假的，意在破坏校长与您的关系；同时我必须告诉您，这件事的底蕴和是什么引起这件纠葛。当林赛先生和校长第一次注意到克雷吉先生[⑥]关于他自己和其他6个人的信（您能记得起来），他们对它非常愤怒，断定它是伪造的低级的诡计。当您来此受聘时[⑦]，林赛先生对此事十分好奇，后来又得知克雷吉先生的态度是他与其他6人一致赞成您，不顾任何大人物不大人物。这种做法激怒了林赛先生，就告诉了校长，校长也动了气。后来他们又发觉鲁埃先生[⑧]曾写信给海因德福特勋爵[⑨]，要利奇曼[⑩]和克雷吉投票支持您，又向海因德福特勋爵和阿盖尔公爵[⑪]赞扬您。校长认为应该把您的信件事情写信告诉阿盖尔公爵，同时也写信告诉您的堂兄[⑫]，其目的不是要您作一声明，而是要您证实这个事实。我猜想，当您知道这件事情时会感到忧虑，所以我犹豫不敢告诉您，但是如果您能够辩明您是无辜的，我为阿盖尔公爵知道此事而难过。我不能容忍别人说的一套做的又是一套，我能够告诉您我所以不愉快的许多原因，林赛先生和校长认为他们可以随意利用您的疏忽大做文章，因为您与克雷吉先生是由于对阿盖尔公爵的尊重才告诉他这件事情的。我向您承认，我熟悉升迁的步阶，虽然我对它并不赞成。我想事情由阿盖尔公爵自己决定最为安全。事情是不是有新的发展，您和克雷吉都不知道，但是我发现它已走得更远，在这里已有谈论，并引起您已听到的报道。林赛先生不认为您对此事有关，同时他认为他没有办法使别人都满意。我有充分理由相信，您绝对可以辩白清楚，我能证明您在这件事情上的责任是完全非故意和偶然的，我也认为别人利用您无意中遗漏提到的事情，您很难回答。我敢说，学校里的同事中没有一个人曾说您曾写信去伦敦，如果写了信那就是有所企图。如果您同意我将把上述的事情原委向学会里的每个会员解释，他们对此事俱很关心，但是由于这件事近来尚未说起过，也由于这样一来必然引起事情的公开化，这对处于目前健康欠佳情况的克雷吉先生⑬是不相宜的。我想还是让事情处于目前状态不去管它，等您自己来此，就能很好地判断应该如何处理。与此同时，我与此事毫无纠葛，因此我完全可以做您可能希望我做的任何事情。至于校长要求您发表声明的事情，我可不懂，因为自从您上次到这里以后，我发觉他对这个问题并不着急，在我看来，不论他在伦敦还是在爱丁堡，绝对不会叫您做这件事，特别是他绝对不会在爱丁堡谈起这件事，或者写信给爱丁堡的任何人提起这件事。也许他有时做事欠考虑，以致他的敌人能促使他做出他本来不想做的事情。我请求您，为了您的安宁与健康，您务必不要生气和苦恼，直到您的事情有个水落石出，要做到这一点，您不能操之过急，要过一段时间才能办到。⑭

① 这封无签名信稿的内容表明这是对斯密报告关于他在格拉斯哥大学当选为逻辑学教授后一般的看法；见斯科特：《亚当·斯密》第 66、138—139 页。卡伦是斯密关于学校事务的通报者；见第 9 和第 10 号信。

② 信稿中提到的教授是在格拉斯哥大学授课的教授。发信日期必定在 1751 年 1 月 16 日以后（见注⑦），但在 4 月底以前（见注⑬）。

③ 此信未发现。

④ 尼尔·坎贝尔。

⑤ 赫尔克里士·林赛，罗马法教授。当斯密回到爱丁堡大学被接受为教授后，他在那儿教课。此时林赛教过斯密的逻辑课。

⑥ 托马斯·克雷吉,伦理学教授,他的信未发现。

⑦ 斯密于1751年1月16日受聘为逻辑学教授。

⑧ 威廉·鲁埃,1750年10月31日受任为东方语言教授。

⑨ 海因德福特伯爵三世名约翰·卡迈克尔(1701—1767年),外交官。

⑩ 威廉·利奇曼,神学教授。

⑪ 阿盖尔公爵三世名阿奇博尔德。

⑫ 威廉·斯密;见斯科特:《亚当·斯密》第66页。

⑬ 1751年4月,克雷吉被准许停止教课,去乡村养病(库茨:《格拉斯哥大学史》第221页。

⑭ 这封不完整的信稿的最后一句话在手稿第5页的底部。没有发现照此稿书写的并被斯密收到的信。

# 人名译名对照表

## 二至三画

丁斯代尔,托马斯 *Dimsdale, Thomas*
马格纳斯,乔安尼斯 *Magnus, Joannes*
马利特,戴维 *Mallet, David*
马尔巴勒 *Marlborough*
马格斯 *Maggs*
马洪 *Mahon*
门蒂思,詹姆斯 *Menteath, James*

## 四　画

厄斯金 *Erskine*
厄斯金,亨利·大卫 *Erskine, Herry David*
厄斯金,戴维·斯图尔特 *Erskine, David Stewart*
厄斯金,詹姆斯 *Erskine, James*
厄克特,威廉 *Urquhart, William*
巴思 *Bath*
巴雷,艾萨克 *Barre, Isaac*
巴林顿,戴恩斯 *Barrington, Daines*
巴特勒,塞缪尔 *Butler, Samuel*
巴格韦尔 *Bagwell*
韦德伯恩,亚历山大 *Wedderburn, Alexander*
韦德伯恩,彼得 *Wedderburn, Peter*
韦伯斯特,亚历山大 *Webster, Alexander*
韦奇伍德 *Wedgewood*
韦斯利,约翰 *Wesley, John*
内维尔 *Neville*
内卡 *Neckar*
内克,雅克 *Necker, Jacques*
内尔索普,威廉 *Nelthorp, William*
邓达斯,亨利 *Dundas, Henry*
邓达斯,罗伯特 *Dundas, Robert*
邓达斯,詹姆斯 *Dundas, James*
邓库姆,威廉 *Duncombe, William*
戈登,伊丽莎白 *Gordon, Elizabeth*
戈登,威廉·拉塞尔 *Gordon, William Russell*
戈弗雷 *Godfrey*
贝尔,约翰 *Bell, John*
贝蒂 *Beaty*
贝瑟姆斯 *Bethams*
贝尔德,乔治 *Baird, George*
比彻姆 *Beauchamp*
比特森,罗伯特 *Beatson, Robert*
瓦特,詹姆斯 *Watt, James*
瓦伊纳,雅各布 *Viner, Jacob*
丹维尔 *Danville*
丹尼斯,玛丽·路易丝 *Denis, Marie Louise*
切斯特菲尔德 *Chesterfield*

## 五　画

布鲁斯,约翰 *Bruce, John*
布鲁斯,罗伯特 *Bruce Robert*
布鲁斯,托马斯-布鲁斯-布鲁德内尔 *Bruce, Thomas Bruce- Brudenell*
布鲁厄姆 *Brougham*
布莱克洛克 *Blacklock*
布莱克洛克,托马斯 *Blacklok, Thomas*

## 六 画

*exander*
达费 *Duffe*
达朗贝 *D'Alembert*
达文波特，理查德 *Davenport, Richard*
达尔基思 *Dalkeith*
达尔齐尔，安德鲁 *Dalziel, Andrew*
米勒，约翰 *Millar, John*
米勒，安德鲁 *Millar Andrew*
米勒，加布里埃尔 *Miller, Gabriel*
米勒，帕特里克 *Miller, Patrick*
米克，罗纳德 *Meek, Ronald*
米奇森，罗莎琳德 *Mitchison, Rosalind*
米尔黑德，乔治 *Muirhead, George*
米利蒂亚，阿盖尔夏尔 *Militia, Argyleshire*
吉尔福德 *Guilford*
吉本，爱德华 *Gibbon, Edward*
吉姆，理查德 *Gem, Richard*
吉尼斯 *Guines*
吉拉德，阿贝 *Girard, Abbe'*
多德斯利，罗伯特 *Dodsley, Robert*
多德斯韦尔，威廉 *Dowdeswell, William*
多伊利，克里斯托弗 *D'Oyly, Christopher*
多佛尔 *Dover*
多尔切斯特 *Dorchester*
亚当，罗伯特 *Adam, Robert*
亚当，詹姆斯 *Adam, James*
亚当，约翰 *Adam, John*
亚当斯，萨缪尔 *Adams, Samuel*
约克，查尔斯 *Yorke, Charles*
约翰斯通，詹姆斯 *Johnstone, James*
约翰斯通，威廉 *Johnstone, William*
约翰，奥古斯塔斯 *John, Angustus*
约翰逊 *Johnson*
休谟，大卫 *Hume, David*
休谟，约瑟夫 *Hume, Joseph*
休森，威廉 *Hewson, William*
汤申，罗杰 *Thownshend, Roger*
汤申，查尔斯 *Thowshend, Charles*
汤姆森 *Thomson*
邦贝尔，马克·玛丽 *Bombells, Marc Marie*
邦尼特 *Bonnet*
邦伯里，查尔斯 *Bunbury, Charles*
伊登，威廉 *Eden, William*
伊丽莎白，玛丽-路易丝-尼可拉 *Elizabeth, Marie-Louise-Nicole*
伊莎贝拉 *Isabella*
伦诺克斯，乔治 *Lennox, George*
伦纳尔伯恩 *Rennaldburn*
西姆森，罗伯特 *Simson, Robert*
西里，保罗—亨利 *Thiry, Paul-Henri*
迈纳，J. W. *Meiner, J. W.*
迈纳斯，克里斯托夫 *Meiners, Christoph*
托马斯，约翰 *Thomas, John*
托德，W. B. *Todd, W. B.*
乔治，詹姆斯 *George, James*
伍德马森 *Woodmason*
考恩 *Cowan*
华莱士，托马斯 *Wallace, Thomas*
伏尔泰 *Voltaire*

## 七　画

克劳福德，罗纳德 *Crawford, Ronald*
克劳福德，帕特里克 *Crawford, Patrick*
克劳福德，约翰 *Crawford, John*
克劳弗德 *Crawfurd*
克雷吉，罗伯特 *Graigie, Robert*
克雷吉，托马斯 *Craigie, Thomas*
克雷吉，约翰 *Craigie, John*
克雷格，托马斯 *Craig, Thomas*
克拉克，罗伯特 *Clerk, Robert*
克拉克，詹姆斯 *Clarke, James*
克拉克，玛丽·安妮 *Clarke, Mary Anne*
克拉森，帕特里克 *Clason, Patrick*
克莱芬，约翰 *Clephane, John*
克莱格霍恩，休 *Cleghorn, Hugh*
克洛因 *Cloyne*

辛克莱,约翰　*Sinclair, John*
苏珊娜　*Susanna*
玛丽　*Mary*

## 八　画

罗斯,约翰　*Ross, John*
罗斯,戴维　*Ross, David*
罗斯,威廉　*Rose, William*
罗斯,乔治　*Rose, George*
罗斯林　*Rosslyn*
罗斯,帕特里克　*Ross, Patrick*
罗伯逊,威廉　*Robertson, William*
罗伯逊　*Robertson*
罗金厄姆　*Rockingham*
罗巴克　*Robuck*
罗伊兹　*Royds*
罗什富科,拉　*Rochefoucauld, La*
拉姆齐,阿伦　*Ramsay, Allan*
拉姆齐,迈克尔　*Ramsay, Michael*
拉姆斯登,安德鲁　*Lumsden, Andrew*
拉姆利,理查德　*Lumley, Richard*
拉斐尔,D. D.　*Raphael, D. D.*
拉斐尔,戴维　*Raphael, David*
拉塞尔,詹姆斯　*Russel, James*
拉迪曼,托马斯　*Ruddiman, Thomas*
拉瑟福德　*Rutherford*
拉福　*Raphoe*
拉夫巴勒　*Loughborough*
佩蒂,约翰　*Petty, John*
佩蒂,威廉　*Petty, William*
佩吉　*Peggy*
佩因,汤姆　*Paine, Tom*
佩尔西乌斯　*Persius*
波普　*Pope*
波纳尔,托马斯　*Pownall, Thomas*
波切斯特　*Porchester*
波维特,马格达·奇奇尼　*Pavitt, Magda Chichini*
波斯特尔思韦特,马拉奇　*Postlethwait, Malachi*
迪福　*Defoe*
迪拉斯,路易·德·迪尔福　*Duras, Louis de Durfort*
迪纳姆,塞缪尔　*Dinham Samuel*
迪普莱西,路易—弗朗索瓦·阿尔芒　*Duplessis, Louis-Francois Armand*
凯撒,儒略　*Caesar, Julius*
凯默斯　*Kaimes*
凯姆斯　*Kames*
帕利泽,休　*Palliser, Hugh*
帕特里克,菲茨　*Patrick, Fitz*
帕特里克,罗斯　*Patrick, Ross*
林德　*Lind*
林赛,赫尔克里士　*Lindesay, Hercules*
昂维尔　*Anville*
杰克逊,西里尔　*Jackson, Cyril*
杰米　*Jemmy*
金凯德,亚历山大　*Kincaid, Alexander*
金,詹姆斯　*King, James*
孟席斯,阿奇博尔德　*Menzies, Archibald*
欧文,威廉　*Irvine, William*
范德布鲁,霍默　*Vanderblue, Homer*
昆斯伯里　*Queensberry*
昆西,乔西亚　*Quincy, Josiah*

## 九　画

科克伦,J. A.　*Cochrane, J. A.*
科克伦,安德鲁　*Cochrane, Andrew*
科克,爱德华　*Coke, Edward*
科尔贝,阿贝·塞涅莱　*Colbert, Abbé Seignelay*
科尔布鲁克,乔治　*Colebroke, George*
科尔瑟斯特,约翰　*Colthurst, John*
科东,弗朗西斯　*Codon, Francis*
科莱特,詹姆斯　*Collett, James*
科普兰,托马斯·W.　*Copeland, Thomas W.*
科尔瑟斯特,约翰·康韦　*Colthurst,*

## 十　画

夏普,布克洛茨　*Sharp,Buccleuch*
夏普,乔舒亚　*Sharpe Joshua*
宾纪姆,L. M.　*Bingham,L. M.*
宾厄姆,理查德　*Bingham,Richard*
莱尔,戴维　*Lyle,David*
莱昂,詹姆斯　*Lyon,James*
恩维尔　*Enville*
班克斯,约瑟夫　*Banks Joseph*
钱皮恩,理查德　*Champion,Richard*
海,詹姆斯　*Hay,James*
高尔　*Gower*

## 十 一 画

菲茨莫里斯,夏洛特　*Fitzmaurice,Charlotte*
菲茨莫里斯,托马斯・佩蒂　*Fitzmaurice,Thomas Petty*
菲茨詹姆斯　*Fitzjames*
菲茨赫伯特,威廉　*Fitzherbert,William*
菲尔丁　*Fielding*
菲荣,约瑟夫　*Fillon,Joseph*
康沃利斯　*Cornwallis*
康迪拉克　*Condillac*
康韦,亨利・西摩　*Conway,Henry Seymour*
康韦,弗朗西斯・西摩　*Conway,Francis Seymour*
梅因,彼得　*Maine,Peter*
梅尔维尔　*Melville*
梅瑟斯　*Messrs*
基拉拉　*Killala*
基彭,乔治　*Kippen,George*
基罗斯　*Quiros*
萨默森,约翰　*Summerson,John*
萨斯菲尔德　*Sarsfield*
盖尔希　*Guerchy*
笛卡尔　*Descartes*
理查德　*Richard*
曼斯菲尔德　*Mansfield*
勒萨热,乔治・路易　*Le Sage George Louis*

## 十 二 画

斯图尔特,阿奇博尔德・詹姆斯・爱德华　*Steuart,Archibald James Edward*
斯图尔特,亚历山大　*Stewart,Alexander*
斯图尔特,杜格尔德　*Stewart,Dugald*
斯图尔特,詹姆斯　*Stewart,James*
斯图尔特,约翰　*Stewart,John*
斯图尔特,马修　*Stewart,Matthew*
斯科特,亨利　*Scott,Henry*
斯科特,弗朗西丝　*Scott,Frances*
斯科特,休・坎贝尔　*Scott,Hew Campbell*
斯科特,W. R.　*Scott,W. R.*
斯特拉恩,威廉　*Strahan,William*
斯特拉恩,玛格丽特・佩内洛普　*Strahan,Margaret Penelope*
斯特拉恩,威廉・安德鲁　*Strahan,William Andrew*
斯密,亚当　*Smith,Adam*
斯密・玛格丽特・道格拉斯　*Smith,Margaret Douglas*
斯基恩,戴维　*Skeene,David*
斯基恩,罗伯特　*Skeene,Robert*
斯坦,彼得　*Stein,Peter*
斯通,乔治　*Stone,George*
斯莫尔,约翰　*Small,John*
斯迈利,威廉　*Smellie,William*
斯金纳,安德鲁・S.　*Skinner,Andrew S.*
斯塔克,沃纳　*Stark,Worner*
斯图尔特,安德鲁　*Struart,Andrew*
斯特德曼,约翰　*Stedman,John*
斯坦厄普,菲利普　*Stanhope,philip*
斯威夫特,迪安　*Swift,Dean*
斯蒂芬斯,菲利普　*Stephens,Philip*
斯卡伯勒　*Scarborough*

## 十 三 画

塞纳克，让—巴蒂斯特　*Senac, Jean-Baptiste*

## 十四、十五画

赫德，理查德　*Hurd, Richard*
赫顿，詹姆斯　*Hutton, James*
赫林，托马斯　*Herring, Thomas*
赫伯恩　*Hepburns*
赫伯特，亨利　*Herbert, Henry*
赫特福德　*Hertford*
德巴尔，亚历山大·巴尔塔扎·弗朗索瓦·德保罗　*de Baert, Alexander Balthazar François de Paul*
德雷比，弗朗茨　*Drzebye, Frants*
德赛恩　*Dessain*
德文希尔　*Devonshire*
德拉蒙德，布莱尔　*Drummond, Blair*
德拉蒙德，霍姆　*Drummond, Home*
德拉蒙德，詹姆斯　*Drummond, James*
德纳穆尔，皮埃尔—萨穆埃尔·杜邦　*De Nemours, Pierre-Samuel Dupent*
德斯克福德　*Deskford*
黎塞留　*Richelieu*

## 十六画

霍姆，约翰　*Home, John*
霍姆，亨利　*Home, Henry*
霍恩·乔治　*Horne, George*
霍默　*Homer*
霍勒斯　*Horace*
霍普顿，约翰　*Hopeton, John*
霍尔特，安德烈亚斯　*Holt, Andreas*
霍尔德内斯　*Holderness*
霍尔巴赫　*Holbach*
霍尔罗德，约翰·贝克　*Holroyd, John Baker*
默里，休·达尔林普尔　*Murray, Hugh Dalrymple*
默里，威廉　*Murray, William*
默里，约翰　*Murray, John*
穆尔，詹姆斯　*Moor, James*

## 十七画

戴维斯，约翰　*Davies, John*
戴维森，约翰　*Davidson, John*
戴维森，阿奇博尔德　*Davidson, Archibald*

**图书在版编目(CIP)数据**

亚当·斯密通信集/(英)欧内斯特·莫斯纳,(英)伊恩·辛普森·罗斯编;林国夫等译.—北京:商务印书馆,2017
(汉译世界学术名著丛书:120年纪念版:珍藏本)
ISBN 978-7-100-14094-2

Ⅰ.①亚… Ⅱ.①欧… ②伊… ③林… Ⅲ.①亚当·斯密(Adam Smith 1723-1790)—书信集 Ⅳ.①F091.33

中国版本图书馆CIP数据核字(2017)第138724号



汉译世界学术名著丛书
(120年纪念版·珍藏本)
**亚当·斯密通信集**
〔英〕欧内斯特·莫斯纳 伊恩·辛普森·罗斯 编
林国夫 吴良健 王翼龙 蔡受百 译
吴良健 校

---

商 务 印 书 馆 出 版
(北京王府井大街36号 邮政编码100710)
商 务 印 书 馆 发 行
南京爱德印刷有限公司印刷
ISBN 978-7-100-14094-2

---

2017年12月第1版 开本710×1000 1/16
2017年12月第1次印刷 印张33¼
定价:155.00元